Origin and Prosperity of Insurance

保险的起源与繁盛

易行健 著

复旦大学出版社

易 行 健 微 信

开卷的话

枕边，厕上，地铁，喝茶，度假，飞机，高铁，午间，咖啡，饭后，周末，寝室——随你选一个场景。

扉页，第108页，倒数第50页，最后一页——随你翻到哪一页。

看故事，找史料，查数字，打发时间，回忆往事——随你选一种态度。

独坐，卧看，面对面，群聊，再看一遍，语音——随你选一种姿势。

赠人，野炊点火，咸鱼，借出，束之高阁，淘宝——随你选一种心情离开。

网购，图书馆，书店，开学，高阶培训，友人处，机场——在哪里见面都能"愉阅"。

本书帮助你用一个星期的时间，掌握一个行业的历史。如果你只有一天时间，读一下序、归纳小结、跋；如果你只有一小时，读一下归纳小结。

谁能穿透历史的迷雾
（代序）

当人类进入秒级响应、极速迭代、"阅后即焚"的互联网时代，以变与不变、动与不动的相对论或者令人百思不得解的量子纠缠态来考量或诠释眼见不一定为实的这个世界，很容易让大脑呈现数学中段位极高的混沌、模糊的天文云图仙界和 N 次元幻境。人类刚刚自信地沿循着牛顿、爱因斯坦所绘制的宇宙航图前进了几百年，似乎在瞬间又进入了时空认知的浩瀚盲区，面对未来虽有抚胸自我壮胆的无畏和勇气，然而具有极限思维的人更愿意用不确定性来描述将来未来的未知世界。

寻找事物的确定性其实一直是人类除了生存与死亡的哲学思考以外的不倦追求，源于确定性能让身处这个永动不停歇的世界的人们获得短暂的淡定和静心。不断加速前进的人类文明让我们比以往更能感受到宇宙的极速运行和演化，对未来无法掌控的焦虑又教化人们内省和反观自我内心，并在关注当下的物质进步和感官体验中驾驭时间的流逝。在科技昌盛推动生产力大增、物质大量丰富而精神失去领航地位的年代，迷恋物欲而不失壮志或更有利于人生的想法成为有限生命对无限世界的妥协性安慰，然而在浮幻不确定的世界中寻求哪怕是局部的、阶段的确定性却始终是渺若沧海一粟的人类的本能诉求和屡掩屡现的一厢情愿。

意义是定义出来的。定义以坐标和参照物为工具，用特定的时间与空间进行定格和推演。事物沿着定义和逻辑，形成框架和体系。一个事物，必须把它放入特定的时间与空间，与其他事物产生相关性或者说成为其他事物的函数，用多个维度去透视和观测，才能看清它的意义和本质。保险是运用大数据经营风险的行业，风险即不确定性，相对于将来的变化而固定于过去的确定性则是历史。这是一个经营不确定性的行业的确定性，在那里或许能够找到安抚和平复不安心灵的药剂或暂时可以乐不思蜀的栖所。

用这样一种似乎高屋建瓴而又可能拔苗助长的理论来曲意粉饰写作一本保险历史书籍的缘由很容易让人产生自我拔高的误解。作为一名入行三十年的保险从业者，经常迷航于专业的行业术语和复杂的保险条款而对保险行业历史懵懂不清甚而一知半解，并且在书店或图书馆始终未曾遇到一本令人满意的论述中国保险历史的专著，从而产生良将不出、良人不遇的心结和木兰从军式的越俎代庖意愿，逐日郁结催生成人之常情式的执着长情与无心插柳般的萌发。与日俱增的意愿有如草色遥看近却无的自然生长并在时间的包裹中发酵，一代人完成一代人使命的包容不怯渐渐磨损并战胜了完美主义的顾虑，画好一棵树而将层林尽染让于方家的自我激励和谅解也增强了磨刀修笔的信心，最后终于在时不我待的使命感召中落笔成真。

如同有故事的人具有迷住粉丝的磁场与张力，有历史的事物总是莫名地对人产生吸引力甚或引发尊敬之情。这或许是因为人的一生短暂不过百年，也可能是因为有历史的事物折叠了时间、纳藏着经验与教训，而幸于或不幸于信息衰减、物器遗失和碎片断章式的存在，隔着岁月的层层幕帘，增添了探奇、敬畏和神秘元素沉积，如同魔笛的乐曲悠扬与醇酒的芬芳诱人醉舞于其间而欲罢不能。原本而真实的历史定存于时空交错的时点上，后人无法用交易获取或置换，只有靠时间的积淀和旁关事物的佐证来再现或存留，它不再具有可变性、可塑性和可撤性，并烙印下唯一性的史实特征。

如果叙述历史限于报人名、讲事实和堆数据，难免受责于机械和枯燥。《清明上河图》生动展现了北宋时期繁华的城市面貌和市井生活图景而喜阅者众，同期朝廷史官的记载虽然严谨但非历史研究者不读，盖因其缺少场景和画面感，缺乏故事性和具象感，行文中或数字密集而无规律可循，或文字艰涩而不具可读性或欣赏性。因此，基于客观存在的史实和考证勘误，灵动而不失严谨的叙述态度和姿势，是历史讲述者和倾听分享者坐而煮茶论道、不觉时间流逝的法门。

譬如有关战争的历史讲述，其本身史料具有宏大的叙事结构，内中君王将帅的格局、谋略阵列的机巧、冲锋陷阵的锋锐和血流成河的腥味便足以充塞战争大片的各个视角、维度、侧面和场景。如果讲述有关爱情的历史故事，其中人物的缘起相识、心生爱慕、缠绵悱恻以及或红烛高烧或劳燕分飞的结局都已自然天生了情节脉络和情景节点。如果要写有关经济、金融甚或制造、农事的历史，倘若以读得高兴而废寝忘食为期，则必须适用山间采花集束殷献而不忘全景铺陈、欲见柳暗花明而不避峰回路转的方法。特别是要讲述保险这样一个经贸金融领域的分支，已有的史料散见于各种著作的章节和报刊文存，斯属于写作的自我挑战和自我砥砺式成长。

讲述的历史内容本身缺乏跌宕起伏的史实和情节，不能作为平庸叙事的托词，史料的丰富性不足也不能构成历史讲述缺乏故事性和生动性的借口。讲清一个行业的历史，若求之于清楚而生动可读，必须把它放到人类大历史的坐标系中进行描述，沿着清晰的历史脉络去透视它背后的政治、经济、社会、文化、技术、自然环境等结构化背景和非结构化元素，以呈现它的架构全貌和历史逻辑，赋予它特定时空的物质和精神意义，它的内涵、厚度以及纵深才会透过平面的文字源源不断地纷飞而至。

偶然当中或有必然。巧的是保险的产生居然与公元前 4500 年的神秘金字塔的建造有关，与欧洲中世纪的航海探险和海盗传说有关系，与 1666 年连烧五天五夜、烧毁半个伦敦城的大火灾相关联，而中国保险的源头和兴起出人意料地与被视为民族屈辱罪源的鸦片贸易直接相关。由是读保险的历史，必然会联想到尼罗河沿岸的金字塔群、狮身人面像和木乃伊，联想到哥伦布和麦哲伦的大航海、郑和七下西洋和《加勒比海盗》，联想到清末躺在烟馆里抽鸦片的慵懒富人和群情愤怒的广州禁烟运动场景。保险这样一种人类社会创建的具有仁爱普惠和互助共济意义的制度安排，其历史叙述也找到了解读和建构框架以及丰厚的故事性和历史底蕴。与此同时，保险所应对管理的风险又与天文地理、民事商法、技术进步等有关联，保险运行所依赖的大数法则和生命表又和数理统计学存在学科交叉，责任保险、工程保险、健康保险等产品和实务又使用到合同法、工程学、医疗健康等专业知识，保险产品定价中涉及财务、统计、精算、法律等内容，现代保险衍生的资金融通和社会管理功能，使保险与银行、证券、投资等产业融合发展并与养老、医疗改革及政府职能转变相关，保险的知识性、接触点、关联面愈趋多元立体而丰富延展。因此，在史料梳理和信息选择方面须要讲求主次、详略、先后、轻重的把握，避免可能的错漏遗失、逻辑扭曲以及喧宾夺主，汲汲然争取做到主干清晰、叶繁枝茂而花果分布自然有道。

保险是大爱的事业，基于公平而追求效率。保险的历史可以当作故事来通读，其间充满了人性的关怀。保险具象地显现了人类在对抗风险和灾难过程中不屈不惧和互助共济的精神和情怀。保险的历史也可以用作对于社会、政治、经济和文化的解读，从中可以窥测社会体制与机制的运行机理、演变和相互作用的关系与场景。保险作为风险管理的科学，它所运用的概率论、数理统计、生命表以及大数据、人工智能等新技术，彰显保险是一门集数学、工程学、法学、医学、经济学等于一体的综合性科学。制订了人类历史上第一张生命表的埃德蒙多·哈雷，既是数学家和物理学家，同时又是天文学家、气象学家和地理学家，他所制订的"哈雷生命表"确立了死亡率、生存率和年金现值，奠定了寿险产品定价的数理基础，而因为他在天文学方面的杰出贡献，最著名的那颗椭圆轨道的彗星被命名为"哈雷彗星"。

  本书试图用讲故事的方式以及不失严谨的态度和科学的方法来叙述中国保险的历史。全书总体上用编年体的体例、以时间和年份为主要叙事轴，用素描笔画勾勒历史的框架线条，充实以事件、人物的场景描绘，以现有史料中有关保险的记载所涉及的社会、政治、经济、人文等境况为背景做横向延展，努力使保险历史呈现出透视立体成像、数码镜头扫描式记录和多维多点的历史过程重现。行文力求精准而通达易解，保险专业的读者可以将其作为正式的参考书，保险的从业者可以将其作为掌握了解行业历史的参考资料，业外读者可以将其作为具有故事性的历史读本在枕边或旅途中阅读，分享讲述者的历史解读和世界认知，在宽松的聊天式文字交流中，把严谨的历史认真地学了。

  现在社会进步和变化极快，各种资讯和理论快速迭代，称之为"阅后即焚"。即便不属"阅后即焚"的范畴，也会很快被新名词、新内容、新提法、新理论所覆盖，甚或淹没于海量的数据、图表和文档之中。反倒是历史，由于年代沉积和信息固化，尚可能作为恒久不变的留存。所谓生也有涯而知也无涯，一生当中能把一样事情做好，或许也是对生命的意义赋予。如果本书除了厘清保险的史实，还能吸收前人的记载与智慧并归纳和定位保险在人类社会中的功能与作用，增强价值观中向善、共享、趋吉的场量，那就是意料之外、无心插柳式的边际收益了。

  写成一本表达上行云流水、论述上启人心智、内容上增益知识的专业而易读的保险历史书，是写作《保险的起源与繁盛》的初心。相对论是世界上最抽象难懂的物理理论之一，爱因斯坦论证推理的过程和数字工具异常复杂，但最终形成的质能公式 $E=mc^2$ 简单而漂亮。爱因斯坦在给青年人解释相对论时，用了一个令世人津津乐道的比喻：你和一个漂亮的姑娘在温暖的火炉边坐了一个小时就像只过了五分钟，而你和一个无聊的人在热气逼人的火炉边坐了五分钟却像坐了一个小时。化身为爱因斯坦说的那个美丽的姑娘，陪你度过寝室教室、枕边车上的阅读时光，是本书成稿时的理想和愿景。

初心不忘，流年幸甚。如果看一本书，越看越明白，这是一本好书；如果上一门课，越上越有劲，这是一门好课；如果爱一个人，越爱越长情，这是一份令人羡慕的爱情；如果学一种理论，越学对世界的认知越通透，这是一种值得深究的理论。本书的写作初衷，是想为保险行业写下一本从业者和学习者人人爱读，业内或业外人士人人可读的保险历史书。如果你读完本书，忘了这是一本写历史的书，甚至忘了这是一本写保险的书，而是从小概率事件的发生与管理中窥测到历史的规律、人生的启迪和生命的乐观，并如罗曼·罗兰所言在看清生活的真相以后依然热爱生活，那我们的相逢可谓知遇。

纸上相见不恨晚，举杯邀月贤思齐；何当共剪西窗烛，却话魔都夜雨时。很多人在真正遇到之前，早已惺惺相望或灵魂相知。在历史的长河和浩渺的宇宙中，人们的心灵如星辰高悬于暗蓝深空兀自发光，相近的关注和共暖的气质如频谱同步共振而有机缘隔空对话、互传心得与心法，愉悦于思想的交流、成长与共享。

相逢与知遇，幸甚至哉。

易行健

2019.11.30

目　录

引言：电影里的保险史
1

• 《权力的游戏》：艾莉亚·史塔克的境遇　　•《卧虎藏龙》：青冥剑的故事

世界保险史概略
13

古代保险萌芽　　　　　　　　　　　　　　　　　　　　　　15

　　在全球版图上按着时间矢量反向溯流而上寻找有关保险的萌芽，最早可以追溯到公元前 2500 年的古埃及。想到埃及，我们眼前浮现的是一长条蛇形驼队在绵延起伏的沙漠中行进，不远处有金字塔在风沙中屹立不动，偶尔在风沙太大时的落日余晖中有金色的幻影浮动，亦梦亦幻。蜿蜒贯穿埃及全境的尼罗河静静地流淌着，它是世界上最长的河流。

人类大历史的坐标系　　　　　　　　　　　　　　　　　　　15
• 世界史的划分　　• 大航海时代之前

追溯保险的古代萌芽　　　　　　　　　　　　　　　　　　　16
• 金字塔石匠互助会　　• 古巴比伦王国的救济基金　　• 长江上粮商的分舟运米　　• 历史上第一次将共同海损原则写入成文法　　• 古希腊船货抵押借

款制度 • 布匿战争与海上保险早期形式 • 古罗马共济组织格雷基亚

近代保险起源 22

　　谈及世界上有名的保险组织，首先要提到英国伦敦劳合社。1688年，爱德华·劳埃德（Edward Lloyd）在英国泰晤士河畔开设了"劳埃德咖啡馆"（Lloyd's Coffee House），成为当时许多商人、高利贷者、经纪人、船东和船长经常会晤的场所。这些人一边喝着咖啡，一边交换航运信息、交谈商业买卖和洽谈保险交易。

近代保险源于海上保险 22
• 世界上现存最古老的商业保险契约（1347） • 标志近现代保险诞生的保险单——比萨保单（1384） • 世界上第一家海上保险公司（1424） • 伦敦皇家交易所内建立保险商会（1575） • 伦巴第人街与伦敦金融城

1666年伦敦大火与现代火灾保险应运而生 30
• 冰岛的黑瑞甫社 • 德国的火灾救助协会 • 英国牙医尼古拉斯·巴蓬创办世界首家火灾保险行（1667） • 富兰克林与美国第一家火灾保险社

大航海时代的黑奴贸易商船上诞生的人身保险 35
• 意大利的公典制度 • 德国的基尔特制度 • 法国的佟蒂法年金制度 • 世界上第一份人寿保险合同（1536） • 哈雷生命表

资本主义商业信用的普及和道德风险频发催生了信用保证保险 44
• 19世纪中叶信用保证保险的兴起 • 国际信用保险协会成立（1934）

英国工业革命浪潮中责任保险应运而生 46
• 英国铁路乘客保险公司首开责任保险之先河（1855） • 责任保险在20世纪获得空前发展

再保险成为"保险的保险" 48
• 世界上迄今发现的最古老的再保险契约（1370） • 世界上第一家独立的专业再保险公司创立（1852） • 瑞士再保险公司成立（1863）

与汽车工业紧密相连的汽车保险发展史 52
• 劳合社签发全世界第一张现代意义上的汽车保险单（1901） • 美国马萨诸塞州颁布实施汽车责任强制保险法案（1927） • 英国实施汽车第

三者责任强制保险（1930）

分红、投连、万能保险：被保险人与保险人共享经济成长红利的妥协产物　　55
- 分红保险　●投资连结保险　●万能寿险

劳合社与保险组织形式　　60
- 全球最负盛名的保险组织——劳合社源于泰晤士河畔的一家咖啡馆　●保险人的组织形式

保险业早期的法律法规　　64
- 最早的海上保险法规《巴塞罗那法令》（1435）　●英国《海上保险法》（1906）

1949年之前中国保险业的历史
67

历史扫描　　69
自宋代以后，中国的经济社会重心逐渐南移，位于大陆南端的港口城市泉州、广州等逐渐成为海外贸易繁荣的重要港口。971年，宋朝在广州设市舶司，负责管理海外贸易。

中国保险元年（1801）至清末　　74
1801年，在中国大陆南端的广州城，出现了第一个英商保险联合体——临时承保协会。这是中国历史上出现的第一个商业保险组织，标志着中国商业保险历史的开端，1801年也因此成为中国近现代商业保险的元年。

他山之石·外商垄断中国保险业　　74
- 中国历史上第一家保险公司"谏当保安行"在广州成立（1805）　●外商全英文保单　●洋行代理模式　●两次鸦片战争　●外商掌控保险定价权

西风东渐·西方近代保险思想在中国的传播　　81
- 魏源《海国图志》　●洪仁玕《资政新篇》　●郑观应《盛世危言》

- 陈炽《续富国策》

群雄环伺·中国民族保险业蹒跚起步　　85

- 首家华商保险——上海义和公司保险行诞生（1865）　● 保险招商局正式成立（1875）　● 仁和保险与济和保险　● 香港、上海保险公会

曲成未奏·清末保险法律法规　　90

- 《保险业章程（草案）》（1907）　●《海船法（草案）》（1909）　●《大清商律（草案）》第7、8章（1910）

民国初期至全面抗战前的保险业（1912—1937）　　91

　　1912年之后，华商保险公司纷纷成立，数量上增长较快。面对实力雄厚的外商保险，各家华商保险公司逐渐通过协商与合作走向联合经营管理。同时，保险经纪、保险公估等制度引入国内保险行业，华商同业公会为促进保险业健康发展做了大量工作，保险业法律法规体系初步建立，保险业税收征缴逐步规范化，学术团体、专家学者、专业刊物对保险事业的宣传普及起到了积极的推进作用。

觉醒图强·华商保险扩容与联合　　92

- 华商保险如雨后春笋般增加　● 银行资本布局进入保险业　● 四行联合总经理处设立　● 中国船舶保险联合会

驿外花开·闽粤民间盛行简易保险　　96

- 闽、粤、津、沪等地盛行民间小保险　● 国民政府颁布实施《简易人寿保险法》（1935）

掮客过市·保险经纪的兴起　　98

- 《火险掮客公所章程》（1899）　● 上海市保险业经纪人公会成立（1936）　● 保险经纪市场秩序失范

洋为中用·保险公估的引入　　100

- 外商垄断保险公估以及华商的抗争　● 上海益中公证行成立（1927）　● 上海市保险业同业公会制订《统一火险委托办法》（1936）
- 《取缔火险公估行收拾火场暂行办法》（1936）

道同者谋·华商同业公会 　　　　　　　　　　　　　　　　　　　　*102*

● 华商火险公会成立（1907） ● 上海市保险业同业公会 ● 同业公会健全职能

行规渐起·保险业法律法规 　　　　　　　　　　　　　　　　　　*104*

●《保险法》《保险业法》《保险业法施行法》●《简易人寿保险法》与《简易人寿保险章程》

保险业税收征缴 　　　　　　　　　　　　　　　　　　　　　　　*106*

●《保险条例（草案）》●《广东省整理保险事业暂行条例》●《印花税法》●《非常时期征收印花税暂行办法》

保险学术及知识普及 　　　　　　　　　　　　　　　　　　　　　*108*

● 中国首部保险年鉴 ● 马寅初作序的《保险学》 ● 保险宣传刊物

全面抗战时期的中国保险业（1937—1945） 　　　　　　　　　　　*114*

1937年"七七事变"后，中国抗日战争全面爆发。国民政府迁都重庆，全国形成了以重庆为中心的抗战大后方保险市场、上海及周边地区保险市场和被日本操控的东北保险市场三个主要区域市场。

全面抗战大后方的保险业·战时经济 　　　　　　　　　　　　　　*114*

● 官办保险体系 ● 地方保险机构 ● 其他保险机构 ● 大后方再保险 ● 抗战专项保险 ● 战时保险监管

全面抗战时期上海的保险业·从"孤岛"到日军进驻 　　　　　　　*123*

● 战时费率大涨与外商停止承保 ● 华商保险大量开业现短期繁荣 ● 日军进驻后英美外商保险公司被勒令停业 ● 汪伪政府成立"中央保险股份有限公司" ● 上海市保险业业余联谊会

全面抗战时期东北的保险业·伪满经营 　　　　　　　　　　　　　*127*

● 东北邮政生命保险 ● 伪满政府颁布"保险业法"和"保险业法施行细则" ● 伪满洲国的保险代理店 ● 日本帝国主义控制和垄断东北保险市场

抗战胜利后保险业的表面繁荣（1945—1949） *130*

抗战胜利后，敌伪金融机构（保险机构）被全部接收清理，保险业一度出现繁荣的局面。

战后接收与清理 *130*

- 对日商、汪伪、伪满保险机构的接收清理 ● 上海恢复成为全国的保险中心

百废待兴中的短时繁荣 *132*

- 保险业呈现短时欣欣向荣的景象 ● 抗战胜利后的再保险 ● 江亚轮事件（1948）● 太平轮事件（1949）● 重庆大火灾（1949）

上海解放后保险业的变化 *138*

- 上海市军管会金融处成立保险组 ● 接管官僚资本保险机构 ● 对私营保险公司的管理 ● 民联分保交换处

1949—2018年中国保险业的发展

145

第一阶段：1949—1958年　改造 *149*

这一阶段的关键词：改造。创办国营的中国人民保险公司，外商保险全部退出市场，私营保险实施公私合营，10年时间完成了对1949年之前遗留下来的保险业的社会主义改造。

中国人民保险公司（PICC）筹建成立 *150*

- PICC 在北京成立 ● 外商保险停业退市 ● 反封锁、反禁运 ● 扩大国际分保

强制保险与自愿投保 *153*

- 国家机关、国营企业、合作社财产强制保险 ● 旅客意外伤害强制保险 ● 纠正农业保险实施中的强迫命令作风和偏差 ● 自愿投保的火灾保险、物资运输保险、运输工具保险和人身保险

保险公私合营 *156*

- 私营保险改造合并 ● 组建太平和新丰 ● 学习苏联保险理论 ● 废除

保险经纪人制度

农村停办·城市整顿 　　　　　　　　　　　　　　　　　　　　　157
- 第三次全国保险工作会议　● 农村各地基本停办保险业务　● 全国保险业务在整顿中发展　● 第四次全国保险工作会议

清偿历史遗留寿险契约 　　　　　　　　　　　　　　　　　　　　159
- 《解放前保险业未清偿的人寿保险契约给付办法》　● 重点登记、集中审查、就地给付

保险业完成社会主义改造 　　　　　　　　　　　　　　　　　　　162
- 太平、新丰合并迁京　● 第五、第六次全国保险工作会议　● 改革保险管理工作体制

"大跃进"中的保险业 　　　　　　　　　　　　　　　　　　　　　165
- 1958年"大跃进"　● 全国推广"三包养猪保险"　● 农作物保险试行受阻　● 1958年编制新的死亡率表

历史使命完成·奉令退场 　　　　　　　　　　　　　　　　　　　167
- 1958年年底决定停办国内保险　● 郑州会议/西安会议/武汉会议

涉外业务调整中继续经营 　　　　　　　　　　　　　　　　　　　168
- 《保险工作规划纲要（草案）》明确国外保险业务的重点　● 中国人民保险公司对国外业务的改进

第二阶段：1959—1978年　停办　　　　　　　　　　　　　　　170

　　　　这一阶段的关键词：停办。国家实行计划经济体制，在保险业已经完成历史使命的结论下，国内保险业务停办了20年。

停办、清理及善后 　　　　　　　　　　　　　　　　　　　　　　　170
- 第七次全国保险工作会议　● PICC机构撤并　● PICC总公司行政降格　● 上海、哈尔滨、广东、天津鼓声渐歇

风雨飘摇的涉外业务 　　　　　　　　　　　　　　　　　　　　　179
- 涉外保险是否续办引发争论　● "跃进号"事件

"文革"期间保险业受到冲击 　　　　　　　　　　　　　　　*182*

- 停办罢工险　• 停办远洋船舶保险　• 英美国际分保关系中断　• 干部下放"五七"干校　• 铂金丢失事件　• 国际环境改善

困难中保险业的对外交往 　　　　　　　　　　　　　　　　*186*

- 当选为亚非保险再保险联合会执委会委员　• 参加第三、第四届非洲保险会议　• 参加社会主义国家保险机构代表大会

第三阶段：1979—1998年　复苏 　　　　　　　　　　　　*188*

　　这一阶段的关键词：复苏。国家实施市场化取向的改革开放，国内保险业务实现了以财产险为主的20年复苏式快速发展，从独家垄断到引入竞争机制，逐步形成群雄并起、主体多元的市场格局。

国内业务复业与PICC改革 　　　　　　　　　　　　　　　*189*

- 决定恢复国内保险　• 1979年全国保险工作会议　• PICC明确为国营企业　• PICC全国机构网络　• PICC管理体制改革

保险体制改革破冰：打破垄断与多家竞争 　　　　　　　　　*194*

- 国务院颁布《保险企业管理暂行条例》　• 保险经营主体开始增加
- 外国保险公司来华争设代表处

1995年《保险法》颁布·产寿险分业体制确立 　　　　　　　*197*

- 1993年确立金融业分业经营、分业管理　• 1995年新中国首部《保险法》明确产寿分业体制　• "老三家"保险公司实施体制改革

各领风骚·大类保险蓬勃发展 　　　　　　　　　　　　　　*201*

- 财产险的恢复经营　• 农险的恢复试办与探索　• 人身保险的兴起与发展　• 涉外业务乘势发展　• 再保险扩大对外交往

百舸争流·市场化格局形成 　　　　　　　　　　　　　　　*214*

- 市场经营主体不断增加　• 保险中介渐趋活跃　• 《中国保险报》刊行

依法循规·行业法律法规陆续颁布 　　　　　　　　　　　　*219*

- 《中华人民共和国经济合同法》　《中华人民共和国财产保险合同条例》
- 《保险企业管理暂行条例》　《中华人民共和国保险法》

第四阶段：1999—2018 年　扩张　　221

这一阶段的关键词：扩张。以新型寿险推出、银行保险崛起、费率市场化改革和扩大对外开放为特征，寿险成为保险业增长主力，保险市场进入资产和负债快速扩张阶段。

央行降息催生投连、分红、万能保险　　222

- 央行连续 7 次降低存贷款利率　● 寿险预定利率降至 2.5%　● 新型寿险相继问世

高储蓄低利率诱发银行保险异军突起　　225

- 银行保险出现井喷式增长　● 银保联姻与资本层面的深度合作

加入 WTO 与保险市场扩大开放　　228

- 中国加入 WTO　● 保险业承诺扩大开放　● 外资加速进入中国市场　● 美国友邦重回外滩 17 号

大型保险公司纷纷上市　　238

- 中国人保　● 中国人寿　● 中国平安　● 中国太保　● 新华保险　● 中国太平

保险业"国十条"发布　　240

- 《国务院关于保险业改革发展的若干意见》　● 一系列新举措、新规章、新政策出台

农业保险迎来发展春天　　244

- 正式启动政策性农业保险试点　● 《农业保险条例》颁布实施　● 农业保险覆盖面扩大　● WTO 绿箱/黄箱政策　● "保险+期货"农险产品创新

保险中介推动市场繁荣　　249

- 保险专业中介快速增加　● 寿险营销员超过 800 万　● 监管机关强化管控和规范

互联网保险站上风口　　253

- 互联网保险兴起的背景　● 《互联网保险业务监管暂行办法》　● 众安保险上市

供给侧改革·保险费率市场化   *258*

- 先发后至的车险费率市场化　● 交强险推出有惊无险　● 人身险费改先普通险、再分红险、后万能险三步走

保险业"新国十条"出台   *279*

- 《国务院关于加快发展现代保险服务业的若干意见》● 保险业朝着全面、健康、可持续纵深方向发展

保护保险消费者权益   *283*

- 保险消费者权益保护局成立　● 治理车险理赔难　● 整治销售误导
- 保险销售行为可回溯　● 保险公司服务评价

保险反欺诈   *292*

- 电影里的保险反欺诈　● 保险骗赔案例　●《反保险欺诈指引》发布

鱼和熊掌·保险业资产负债同步扩张   *297*

- 保险资金运用回顾扫描　● 举牌上市公司险资露峥嵘　● 保险投资监管加强与规范

乘势而上·商业健康保险   *307*

- 健康险进入快速增长期　● 商业保险经办大病保险　● 个人税收优惠型健康保险

推动三支柱养老体系·商业养老保险   *316*

- 世界银行三支柱养老体系　● 企业年金 DC/DB 模式　● 个人税收递延型养老保险

举国之力·建立巨灾保险制度   *327*

- 美国和新西兰的政府责任模式　● 日本和土耳其的政府和商业保险共同参与模式　● 英国和挪威的市场化运作模式　● 中国巨灾保险制度实施方案

产业链延伸·保险资金布局养老社区   *331*

- 中国养老产业进入发展窗口期　● 保险资金布局养老产业　● 整合资源赋能主业

Fintech 赋能保险业转型升级　　　　　　　　　　　　　　　*337*

- Fintech 的兴起给保险业带来新的曙光　● 中国平安的"科技＋金融"双驱动战略　● 中国人寿、中国太保、中国太平等走上科技赋能传统业务的转型发展道路

中国保险业改革开放 40 年成绩瞩目　　　　　　　　　　*340*

中国保险业自 1979 年国内业务复业后的 40 年取得了巨大的发展成就，根本上得益于国家实施改革开放政策带来的高经济增长所形成的物质基础和逐年扩大的保障需求，同时保险业也在国家从计划经济到市场经济的转变过程中发挥了风险管理、损失分摊、经济补偿、资金融通和社会管理的行业职能，成为改革开放时期中国社会的"稳定器"和经济的"助推器"。

中国保险业 40 年成绩巨大　　　　　　　　　　　　　　*340*

- 保险行业持续、快速发展，成长为全球第二大保险市场　● 从经济补偿到资金融通和社会管理再到服务国家治理体系，行业定位和职能显著提升　● 坚持市场化取向的改革与发展，由卖方市场转为买方市场　● 服务国家"入世"大局，率先对外开放，加快国际接轨　● 基于风险保障的金融功能不断扩大，服务经济能力增强　● 中介市场日趋发达，有利于解决社会就业和扩大保险供给能力　● 产品服务体系不断丰富，产品创新和费率市场化推动保险业供给侧改革　● 完善法律法规体系，行业发展日趋依法合规　● 建立偿付能力监管、公司治理监管、市场行为监管的现代保险监管三支柱体系　● 加快信息化、数字化建设，科技赋能推动行业转型、效能提升

保险监管的重要功能及监管历程　　　　　　　　　　　　*352*

- 世界各国保险监管机关　● 政府监管缘由　● 我国保险监管机关演变的三个阶段

行业自律组织　　　　　　　　　　　　　　　　　　　　*358*

- 中国保险行业协会

保险学术组织及专业刊物　　　　　　　　　　　　　　　*360*

- 中国保险学会　●《保险研究》　● 地方保险学会会刊

保险业专业组织   *362*

- 中国精算师协会   • 中国保险资产管理业协会

薪火相传·保险高等教育和职业教育   *364*

- 高等院校陆续开办保险专业   • 各家保险公司开展职业培训教育

日臻完善·保险业法律法规   *368*

- 2001年之前保险业法律法规屈指可数   • 2001年"入世"后保险业法律法规日臻完善

归纳小结
375

未　来
381

附　录
385

附录一　中国保险业里程碑（1801—2020）	*387*
附录二　保险行业术语 123 通解	*391*

巴黎圣母院的失火与重生（代跋）   *427*

参考文献   *433*

引言：电影里的保险史

历史上中国的三百六十行，没有保险这个行当。

《孙子兵法》开篇云："兵者，国之大事也。"一个行业的历史，对于从业者来讲，恰是关系到信仰的大事。只有对一件事物、对一个行业有信仰，才会产生持续的追求和热爱，生发忠诚心和奉献心，做好了就会油然而生事业与人生的成就感、欢喜感和价值感。生活中通常书读得多的人，显得博学而睿智，通晓历史的人，懂得以史为鉴而知兴替，能洞察世事的规律而不惑于纷繁的表象，看见事实的本质甚至预见未来。掌握一个行业的历史，可以更好地把握事物发展的趋势性规律并善于谋划未来的发展蓝图和实施路径，以行业过往的智慧经验和成败得失为鉴从容面对并处理可能的困难和障碍，以古为今用、洋为中用、集成应用的方法借势、借智、借力，向更高、更远的目标攀登和行进。

旧时学做木匠，师傅总要给学徒讲春秋时期鲁班的故事。鲁班乃一代名匠，发明了锯子、刨子、墨斗、曲尺、风箱、云梯，被尊称为木匠业的祖师爷，"班门弄斧"作为成语已然成为嘲笑或自谦技不如人的文化标记。鲁班的故事寄寓了精益求精的工匠精神，代表了高超极致的专业技能，承载着执着不弃的生命态度，甚至凝结成一种艺术审美和人生哲学，对于中式建筑和木制业者而言是一种高山仰止的信仰。

世人以扁鹊为医祖，奉华佗为神医，尊孙思邈为药王，称李时珍为药圣。扁鹊"望、闻、问、切"四诊法传世至今，华佗刮骨疗毒的故事脍炙人口，孙思邈悬丝诊脉成为美谈，李时珍尝遍百草著成《本草纲目》，他们都成为中华医学的骄傲，代表了妙手回春的高明医术，象征着药到病除的专业巅峰，寄寓着悬壶济世的救世精神。研习中医者，必知扁鹊、华佗、孙思邈和李时珍，并奉之为先贤、誉之为楷模、敬之为典范，以业精于勤的态度执着学习代代相传的切脉问诊方法和草药处方，方能达到医术精进而成良医。

世界上第一个发现地球是圆的人是古希腊伟大的哲学家亚里士多德，他师承柏拉图，是《形而上学》的作者，亚历山大的老师。然而世界历史上第一次通过远洋航海并科学实证地球是圆的人，则是于16世纪（1519—1522）率领船队完成人类历史上首次环球航行的葡萄牙探险家麦哲伦。在麦哲伦以前，哥伦布于1492年在西班牙女王伊莎贝拉的支持下，航海绕过大半个地球发现了美洲新大陆，达·伽马则于1497年奉葡萄牙国王的指令绕过非洲好望角到达印度大陆，开辟了东西方国际贸易的海上航线。他们的远洋航海，在当时那个驾驶木制风力帆船、没有卫星导航甚至也没有无线电通信的年代，需要克服恶风巨浪、触礁翻覆、海盗劫掠等风险和恐惧。这些早期航海家的传奇故事代表着一种无畏无惧的探险精神，对于致力于探索未知和未来的人们是一种高峰式的信仰和精神激励。

知晓和掌握保险的历史，对于保险的从业者和研习者十分重要。它不仅让人掌握所从事和学习的保险专业的起源和演进过程，更重要的是帮助人理解和认知保险这个行业在人类社会发展中的定位和意义，在经济金融体系中扮演的角色和专业职能，对个人、家庭的幸福、企业永续经营以及社会持续发展所起的不可替代的重要作用。保险是用来解决灾难和意外事故的制度安排,一个人面对灾难和意外事故时的态度和应对彰显了他真正的格局和底色。通晓和看懂保险的历史,认知保险的功用和意义,不仅能培养一个人对保险行业的热爱,甚至会影响和改变一个人对生命本质和意义的体认,提升一个人理解、连接世界的能力和生命参悟的境界。当然,对于不是保险业从业者和研习者的读者而言,看过本书后你将会真正明白和理解那份花了几千、上万甚至几十万元人民币买来,却一直躺在家中抽屉里从没认真看过的保险合同,它真正的价值和意义。

　　穿透现象看到事物的本质,能够帮助我们更清晰、深刻地认知世界,更好地经营我们的事业和生活。天才的汽车销售员从不认为自己在从事着卖汽车的生意,而是在为客户设计和提供更高阶生活方式的解决方案。**保险是建立在止损制度基础上的财富追求,是建立在底线思维基础上的繁荣追求,是建立在公平机制基础上的效率追求,是建立在均富思想基础上的共富追求**。亚当·斯密在《国富论》中认为,一个社会如果人人主观上追求私利而客观上服务他人,结果将有利于社会变得繁荣与稳定。保险作为一种商业化运行的高效社会机制,组织人们主观上应对自身面临的风险而付出预支成本或进行长期储蓄积累,以事先的财务安排客观上实现了人类社会不同主体在遇到自然灾害和意外事故时相互之间的共济互助,让不幸遭受损失或遭遇困境的组织和个人在弱势和困难阶段得到有尊严的经济帮助从而恢复贡献社会的能力或减少对社会救助的依赖,进而促进社会的创伤治愈能力和整体繁盛与发展。

　　俗话说:三百六十行,行行出状元。这个"三百六十行"是各行各业的一个统称,罗列出来也基本穷尽了中国古代社会的各个行业。有人从民俗文化的角度对此进行了梳理和考究,认为旧时的三百六十行里,有耕地、车水、卖花、养猪、打猎,有纺纱、织锦、刺绣、裁缝、修鞋,有木匠、瓦匠、石匠、修棕绷、弹棉花,有轿夫、邮差、更夫、纤夫、挑夫，有私塾师、师爷、书贩、游医、理发师，有说相声、唱戏、舞狮、卖武艺、踩高跷，有会计、当铺、钱庄、乞丐、殡葬，甚至还有刽子手、强盗、小偷、算命先生、媒婆等等。然而，数尽三百六十行，找不到保险这个行业。

中国古代社会，没有保险这一行。遇到灾害、事故、意外等不幸事件时，事后官府开粮仓赈灾，富人施钱舍粥，寺庙收济穷困，族人帮助救济，都是常见的应急救灾、帮穷扶困的社会行为。汉代的常平仓、隋朝的义仓、宋代的广惠仓，都是古代用于防灾赈济的仓储制度的代表。隋朝时官府设立的义仓，按人头和土地抽取粮食储存起来，专门用于赈灾，有点类似于今天的社会保险。然而在五千年的中华文明发展史中，并没有形成应对风险的商业运行的事先制度性安排，这或许和中国古代社会的政治体制、社会结构、地理环境和传统文化等因素都有关系。不论原因为何，事实和结果是商业保险制度没有在中国产生。

翻查中国古代的各种正史、野史，找不到有关保险这一行业的记载。能检索到的，是一些含义宽泛、体现保险思想的文字。比如《礼记·礼运》里讲："天下为公，选贤与能，讲信修睦。故人不独亲其亲，不独子其子，使老有所终，壮有所用，幼有所长，矜、寡、孤、独、废疾者皆有所养，男有分，女有归。"《礼记·王制》则主张"耕三余一"，即每年把三分之一的粮食储存起来，以应对歉收和灾荒之年。

先秦史籍《逸周书·周书序》记载，周文王"遭大荒，谋救患分灾，作《大匡》"。其中的"分灾"二字即分散风险、共担损失的意思，表示主张从全国范围来考虑分散灾害损失的方法。《逸周书·文传解》里讲"天有四殃，水旱饥荒，其至无时，非务积聚，何以备之？"墨子曾经说："必使饥者得食，寒者得衣，劳者得息。"荀子则提倡："节用裕民，而善藏其余……岁虽凶败水旱，使百姓无冻馁之患。"

这些表述，有的是对大同社会的愿景描绘，有的是智者或社会管理者面对可能发生的自然灾害而提出的应对思想，虽有大仁大爱，但是缺乏清晰的定义、主客体、制度及流程表述，没有形成具体的方法、举措、行动或工具，没有建立起风险管理和损失分担补偿的制度，难以认定为关于保险的专业记载或论述，被普遍认为是中国古代与保险相关思想的体现。

自然事物的出现，往往都是环境改变而导致主体进化、渐进演变的结果。社会性的制度、机制、流程、方法、工具，通常都是由于需要解决某个现实问题、满足某种需求而产生。单个事件孤立地看似乎不相关而有偶然性，串联、并联起来系统地观察往往会发现具有相关性和必然性。混沌学中的蝴蝶效应（butterfly effect）是指在非线性系统中，初始条件下微小的变化，往往会引起系统连锁反应，从而产生难以预料的后果，说明客观世界中的事物存在着普遍的关联性。有一首西方民谣，形象地演绎了这样一种现象：丢失一个钉子，坏了一只蹄铁；坏了一只蹄铁，折了一匹战马；折了一匹战马，伤了一位骑士；伤了一位骑士，输了一场战斗；输了一场战斗，亡了一个帝国。

看似不相关的偶然随机事件，最终造成了必然性的结果。

"前不见古人，后不见来者。念天地之悠悠，独怆然而涕下！"唐代大诗人陈子昂在《登幽州台歌》中抒发了人类独立于时空交错点上，忽而前瞻忽而后顾，上下求索而四顾茫然的心境。追本溯源和探索未来或许是人类避免恐惧的求知本能，探问来处、寻找去处或许是人们为了赋予生命以存在意义而自觉寻找坐标和参照。佛家用"从来处来、往去处去"顺势化解了人生难题，而对大部分尘俗中的人而言，学史、知史、鉴史而求索未来则是一种常态和方法。

作为保险的研习者、从业者或兴趣者，难免要叩问：我们的保险源于何处，又是怎样演变而来？如果保险没有在中国内生和传承，那么应该是外部传入，它又是从哪里、什么时候传入中国？它最初的发源地在哪里，后期又是怎样演变和发展的？传入中国以后，经历了怎样的历程才进化发展成今天的现代中国保险业？很多时候，潜意识隐约告诉我们智慧脱颖闪现于大量的知识之中，安全感来源于充分的信息获取和掌握。对保险历史的通晓会支撑我们学习、研究和从事保险的热忱，从而形成稳定的价值判断和持续的兴趣、热情及职业忠诚。

虽然《物种起源》（全称《论依据自然选择即在生存斗争中保存优良族的物种起源》）自 1859 年出版至今依然受到各种质疑和挑战，但是到目前为止似乎还没有新的理论在解释生命起源与演变方面全面颠覆、超越或者迭代覆盖达尔文的进化论。当达尔文最初告诉人们人类是由类人猿进化演变而来的时候，相信很多人难以接受智慧俊美的人类和满身长毛的猿类源于相同的祖先。

同样，如果有人告诉你，保险这样一种建立在大数法则和生命表基础上的互助共济、扶弱救困的科学制度，在最初产生和后期传播进程中和海盗、赌博、奴隶贸易、鸦片等扯上了关系，你可能会对此感到困惑不解甚至难以接受和不敢相信。但是，事物的产生和发展有其规律性，也有其出人意料的情节。即便如此，保险作为一项应对自然灾害和意外事故的有效社会机制依然瑕不掩瑜，或者我们可以因此而带着好奇和疑问来一探究竟。

《权力的游戏》 曾经获得 2015 年、2018 年全美艾美奖的美剧《权力的游戏》受到无数人的追捧。《权力的游戏》第五季第 8 集中的一段场景，生动地再现了欧洲中世纪时期海上保险的早期存在形式。

史塔克家族的小女儿艾莉亚·史塔克在其父亲——七国首相兼北境守护艾德·史塔史被谋害后流落民间，颠沛流离中历经千辛万苦一路寻找家人，中途侥幸逃脱羁押人"猎狗"的看守，乘船来到盐城的"千面之神"神庙找到"无面者"（Faceless Men），寻求帮助自己提升复仇的能力。在"无我训练"的测试中，艾莉亚化身为一个在运河边靠卖海鲜贝类维生的孤儿——拉娜,她推着单轮小板车来到旧衣贩码头叫卖牡蛎、蛤蜊和扇贝。在熙熙攘攘的码头转角处,拉娜看到了一个长者模样、守着摊铺的商人,商人旁边站着两名身材魁梧的保镖,摊桌上堆着许多银币和一架天平秤。这时有一个准备驾船出海的船长拿着一袋银币、一纸合约和一份航程图来找商人,商人看了航程图和合约后表示不能接受。虽然船长百般央求,但是商人依然表示了拒绝。如果商人接受了这份合约,表明他赌船长的船能够安全抵达目的地,商人就可以赢得船长交给他的那一袋银币,而如果船长的航船遇难倾覆或者遭遇海盗,则商人须按约定向船长的家属赔付数倍于那袋银币的一大笔钱。由于当时没有科学的计算和定价方法,商人只能凭自己的个人经验来决定接受或者拒绝,相当于商人和船长做了一个对赌。这个场景就是早期海上保险的雏形,那个商人就是保险人,船长就是投保人,船长的航船和货物就是保险标的,商人察看合约和航程图的过程就是核保的过程,商人接受合约就是同意承保,拒绝则相当于拒保。

一个无须回避的事实是:保险在最初萌芽的时候,由于缺乏经验数据的支撑、严谨的计算方法和相应的制度安排,确实有一点"赌运气"的性质。然而它是人们在面对个体无法承担的风险时,所能想到的最不坏的办法。

《卧虎藏龙》 著名华人电影导演李安执导的武侠大片《卧虎藏龙》荣获第73届奥斯卡最佳外语片奖。片中讲述一代大侠李慕白,托付红颜知己俞秀莲将自己的青冥宝剑送往京城,作为礼物赠予贝勒爷,以表达自己退隐江湖的决意。俞秀莲是江湖人称"铁翅雕"俞雄远的独女,人品好、武功高,在父亲开设的雄远镖局担任镖师。

很多人是从梁羽生、金庸的武侠小说中知道中国古代有镖局这样一种组织,像《倚天屠龙记》中的龙门镖局、《笑傲江湖》中的福威镖局、《书剑恩仇录》中的镇远镖局。金庸先生一共著有"飞雪连天射白鹿、笑书神侠倚碧鸳"及《越女剑》共 15 部武侠著作。正如宋代"凡有井水饮处，即能歌柳（永）词"，在 20 世纪 70、80 年代曾经流传"凡有中国人的地方就有金庸小说"的说法，可见其受欢迎的程度。

镖局又称镖行，是专门为人保护财物或人身安全的机构，主要业务是为支付费用的客户将贵重货物从一地运往另一地，一路上由镖局会武功的镖师护送。镖局的运费要高于一般运输，高出部分的费用相当于保险费。

历史上真实的镖局出现在明清时期，开山鼻祖据考是山西人神拳张黑五。镖局通常都有一个响亮的名号如振远、扬威、威武等，有一个武功扎实的镖师团队，一般与黑白两道都会有些交情，有的和一些江湖门派有来往，也有的和官府衙门暗通款曲，为的是押镖路上得到关照、畅通无阻，遇到难关有人撑腰摆平。清朝末年，北京前门一带设有较有名气的八大镖局：会友、永兴、义合、志成、正兴、同兴、源顺、光兴，其中以 1845 年道光年间成立的"京都会友镖局"最负盛名，会友镖局在张家口设有分号称"北会友"，在河北冀县设有分号称"南会友"，后来在东北和南方地区都先后设立了分号。

镖局主要的业务是走镖，就是负责押运。后来也有为官宦或富商守护住所，称为护院；有为经营贵重物品的店家夜间守卫，称为值更。早期由于交通条件不便，主要靠马车、运船等进行长途运输，为了避免贵重物品在运输途中被劫或被盗，货主往往需要委托镖局押镖运送，货主也因此需要支付比一般运输更高的费用。镖局押运货物使用的车辆，装货以后会插上镖旗，行进在路上让人一看就知道是哪家镖局的镖车。如果遇到拦路抢劫，镖师照例先要喊镖，让劫匪知难而退或给面子放行，如果喊镖无效，还可以用钱财疏通。如果"买路钱"也不奏效，那就只能武力相向，看谁能打过谁了。如果劫匪武功高强，镖师落败后弃货而逃，未能将货物按事先约定安全送抵目的地，镖局就要赔偿货主的损失。如果镖局将货物平安运抵目的地，收货人按镖单验收后，便在镖单上签注盖印，交给镖师带回。后来，走镖押送的标的物除了货物以外，扩展到重要信件、银两、银票、粮食和人身安全，形成了信镖、银镖、票镖、粮镖、物镖和人身镖六种镖，又通称为物镖、粮镖、人身镖三大镖系。

清光绪年间的《商务官报》中记载："中国所谓镖局，即一种运送保险业，往往自备器械，以御盗贼，亦间与盗贼通。查环球保险业，鲜有野于此者。"如果用现代的社会分工来看镖局的业务经营范围，其服务内容包含了运输、保安和保险三个业务领域。现在这三项职能分别由三个行业的组织承担：货物运输由物流公司经营，安全保卫由保安公司承担，而风险管理和经济补偿则由保险公司负责。2017年10月，申通快递发布公告称，拟联合圆通快递、中通快递、韵达快递等8家物流企业发起设立"中邦物流保险股份有限公司"，主要承保各类运输险、车险、财产险、责任险及意外险。物流公司发起设立保险公司，知晓历史的人自然就会想起曾经的镖局。纵然社会几经变迁，然而有需求就会有供给，前端的专业化分工服务后端统一于客户的需求。

艺术源于生活，用直观画像和故事情节映射出生活的本真和历史的逻辑。想要真正全面了解和掌握保险的历史，须以人类社会发展的整体历史为背景，以时间矢量为主向纵轴，以政治、经济、金融、贸易、技术、文化等为横向参照，以严格的定义和合理的逻辑编辑纳入保险史料为叙事基础，采用步步为营、层层推进的严谨导论方法，提纲挈领、按图索骥地去探寻历史的真实和本貌，从而更好地还原、记录、存储和应用好保险的历史。

保险对中国人而言是舶来品。

它于19世纪初随着英国对华贸易的商船经印度洋驶入南海，由英国商人在广州传入中国。当时的广州，是清政府开放海禁的四个港口城市中最大、最主要的海外贸易港口，也是各种海外贸易包括鸦片贸易交易最为集中和繁忙的港口。英国 1689 年资产阶级革命后确立了君主立宪制，并在西方国家中率先完成了第一次工业革命，逐渐成为全球资本主义的领导者，到 18 世纪后期伦敦已经发展成为全球著名的海上贸易和海上保险中心。闻名于世的伦敦金融保险区伦巴第人街，因地中海地区擅长做金融和保险的伦巴第人于 14 世纪开始陆续迁居聚集于此而得名。近代保险起源于海上保险，海上保险发端于地处地中海要冲位置的意大利。11 世纪末期，位于地中海沿岸的威尼斯、热那亚、佛罗伦萨等城市的海上贸易已经十分繁荣，并且开始出现具有现代特征的商业保险。1347 年，意大利商人乔治·勒克维伦签署了世界上现存最古老的保险契约；1384 年，在意大利诞生了标志着近现代保险制度产生的比萨保单。

我们将沿着时间矢量的路线溯流而上，寻找保险的起源。

世界保险史概略

古代保险萌芽

人类大历史的坐标系

人类早期的保险活动和制度建立散见于各种记载,有的西方城邦史中提到了关于保险的一鳞半爪,有的古代法典的部分章节里规定了有关损失分担的规则,也有的金融史籍在讲到某地金融中心形成和兴盛时期的活动内容时涉及了保险。

星星之火,非借势无以燎原。一个事物的产生和发展,直至终于形成规模或者成为一个行业,总是由点到面、逐步扩大,而且总是在一定的条件、环境和背景下发生、发展和发达。所以,要讲清一个行业的历史,必须把它放到人类大历史的坐标系中进行描述,透视它背后的政治、经济、社会、文化、技术、自然环境等结构化背景和非结构化元素,以呈现它的架构全貌和历史逻辑,赋予它特定时空的物质和精神意义,关键在于把握事物的一般原理、核心内容、主线脉络、标志性事件以及特定细节的描述。

按照通行的划分方法,世界历史分为古代、近代和现代。1689年英国资产阶级革命成功之前为古代,1689年至1917年俄国十月革命为近代，1917年以后为现代。

世界上亚洲、非洲、北美洲、南美洲、欧洲、大洋洲、南极洲七大洲之间，横隔着太平洋、大西洋、印度洋、北冰洋四大洋。在古代，最快的交通工具是陆地上的马或马车，以及河流和湖泊中运行的船舶。不同地域之间的物品交换和信息交流呈现低量、低频、低速和低效。这就造成很多的新事物在全球不同地区各自萌生发展，相互间缺乏交流、分享与竞争而导致进化缓慢，直到15、16世纪大航海时代的到来。

大航海时代之前，在地球上水系发达的陆地区域，包括幼发拉底河及底格里斯河流域、尼罗河流域、印度河及恒河流域、黄河及长江流域，孕育并发展着世界四大古文明：古巴比伦文明，古埃及文明，古印度文明，古华夏文明。它们各自在地球的不同区域内发展演变，并由此形成了古巴比伦、古埃及、古印度和中国四大文明古国。

追溯保险的古代萌芽

如果在全球版图上按着时间矢量反向溯流而上寻找有关保险的萌芽，最早可以追溯到公元前2500年的古埃及。想到埃及，我们眼前浮现的是一长条蛇形驼队在绵延起伏的沙漠中行进，不远处有金字塔在风沙中屹立不动，偶尔在风沙太大时的落日余晖中有金色的幻影浮动，亦梦亦幻，蜿蜒贯穿埃及全境的尼罗河静静地流淌着，它是世界上最长的河流。喜爱看电影的人们会联想到《埃及艳后》《蝎子王》《木乃伊》等经典影片。

埃及最有名的当然是金字塔、狮身人面像和木乃伊。古代埃及的统治者征用成千上万的石匠来建造法老的陵寝——金字塔。建造金字塔的工程周期长、参与人数众多，意外或疾病导致许多石匠在工程期间死亡。参加金字塔建造的石匠因此建立了互助基金组织，平时大家交纳会费，有人死亡时互助基金支付相关丧葬费用，为死者购置安葬的棺材并举办葬礼。这是目前有记载的关于保险的最早组织形式。

公元前 2500 年亚洲西部的美索不达米亚平原，地处幼发拉底河和底格里斯河两河流域，传说中是《圣经》所载伊甸园的所在地，意为"两条河中间的地方"，位于今天亚洲西部的伊拉克、伊朗、叙利亚一带。当时的巴比伦国王曾经命令僧侣、官员、村长等向其所管辖地区内的居民征收税金，用于救济遭受火灾和其他自然灾害，以及意外事故等不幸事件而陷入困境的人们。这种带有官方背景，通过强制收税来积累保障基金的方法可谓现代社会基本保险的雏形。古巴比伦王国是人类历史上最早的奴隶制国家，流传有最早的史诗、神话、药典和历书。

到了公元前 2000 年，海上贸易逐步兴起的地中海地区开始出现海上保险的萌芽。那个时期的地中海地区，包括爱琴海沿岸城市以及罗德岛一带就已经有广泛的海上贸易活动。当时在地中海开展海上运输贸易的商船在遇到海上飓风和巨浪险情时，为了避免商船翻沉导致船货全部损失，船长和船员会按照约定俗成的方法抛弃一部分船上货物，以使减重后的商船能够脱险并平安抵达目的地。海上运输途中为了船货共同利益而抛弃货物所致的损失由船主和各个货主分摊，形成了"一人为众、众为一人"（one for all，all for one）的损失分摊的民间惯例做法。这是关于共同海损分摊的最早记录。

公元前 18 世纪，汉谟拉比继承了巴比伦王国的王位并自称为"月神的后裔"。在汉谟拉比执政的 40 余年间（公元前 1792—前 1750 年），他励精图治，兴修水利、奖励商业，通过连年征伐统一了两河流域南部的美索不达米亚，使巴比伦成为一个幅员辽阔、中央集权的强大帝国。为了鼓励商业，使商队的骡马和货物在运输过程中发生的损失得到补偿，《汉谟拉比法典》中规定了共同分摊和补偿损失的条款。《汉谟拉比法典》规定，凡是沙漠商队运输货物途中，如果骆驼死亡、货物被劫或发生其他损失，经当事人宣誓并被证实无纵容或过失行为后，可以免除其个人责任，损失由商队全体给予补偿。《汉谟拉比法典》中还有条文规定，从事贸易的商人将货物委托销售商通过海船运往外国港口销售，如果销售商销货后顺利归来，则商人可以收取货物贸易一半的利润，如果销售商没有按时归来，或者归来时不能交付货款和利润，商人可以没收销售商的财产，甚至将销售商的妻子占据为债务奴隶，但是如果货物被证实是被强盗劫掠，则销售商可以免除债务责任。《汉谟拉比法典》的这些规定让我们看到了陆上交通工具险、货物运输保险以及海上保险的早期萌芽。

驿站

《汉谟拉比法典》

公元前1776年，古巴比伦第六位国王汉谟拉比颁布了世界上第一部比较完备的成文法典，也是最具代表性的楔形文字法典——《汉谟拉比法典》（The Code of Hammurabi）。法典包括序言、正文、结语三部分。序言列举和颂扬了汉谟拉比的丰功伟绩，正文282条律文对刑事、民事、贸易、婚姻、继承、审判等制度做了十分详细的规定，结语用华丽的语言歌颂了巴比伦和汉谟拉比的伟大。《汉谟拉比法典》原文被刻在一段高2.25米、上周长1.65米、下周长1.90米的黑色玄武岩石柱上，所以又被称为"石柱法"。石柱上端的浮雕雕刻的是汉谟拉比接受正义之神沙玛什授予王权权杖的场景，石柱下端用楔形文字刻写着《汉谟拉比法典》的铭文，共3 500行。浮雕石柱现存于法国巴黎卢浮宫博物馆亚洲展览馆。

从公元前18世纪的汉谟拉比王朝，用"保险"作为关键字按时间顺序向后搜索并横向扩展至亚洲东部，你看到的是公元前1000年古代中国长江流域上的运米航船。根据英国维克多·多佛所著《海上保险手册》的说法，在古代，中国长江流域的粮食商人在运输中经常采用"分舟运米"的方法，每一名货主将自己的货物分装在不同的商船上运送，如果一艘航船发生倾覆事故，就可以避免一名货主的货物全部损失的风险。这是一种通过将标的物进行物理分散从而避免在发生单一事故时遭受全部损失的风险分散方法，被认为是有关水险的最早萌芽实例之一。

沿着时间的矢量继续往前，从亚洲西部一路向西来到爱琴海的罗德岛。爱琴海东南部的罗德岛是地中海地区文明的起源地之一。罗德岛是希腊第四大岛，罗德港在公元前是爱琴海地区重要的商务中心港口。公元前916年，罗德岛的国王为了保证海上贸易正常进行、促进商业和经济繁荣，颁布法令规定：在海运航程中，当船舶、货物和其他财产遇到共同危险时，为了船货的共同安全而实施抛物、灭火或其他导致船东或货主利益受到损失的行为，由此所致的损失由包括船东、货主在内的受益方共同承担。此项共同海损原则被写入《罗地安海商法》："凡因减轻船只载重投弃入海的货物，如为全体利益而损失的，须由全体分摊归还。"虽然在海上贸易的运输中由于风险所致损失由船货各方共同承担在罗德岛及爱琴海地区具有约定俗成的传统，但这是历史上第一次将共同海损原则写入成文法，对于鼓励和促进海上贸易具有制度性的保障和激励作用，颁布后成为众所遵守的法律原则，后来被其他城邦和地区的海商法所参照沿用。

公元前800年，在地中海东部兴起了古希腊文明。古希腊文明的灿烂文化作为古典文化的代表，在西方乃至世界历史上都占有极其重要的地位，它的科技、数学、医学、哲学、文学、戏剧、音乐、雕刻、建筑、绘画都曾达到人类历史的巅峰，对后继的古罗马文明以至两千年后的欧洲文艺复兴都有深远的影响。古希腊的神话、《荷马史诗》、《伊索寓言》等文学作品流传后世，苏格拉底、柏拉图、亚里士多德、欧里庇得斯、埃斯库罗斯、索福克勒斯、毕达哥拉斯、赫拉克利特、德谟克利特等都是光照人类文明史的古希腊先哲。

上层建筑决定于经济基础，文化的发达仰赖于社会经济的繁荣。古希腊时盛行"船货抵押借款制度"，开展海运贸易的船主在急需用款时，会把船舶和船上的货物作为抵押品向当地商人抵押取得航海资金。如果船舶安全完成航行、抵达目的地港口，船主便归还贷款并支付较高的利息，如果船舶中途受损甚至沉没，按约定船主可以免除部分或者全部借款债务。船货抵押借款契约（bottomry bond），又称为冒险借贷，其中贷款人相当于银行家兼保险人，借款人相当于借贷者兼被保险人，船舶或货物相当于借贷抵押物和保险标的，高出普通利息的差额即溢价部分相当于保险费。这其实是一种"贷款＋保险"组合，被认为包含了海上保险的萌芽。后来随着海上国际贸易的兴盛和航海技术的发展，与大规模海上运输和海外贸易相配套的船货抵押借款活动大量增加，专业化社会分工的要求又促使船货抵押借款制度逐渐演变并分化成借贷和保险两个专业领域，成为银行业和保险业两大行业的早期雏形。

雅典娜神庙的猫头鹰在傍晚时分起飞，沿着地中海沿岸向西飞行，夕阳下强健的斯巴达武士正列队进行传统的军事训练，古罗马帝国的辉煌景象渐渐映入我们的视野。公元前753年，在意大利半岛中部兴起了古罗马文明，先后经历了"罗马王执政"（前753—前509年）、"罗马共和国"（前509—前27年）、"罗马帝国"（前27—476/1453年）三个历史阶段。至今依然屹立于罗马市中心的古罗马斗兽场遗址以及君士坦丁凯旋门、庞贝古城、万神庙等经典古罗马建筑，让人不禁追忆和浮想起恺撒大帝、屋大维、庞培、盖乌斯和共和国元老院的传说，世界各地的有名建筑中被广泛运用的罗马柱至今还在宣示着2 000多年前的古罗马文化对人类文明的影响。

在公元前260年以后的400年间，为了争夺地中海地区的霸权，古罗马和地中海西部强国迦太基之间爆发了三次大规模战争，史称"布匿战争"。在"布匿战争"期间，古罗马人为了解决军事运输问题，向商人收取24%～36%的费用作为后备基金，以补偿海运中因自然灾害和意外事故造成的船货损失，这被史学家认为是海上保险早期形式的一种。

在古罗马军队中，还曾有过带有宗教色彩的士兵互助团体，加入团体的士兵需要交纳会费，如果士兵在战斗中战死，由互助团体向其家属支付一定抚恤费，士兵在调至异地服役时互助团体给付一定的旅费，士兵终止服役时会退还本金。公元前133年，古罗马成立的共济组织——格雷基亚，向加入该组织的人收取100阿司和一瓶清酒，同时每人每月缴纳5阿司会费，积累起来成为组织基金。在会员死亡时，该组织向会员家属支付400阿司作为丧葬的补助费。古罗马时期还曾出现其他一些丧葬互助会组织，以入会者交纳的会费基金，支付会员死亡时所需的丧葬费用，后来还扩展到向会员遗属给付救济金。

以上种种，散见于各类记载，都是人们或者相关组织在社会生活生产实践中应对个体难以承受的灾害、事故或死亡、疾病、伤残等而产生的做法，源于解决现实问题的需要而进行风险分散和损失分摊，具有"鸡蛋不放在同一个篮子里"或"凑份子"的朴素保险思想，是特定人群或团体"抱团取暖"和"损失分摊共担"的风险管理方法，它们带有一定的保险特征、具有一定的保险功能，但是不具有建立在平等契约基础上的制度化行为规范，也没有数理统计作为保费收取或定价的科学基础，还不是真正意义上的商业保险，可以统称之为保险的早期萌芽。

近代保险起源

近代保险源于海上保险

近代商业保险产生的基础是工商业的发展、财富集聚于城市和货物运输贸易的兴起。大量、高频的商品交换和货物运输产生了海上及内陆运输风险的分摊补偿需求，财富大量积聚于城市、制造业的兴盛带来的火灾频发风险启发人们建立了火灾保险制度，而大量离开乡村、进入城市的人们需要一种不同于农耕社会的解决生老病死保障的制度。近代商业保险被公认为起源于海上保险，海上保险则发端于11世纪末期的地中海地区，处于地中海交通要冲位置的意大利则历史性地成为海上保险的发祥地。

> **背景字幕**
>
> 公元1045年前后，北宋毕昇发明活字印刷术。
>
> 公元1054年，基督教分裂成罗马天主教和东正教。
>
> 公元1069年，北宋王安石开始实施变法。
>
> 公元1096年，欧洲第一次十字军东征。1147年，第二次十字军东征。1189年，第三次十字军东征。

近代商业保险起源于海上保险。公元 11 世纪以后，西欧许多有专门手艺的手工业者聚集到交通要道、渡口或教堂、城堡附近开设作坊，收徒、雇佣、合伙等形式出现并日益普遍，商人们也在这些地方进行集市交换和商品买卖，有钱的商人把钱借给别人收取利息，以工商业为中心的城市开始出现，并且城市规模和人口数量逐年扩大，城邦之间的各种贸易逐渐频繁、数量不断增加，早期的资本主义生产关系在城市兴起中渐渐萌芽和发展。11 世纪末期，在经济繁荣、海上贸易相对发达的意大利北部城市像热那亚、佛罗伦萨、威尼斯等地，就已经开始出现类似现代形式的海上保险。海上运输是当时地中海沿岸各个国家或城市之间进行贸易往来的主要运输方式，海运过程中货主和船东需要面对海上飓风、巨浪等恶劣气候导致的船舶倾覆和货物损失，还要应对猖獗的海盗抢劫以及船舶碰撞等意外事故，因此在出航前找一个有实力、有信誉、有经验的商人，通过支付一笔钱来获得一旦船舶在海上遇险遭受损失可以得到经济补偿的承诺，成为一种有买方需求和卖方供给的市场交易。市场上渐渐出现了专门收钱后承诺出险时赔偿的商人。当然，由于缺乏数据积累和科学的计算方法，事先支付的钱（保险费）由买方或卖方凭借个人经验或惯例相互约定，带有一定的投机和对赌性质。

> **背景字幕**
>
> 公元 1201 年，地中海东部发生史载死亡人数最多的大地震，造成约 110 万人死亡，埃及和叙利亚伤亡最多。
>
> 公元 1202 年，欧洲第四次十字军东征。1217 年，第五次十字军东征。1228 年，第六次十字军东征。1248 年，第七次十字军东征。1270 年，第八次十字军东征。1271 年，第九次十字军东征。
>
> 公元 1206 年，铁木真建大蒙古国，称成吉思汗。
>
> 公元 1215 年，英国国王签署《自由大宪章》。

> 公元 1275 年，意大利商人马可·波罗抵达元上都。
>
> 公元 1279 年，忽必烈灭南宋。
>
> 公元 1299 年，奥斯曼土耳其帝国建国。

13—14 世纪，地中海沿岸各国是当时世界上海上贸易最为活跃的地区，地中海东岸是东西方贸易的中转站，亚洲的丝绸、香料、瓷器等物品一路由阿拉伯人经印度洋、红海运到非洲埃及，另一路经中亚、波斯湾运到黑海或地中海东岸，然后再由意大利的威尼斯和热那亚的商人转销到欧洲各地，威尼斯人和热那亚人因此获得了大量的贸易利润和巨大的商业声誉，这不仅大大提高了他们在地中海地区的地位和影响力，也使他们的商业传统得到加强和发扬，意大利因其在地中海的交通要冲位置以及当时欧洲海上贸易中心的地位而成为海上保险的发源地。英文中 policy（保险单）一词即来源于意大利文 polizza。进入 14 世纪以后，伴随着新航路的开辟和海上贸易的蓬勃兴起，海上保险逐渐在西欧各国和地中海地区广为流行，并向着商业化和专业化的方向演变和发展。1310 年，在荷兰的布鲁日成立了最早的保险商会，商会的主要职能是协调海上保险的承保条件、费率和争议处理等。

世界上现存最古老的商业保险契约 1347 年，意大利商船"圣·科勒拉"号运送一批贵重货物由热那亚到马乔卡。因为担心途中可能遇到海上飓风、暗礁或者海盗抢劫等意外事故，"圣·科勒拉"号的船长找到意大利商人乔治·勒克维伦，双方约定船长预存一笔钱在勒克维伦那里，如果 6 个月内商船顺利抵达马乔卡，这笔钱就归勒克维伦所有，如果商船因海上事故或者其他意外而未能将货物送达目的地，勒克维伦将承担赔偿船上货物损失的责任。这是世界上第一份有记载的商业保险契约，但是由于契约上没有明确列示契约签发人（即保险人）应承担的各项具体责任，它还不能称为真正意义上的现代保险单。作为世界上现存最古老的保险契约，它至今仍被收藏在热那亚的国立博物馆。

> **背景字幕**
>
> 公元1337年，英法百年战争爆发。
>
> 公元1347年，被称为"黑死病"的鼠疫席卷整个欧洲，至1353年夺走了2 500万欧洲人的生命，被称为"欧洲中世纪大瘟疫"。

标志近现代保险诞生的保险单——比萨保单 1384年，世界上诞生了被认为是人类历史上第一张符合现代保险合约标准的、真正意义上的海上保险的保险单。这张保险合约承保从法国南部阿尔兹运输到意大利比萨的一批货物，合约上载有明确的保险标的和具体的保险责任，如"海难事故，其中包括船舶破损、搁浅、火灾或沉没造成的损失或伤害事故"。当时还没有印刷的格式化合同文本，商业合约都有专门的"撰状人"起草。这份保险合约被公认为是世界上第一份具有现代保险合同特征和真正意义上的保险单，被称为"比萨保单"，它是具有现代意义特征的保险诞生的标志。比萨，就是1590年伽利略在比萨斜塔上做过著名的"两个铁球同时落地"试验的那个意大利中部城市。

> **背景字幕**
>
> 公元1405年，郑和率船队经印度洋到达印度、阿拉伯半岛和东非。
>
> 公元1424年，明成祖朱棣的皇太子朱高炽即位，大赦天下，诏以明年为洪熙元年。
>
> 公元1453年，奥斯曼土耳其攻占君士坦丁堡，东罗马帝国灭亡。

1424年，世界上第一家海上保险公司在意大利热那亚成立。海上保险（marine insurance）作为一门生意由企业组织在市场上专门经营，海上保险合约也成为一种独立商品在市场上进行交易。海上保险以海上财产如船舶、货物以及与之有关的利益包括租金、运费等作为保险标的，保险人和投保人经过协商订立合约，在投保人交纳保险费后，保险人对由自然灾害和意外事故所造成的合约规定范围内的船货损失和相关利益损失给予经济补偿。海上保险为大航海时代以及后期的海上贸易的发展与繁荣起到了重要的保障和推动作用，并且在海上贸易中加入保险成为欧洲各国国际贸易的重要商业传统。

驿站

欧洲文艺复兴（Renaissance）

14—16世纪，伴随着欧洲资本主义的萌芽与发展，在欧洲发生了一场反映新兴资产阶级要求的思想文化运动。文艺复兴最先在意大利各个城市兴起，重要的中心有威尼斯、热那亚、米兰、那不勒斯、罗马，以后逐渐扩展到欧洲各个国家和地区，16世纪时期达到顶峰。文艺复兴推动了欧洲人文艺术的繁荣，产生了一大批影响后世的杰出人文主义艺术家、哲学家和科学家，包括《神曲》作者但丁、《十日谈》作者薄伽丘、《蒙娜丽莎的微笑》绘画者达·芬奇、文学巨匠莎士比亚、著名雕塑家米开朗琪罗、《堂吉诃德》作者塞万提斯、天文学家哥白尼、作家蒙田等等。"文艺复兴"是一场伟大的思想解放运动，它是欧洲新兴资产阶级的人文主义和科学精神对封建神权和宗教统治的反判和冲击。14—16世纪时意大利的人文主义作家和学者认为欧洲文艺在古希腊和古罗马时期就已经达到高度繁荣，但在中世纪的"黑暗时代"衰败湮没了，直到14世纪以后才获得"再生"与"复兴"，因此称之为"文艺复兴"。"文艺复兴"与宗教改革、启蒙运动并称为欧洲三大思想解放运动。

15—16世纪，西欧各国不断进行海上探险并建立起国际、洲际新航线，国际贸易范围快速扩大。1492年，哥伦布率领西班牙船队横渡大西洋发现美洲新大陆，开辟了欧洲驶往美洲的新航线；1497 年，达·伽马率领葡萄牙船队绕过南非好望角到达印度，打通了欧亚贸易的海上通道。西班牙和葡萄牙在 15、16 世纪成为拥有海上霸权的海上贸易强国。世界海上贸易中心遂逐渐由地中海地区转移至大西洋沿岸，原来聚居于地中海地区、善于经商的伦巴第人逐渐移居到英国并继续从事海上贸易，同时把海上保险带到了英国的伦敦金融市场。

> **背景字幕**
>
> 1492 年，哥伦布横渡大西洋，发现美洲新大陆。
> 1497 年，达·伽马绕过好望角，到达印度。

1568 年 12 月 22 日，经伦敦市市长批准，商人托马斯·格雷哈姆在英国创办成立了伦敦皇家交易所（Royal Exchange）。伦敦皇家交易所逐渐发展成为英国的商业中心，为当时日益兴盛的海上保险提供了交易场所，取代了伦巴第商人迁徙至伦敦后沿袭下来的一日两次在露天广场交易的习惯。206 年后的 1774 年，劳埃德咖啡馆迁入皇家交易所并组建成立了劳合社，劳合社后来成为全球最有影响力和权威性的国际保险组织。

> **背景字幕**
>
> 公元 1543 年，哥白尼的《天体运行论》出版。
> 公元 1517 年，马丁·路德发表《九十五条论纲》，拉开宗教改革序幕。
> 公元 1519 年，麦哲伦开始环球航行。
> 公元 1588 年，英国击败西班牙无敌舰队。
> 公元 1592 年，日本丰臣秀吉入侵朝鲜。
> 公元 1598 年，明帝国击败日本。

国家与国家的政治、经济利益产生重大冲突而无法调和解决时往往就会爆发军事冲突，并且由战争的结果重新划定双方或多边的格局。1587年，日渐崛起和对外扩张的英国与老牌帝国西班牙爆发战争，最终英国于1588年打败了西班牙无敌舰队获得胜利，由此取代西班牙成为海上贸易和具有海上航运全球优势的强国。1575年，英国女王特许伦敦皇家交易所内建立保险商会，专门办理保险单的登记等事宜，并参照安特卫普法令和交易所惯例制订了伦敦皇家交易所标准保单格式和规则。1689年，英国资产阶级革命获得成功以后，英国国内资本主义的发展进入快车道，为了获取更多的生产资源和通过国际贸易谋利，英国加快了海外贸易扩张和海外殖民，逐渐发展成为全球贸易和海上航运方面具有垄断优势的大国，被称为"日不落帝国"。18世纪后期，英国成为世界海上保险的中心，今天伦敦的保险中心伦巴第人街就是因当时来自意大利伦巴第的银行家和商人聚居而得名。

驿站

伦巴第人街与伦敦金融城

自14世纪起，来自意大利北部伦巴第地区的银行家和商人陆续在伦敦泰晤士河北岸的一条大街上设立商行，主要经营贷款业务，成为英格兰银行业的先驱并奠定了金融业的基础，这条大街被命名为伦巴第人街。后来，英格兰银行、各大商业银行的总行、商人银行、外国银行的分行、贴现行、证券交易所、保险公司、专营海上保险的劳合社，以及黄金、外汇和商品市场，都集中开设在这条大街及其附近一带总面积不到2.59平方千米的区域内，形成了举世闻名的"伦敦金融城"。伦巴第人街是英国现代金融体系的发源地和象征。

1720年，英国国王特许成立皇家交易保险公司和伦敦保险公司，并通过颁布法令规定除个人保险人以外,其他任何公司或合伙组织不得经营海上保险业务。直到1824年,英国议会撤销了其他公司或合伙组织不得从事海上保险的禁令,结束了这两家公司100多年垄断英国海上保险市场的格局。

在海上贸易不断扩张的过程中,海上保险的合约条款、承保责任、费率厘定、定损理赔、争议处理以至适用法律法规等都在商务实践中不断地发展和完善。海上保险的业务范围从早期的承保船舶和运输货物,逐渐增加发展为四个种类:海洋货物运输保险;船舶保险;运费保险;船东责任保险。此外,后期随着海上石油勘探和开发,海上保险又增加了石油开发保险,承保海上石油开发风险,保险期间覆盖石油勘探开发的整个周期,可以长达十余年。

海洋货物运输保险作为海上保险最主要的险种,按照承保的保险责任分为三个主要险别:平安险(FPA),承保由自然灾害导致的保险货物全部损失和意外事故导致的全部损失和部分损失,以及合理的施救费用、共同海损牺牲、救助费用等;水渍险(WPA),在平安险责任基础上增加由自然灾害导致部分损失的赔偿责任;一切险(AR),除平安险和水渍险的所有责任外,承保保险条款中除外责任以外的一切外来原因所造成的损失。

驿站

共同海损牺牲

共同海损牺牲(general average sacrifice)指为使同一海上运输航程中涉及的财产脱离共同面临的危险而有意并合理地做出的特殊牺牲。在海上运输过程中,同一航程中的船舶、货物和其他财产在遭遇共同危险(比如船舶因意外事故搁浅)时而实施抛货、砍断桅杆或锚、使用机器起浮船舶、将载运货物用作燃料等措施,由此为了船货共同安全而采取有意的、合理的措施所直接造成的损失将由受益方按比例分摊承担。

除了主险责任，还增设有附加险以扩展和补充保险责任，包括一般附加险和特别附加险。一般附加险包含偷窃险、提货不着险、淡水雨淋险、短量险、渗漏险、混杂玷污险、碰损破碎险、串味险、受潮受热险、钩损险、包装破裂险、锈损险等 11 项责任，这些责任在一切险中已被覆盖。特别附加险包含交货不到险、进口关税险、舱面险、拒收险、黄曲霉素险、卖方或有责任险、罢工险、海运战争险等。

驿站

黄曲霉素险

黄曲霉素是一种带有毒性的物质，发霉的花生、大米经常含有这种毒素，当这种毒素的含量超过进口国规定的限制标准时，就会被进口国拒绝进口、没收或强制改变用途。黄曲霉素险（aflatoxin risk）就是承保货物的这类损失，该险别实际上是一种具体针对黄曲霉素的拒收险，属于 I.C.C 条款（英国协会条款）中的特别附加险。

海上保险在长期的发展实践过程中，在争议的处理和协商解决以及规则制订中，逐渐形成了一系列保险当事人和关系人所共同遵循的基本原则，包括损失补偿原则、可保利益原则、近因原则、最大诚信原则、代位求偿原则等，后来这些原则成为世界各国海上保险的通用原则，并被写入各国的海商法和保险法律。

1666 年伦敦大火与现代火灾保险应运而生

如果说海上保险的产生适应了中世纪欧洲人在海上贸易和运输兴起

过程中应对各种风险的需要，火灾保险产生的基础则是生产力提高后大量财富积聚于城市，火灾可能造成的灾难和财产损失引发人们进行风险防范的需求，对灾后重建资金的来源产生了制度性的需求。火灾保险的诞生略晚于海上保险。根据现有的记载，火灾保险的最早记录可以追溯到12世纪初的冰岛。16世纪末期，在德国成立了许多火灾救助协会为会员提供灾后重建资金。真正具有现代特征的商业火灾保险则诞生于1666年那场举世闻名的伦敦大火灾之后。

火灾保险（fire insurance）简称火险，指以存放在固定场所并处于相对静止状态的财产物资为保险标的，投保人与保险人签订保险合同，由保险人承担保险财产遭受火灾及其他自然灾害和意外事故导致损失的赔偿责任的一种财产保险。火灾保险最初主要承保火灾、爆炸等事故所致损失责任，后来逐步扩展到雷电、暴风暴雨、洪水甚至地震等，它早期是与水险（海上保险）相对的一种传统保险。火灾保险保险标的范围包括房屋及其他建筑物和附属装修设施，各种机器设备、工具、仪器及生产用具，管理用具及低值易耗品、原材料、半成品、在产品、产成品或库存商品和特种储备商品，以及各种生活消费资料等。市场价格变化大、保险金额难以确定、风险较特别的财产物资如古董、艺术品等，则需要经过特别约定的程序才可以进行承保。火灾保险的除外责任主要包括：战争、军事行动或暴力行为、政治恐怖活动；核爆炸、核污染；被保险人的故意行为；各种间接损失；因保险标的本身缺陷、保管不善而致的损失，以及变质、霉烂、受潮及自然磨损等。

根据现有记载，火灾保险源于1118年冰岛设立的黑瑞甫社（HREPPS），该组织对火灾及家畜死亡导致的损失给予经济补偿，这是火灾保险职能开始出现的最早记录。冰岛由于人口较少，冬季气候寒冷、冻灾频发，常常造成人口死亡、畜牧业减产，人们必须相互依靠、结成互助组织，有效地集中人力、物力、财力，救济鳏寡孤独，保障人们度过寒冷的冬季。10世纪基督教传入冰岛以后，冰岛人深受基督教慈善博爱思想的影响，国王为了使民众相互团结、互帮互助，在颁布救济穷人法律的基础上，于1118年将全体冰岛人分成若干互助区，互助区兼具世俗和宗教双重性质，既是行政区也是教区。这些互助区被称作"黑瑞甫"。"黑瑞甫"是斯堪的纳维亚语，原义为"一块份地或者自由地"。每个"黑瑞甫"的民众推举出一位治安官，治安官在该区主教的配合下负责管理辖区内的大小事务。互助区民众集资建立互助财库，治安官负责向富裕农民征收济贫税纳入互助财库。如果互助区内有人家里发生火灾，全区民众必须积极参与救助，经统计损失金额和全区民众代表商讨，由互助财库支出部分资金用于补偿受灾人家的经济损失，体面地安葬火灾中死亡的居民，并帮助失去家园的居民重建房屋。"黑瑞甫"后来成为冰岛互助救济组织的代称。"黑瑞甫"比行会组织涵盖的成员更加广泛，互助内容不仅限于邻里之间的防火防盗、丧葬互助，还涉及分担和抵御火灾损失、家畜冻灾损失，协助组织成员司法审判等各个方面。

> **背景字幕**
>
> 公元1127年，北宋覆亡。康王赵构称帝，史称南宋。
>
> 公元1147年，欧洲第二次十字军东征。
>
> 公元1159年，日本发生平治之乱。
>
> 公元1167年，英国牛津大学成立。
>
> 公元1189年，欧洲第三次十字军东征。

16、17世纪，德国的啤酒和烧酒酿造技术已经世界领先。德国啤酒业规定只能用麦芽、水、啤酒花、酵母生产啤酒的"1516德国啤酒酿造法"成为德国啤酒品质和口感良好的保证。由于酿酒厂需要储存大量粮食，而酒又属于易燃物品，因此酿造业发达的德国在当时成为火灾多发的国家。1591年，德国汉堡的酿造业发生一起火灾造成重大损失，灾后汉堡成立了一家"火灾救助协会"，协会的章程规定交纳会费加入协会的会员遭遇火灾后可以获得重建房屋的资金，该协会还为会员提供用自有建筑物作担保进行融资的业务。17世纪，酿造业遍布德国各地，加上火灾频繁发生，德国各个地区在17世纪以后成立了许多互助性质的火灾救助协会，为会员提供灾后经济补偿和重建资金。

1676年，德国汉堡的46个火灾救助协会召开会议，合并成立了世界上第一家公营火灾保险局。合并后的火灾保险局对火灾保障的能力大幅提高，成为公营火灾保险的开端。此后，德皇颁布诏令在全国推广这个做法，要求各个城市的火灾救助组织都必须联合起来，成立市营火灾保险局。后来，又在全国范围内实施了强制火灾保险条例，公营强制火灾保险由此在德国兴起。

1666年9月2日，伦敦市的约翰·法里诺面包店不慎起火，大火整整延烧了五天五夜，伦敦全城被烧毁一半以上，包括87间教堂、44家公司以及13 000间居民房屋尽被焚毁，20万人无家可归，直接财产损失超过1 200万英镑。经过此次大火导致巨大损失的教训，英国人特别是伦敦居民对于火灾的风险意识大幅提升，在"谈火色变"的背景下，专门应对火灾风险的火灾保险应运而生。

伦敦牙科医生尼古拉斯·巴蓬在伦敦大火后，以敏锐的社会观察和商业嗅觉发现了开展火灾保险的商机。他于1667年在伦敦组织创办了一家房屋火灾保险行，这是全世界第一家专营房屋火灾保险的私营商行。这家保险商行没有采用以往无差别地按统一标准收取保险费的方法，而是按照房屋的结构和危险情况适用差别费率收取保险费，这种差别费率的定价方法因其合理性而一直被沿用至今。1705年，巴蓬经营的这家私营保险商行正式更名为凤凰（Phoenix）火灾保险公司。

据记载，尼古拉斯·巴蓬还首倡建立了保险公司自己的消防队，对保险公司已承保的房屋在外墙上悬挂上火险标志，以表明这些投保了火灾保险的房屋在万一出现火警时将会及时、优先得到消防救助。这种方式促进了保险公司火灾保险业务的发展，其他保险公司也起而仿效。后来，伦敦各保险公司所属的消防队在1833年合并为消防总队，形成了火警消防力量的联合和资源共享。1866年以后，消防总队归属伦敦市政府管辖，公共消防事业由此产生并得到发展。尼古拉斯·巴蓬也被称为现代保险之父。

> **背景字幕**
>
> 1665年5月20日，牛顿提出"流数法"。
> 1666年8月15日，耶稣会传教士汤若望在北京去世。

此后，以经营火灾保险为主要业务的保险公司相继成立。1710年，伦敦保险公司成立，公司接受不动产以外的动产火灾保险，营业范围扩展至英国全境。1714年，联合火险公司成立，它在承保中确定费率时除实行砖造和木制建筑有所差别以外，还依照投保建筑的地理位置、财产类型、使用目的等实施风险分类，使火灾保险费率计算方法的科学性又提高了一大步，定价更趋合理。美国独立战争以前，北美英属殖民地与英国的往来就已十分频繁，英国的许多制度创新很快在美国得到效仿与实施。1725年，本杰明·富兰克林在费城创办了美国第一家火灾保险社；1736年，美国第一家消防组织成立。

驿站

本杰明·富兰克林

本杰明·富兰克林（Benjamin Franklin，1706—1790），出生于马萨诸塞州波士顿，美国著名的政治家、科学家、哲学家和发明家。他同时也是出版商、印刷商、记者、作家和慈善家。他是美国独立战争时重要的领导人之一，参与起草并签署了《独立宣言》《1783年巴黎条约》《美国宪法》，曾出任美国驻法国大使，争取到法国支持美国独立。他发明了避雷针，最早提出电荷守恒定律，被选为英国皇家学会会员。他曾是美国首位邮政局长，出版了费城第一份报纸《宾夕法尼亚报》，创办了美国第一家火灾保险公司。本杰明·富兰克林是美利坚合众国的开国三杰之一，被美国的权威期刊《大西洋月刊》评为影响美国的100位人物第6名。美国人民为了纪念本杰明·富兰克林，面值100美元的纸币上印着他的头像。

18世纪末到19世纪中期，资本主义经济发展带来了物质财富的快速积聚，客观上增加了对火灾保险的需求，尤其是城市化进程为火灾保险以及后期的财产保险的发展提供了物质基础和风险保障需求。19世纪以后，股份制火灾保险公司在欧洲和美洲大量出现，火灾保险承保的责任范围也日益扩大，包括洪水、风暴、地震等非火灾风险都列入保险责任范围，保险标的物也由房屋及其他建筑扩大到各类固定资产，以及各种机器设备、仪器工具、原材料、半成品、产生品、库存商品等，逐渐发展成包括保险人、被保险人、保险标的、保险条款、费率厘定、理赔规则、适用法律等要素齐全的近现代火灾保险。

大航海时代的黑奴贸易商船上诞生的人身保险

1492年8月3日，哥伦布奉西班牙国王的命令，带着准备递交给印度君主和中国皇帝的国书，率领船队从巴罗斯港扬帆起航，意图横渡波涛汹涌的大西洋，登上印度大陆和中国领土。经过70天昼夜不断的航行，哥伦布最终登上的陆地却是美洲新大陆，这是"有心栽花花不开、无心插柳柳成荫"故事的大航海版本。虽然哥伦布前后四次远渡重洋并到达了美洲的各个海岸，但在他去世之前一直认为自己到达的目的地是印度大陆。哥伦布发现美洲新大陆对人类世界后来的发展影响巨大。

哥伦布出生于热那亚，1467 年移居葡萄牙，曾向葡萄牙国王建议率船向西航行探索通往东方印度和中国的海上航路，但是未得到葡王采纳。1485 年，哥伦布移民至西班牙，经过游说终于获得西班牙国王的支持，带领船队横渡大西洋。西班牙国王派遣哥伦布横渡大西洋的原因之一是为了与葡萄牙争夺海上霸权和世界资源，另一个重要原因是西班牙为了对抗来自欧洲东部伊斯兰宗教扩张压力而需要寻求印度和中国作为盟友。当时《马可·波罗游记》中记载的关于中国和日本的财富神话在欧洲广为流传，对黄金、香料、珠宝、丝绸等的向往引发了欧洲人远航探险的热情。哥伦布发现美洲新大陆后返航回到西班牙，宣称已经找到了通往印度和中国的航道，整个欧洲为之轰动。他受到了西班牙国王的礼遇并受封为西班牙贵族。此后，哥伦布又先后三次率船远航，但是未能从尚未开发的美洲带回原本产自中国和印度的丝绸、瓷器、茶叶、香料。后来，欧洲人最终确认哥伦布到达的是美洲新大陆，于是开始了欧洲人殖民美洲的历史。

尤瓦尔·赫拉利在《人类简史》中写道："从 16 世纪到 18 世纪，欧洲征服者引进数百万名非洲奴隶到美洲做矿奴或农奴。"16 世纪初，西班牙人为了开垦在美洲的殖民地，从 1502 年开始把非洲黑人大批运入美洲。1526 年以后，英国人、荷兰人、丹麦人也陆续开始从事奴隶贸易。此后，黑奴贸易和黄金贸易、象牙贸易一样成为当时很多欧洲冒险家和商人牟利的大宗买卖，殖民者把非洲黑奴运往美洲的数量大幅增加。由于当时运输条件恶劣，途中食物和淡水匮乏，加上还有传染病、海难等原因，有接近三分之一的黑奴会死于运输途中。贩卖黑奴的商人为了减少利益损失，将运输途中的非洲黑奴当作货物向保险人进行投保，如遇到意外事故或人身伤害，由保险人进行经济赔偿。由此产生了以黑奴的生命和身体为保险标的的人身保险的早期形式，到后来船长和船员也被纳入被保险人的范围，船上人员人身保险也成为海上保险除了船舶和货物运输保险外的组成部分。

15—17世纪，欧洲大陆各地已经开始盛行一些类似人身保险的制度比如公典制度、基尔特制度、佟蒂法年金等，这些制度对后期人身保险的发展产生了重要影响。

公典制度　盛行于15世纪后半期的意大利中北部，参与该制度的存款人生存至约定年龄或约定事件（比如结婚）发生，存款者可以领取数倍于存款金额的资金，如果约定的条件不成立，比如未能生存至约定年龄或到了规定的年龄而没有结婚生育等，则缴存的金额归公典所有。公典制度的参加对象主要是在个人重大事项发生时需要资金而个人收入低下的工人、商人及一般平民。

基尔特（Guild）制度　盛行于17世纪的德国北部，是一种专门为职业相同的会员及其配偶的死亡、年老、疾病或遭受火灾、盗窃等不幸事件提供金钱救济的相互救济制度，这种制度分为商人基尔特和工人基尔特两种。后来，英国在基尔特制度的基础上发展成立了"友爱社"组织，对于社员如何缴纳社费以及相互救济的项目和范围等都制订了更加具体明确的规定。

佟蒂法年金制度　该制度是由意大利银行家洛伦佐·佟蒂（Lorenzo Tonti）设计的联合养老保险办法，形式相当于一次缴费分期领取的年金，但它未经过科学计算，还不是真正意义上的年金。佟蒂法年金制度规定认购者一次性向国家缴付一笔资金，认购人按年龄分为14个族群，对年龄高的族群多付利息，当有认购人死亡时，利息总额在该群生存者中平均分配，当该群认购人全部死亡后停止付息。佟蒂法可以用于为国家筹集资金。1689年，法国国王路易十四采用该制度，以每人缴纳300法郎筹集到140万法郎战争经费。

1536年，英国出现了迄今为止有记载的世界上第一份人寿保险合同。英国保险商人马丁于1536年6月18日，承保了被保险人为吉明的一份人寿保险，保险金额为2 000英镑，保险期限为12个月，保险费为80英镑。结果吉明于1537年5月29日死亡，受益人向马丁申请按保险合约给付2 000英镑保险金。但马丁认为按照英国当地历法每个月28天计算，该份人寿保险已于公历5月20日期满，因此拒绝给付保险金；受益人则认为按照公历历法12个月计算，吉明死亡时还处于保险期间内。于是双方诉至法院。法院审理后认为应做出有利于被保险人的解释，判决马丁向受益人如数支付保险金。此后，这一判例被欧洲各地的法院在审理同类保险案件时广泛引用，当保险合同条款发生争议时应做出有利于被保险人的解释这一原则也逐渐被世界各国的法律所接受。

背景字幕

公元1601年，英国女王伊丽莎白一世颁布了第一部有关海上保险的法律《涉及保险单的立法》，并批准在保险商会内设立仲裁庭以解决海上保险相关的纠纷案件。

公元1688年3月，"劳埃德咖啡馆"在伦敦开业，成为世界著名保险组织劳合社的前身。

公元1689年6月，英国议会通过《权利法案》，以法律形式确立了议会高于王权的政治原则，标志着英国确立了君主立宪制。

公元1689年9月7日，清朝与俄罗斯签订《尼布楚条约》。

驿站

哈雷生命表

17世纪初，欧洲产生了关于生命表和生命年金的理论。当时英国伦敦一度流行疫病，各个教区每周按规定公布死亡人数。英国数学家约翰·格兰特（John Graunt）对各教区公布的死亡人数记录进行研究，于1662年发表了关于生命表思想的论文。荷兰数学家约翰·德·威特（John De Witt）认为当时的年金定价不合理，于1671年完成了生命年金的相关理论研究，根据人的死亡概率和利息计算出生命年金的现值。1693年，英国著名数学家、天文学家爱德华·哈雷（Edwar Hally）以德国布勒斯劳市（Breslau）1687—1691年按年龄分类的居民死亡统计资料为依据，编制完成了世界上第一份生命表。这份生命表精确地列示了每个年龄人群的死亡率，反映了不同人群的生命风险及其分布规律。生命表的编制成为人寿保险发展史上的一个重要里程碑，它为寿险精算技术和现代人寿保险制度奠定了科学的数理基础。

背景字幕

公元1693年1月11日，地中海地区意大利辖下西西里岛发生大地震，超过五万人遇难。

1699年，英国出现了第一家专业化的人寿保险组织——孤寡保险社。该保险社对被保险人的年龄、健康状况等提出了明确的规定，并且设置了宽限期等一直延续至今的人寿保险合同条款。

自然保险费 18世纪，英国曾经盛行一种福利社团组织，参加者死亡后由社团给付约定的金额，费用由全体成员平均分摊。这种"赋课式"收缴保费的方法规定每名参加者缴纳等额的保险费，与人的年龄、健康状况无关，从而必然地导致大量的逆选择行为。由于老年人比年轻人死亡概率大，平均分摊费用的结果使老年人觉得有利、使年轻人感觉不公，于是年轻人纷纷退出社团组织，最终影响到社团经营的稳定性。

为了改变这种不利状况，有些社团对参与者进行了年龄限制。当时的福利社团"友爱社"（Amicable Society）规定新吸收的会员年龄必须在 45 岁以下。1756 年，数学教授詹姆斯·多德森（James Dodson）因年龄已到 46 岁而被该福利社团拒之门外。多德森教授对此非常不满，他认为 46 岁以上的人更需要加入福利社团，不允许加入是由于保险费计算不科学和成员费用负担不合理所致。因此，他积极主张依据哈雷编制的生命表，按照不同年龄的不同死亡率计算出投保人在当年应缴纳的费用，这种保险费被称为"自然保险费"。

均衡保险费 自然保险费理论确立了公平原则，形成了人寿保险总体上收支对等的机理。但是按照这种交费方法，在实务中没有从根本上解决年龄大的人参加保险的实际问题。由于老年人死亡率上升较快，应交的自然保险费也随年龄增长而快速上升，而人的收入和支付能力随着年龄增大一般呈逐年下降趋势，其结果是使老年人群可能由于无力负担保险费而不得不退保。为了解决这个问题，多德森教授经过认真研究后提出了"均衡保险费"理论，即把原来每年更新的定期死亡保险的期限改为长期保险进行测算，在自然保险费的基础上，加上利息因素，通过精确计算，使某一投保人在整个保险交费期间每年的保险费保持相同水平，不随年龄的增大而变化，这就是所谓的均衡保险费。均衡保险费包含了风险保险费和储蓄保险费两部分。风险保险费作为当年死亡分摊费用，储蓄保险费累积形成责任准备金，以备将来给付。均衡保险费在某一年龄时点前大于自然保险费，此后又小于自然保险费，相当于将晚期应交的部分自然保险费提前交付了，从而有效地解决了老年人支付能力下降、晚年付费困难的问题。

詹姆斯·多德森教授的自然保险费与均衡保险费理论是在哈雷生命表基础上对于人寿保险的一项重大贡献。这个理论将生命表应用于人寿保险经营，确立了保险费负担的公平原则和寿险的精算原理，同时解决了不同年龄的投保人购买寿险的实际问题。现在的人寿保险合同条款所附的交费表体现了均衡保险费的原理，明白这个原理并了解它产生的缘由和过程，对于投保人看懂人寿保险的交费表十分有帮助。

1762年，英国伦敦公平人寿保险公司成立。该公司第一次依据生命表，采用均衡保险费理论计算收取保险费，并在保险条款中制订了后来寿险合同普遍使用的交费宽限期以及保单失效、复效的规定，被公认为是近现代人寿保险开始的标志。

工业革命以后，机器的使用、火车的发明在提高生产力的同时也造成人身伤亡事故日渐增多，医疗技术的进步使人们的健康医疗保障需求不断上升，人身意外伤害保险和健康保险也随之发展起来。加上养老保险、企业年金、职业年金等业务的兴起，人身保险逐步发展成为包含人寿保险、意外伤害保险和健康保险在内的一大类保险业务，并在后期从保费规模上大大超过了财产保险。

驿站

国民生命表 VS 经验生命表

生命表分为国民生命表和经验生命表。国民生命表是反映一个国家或地区的人口死亡率、死亡人数及各年龄的生命期望等生命函数的生命表。它以一个国家或一个地区的全体国民为统计对象，对一定期间内的死亡人数、人口普查所得各年龄段的人口数等各种人口相关数据加以整理编制而成，能够客观反映某一人群自零岁起逐年发生死亡，一直到该人群全部死亡的过程记录。国民生命表又分为完全生命表（complete life table）和简易生命表（abridged life table）两种。完全生命表根据准确的人口普查资料，依据不同年龄计算出死亡率、生存率、平均余命等生命函数；简易生命表采用每年的人口动态统计资料和人口抽样调查统计资料，按照年龄差别（如5岁或10岁为一区间）计算死亡率、生存率、平均余命等生命函数。经验生命表则是根据人寿保险或社会保险过往业务经营中的经验数据编制的有关不同年龄段的死亡率、生存率、平均余命等生命函数。各个国家由于开展寿险业务的需要，行业主管部门或行业协会会主导编制不同时期的经验生命表，并广泛应用于寿险产品定价、现金价值计算、准备金和内含价值评估、风险管理等各个方面。

驿站

美国经验生命表

1865年，美国发布了第一张寿险经验生命表《美国保险公司主要生命表》（Principal United States Insurance Company Mortality Tables），简称为《美国经验表》（American Experience Tables）。《美国经验表》发布以后，一直作为美国个人人身保险业务的法定生命表被广泛使用，直到1941年《监督官标准普通生命表》（Commissioner Standard Ordinary Tables，简称CSO）发布。1941版CSO生命表依据1931—1940年美国和加拿大的16家主要寿险公司的保单数据编制，并进行了修匀和加载边际处理。后期美国又陆续发布了1958年版CSO、1980年版CSO、2001年版CSO和2017版CSO生命表。生命表的编制过程包括了数据收集、数据处理、确定死亡率关键驱动因子、趋势调整和修匀、加载边际等一系列工作。法定生命表为了实现比实际经验更加审慎和保守会加载安全边际，以使生命表能够覆盖更宽泛的人群、不同保险公司以及可能的随机和其他未知波动，保证保险公司的经营更能抵御风险、更加稳健。

驿站

中国经验生命表

1847年，在中国设立代表处的英国标准人寿保险公司编制了第一张中国生命表。美籍学者萧孚脱（Harry E. Seifert）根据金陵大学1929—1931年期间的农家调查资料，编制出《中国农民生命表》。中华人民共和国成立后，保险业经营以非寿险为主要业务。1979年国内保险业务复业后，由于没有寿险经营的历史数据积累，简易人身险的寿险费率厘定和责任准备金计算借鉴了日本生命表。1995年7月，中国人民保险公司编制完成我国第一张人身保险业生命表《中国人寿保险业经验生命表（1990—1993）》[英文名称 China Life Insurance Mortality Table（1990—1993），简称 CL（1990—1993）]。2005年12月，中国保监会发布我国第二张经验生命表《中国人寿保险业经验生命表（2000—2003）》[英文名称 China Life Insurance Mortality Table（2000—2003），简称 CL（2000—2003）]。2016年12月，中国保监会发布第三张经验生命表《中国人寿保险业经验生命表（2010—2013）》[英文名称 China Life Insurance Mortality Table（2010—2013），简称 CL（2010—2013）]，包括养老类业务表（男/女）两张，非养老类业务一表（男/女）两张，非养老类业务二表（男/女）两张。2013年10月，中国保监会又发布了第一张人身保险业重大疾病经验发生率表《中国人身保险业重大疾病经验发生率表（2006—2010）》[简称 CI（2006—2010）]，包括4张表：6病种经验发生率男表[简称 CI1（2006—2010）]，6病种经验发生率女表[简称 CI2（2006—2010）]，25病种经验发生率男表[简称 CI3（2006—2010）]，25病种经验发生率女表[简称 CI4（2006—2010）]。

人身保险经过几百年的发展，成为与财产保险相对而保费规模大大高于财产险的大类保险业务。人身保险又分为人寿保险、意外伤害保险和健康保险三类。人寿保险以人的寿命为保险标的，包括死亡保险（定期寿险/终身寿险）、生存保险（年金保险）及生死两全保险。意外伤害保险一般以不同的保险客群来归类和产品命名，比如小学生意外伤害保险、驾驶人员意外伤害保险、旅行者意外伤害保险、航空旅客人身意外伤害保险等。健康险主要分为医疗保险、疾病保险、长期护理保险、失能收入损失保险等。按照保险合同订立后被保险人领取的保险金是固定不变还是随寿险准备金投资收益变化而获得浮动收益，分为传统人身保险和新型人身保险，新型人身保险主要包括投资连结保险、万能寿险和分红保险。人身保险大量准备金积累形成的保险基金成为金融市场上低成本、长周期的巨额负债资金，并在20世纪下半叶以后推动保险公司成为资本市场上最重要的重量级机构投资者。

资本主义商业信用的普及和道德风险频发催生了信用保证保险

卡尔·马克思在《资本论》第三卷第5章"利润分为利息和企业主收入、生息资本"中提出：商业信用是资本主义再生产过程中不可或缺的条件之一，它对于促进商品流通，加速资本周转，推进资本主义经济的发展，起着重要的作用。马克思认为，资本主义信用制度的发展，使劳动资本和劳动力更加集中，使生产规模惊人地扩大。信用的存在可以减少现金结算、抵销债权债务、加速货币流通、减缩商品流通费用。信用加速了资本的周转，促进了利润平均化和股份制公司的发展，推动了世界市场的形成。

19世纪中叶，信用保证保险伴随着资本主义商业信用的普及和道德风险的频繁发生而兴起。1702年，英国出现了"主人损失保险公司"

承办诚实保险。1842 年，英国保证保险公司成立。1876 年，美国纽约开办了"确实保证业务"。1893 年，专营信用保险的美国信用保险公司成立。信用保证保险可以区分为保证保险和信用保险。

保证保险指保险人承保因被保证人的行为使被保险人受到经济损失时应负赔偿责任的保险形式。保证保险早期分为诚实保证与确实保证两类。诚实保证保险是保险人对雇主因雇员不诚实行为，如盗窃、侵占、挪用等造成的经济损失承担赔偿责任。确实保证是保险人对依照法律或合同约定，提供被保证人不履行其义务时给被保险人造成的经济损失承担赔偿责任，这种保险由被保证人投保。

信用保险指保险人对被保险人信用放款或信用售货，债务人拒绝履行合同或不能清偿债务时所受到的经济损失承担赔偿责任的保险方式，主要有出口信用保险、抵押信用保险等形式。出口信用保险（export credit insurance）也叫出口信贷保险，通过保障出口商的收汇安全和银行的信贷安全促进经济发展，以国家财政为后盾，为企业在出口贸易、对外投资和对外工程承包等经济活动中提供风险保障。它是一项政策性支持措施，属于非营利性的保险业务，是政府对市场经济的一种间接调控手段和补充，能够提高本国商品的国际竞争力，推动本国的出口贸易，也是世界贸易组织（WTO）补贴和反补贴协议原则上允许的支持出口的政策手段。

保证保险和信用保险都是为了保证债权人的权益，不同的是保证保险由债务人投保，信用保险由债权人投保。保证保险由忠诚保险扩展到合同保证保险、供给保证保险等。第一次世界大战以后，信用危机使各国的信用保险业务大受打击。1934 年，各国私营和国营出口信用保险机构在瑞士成立了国际信用保险协会，标志着国际信用保险渐趋成熟和完善。目前，信用保证保险已广泛应用于进出口贸易、抵押贷款、小额消费贷款等各个商业领域。

在信用保证保险中，保险人实际上充当了保证人（担保人）的角色，对于债务人的欺诈、不履约或不诚实行为造成债权人的经济损失，由保险人负责赔偿。信用保证保险虽然具有担保性质，但对狭义的保证保险和信用保险而言，担保的对象两者存在区别。凡被保证人根据权利人的要求，要求保险人承担自己（被保险人）信用的保险，属狭义的保证保险；凡权利人要求保险人担保对方（被保证人）信用的保险，属于信用保险。

英国工业革命浪潮中责任保险应运而生

保险制度最初产生的本意是让投保人用固定的、确定的小额保险费支出，去对冲未来可能因自然灾害和意外事故导致的大额损失，责任保险在这方面的功能体现得尤为明显。责任保险指保险人在被保险人依法应对第三者负民事赔偿责任并被提出赔偿要求时，承担赔偿责任的保险形式。责任保险以被保险人对他人依法应负的民事赔偿责任为保险标的，保险合同中不注明保险金额，而是规定赔偿限额。责任保险仅承保被保险人的过失侵权民事责任，对故意行为造成的损害不负责任，除特别约定外通常不包括合同违约责任。责任保险的承保方式有两种：一种是作为其他保险的组成部分或附加部分承保，比如汽车保险中的第三者责任险、船舶保险中的碰撞责任险等；另一种是作为主要险别单独承保，比如公众责任保险、产品责任保险、雇主责任保险、职业责任保险等。

1855年，英国铁路乘客保险公司首次向铁路部门提供铁路承运人责任保险，首开责任保险之先河。1870年，建筑工程公众责任保险开始出现。1875年，马车第三者责任保险问世。1880年，英国议会通过《雇主责任法》，规定雇主经营业务中因过错致使雇员受到伤害须负法律赔偿责任，当年英国出现了专业经营雇主责任保险的保险公司。1885

年，英国北方意外保险公司签发了世界上第一张职业责任保险单——药剂师过失责任保险单。

1890年，产品责任保险产生；1895年，汽车第三者责任险问世；1923年，会计师责任保险进入市场。责任保险作为对无辜受害者提供的一种经济保障，保障范围包括财产损失和人身伤害。工业革命在促进生产力大发展的同时，也使工伤事故大量增加，由此导致劳资矛盾加剧。为了协调和缓和劳资之间的矛盾，当时的政府逐步制订了一些法律法规以保护劳工的权益。按照《工厂法》规定，工厂对职工在生产中受到的意外伤害承担经济赔偿责任，因此促进了雇主责任险及劳工险的发展；按照《公共安全法》的规定，对危及第三者生命安全、造成其财产损失的事故，肇事者要负法律赔偿责任，由此各种第三者责任保险获得了发展依据。由于责任保险具有代替致害人承担经济赔偿责任的特点，因而曾长期遭受争议和舆论的非议，有人认为责任保险违反公共道德标准，甚至说成是鼓励人们去犯罪，认为责任保险弊大利小。直到19世纪下半叶之后，劳资双方不断因劳动者为了获得人身和经济保障展开斗争，最终各资本主义国家通过立法来保护劳工和受害者利益，逐步扭转了人们对责任保险的偏见，认识到通过责任保险来保证法律的贯彻执行和对无辜受害者给予经济补偿的必要性。进入20世纪之后，随着各个国家法律制度的不断健全和完善，责任保险在广度和深度上都有了空前的发展。

英国1972年开始实施《雇主责任强制保险法》，规定除了政府部门、国有企业、国家医疗机构等少数机构外，雇主必须购买雇主责任险，为其雇员包括正式员工、临时工和学徒提供保障。1998年，英国劳工部又进一步规定雇主责任险的最低限额为500万英镑。英国的律师和医师行业把投保职业责任险作为行业标准，因此这两个行业的职业责任险虽然不属强制保险范围但投保率非常高。2005年，英国实施新的《公司法》，使公司董事有可能面临个人破产的风险，公司给董事投保董事责任险成为招纳贤才的重要激励措施，董事责任险由此获得了前所未有的发展机遇。

20世纪70年代以后，公众责任保险已成为西方国家政府机构、企业、团体、各种游乐场所必保的保险。产品责任保险源于公众责任保险，从早期主要承保与人体有关的产品，逐渐扩大到轻纺、机械、石油、化工、电子等行业。现在大多数国家将多种公共责任如机动车辆第三者责任、雇主责任等用立法的方式作了强制投保的规定，以保障社会弱势群体和受害者的权益。在欧美许多国家的非寿险业中，责任保险的保费收入占保费总收入超过10%，属于相当重要的业务种类。

再保险成为"保险的保险"

再保险指保险人将承保的保险业务，部分转移给其他保险人的经营行为。直接接受客户投保并将保险业务部分转移出去的保险人称为原保险人、直接保险人或者分出保险人，接受保险业务转移进来的保险人称为再保险分入人或者分入保险人。专业从事再保险分入业务的保险人称为再保险人，组织形式为公司的再保险人称为再保险公司。

再保险一般可以分为临时再保险（又称临时分保或临分）和合约再保险（又称合约分保）。临时再保险指保险人临时与其他保险人约定，将其承保的保险业务部分向其他保险人或再保险人办理再保险的行为；合约再保险指保险人与其他保险人或再保险人预先签订合同，约定将一定时期内承保的保险业务，部分向其他保险人或再保险人办理再保险的行为。

再保险从技术执行的角度可以分为比例再保险和非比例再保险。比例再保险指以保险金额为基础确定再保险分出人自留额和再保险接受人分保额的再保险方式，比例再保险合同包括成数再保险合同和溢额再保险合同。非比例再保险指以赔款金额为基础确定再保险分出人自负责任和再保险接受人分保责任的再保险方式，非比例再保险合同包括超额赔款再保险合同和超过赔付率再保险合同。

成数再保险（quota share reinsurance）指原保险人与再保险人在合同中约定保险金额的分割比例，将每一危险单位的保险金额，按照约定的比例在分出公司与分入公司之间进行分割的再保险方式。原保险人和再保险人保险金额的分摊、保险费的分摊、赔款的分摊都是按照合同规定的同一比率进行。成数再保险是典型的比例再保险。

溢额再保险（surplus treaty insurance）指原保险人按照再保险合同的规定，将超过自留额的保险金额分给再保险人，再保险人按自己承保的保险金额占原保险金额的比例收取保险费和支付赔款。它是以保险金额计算再保险责任的一种再保险方式，自留额是原保险人承担保险责任的限额，再保险人对分入的再保险责任也有承受的限额，这个限额称为"线"，一"线"的保险责任相当于原保险人自留额，再保险人承受责任的限额为五线，表示再保险人接受五倍于原保险人自留额的保险金额责任。原保险人的溢额超过再保险人承受责任的限额时，可以与其他再保险人办理第二或第三溢额再保险。

再保险从保险标的角度可以分为寿险再保险和非寿险再保险。再保险也叫分保，再保险分入人将分入的保险业务再次部分地转移给其他保险人的行为称为转分保。

再保险与直接保险一样起源于海上保险。世界上迄今发现的最古老的再保险契约是1370年7月在意大利热那亚签订的一份再保险合同，一家名叫格斯特·克鲁丽杰的保险人在承保了一份自意大利的热那亚到荷兰的斯卢丝之间的航程保险后，将其中一段航程的保险责任和对应的保险费转让给了其他保险人，这被认为是有记载的世界再保险开端。17世纪初，英国皇家保险交易所和劳合社开始经营再保险业务。1681年，法国国王路易十六曾颁布法令，规定保险人可以将自己承保的保险业务向其他保险人进行再保险。1731年，德国《汉堡法令》允许保险人经营再保险业务。初期的再保险是临时的，由一个保险人承保全部业务，再将超过自己承保能力的部分分出去，分出人与分入人不存在稳定的业务联系，只是在需要分保时具体确定分出分入条件、方式和费用。工业革命到来以后，由于临时再保险手续繁杂、联系松散，已经不能适应保险和再保险业务快速发展的需要，再保险逐渐转向长期性的合同再保险，即分出人与分入人通过合同方式确定分保条件、额度、费用等，建立起长期稳定的业务合作关系。1860年以前的再保险基本上都采用临时分保的形式，1860年以后合同再保险慢慢开始盛行。在合同期间发生的分保业务，无须再具体商谈而自动生效，双方定期结算盈亏。合同再保险极大地提升了分保效率，因而逐渐成为一种主要的再保险方式。

从再保险双方责任分担的方式来看，首先出现的是比例再保险，即以保险金额为基础，分保双方约定各自的责任比例，并按此比例确定各自的责任额、分配保费和分担赔款。1885年，劳合社的承保商希思首先提出了超额赔款分保的设想，即非比例再保险方式，它是将赔款分为自留额和责任额，对于发生的赔款，分出公司承担自留额以内的责任，分入公司以责任额为限度，承担超过自留额以上部分的赔款。1906年，美国旧金山发生了强烈地震，美国哈特福德公司向劳合社承保商希思提出了包括地震等灾害在内的巨灾损失的保障需求，希思为此专门设计了非比例再保险之一的巨灾超赔分保方式。由于这种分保方式对巨灾损失的保障作用显著且手续简便，现在已经成为各类保险业务特别是意外险和责任险普遍采用的一种再保险方式。

从经营再保险的主体来讲，早先是各保险公司兼营再保险，到19世纪中叶开始出现专业再保险公司。早期直接保险业务的开展以单个保险人独立承保为主，保险金额过大时由多个保险人采取共同保险的方式联合承保，再保险业务也是在经营直接保险业务的保险人之间进行。1813 年，纽约鹰星火灾保险公司与联合保险公司签订了最早的固定分保合同。1852 年，世界上第一家独立的专业再保险公司——科隆再保险公司在德国创立。1863 年，瑞士再保险公司成立，该公司从创立初期便积极步入国际再保险市场。目前全世界有专业再保险公司 400 多家，其中德国慕尼黑再保险公司、瑞士再保险公司一直保持世界领先的位置。

驿站

慕尼黑再保险 / 瑞士再保险 / 通用再保险

慕尼黑再保险、瑞士再保险和通用再保险是全球前三大专业再保险公司。

慕尼黑再保险公司创立于 1880 年，总部设在德国慕尼黑，在全世界 150 多个国家从事经营非寿险和寿险两类再保险业务，拥有 60 多家分支机构。慕尼黑再保险公司于 1956 年同中国人民保险公司建立了再保险业务联系。1997 年，慕尼黑再保险公司在北京和上海分别成立了代表处。2003 年，慕尼黑再保险公司成为第一家在中国获颁全国性综合业务执照的国际再保险公司。

瑞士再保险公司于 1863 年成立，总部设在苏黎世，在世界 30 多个国家设有 70 多个办事处，核心业务是风险转移、风险融资和资产管理业务。瑞士再保险公司先后于 1996 年和 1997 年分别在北京和上海设立了代表处；2002 年 7 月，获得监管机关的经营许可进入中国市场，业务范围包括产、寿险再保险业务。历史上，1933 年中国华商联合保险公司与瑞士再保险公司建立了再保险合作关系。

德国通用再保险公司的前身是德国科隆再保险公司，科隆再保险公司是全球历史最久的再保险公司，成立于 1852 年，在全球 37 个国家经营再保险业务。1994年,科隆再保险公司被美国通用再保险公司收购;2010年起,科隆再保险公司更名为通用再保险公司。

世界前10大再保险组织还包括美国GE全球再保险公司、德国汉诺威再保险公司、英国劳合社、德国格宁环球再保险公司、法国再保险公司、法国安盛再保险集团、德国安联再保险集团。

再保险现在已经成为保险市场不可或缺的重要组成部分,各国的保险法律和监管机关也鼓励保险公司、保险联合体和保险经纪人积极为地震、台风、洪水等巨灾保险以及航空航天、核工业、石油、农业等领域的保险提供再保险。再保险使保险公司积聚并承担的风险得到再次及充分的分散,成为"保险的保险",同时由于再保险处于原保险的上游,对于巨灾保险和大额特殊风险的承保具有专业技术优势和较大的定价话语权。

与汽车工业紧密相连的汽车保险发展史

工业革命带来了能源、动力、交通方式的伟大革新,汽车保险的历史沿革天然地和汽车工业的产生与发展紧密相连。从1765年瓦特发明改良式蒸汽机到1886年第一辆汽车在德国诞生,再到1913年世界上第一条汽车流水装配线在美国的福特工厂里出现,大规模流水线生产极大地促进了汽车工业的发展。第二次世界大战以后,欧美各国都开始了汽车的大规模生产,大量汽车进入企业和家庭,逐渐成为客运、货运的主要交通工具之一,同时日益频繁的汽车交通事故造成的财产损失、人身伤害以及由此引发的责任纠纷和诉讼,促使人们利用保险的方法来加以解决,汽车保险由此应运而生并随着全球汽车业的发展而不断增长。

1886年1月29日是现代汽车的诞生日。这一天,德国曼海姆专利局批准了卡尔·本茨为"奔驰1号"三轮汽车提出的专利申请。此后,汽车的发动机由蒸汽机改为煤气发动机、电动发动机、汽油发动机，三轮汽车改为四轮汽车，汽车轮胎从实心橡胶轮胎改为空心充气轮胎。1908 年，福特汽车生产出第一辆 T 型车。5 年以后，福特将泰勒原理应用到汽车生产车间，从而发明了世界上第一条汽车生产流水线，汽车生产效率提高了 8 倍，同时规模化生产使汽车生产成本和售价降低，推动汽车快速进入大量中产家庭。20 世纪 50 年代以后，美国汽车业"通用""福特""克莱斯勒"三大汽车品牌鼎足而立并雄视全球，欧洲和日本的汽车工业也快速发展，全世界汽车保有量 1935 年为 3 500 万辆，到 2010 年达到 10.56 亿辆，2015 年超过 12.8 亿辆。汽车的大量增加为汽车保险提供了源源不断的保源和服务对象。

> **背景字幕**
>
> 公元 1765 年，瓦特发明改良式蒸汽机，拉开第一次工业革命序幕。
>
> 公元 1769 年，法国陆军工程师古诺制造出第一辆蒸汽动力汽车。
>
> 公元 1838 年，英国发明家亨纳特发明世界上第一台内燃机点火装置，被称为世界汽车发展史上的一场革命。
>
> 公元 1886 年 1 月 29 日，德国曼海姆专利局批准卡尔·本茨的三轮汽车专利申请，这辆车被称为"奔驰 1 号"，这一天被称为现代汽车诞生日。
>
> 公元 1886 年，世界上第一家汽车制造公司——本茨公司成立。该公司后于 1926 年与戴姆勒汽车公司合并。
>
> 公元 1888 年，英国人邓禄普获得充气轮胎专利。
>
> 公元 1893 年，杜里埃研究出美国历史上第一辆汽油发动机汽车。
>
> 公元 1901 年，中国进口第一辆汽车。
>
> 公元 1908 年，福特第一辆 T 型车问世。

1898 年，英国"法律意外保险公司"率先推出了汽车第三者责任保险，同时可以附加汽车火险。1901 年，英国劳合社签发了全世界第一张现代意义上的汽车保险单，它借鉴海上保险的做法，将汽车视为陆上行驶的船，保费按汽车马力的大小确定，每一马力收取一英镑保费。

1903 年，汽车通用保险公司在英国创立。1906 年，汽车联盟保险公司在英国成立。英国的汽车保险随着汽车的大量增加而发展，根据车辆使用对象不同将汽车保险分为私用汽车保险和商用汽车保险，按照保险标的种类又分为汽车单一险和汽车综合险。1913 年，汽车保险已扩展到 20 多个国家，汽车保险的条款费率、承保实务也渐趋标准化。

1927 年是美国以及世界汽车保险史上一个重要里程碑，在这一年，美国马萨诸塞州颁布实施汽车责任强制保险法案。汽车第三者责任保险从自愿投保转向法定强制，极大地促进了汽车第三者责任保险的普及，也带动了汽车保险整体业务的发展。

英国 1930 年实施汽车第三者责任强制保险，任何人要在公路上使用或让他人使用或准许他人使用汽车，必须依法投保责任险或提供一定数额的保证金，否则视为违法行为。英国的保险公司将强制第三者责任险与其他汽车保险险种如车身险、驾驶员意外伤害险、随身携带物品损失险等险种结合起来形成保障组合，受到了投保人的普遍欢迎。

随着汽车工业的大发展以及汽车大规模进入普通家庭，汽车保险也得到了快速的发展。福特在 20 世纪 30 年代造出 T 型黑色轿车，大批量的汽车进入了美国中产家庭，让每个工人拥有汽车的梦想得到了实现。中国在进入 21 世纪之后，随着国内经济的起飞，全国汽车保有量快速攀升，机动车辆保险也成为国内财产险市场的主体业务，市场占比一度达到 70% 以上。

汽车保险经过 100 多年的发展，承保的机动车涵盖了汽车、电动车、摩托车、拖拉机等多种交通工具。涵盖的险种包括车辆损失险、第三者责任险、车上人员责任险、全车盗抢险，以及玻璃单独破碎险、自燃损失险、发动机进水险、划痕险、不计免赔特约险、车载货物掉落责任险等。

很显然，将来汽车的种类将不断丰富、功能不断完善，电子化、智能化、节能环保成为发展趋势，无人驾驶、AI 技术、物联网、通信连接等新科技将使汽车及汽车驾乘面临的风险形态发生改变。汽车保险也需要与时俱进，通过产品和技术创新赢得未来。

分红、投连、万能保险：被保险人与保险人共享经济成长红利的妥协产物

分红保险　分红险的英文名称为 participating insurance。最早的保单分红可追溯到 1776 年，当时英国公平保险公司进行决算时，发现实际的保险责任准备金比将来所要支付的保险金多出许多，于是决定将已收保费的 10% 作为红利返还给保单持有人。

真正的分红保险产生于 20 世纪 70 年代的美国保险市场。分红保险是每个会计年度结束后，保险公司将上一会计年度分红保险的可分配盈余，按一定比例以现金红利或者保额红利的方式分配给保单持有人的一种人寿保险。

20 世纪 70 年代以前，美国保险公司销售了大量定额人寿产品。这些保单在签订时保费和保额都是固定的，保险金的领取跟后期保险公司的经营盈亏状况没有关系。70 年代，美国的经济快速成长，保险公司投资的股票、基金、债券等收益丰厚，由此带来了保险公司经营

效益的大幅增长，保险客户发现保险公司盈利大增，相对于经济高成长时期通货膨胀不断上扬而导致货币的购买力下降，保单持有人产生了分享保险公司经营盈余的诉求。保险公司为了防止退保和赢得新业务，将存量保单的部分盈余分配给保单持有人，同时推出了不同于传统定额保险的分红型保险。

如果保险公司的分红险业务经营结果优于定价假设，就会产生经营盈余，保险公司会按合同约定和保险监管机关的规定按比例分配给保单持有人。保单红利来源于保险公司经营分红业务所产生的死差益、利差益和费差益。如果客户所购买分红险的所有被保险人的死亡率低于产品定价时的预定死亡率，保险公司就产生死差益，反之为死差损；如果保险公司分红险的投资账户的投资收益率高于产品定价时的预定利率，保险公司就产生利差益，反之为利差损；如果保险公司经营分红保险业务实际所发生的经营费用低于产品定价时的预定费用率，保险公司就产生费差益，反之为费差损。

保单分红的分配方式分为现金分红和保额分红。现金分红又称美式分红，直接以现金形式将红利分配给保单持有人，保险公司以保单现金价值为基础计算保单红利，保单持有人可以选择现金领取、累积生息或抵交保费。保额分红又称英式分红，指以增加保单保险金额的方式分红，保险公司以保险金额为基础计算保单红利，红利用于抵付所增保额应交的保费。保险公司在派发红利时一般会向保单持有人寄送分红业绩报告。

中国的分红保险产生于2000年。当时的保险公司在中国人民银行自1996年起连续七次降息之后，试图避免高利率传统险可能带来的利差损风险，同时降息后推出的低利率传统险又出现滞销的情况下，为了增强寿险产品的吸引力和提高保险客户的投保积极性，向市场投放了分红寿险产品。我国保险监管机关规定保险公司分红保险每年的可分配盈余向保单持有人进行分配，分配比例不低于 70%。分红保险的保费不分拆为保障和投资两部分，保险公司投资运作也不向客户做具体说明，只在保单合同周年日以书面形式向保单持有人寄送分红报告。

投资连结保险　　投资连结保险最早产生于 20 世纪 50 年代的英国，英文名称 unit-linked insurance，直译为"基金连锁保险"。1999 年，中国平安保险公司推出我国第一款基金连锁型保险时，为与证券类产品区别而定名为"世纪理财投资连结保险"。跟传统寿险产品在签订合同时保费和保险金额一经确定不可改变不同，投资连结保险的保费和保险金额在保单签订以后可以按投保人的要求进行更改。

英国曼彻斯特保险公司于 1957 年推出了世界上第一款投资连结保险。保险公司在接受客户投保投资连结保险时，将收取的保费扣除手续费后按客户要求分配入不同的风险保障和投资账户，除了其中一个风险保障账户用于被保险人意外或疾病导致的伤残、身故等保障外，其余的资金根据客户的不同投资风险偏好投入激进型、稳健型、保守型等不同类别投资账户，用于购买该投资账户中的投资单位。这些投资单位像基金一样每月、每周甚至每天有一个结算价格。客户可以将资金在不同的账户之间进行移动，也可以增加或者取出资金，但必须保证至少在一个投资账户中存续有投资单位。它的主要特点是账户透明，缴费十分灵活，风险保额可以改变。但是投资连结保险的投资账户不设保底利率，保险公司只收取约定比例的账户管理费，投资损益全部归属客户，如果投资失利，客户需要承担所有的亏损，客户相当于利用保险账户购买了由保险公司专家优选的基金产品。投资连结保险主要适合具有金融知识和理财意识，同时又有投资风险承担能力的富裕客群。

万能寿险　　20 世纪 50 年代，美国保险市场上出现了变额年金保险（variable life）。它与传统年金在保险合同订立时确定的保险金额一直固定不变不同，在年金给付期内，每年按照保单积累的准备金投资的资产市场价格计算确定当年应付年金金额，被保险人每年可以领取不同金额的年金，从而在一定程度上抵消通货膨胀和物价上涨的风险。

1979年，美国加利福尼亚人寿保险公司推出了真正意义上的第一款万能寿险（universal life insurance）。这款最早的万能寿险的产品形态结合了弹性保费年金和定期寿险的功能，在保留传统寿险税收优惠的基础上，提供足够的弹性满足客户不断变化的投资需求。到1983年，美国几乎所有的寿险公司都推出了至少一种万能寿险保单。美国1984年的新税法解决了有关万能寿险税收优惠的遗留问题，从此万能寿险大幅增长并成为寿险市场上的主要产品。万能寿险最大的特点是具有灵活性，保险单持有人可以按照自身需求改变保险费的交纳金额，也可以暂时停止交纳保险费，同时还可以改变保险金额，交费和保障都具有弹性，能够满足投保人的各种不同需求。万能寿险推出后保单销售量不断增加，美国寿险营销研究协会（LIMRA）统计显示，到1985年时万能寿险保费收入占到当年整个美国寿险市场的38%。

万能寿险作为非约束性、交费灵活、保额可调整的寿险，具备几个显著特点：一是万能寿险的投资账户与保障账户分开单独计算；二是保单持有人在交纳一定量的首期保费后，可以按自己的意愿选择任何时候交纳任何数量的保费；三是保单持有人可以根据自己的需要随时增加和降低风险保额，在不同的人生阶段和风险时段能够选择不同的保险金额。如果给一个小孩投保万能寿险，可以根据其今后不同人生阶段做出量身定制的安排：幼年时主要储备必要的抚养金、教育金、婚嫁金等早期需要的基金；20岁至40岁处于事业起步、发展阶段，组建家庭后房贷和车贷形成较大的经济压力，作为家庭的核心成员和顶梁柱需要提高保障金额；50岁至60岁以后生活经济压力相对减轻，养老保障的需求提升，这时可以降低风险保额，把更多的保费用于投资账户，以便更好地通过投资账户余额按需要补贴养老金。

万能寿险由于交费灵活和账户透明而受到客户欢迎。保费由附加保费、风险保费和储蓄保费三部分构成，客户能够清楚地知道保费总额中多少用于保单费用支出、多少用于风险保障支出、多少进入了组合投资账户。美国保险市场上后来还出现了变额万能寿险、指数型万能寿险等创新产品。万能寿险由于迎合了客户的保障、投资可以随时调整的需求，在20世纪80年代中期很快传入英国、荷兰、日本、新加坡等国，成为市场销售的主力险种之一。万能寿险受欢迎的程度与决定其结算利率的投资资产的收益情况直接相关，当地资本市场的股票、基金等行情低迷而导致万能寿险结算利率较低时，万能寿险也会同步进入调整期。

我国第一款万能寿险是2000年中国太平洋保险公司推出的"太平盛世长发两全保险（万能型）"。它的交费方式十分灵活，可以趸交，也可以定期或不定期交费，交费金额在基数以上由投保人自由确定，风险账户的保额可按投保人要求调整，投资账户设有保底利率且定期结算，投资账户在保证有余额的前提下可随时申请取现，实际上是一种变额万能寿险。

分红保险、投资连结保险和万能寿险都是在20世纪五六十年代以后世界经济进入增长期，资本市场股票、基金、债券等投资产品分享了经济成长带来的好处和收益的背景下，保险公司为了增加具有现金价值的寿险保单对客户的吸引力，在传统寿险的基础上增加投资收益分享功能的产品创新。分红保险主要突出了保险公司经营的分红型寿险业务具有盈余时按一定比例分配给保单持有人，投资连结保险更强调客户对投资账户的自主选择和保单成本收益的透明性，万能寿险则更凸显它在保费保额可调整功能方面的优势。产生于英国的投资连结保险和产生于美国的万能寿险虽然在最初创新的突破方向上有所不同，但共同点都是使寿险产品建立与投资更直接的关联而让客户分享投资收益，并且在保单成本收益结构方面更加清晰透明、保费交付和保险金额调整更加灵活，从而形成与资本市场上其他产品的差异化比较优势，增强寿险与年金目标客群的投保和加保的意愿。

我国保险市场在 2000 年前后投入分红、投连、万能寿险时，研究借鉴了英美保险市场前期在寿险产品创新和实践中的经验与教训，分别由中国人寿、中国平安、中国太保为代表向市场投放了分红保险、投资连结保险和万能寿险。投资连结保险的投资账户不设保底利率，投资账户的风险和收益全部归属投保客户，万能寿险设有投资账户保底利率，超过保底利率以上投资收益部分由客户与保险公司分享，分红保险则是保险公司将分红险业务的年度盈余按一定比例分配给客户，三种新型寿险满足三类不同风险偏好的客户群体。透过历史的幕帘回望我国寿险产品创新迭代的过来路，投连、万能、分红险的推出适应了当时我国保险市场发展阶段的需要，也是符合当时国情和实际的制度设计和市场选择。

劳合社与保险组织形式

劳合社 谈及世界上有名的保险组织，首先要提到英国伦敦劳合社。1688 年，爱德华·劳埃德（Edward Lloyd）在英国泰晤士河畔开设了"劳埃德咖啡馆"（Lloyd's Coffee House），成为当时许多商人、高利贷者、经纪人、船东和船长经常会晤的场所。这些人一边喝着咖啡，一边交换航运信息、交谈商业买卖和洽谈保险交易。1696 年，劳埃德咖啡馆迁至伦敦金融中心，扩大了营业场地并将顾客们感兴趣的航运信息和海事消息编印成《劳埃德新闻》小报发行，1744 年改版为《劳合社动态》，后来正式更名为《劳合社日报》，至今仍作为全球保险业有影响的报刊在发行。

1774 年，在劳埃德咖啡馆里接受保险业务的 79 名商人组织起来，每人出资 100 英镑，租赁皇家交易所的房屋进行办公，标志着劳合社的正式诞生。1871 年，英国议会通过的一个法案承认劳合社（LLOYD'S）成为一个具有法人资格的社团组织。劳合社的成员当时只限于经营海上保险业务，1911 年英国议会取消了这项限制，批准劳合社成员可以经营包括水险在内的一切保险业务。

劳合社不是一个保险公司，本身不经营保险业务，而是一个承保人、经纪人聚集的保险市场，为其成员提供交易场所和相关服务，同时承担监控劳合社成员财务状况和审计的职责。申请加入劳合社必须由劳合社会员推荐并接受身份、财务及偿付能力的严格审查，提供财务担保并将保费收入的一定比例交给劳合社作为保证金。劳合社由社员选举产生一个理事会来管理，下设理赔、出版、签单、会计、法律等部门，目前在全球 100 多个国家设有办事处。

1994 年以前，劳合社的承保人都是个人会员（individual member），对承保的业务承担无限赔偿责任。1994 年以后，为了限制亏损和改善盈利，劳合社开始接受有限责任的公司会员（corporate member），并允许个人会员退会后合并转成有限责任的公司会员。90 年代以后，劳合社有限责任的公司会员不断增加，承担无限责任的个人会员则不断减少。

劳合社的承保人按照承保的险种组合成各种不同规模的承保辛迪加（underwriting syndicate）。一个承保组合的人数多到上千人，少则几人、几十人。每个承保组合中设有一个主动承保人（active underwriter），又称承保代理人（underwriting agent）。承保代理人代表一个承保组合接受业务并负责商谈条款、确定费率。劳合社的业务流程规定，代表辛迪加接受业务的承保代理人不能和投保人直接接触，必须通过保险经纪人安排投保。投保人不能进入劳合社大厅，必须委托精通保险法律和业务的经纪人来安排保险事务。经纪人在接受客户委托以后，会准备好写明被保险人姓名、保险标的、保险金额、保险险别、保险期限等内容的投保单，寻找一个合适的承保辛迪加，由该辛迪加的承保代理人确定费率、认定自己承保的份额并签字。承保代理人再拿着该投保单找同一辛迪加内的其他会员按相同的条款费率承保剩下的份额。如果在一个承保辛迪加内未能将投保单上的份额分完，保险经纪人可以与其他承保辛迪加联系，直到全部保险金额被完全承保。最后，由保险经纪人把投保单送到劳合社的保单签印处，经查验核对以后打印成正式保险单，劳合社签章以后保险手续便全部完成。

劳合社是全世界历史最悠久、最有影响力的保险市场。历史上最早的盗窃险保单由劳合社于1887年设计，最早的具有固定格式的汽车保险单由劳合社于1901年设计，世界上第一架飞机的保险单也由劳合社出具。劳合社设计的条款和保单格式在世界保险业中具有标杆地位，它制定的费率也是全球保险业的风向标。在劳合社的大楼里有一只"卢丁钟"，每当它敲响时，表明世界上有一宗大的灾难发生。2001年美国"9·11"事件发生后的9月13日，劳合社的"卢丁钟"被再次敲响，以此向遇难者致哀，并宣告全球保险业将面临一宗巨灾理赔。

2000年11月28日，劳合社在北京设立了代表处。2007年4月16日，劳合社中国再保险公司在上海举办了开业揭牌仪式。

保险人及其他　早期开展保险业务承保的大都是自然人的商人，后期逐渐出现法人形式的保险组织。开展保险业务承保的自然人承保人或法人承保人统称为保险人。公司是现代商业组织中最普遍的组织形式，也是企业普遍采用的组织形式，以法人形式存在为客户提供保险产品和服务的组织被称为保险公司。企业的产生同样可以追溯到中世纪的地中海地区，当时的威尼斯、佛罗伦萨、热那亚、比萨等城邦商业渐趋发达，从事海上贸易需要巨额投资而出现了名叫索赛特斯和康孟达的组织。早期从事商贸活动的商人以自己的财产对债务承担无限责任，为了扩大贸易规模和开展相互合作出现了合伙制企业，后来为了使投资商贸的资产与商人个人和家庭的财产区分开，出现了有限责任公司。有限责任公司使商人只以公司资产对公司债务承担责任，降低了整个家庭或家族因商贸活动产生的债务而全军覆没或遭受重创的风险，从而大大促进了贸易和商业的发展和繁荣。

企业的组织形式主要有独资企业、合伙企业和公司制企业。独资企业在西方也称单人业主制，由个人出资创办，以个人的全部财产对债务负责。合伙企业是由两个或多个人联合起来共同出资创办的企业，合伙人对合伙企业的债务负无限责任。公司是按所有权和管理权分离原则设立的企业，公司的出资人仅以出资额对公司的债务承担责任，公司又分为有限责任公司和股份有限公司。有限责任公司是以多个股东（一般为2人以上、50人以下）集资组建的公司制企业，其资本筹集不通过发行等额划分的股票，公司的董事和高管往往由股东担任，比较适合中小型企业。股份有限公司是通过发行股票来筹集资本的公司制企业，公司以其全部资产对公司债务承担责任，股东以其所认购的股份对公司债务承担有限责任。向不特定对象或特定对象超过200人发行或转让股票的股份公司称为公众公司。股份公司的股票经向证券交易所申请获得审核通过后，在证券交易所公开上市交易的公司称为上市公司。

保险最初的经营者是社会上财产较多、信誉较好的商人，称为保险人或承保人（underwriter）。在后来的经营实践中，通过建立合伙制企业扩大了保险资本和承保容量，有的通过建立联盟的方式扩大风险承担能力，比如劳合社内部由个人承保人联合形成的承保辛迪加组织，有的通过扩大资本成立了公司制保险企业，目前世界上绝大部分的保险组织以保险公司的形式存在。伦敦劳合社内部的承保人原来都是承担无限责任的个人承保人及其联盟，在1994年以后逐渐转为以公司制企业法人形式为主的承保人为主体。

保险业早期的法律法规

近现代保险起源于海上保险,因此保险业早期的法律法规也大都与海上保险相关,这些法律法规的条文和内容往往比较复杂而且艰涩。英美法系实行判例法,这些早期的法律法规以及保险判例对后期各国的保险立法都产生了较大的影响,许多原则和规则被各个国家采纳并沿用至今。在专门的保险法律法规出现以前,巴比伦《汉谟拉比法典》、罗德岛《罗地安海商法》、西班牙《康索拉多海商法》、葡萄牙《奥列隆海商法》、瑞典《维斯比海商法》等早期的法典法令中的部分条款对保险关系进行了法律规范。

1435年,西班牙的巴塞罗那颁布了世界上最早的海上保险法规——《巴塞罗那法令》。1468年,威尼斯颁布实施《威尼斯法令》,用于规范法院如何保证保险契约执行及防止欺诈。

1532年的《佛罗伦萨法令》对防止保险欺诈、实施保险标准保单格式及保险的承保范围等进行了规范。1556年,西班牙国王腓力二世颁布法令对保险经纪人加以管理,规定保险经纪人不得在保险业务中认占份额,从而确定了保险经纪人制度。1563年,西班牙的《安特卫普法令》对航海及海上保险办法和保单格式作了明确的规定。1575年,英国女王伊丽莎白一世颁布王室公告《保险费率规章》,对海上保险的主体、客体和监管程序做了详细规定。

1601年,英国制订了第一部海上保险法律,阐明了海上保险的意义和作用,提出用保险的方法由多数人来分担不测事故所导致的损失比由少数遭遇不幸的船舶或商人单独承担损失的方法更好、更有效。同时,该法还规定在保险商会设立仲裁庭以解决海上保险的案件纠纷。

1681年,法国国王路易十四颁布了《海事条例》。1745年,英国制订了海上保险单的标准格式。1807年的《法国商法典》、1861年的《德国商法典》都有专门规范海上保险的章节内容。

1906年，英国国会通过了《海上保险法》。这部法律对几百年来海上保险的做法、惯例、案例和司法解释进行了集成，由此推动海上保险业务更加规范、健康发展。其中很多原则至今仍被许多国家所采纳、仿效和沿用，在世界保险立法上有很大的影响。该法附件中有关船舶保险和货物保险的标准保险合同格式至今依然有效，且成为许多国家同类保险合同的示范文本。

纵览人类社会过去一千年的历史，伴随着资本主义的萌芽与发展，从11世纪欧洲工商业的兴起和城邦的出现，13、14世纪地中海地区海上贸易的发展和繁荣，15、16世纪西班牙、葡萄牙大航海称霸世界，到17世纪荷兰成为"海上马车夫"，18、19世纪英国通过战争获得海上霸权并进行海外殖民扩张，工业革命后引领资本主义世界发展而成为"日不落帝国"，到20世纪美国以制度创新和技术创新领先世界，再到21世纪中国经过40年改革开放成为世界经济引擎和主要增量贡献者，自由贸易和全球经济一体化推动着世界经济向前发展和走向繁荣。在这个过程中，保险作为重要的商业贸易保障机制和社会发展保障制度得到了发展和兴盛，其职能也由最初的风险转移、损失分摊和经济补偿，发展到资金融通和社会管理，成为国家社会治理体系的重要组成部分。

世界各国的保险业在20世纪特别是二战以后都出现了蓬勃的发展。进入21世纪以后，新兴市场成为全球保险业的主要增长力量，其中包括了快速发展的中国保险业。

中国保险业在1979年随着改革开放而复业，实现了40年恢复性的高速增长，在2017年保险费收入连续第二年超越日本总量排名世界第二，成为全球第二大保险市场。国际权威保险刊物——瑞士再保险

Sigma 杂志披露的数据显示，2017 年中国寿险同比增长全球第一，为全球寿险业贡献了 2.1 个百分点的增长；非寿险增长全球第二，为全球非寿险业贡献了 1 个百分点的增长。2017 年我国总人口超过 13.9 亿，保险密度 384 美元/人，排名全球 45 位；2017 年我国国内生产总值（GDP）达到 820 754 亿元，保险深度 4.57%，排名全球 36 位。中国保险业因其总量的增长、排名的上升、增速的领先以及对世界保险业的贡献，加上保险密度和保险深度方面依然存在的巨大潜力，成为全球保险业中成长性良好、增量贡献较大的新兴市场的代表。

1949 年之前中国保险业的历史

历史扫描

中国历史如果划分为古代、近代和现代，1840年以前为古代，1840年至1949年为近代，1949年以后为现代。

1840年以前中国经历了旧石器时代（约公元前300万年）、新石器时代（约公元前1万年）以及夏、商、周［西周、东周（春秋、战国）］、秦、汉（西汉、东汉）、三国（魏、蜀、吴）、晋（西晋、东晋）、五胡十六国、南北朝［南朝（宋、齐、梁、陈）、北朝（北魏、东魏、西魏、北齐、北周）］、隋、唐、五代（后梁、后唐、后晋、后汉、后周）、十国［吴、前蜀、吴越、楚、闽、南汉、荆南（南平）、后蜀、南唐、北汉］、宋（北宋、南宋）、辽、西夏、金、元、明、清等朝代，统称为古代。

从地理上看，中国各个历史时期的版图会有大小和区域变化，但中国整体所在的地域呈现西高东低的地理特征，西部、北部是连绵山脉，东部、南部平原地区的海拔阶梯式降低，陆地延伸进入黄海、东海和南海，面向蔚蓝深邃的太平洋。贯穿东西的两条孕育华夏文明的大河——长江和黄河，发源于青藏高原，由西到东、由高到低流入黄海和东海。这样一种天然地理特征，在航海缺乏机械动力、航空还没有发明之前，并不利于对外的交流和贸易往来。然而，不同文明之间天然的交流意愿和冲动，以及物品贸易促进经济繁荣，文化交流带来精神丰富和推高，促使当时不同地域的人们通过马（马车）、牛（牛车）、骆驼或者风帆航船等交通工具开展交换与交流。自夏以降 4 000 年的历史中，汉代甘英出使波斯，唐朝玄奘西行取经，元代忽必烈向西扩张，明朝郑和七下西洋，清朝洋务运动等，都是中华文明与其他大洲的文明交互的著名历史事件。

始于汉代的丝绸之路，以丝绸和瓷器贸易为主要媒介，形成一条连接和横穿欧亚大陆的通道。发生在丝绸之路上而传于后世的事件除了甘英出使、玄奘取经等以外，还有张骞出使西域（前 139 年）、《浮屠经》传入长安（前 2 年）、波斯国遣使献佛牙（530 年）等。千年之后，当现代人缅怀追忆古丝绸之路对中西方商品和文化交流的重要贡献时，唐朝著名边塞诗人岑参"马上相逢无纸笔，凭君传语报平安"的吟诵透过塞外西域的风沙隐隐传来，"忽如一夜春风来，千树万树梨花开"的北方雪景描绘让人浑然忘却了北疆的荒芜和苍凉。

海上丝绸之路形成于汉武帝时期。宋代以后，伴随着经济中心南移以及造船和航海技术发展，从广州、泉州、杭州出发的海上航路日益发达，海船经南海穿马六甲海峡、驶印度洋、过红海、达波斯湾，沿途到达东南亚、阿拉伯、非洲东海岸各国。海上丝绸之路兴盛以后，逐渐替代了陆上丝绸之路的作用。

丝绸之路促进了东西方文明的相互交流和渗透。中国的丝绸、瓷器、茶叶以及造纸术、印刷术、火药等输送到了西方，西方的香料、琉璃、胡椒以及佛教、基督教、伊斯兰教等输入了中国。

> **背景字幕**
>
> 公元 1368 年，朱元璋在应天府称帝，国号大明。

自宋代以后，中国的经济社会重心逐渐南移，位于大陆南端的港口城市泉州、广州等逐渐成为海外贸易繁荣的重要港口。971 年，宋朝在广州设市舶司，负责管理海外贸易。宋代的经济十分繁荣，农业方面由越南传入占城稻，小麦、棉花种植面积迅速增长，长江下游和太湖流域成为全国粮仓。南方各地普遍种植茶树，福建武夷山南平一带成为北宋的御茶园，宋徽宗著《大观茶论》传世至今。河南开封的官窑、浙江龙泉的哥窑、河北定县的定窑、河南禹县的钧窑、河南临汝的汝窑作为宋代五大名窑扬名于世，北宋时兴起的江西景德镇后来发展成为世界著名的瓷都。广州、泉州的造船业水平当时处于世界领先地位，大型船舶设计科学、规模宏大且配备了先进的指南针。泉州、广州是当时闻名世界的大商港，海外贸易十分兴旺。北宋时期四川地区出现了世界上最早的纸币——交子，映射出当时物贸交易的频繁和货币作为一般等价物的演化轨迹。北京故宫博物院收藏的宋代名画《清明上河图》生动描绘了北宋时期都城东京（今河南开封）的城市面貌和社会各阶层民众的生活状况。

1271年，忽必烈称帝，公布《建国号诏》，定国号为大元，次年迁都燕京。元朝的海外贸易十分发达，专门设置市舶司管理海外贸易和征税。史载元代开设泉州、庆元、上海、澉浦、广州、杭州、温州、雷州等八个港口开展国际贸易，其中福建泉州为当时中国第一大港，《元史·食货志》《辍耕录》中均记载了当时的泉州港船舶众多、货物堆积如山的盛况。从元朝开始，元政府为了整顿沿海治安、禁阻海上走私活动或者在战时禁止沿海居民与外部发生往来，曾阶段性地禁止沿海居民和商人非经官方许可私自出洋从事海外贸易，同时也禁止外国商船非经官方许可与本国沿海居民和商人开展贸易活动，称为海禁或洋禁。元朝的海禁时兴时废，从元世祖到元英宗期间曾出现四次海禁，第一次为1292—1294年，第二次为1303—1308年，第三次为1311—1314年，第四次为1320—1322年。

1368年，朱元璋在南京称帝，定国号大明。明朝郑和下西洋是中国历史上著名的事件。1405年，永乐帝以"遣使宣教化于海外诸藩国，导以礼仪，变其夷习"为由，派郑和率船队南下西洋，以宣扬国威、加强与海外各国的联系。郑和率领当时世界上最先进的庞大远洋船队，运用世界领先的指南针导航和天文导航技术，远航至西太平洋和印度洋，1405—1433年共拜访了30多个国家和地区，最远到达了东非和红海，促进了明王朝的对外交往和朝贡贸易。明代由于东南沿海常年受到倭寇袭扰，政府也为了加强对海外贸易的管控，明太祖朱元璋下令实施海禁、强化海防，"濒海民不得私自出海"，除朝贡贸易外，一切海外私商不得来华贸易，《大明律》甚至规定"片板不许入海"。直到1567年，明穆宗宣布解除海禁，东南沿海的民间海外贸易方始得到合法化的发展。当时的广州、泉州、宁波、福州、漳州月港等成为主要的对外贸易港口，明朝的丝织品、瓷器、茶叶、铁器等广受世界各国欢迎，大量白银流入中国。明政府对海外贸易的征税也由抽实物税改为货币税，商品经济更趋活跃，东南沿海经济迅速发展，带动明朝整个社会焕发活力，成为当时世界上贸易往来最为频繁的国家。

> **背景字幕**
>
> 公元1405年，明成祖朱棣即位以后，与外国多所交往，以至贡使日益增多，遂于永乐三年在福建、浙江、广东三市舶司设驿馆，用以接待诸番贡使。
>
> 公元1405年，郑和奉命第一次出使西洋。船队共27 800多人，船208艘。

清政府早期实行严厉的海禁。1684年康熙攻灭台湾郑氏政权后，清政府于1685年3月开放海禁，设广州、漳州、宁波、云台山四大通商口岸。1715年，中英签订《粤海关通商条约》，英国东印度公司获得自由通商权利，英国在广州建立了商馆。1757年，乾隆下令所有南洋、西洋商船必须从广州入关。18世纪末期，英国在其东南亚殖民地建立了罂粟种植园和鸦片工厂，通过印度洋海运向中国大量输入鸦片，同时通过鸦片贸易获得的巨额收入换取大量的瓷器、茶叶、布匹等中国商品运往英国。当时的英国贵族和富商们以拥有精美的中国瓷器、在自己的庄园里和朋友一起喝来自遥远中国的下午茶为荣。鸦片贸易让英国人获得了巨大利益，但是导致清政府白银大量流出形成巨额逆差，且贻害国民身心健康，埋下了两国爆发战争的隐患。

> **背景字幕**
>
> 公元1685年，法国国王路易十四颁布枫丹白露诏令，废除南特法令。
>
> 公元1685年12月，著名诗人纳兰性德（1655—1685）去世。

在海外贸易不断发展和繁荣的过程中，沿着印度洋、东南亚航线进入广州港的商船往来越来越频繁，货物的运载量和交易量也与日俱增。海运船舶在印度洋和中国南海经常会遇到巨风大浪、海盗抢掠以及战争的威胁，商人们对于保险的需求自然产生。当时英国的海上保险制度已经日臻完善，通过保险机制来保障和促进海上商业贸易已经成为英国商人的商业传统和惯例。到广州口岸开展国际贸易的英国商人们将保险制度引入中国成为自然而然、水到渠成的事情。

中国保险元年（1801）至清末

1801年1月1日，英格兰、苏格兰、威尔士和爱尔兰合并组成大不列颠及爱尔兰联合王国，简称英国。同一年，在地球的东半球，在中国大陆南端的广州城，出现了第一个由英国商人创办的保险联合体——临时承保协会。这是中国历史上出现的第一个商业保险组织，标志着中国商业保险历史的开端，1801年也因此成为中国近现代商业保险的元年。广州作为清政府主要的对外贸易港口和英国商人聚集的通商口岸，顺理成章地成为中国保险业的发祥地。

> **背景字幕**
>
> 公元1801年1月1日，英格兰、苏格兰、威尔士和爱尔兰合并组成大不列颠及爱尔兰联合王国。
>
> 公元1801年3月4日，托玛斯·杰弗逊就任美国总统。
>
> 公元1801年3月23日，亚历山大一世继位成为俄罗斯沙皇。

他山之石·外商垄断中国保险业

1805年，英国东印度公司鸦片部经理戴维森（Davidson）在广州发起成立了"谏当保安行"（Canton Insurance Society）。谏当保安行是19世纪初来华贸易的英国商人在中国最早开设的保险公司，也是中国历史上第一家保险公司。谏当保安行的业务经营范围主要是承保航运贸易风险的海上保险，又被称为"谏当水险行"，业务获取方式以代理为主。当时的广州人把Insurance音译为"燕梳"，所以又把保险公司称为"燕梳公司"。

驿站

英国东印度公司

英国东印度公司（British East India Company）创办于1600年12月31日，由英格兰女王伊丽莎白一世授予皇家许可状而成立，总部设在伦敦利德贺街（Leadenhall Street）。东印度公司凭借皇家授予的特权在海外贸易中获取了巨额利润。1670年，英王查理二世又授予东印度公司自主占领地盘、铸造钱币、建立要塞和军队、结盟和宣战、签订和平条约和在被占据地区就民事和刑事诉讼进行审判的权利，使它在英国的对外殖民扩张和海外贸易中扮演更为重要的角色。1711年，英国东印度公司在中国广州建立了第一个贸易机构。为了平衡在采购中国的茶叶、丝绸、瓷器等贸易中形成的巨额逆差，19世纪初英国东印度公司将英属殖民地鸦片工厂生产的大量鸦片非法运往中国销售，大量白银从中国流出转而形成了巨额贸易逆差。鸦片损害了中国国民的健康和国家利益，最终导致了中国的禁烟运动和两次鸦片战争。1874年，英国东印度公司被解散。

1800年以后，英、法、德、美等国商船纷至沓来，要求开展对华贸易，有的商船还有枪炮武装的兵船随行，外国传教士也纷纷申请来华传教。据《广州口美英和欧洲各国出口船只统计》记载，仅1800—1801年驶入广州口岸的外国商船就达 49 艘，1805 年增加至 90 艘。清政府于是加强了对外贸易和交往的管控，1835 年制订并颁布了外商来华贸易的八条规定："道光十五年三月，定贸易洋入章程。十四日，从两广总督卢坤等奏，防范贸易洋人，增定章程八条：一、外洋护货兵船，不准驶入内洋。二、洋人偷运枪炮及私带其妇人等至省城，责成行商一体稽查。三、洋船引水买办，由澳门同知给发牌照，不准私雇。四、洋馆雇用民人，明定限制，严防勾串作奸。五、洋人在内河应用无篷小船，禁止闲游。六、洋人具禀事件，一律由洋商转禀。七、洋商承保洋船，应认派兼用，以杜私弊。八、洋船在洋私卖税货，责成水师稽查，严禁偷漏。"八月，英船至山东刘公岛，山东巡抚钟祥奏，英吉利船驶入刘公岛海面。英人麦发达始则要求通商，继则欲散布洋书。十七日，命沿海各省严加巡防堵截，不准洋船驶进隘口。

背景字幕

公元 1805 年，清嘉庆十年二月初七，英吉利国王随商船进表贡物，其商船并伴有兵船四艘。

公元 1805 年，清嘉庆十年四月，禁西洋人刻书传教，先是京师设立西洋教堂，以为推算天文、参酌西法之用，并为来京西洋研习者栖止之所。西洋人在中国内地刻书、传教，向有例禁。十八日，谕从御史蔡维钰奏，严禁西洋人刻书、传教。三十日，命将刊刻汉文教经三十一种并向旗民传教之西洋人德天赐，送往热河圈禁。

公元 1805 年，清嘉庆十年十月十七日，英吉利国王进表献物。

公元 1805 年，清嘉庆十年十二月，有俄罗斯商船二只，来广州恳请贸易，寻泊岸开舱卸货。十五日，粤海关监督延丰等交部严加议处。

1840 年鸦片战争之前，清政府设立了官方特许的经营对外贸易商人的同行组织，也是专门办理洋商来华贸易事务的机构，具体经办清政府对外商的一切联系事宜，称为"公行"或"官行"。当时洋商在广州经商有许多限制，比如洋商不许坐轿，夷妇不许进入广州城，洋人不得上街购物，不得探听物价，不准购买和贩卖书籍等。清政府派出"通事"和"买办"为洋人提供采买、跑腿等各种日常服务，一方面帮洋人办事，另一方面也起到监督作用。1842年中英签订《南京条约》后，"公行"制度被撤销，洋商此后可以自行雇佣华人开展贸易和办理各种事务。

英国商人开展海外贸易时办理海上保险已经形成长期的传统，保险在促进海外贸易繁荣的同时自身利润也十分丰厚。19世纪初的中国是一块诱人的保险处女地，自1805年谏当保安行在广州成立之后，随着对外贸易的大量增加，外商保险以广州为起点逐渐在清政府开放的口岸城市布点发展，外商保险公司的数量逐渐增加。在1865年之前，外商保险公司垄断了所有的中国保险业务，保险合同、条款、单证全部为英文版本。

与此同时，一些外国保险公司也纷纷通过洋行代理的方式招揽和承保中国的保险业务。1838年，设在广州的洋行有55家，伦敦保险公司、联盟保险公司、海上保险公司等15家外国保险公司通过洋行代理承揽中国保险业务，在华从事代理保险业务的外籍人员有20人。1840年之后，在华设立的外商保险公司陆续增加，这些公司大都沿用委托洋行代理业务的方式承保保险业务，而且很多洋行在与它们有代理关系的保险公司拥有股份。当时代理保险方面比较有名的洋行有英商仁记洋行、英商怡和洋行、美商琼记洋行、德商美最时洋行、美商同孚洋行、英商太古洋行等。洋行代理保险业务，每做成一笔保险生意可以收取一定比例的佣金，还可以按在所代理保险公司的股份获得承保盈余的分红。

驿站

第一次鸦片战争

第一次鸦片战争（First Opium War）是1840—1842年英国对中国

发动的一场战争，英国称第一次英中战争（First Anglo-Chinese War）或"通商战争"，也是中国近代史的开端。

1840年1月5日，林则徐奉旨宣布正式封港，永远断绝和英国贸易。此前英国商人走私贩卖鸦片，不仅使大量白银外流、耗空清朝国库，而且败坏社会风气、损害国人健康，钦差大臣林则徐奉令到广州开展禁烟，将英国人在华库存鸦片尽数销毁。禁烟销烟切断了英国人鸦片贸易的财路，被禁止入华贸易触及了英国人的根本利益。英国国会在进行激烈辩论后最终以271票对262票通过对华军事行动议案，英国政府派出海军少将Anthony Blaxland Stransham和驻华商务监督Charles Elliott率领英军舰船47艘、陆军4 000人组成远征军，于1840年6月抵达广东珠江口外，第一次鸦片战争爆发。中英两国政府在以后两年中边打边谈，英军一路由南往北攻陷广州、厦门、定海、慈溪、镇江。1842年8月，英舰抵达下关江面直逼南京。清政府被逼与英国议和，签订了中国历史上第一个不平等条约《南京条约》。1843年，英国政府又强迫清政府订立了《五口通商章程》和《五口通商附粘善后条款》。1844年7月，中美签订《中美望厦条约》；1844年10月，中法签订《黄埔条约》。第一次鸦片战争以清政府割地赔款而告终，领土、领海、司法、关税、贸易主权遭到破坏，中国由一个独立自主的国家开始沦为半殖民地半封建国家。

第一次鸦片战争以后，清政府于1842年8月29日与英国签订了《南京条约》，除了割让香港、赔款2 100万银圆之外，开放广州、厦门、福州、宁波、上海五个通商口岸，而且关税税率规定由中英双方商议决定。1844年，美、法两国分别与清政府签订了中美《望厦条约》和中法《黄埔条约》，获得了与英国同等的待遇。1845年11月29日，英国与清政府签订了《上海租地章程》。1854年7月5日，英、美、法三国自行公布了三国领事修订的新《上海租地章程》，并胁迫清政府追认同意。由此英、美、法等国的外国人获得了可以在上海的划定区域内，开设洋行、经营贸易并划地建房的权利。五个通商口岸中，上海最早划定租界，对外贸易发展快于其他四个口岸，香港、广州的洋行遂陆续向上海迁移，上海逐渐代替广州成为全国对外贸易的中心。随着上海对外贸易的急剧扩张，海上货运量大幅上升，早期以洋行兼营码头、仓库、船舶修理、银行、保险的商业模式出现变化，越来越多的洋行投资设立保险公司开展保险经营，在上海开设的外商保险公司日趋增多。1846年，英国商人在上海设立了"永福人寿"和"大东亚人寿"两家人寿保险公司。

驿站

第二次鸦片战争

第一次鸦片战争之后，西方资本主义列强相继侵入中国，不断要求扩大在华利益和各种特权。1854年，英国要求修订《南京条约》，提出中国全境开放通商，鸦片贸易合法化，进出口货物免交子口税，外国公使常驻北京。法、美两国也提出了类似要求，遭到清政府断然拒绝。于是英、法两国在美、俄支持下，趁中国国内太平天国运动之际，以"亚罗号事件"及"马神甫事件"为借口，联合发动第二次侵华战争。1856年10月，英军开始行动，27日英舰炮轰广州城，29日英军攻入广州。1856年12月，英法联军5 600余人在珠江口集结，准备开展大举进攻。此时清政府正集中兵力镇压太平天国和捻军起义，对外采取"息兵为要"方针。1858年4月，英、法、俄、美四国公使率舰陆续来到大沽口外，以重兵压境、进攻北京作为威胁逼迫清政府议和谈判，天津和谈的结果是清政府分别与俄、英、法、美签订《天津条约》，主要内容包括：公使进驻北京；开放牛庄、登州、台南、淡水、潮州、琼州、汉口、九江、南京、镇江为通商口岸；外国商船可以自由驶入长江一带通商口岸；外国人可以到内地游历经商；外国传教士可以到内地自由传教；中国对英、法两国赔款 600 万两白银。1858 年 5 月，俄国西伯利亚总督穆拉维约夫乘英法联军攻陷大沽口、形势危急之时，用武力胁迫黑龙江将军奕山签订中俄《瑷珲条约》，割占黑龙江以北、外兴安岭以南的 60 多万平方千米土地，把乌苏里江以东约 40 万平方千米中国领土划作两国共管。

1860 年 2 月，英、法两国军队再次扩大侵华战争，陆续占领舟山、大连湾、烟台，封锁渤海湾。8 月，英法联军 18 000 人进占天津，在提出增开天津为通商口岸、增加赔款以及带兵进京换约的条件被清政府拒绝后，从天津进犯北京。10 月 18 日，英法联军占领北京，抢劫焚毁圆明园。清政府被迫与英法和谈，订立中英《北京条约》、中法《北京条约》作为《天津条约》的补充，续增条款包括：开天津为商埠；割让九龙半岛南端（今界限街以南地区）给英国；准许外国人在中国招聘汉人出洋充当劳工；将已充公的天主教教堂财产发还，法国传教士可以在各省任意租买田地，建造教堂；对英、法两国赔款各增至 800 万两白银。俄国也逼迫清政府签订中俄《北京条约》，将乌苏里江以东 40 万平方千米的土地划归俄国，增开喀什噶尔为商埠，并在喀什噶尔、库伦设领事馆。第二次鸦片战争结束，中国社会的半殖民地化程度进一步加深。

第二次鸦片战争之后，随着通商口岸的增加、对外贸易的增长以及保险需求的上升，更多的外商保险公司在华设立和营业，同时业务范围从单一的海上保险扩展到人寿保险、火灾保险等其他业务。1862 年，美商旗昌洋行在上海设立扬子保险公司。1863 年，保家行、保安保险公司、保裕保险公司在上海设立。1864 年，泰安保险公司成立。1865 年，美商琼记洋行设立保宁保险公司。1866 年，香港火烛保险公司成立。

1870年，宝裕保洋险公司、香港维多利亚保险公司、中华保险公司成立。1884年，美商公平人寿保险公司设立上海分公司。1898年，英商永年人寿保险公司在上海成立。1899年，美商纽约人寿、美商宏利人寿、加拿大永明人寿在上海开设分公司。1905年，英商华洋人寿保险公司在上海成立。1909年，新加坡大东方人寿保险公司在上海设立分公司。

外商保险公司纷纷成立的同时，业务范围和经营区域也不断扩大，从沿海逐步向内陆渗透。外商保险公司在经营实务中采用雇佣买办、吸收华商入股的方式加快业务拓展。外商保险公司由于垄断了所有的保险业务，不仅保费快速增加，而且获得了丰厚的垄断经营利润。1866年6月23日《华北捷报》发布消息，由于当季在长江航运中发生了木船翻沉的意外事故，各外商保险公司联合将汉口至吴淞的保险费率从1%涨至2.5%，外商完全掌控了当时的保险定价权。1866年设立的香港火烛保险公司每年的资本收益率达到50%，股票价格上涨400%。保家保险行、谏当保险公司等外商保险公司都获得了非常可观的经营利润。依托英、美、法与清政府签订的条约和外商保险公司在保险技术和代理渠道方面的先发优势，1865年以前形成了以英商为主的外商保险公司完全垄断中国保险业的局面。即便1865年以后华商保险公司陆续设立，华商保险的业务不断增长和扩展，外商保险仍然占据着中国保险市场的大部分市场份额，一直持续到1949年新中国成立。

所谓他山之石，可以攻玉，亦致承压。

西风东渐·西方近代保险思想在中国的传播

清政府在两次鸦片战争中遭遇挫败，为了谋求转变日益衰败的国势，政府中的开明派开始积极推行"洋务运动"，以求向西方先进资本主义国家学习和借鉴"富国强兵"之策。魏源提出了"师夷长技以制夷"的思想，沈寿康提出了"中学为体、西学为用"的思想，许多知识分子以知识报国、知识强国为出发点，将世界各国特别是欧美各资本主义国家的社会、政治、经济、技术、文化等情况译介推荐给民众，起到了知识和思想的启蒙作用。

驿站
洋务运动·师夷制夷与中体西用

经过1840年、1856年两次鸦片战争和太平天国运动（1851—1864），内忧外患的晚清政府朝野产生了自救图强的强烈意愿，思想开明的洋务派在19世纪60年代到90年代主导进行了一场以富国强兵为目标，学习西方文化、引进西方军事装备、机器生产和科学技术的自救、自强的运动。洋务运动以"师夷制夷""中体西用"为指导思想，前期以"自强"为旗号，采用西方先进生产技术，先后创办了江南机器制造总局、金陵制造局、福州船政局、天津机器局等一批近代军事工业，具备了铸铁、炼钢以及机器生产各种军工产品的能力，产品包括大炮、枪械、弹药、水雷和蒸汽轮船等新式武器装备，同时开办了天津北洋水师学堂、南洋水师学堂、旅顺鱼雷学堂、江南陆军学堂等一批军事院校，1888年创建了近代中国海军舰队北洋水师。为解决军事工业资金、燃料、运输等方面的问题，洋务派又以"求富"为口号，大力发展民用工业和新式交通运输业。1872年，李鸿章在上海建立了轮船招商局，矿业、电报业、邮政、铁路等行业相继出现，近代纺织业、自来水厂、发电厂、机器缫丝厂、轧花厂、造纸厂、印刷厂、制药厂、玻璃制造厂等都开始建立，奠定了中国近代化工业的基础。洋务运动是当时清政府在率先实现资本主义生产方式的西方列强的政治、军事和经济压力下，为了自救图强而开展的符合历史潮流的运动，客观上推动了中国社会生产力的进步，引发了中国民族资本主义的产生与发展，促进了中国教育和国防的近代化。洋务派的代表人物有李鸿章、张之洞、曾国藩、左宗棠、沈葆桢、唐廷枢等。

在推介西方保险并倡导中国建立自己的保险制度方面，提出"师夷长技以制夷"的魏源、太平天国的领导成员洪仁玕、清末启蒙思想家郑观应、《续富国策》的作者陈炽等是具有代表性的人物。

魏源《海国图志》　魏源所著《海国图志》是一部介绍世界各国地理、历史、政治、经济、历法、宗教和风土人情的巨作。该书于1842年、1847年和1852年出版了三版，且内容逐步丰富扩大至100卷本。《海国图志》中有两处介绍了英国的保险，第51卷"大西洋·英吉利国广述上"中介绍了英国开展货物运输保险的办法，第83卷"夷情备采三·贸易通志"中介绍了各种保险的类型。他把保险翻译为"担保"，火灾保险译为"宅担保"，海上保险译为"船担保"，人寿保险译为"命担保"，对"担保会"（保险组织）的集资规模、盈亏分摊、保险险种分别做了介绍。比如对于火灾保险，魏源在书中介绍："宅担保：城市稠密，回禄堪虞。假如本屋价银二千，每年纳会中银二十员，不幸被灾，则会中亦代偿其半。"对于"担保会"的章程，书中写道："交战之际，商船皆不得出港，倘擅动蹈危，则担保会中不偿其所失。"这类似于除外责任的表述。魏源积极倡导学习西方先进科学技术，并且首次全面系统地介绍了西方的保险理论、实务及发展情况，认为保险经济补偿制度已经成为西方各国的"恤商之政"。魏源被称为中国介绍西方近代保险的第一人。

洪仁玕《资政新篇》　《资政新篇》的作者洪仁玕是太平天国领导人洪秀全的族弟，也是太平天国后期领导人物之一。他曾悉心研究西方资本主义国家的制度和科学，提出中国应开办银行和保险，以利国利民。他在《资政新篇》中对保险做了言简意赅的论述："外国有兴保人物之例。凡屋宇、人命、货物、船等有防于水火者，先与保人议定，每年纳银若干，有失则保人赔其所值，无失则赢其所奉。若失命，则父母、妻子有赖。"洪仁玕主张学习西方科学技术，实施政治改革，意图在农民革命的基础上建立资本主义制度，在当时具有进步意义。

郑观应《盛世危言》 郑观应是清末著名启蒙思想家和实业家。他所著《盛世危言》5 卷本于 1894 年出版，1895 年增订为 14 卷本，其中专门增订"保险"一节，对保险做了简明扼要的论述："如保房屋一千座，其中一座失险，则以九百九十九座之利银偿还遇险之一座，在公司不过代为收付，稍沾经费而已。"介绍国外保险公司经营的险种："保险有三等：一水险，二火险，三人险。水险保船载货，火险保房屋、货栈，人险保性命疾病。"介绍水险附加战争险和盗窃险："货物保险，非独寻常之时，即遇战事、盗劫，凡意外之灾，皆可以保，惟价分数等，在兵祸中保险其价最昂，较寻常须加数倍，其盗劫等事次之，然亦与寻常保险不同，缘此等事非意料所可及也。"

陈炽《续富国策》 陈炽是清末维新派成员，历任户部郎中、刑部章京、军机处章京。他所著《续富国策》于 1896 年出版，在"商书"部分写有"保险集资说"。他认为，灾害不仅使受灾者损失，影响到其他商人，而且还会妨碍本国的商务活动。他倡议"有智者纠集巨资，创立保险行，以保轮船车之险"。通过参加保险把不固定的财产损失，化为固定的保险费支出，投保人就可以稳定经营。保险公司通过聚千家之财、救一家之急，把危险分散了，也得以稳定经营。"保险之物日益繁，保险之利日益广，保险公司亦日益多。"他还介绍了分保办法，提出保险公司对承保的各种风险，采取分保即向其他保险公司办理再保险的办法，分散危险、稳定经营。陈炽最后提出纠资集股办保险来振兴中国："即此保险一端，而华商之大势成，中国之全局振矣。"陈炽的"保险集资说"不仅论述了保险的一般原理、需要开办的险种、发展前景的预测以及稳定经营的方法，而且站在更高的经济社会层面提出了我国自行集资办保险、振兴民族工商业的设想，是比较完整、系统的保险思想论述。

思想先于行动。当时欧美各国已率先完成资产阶级革命和工业革命，中国的政治经济制度和科学技术处于相对低位的历史时期，诸多有识之士以学习、借鉴、吸收的姿态将西方国家相对先进的制度和技术介绍引入中国，体现了他们的忧患意识和责任意识，也展示出他们追求民族振兴、国家兴盛的抱负与期望。他们对于西方保险制度的介绍以及国人自办保险的建议和呼吁，对我国民族保险业的产生和发展起到了积极的启蒙和推动作用。

群雄环伺·中国民族保险业蹒跚起步

首家华商保险公司诞生 1865年5月25日，中国第一家华商保险公司——上海义和公司保险行在外商林立、虎视环伺的环境中成立。它的成立标志着近代中国民族保险业的诞生，中国保险市场只有外商保险经营的局面发生了改变。上海义和保险行的业务经营范围仅限于货物运输保险，保费规模也很小，但是它首创了在保险单上一面用英文、一面用汉字的先例，改变了此前中国保险市场上所有保险单均为英文的境况，为以后民族保险业的崛起开辟了先河，具有里程碑的意义。

> **背景字幕**
>
> 公元1865年4月9日，美国南北战争结束；4月14日，林肯遇刺，次日不治身亡；12月18日，美国废除农奴制。
>
> 公元1865年9月，曾国藩和李鸿章在上海创办江南机器制造总局。

李鸿章创办保险招商局 鸦片战争以后，外商轮船公司依仗所在国与清政府签订的条约特权，运用装配了先进机器的现代化轮船在华开展大批量货物运输，在中国的沿海、内河通行无阻。当时我国自有的水上运输工具尚是旧式的沙帆船，落后的小木船根本无法与外商大吨位、航速快、安全且收费低的新式轮船相比和竞争，中国航运业很快就被外商所掌控和操纵。当时中国自己慢速、低效的漕运甚至影响了清政府官方的粮食和物资供应，与外商相比在航运能力和技术上的巨大落差引起了清王朝上层的高度关注。

1872年12月23日，直隶总督李鸿章奉旨创办轮船招商局。1873年1月14日，轮船招商局在上海正式开业，后改名为轮船招商总局。当时掌握着保险垄断经营权的外商保险公司对可能成为外商航运竞争对手的轮船招商局采取了敌视和挟制态度。比如，招商局的轮船首航需要办理船舶保险，外商保险公司最先表示拒绝承保，经协商同意承保后又附加苛刻承保条件，年费率高达10%，并且采用限制保险金额的方法使招商局的轮船保险不足额投保。由于当时中国自己没有能够承保船舶巨额保险的华商保险公司，只能忍气吞声、无奈接受外商保险的不平等条件和压制。

驿站

轮船招商局（1872—1949）

轮船招商局是中国第一家近代大型轮船航运企业，1872年由洋务派代表人物李鸿章在上海筹办，1873年1月成立，属于官督商办企业。轮船招商局创办章程载明："轮船之有商局，犹外国之有公司也，原系仿照西商贸易章程，集股办理。"招商局召集商股银73万多两，各海关拨官银190多万两作为资本。"所有盈亏，全归商认，与官无涉。"轮船招商局在集资、组织经营管理、盈利以及分配等方式上都具备了近代资本主义股份制公司的基本特征，集资采用入股形式，经营管理上实现了所有权和经营权分离，盈利分配实行按股付息分红。轮船招商局总局设于上海，分局设烟台、牛庄、汉口、天津、福州、广州、香港以及海外的横滨、长崎、神户、新加坡等地。

> **背景字幕**
>
> 公元1875年8月31日，候补侍郎郭嵩焘奉旨出使英国，这是清政府首次正式对外国派驻使节。
>
> 公元1875年12月11日，清政府任命陈兰彬、容闳为钦差大臣，出使美国、秘鲁。

为了打破外商保险公司的垄断局面，李鸿章提出"须华商自立公司，自建行栈，自筹保险"。1875年4月，招商局"福星号"轮船在黄海黑水洋附近沉没，死63人，损失漕米7 000余石。这一事件造成巨大损失，使招商局自办保险事宜被迅速提上议事日程。1875年11月，报纸刊登了《招商局告白》，宣布创办上海保险招商局及12个保险分局，分别在汉口、天津、镇江、九江、宁波等十余个国内口岸和新加坡、吕宋、横滨等八个外国口岸设立分支机构，主要经营中外轮船的保险业务。1875年12月28日，保险招商局正式成立，这是1865年第一家华商保险公司——上海义和公司保险行诞生10年之后华资自办、具有官方背景和较大影响力的首家规模较大的保险公司。保险招商局的创办，打破了外商保险公司在船舶保险和货物运输保险业务上的垄断，有力地支持了新兴的民族航运业的发展，受到民族工商业企业的欢迎和支持，保险业务也随之不断增加。

仁和保险与济和保险成立 1876年7月3日，《申报》刊登《仁和保险公司公启》，成功向社会各界招股集资25万两白银。1876年8月19日，仁和水险公司正式揭牌营业，主要承保船舶保险和货物运输险。开业后为了扩大承保能力，股本金又增至50万两白银。

1878年4月17日，轮船招商局招股集资20万两白银创办"济和船栈保险局"，专门承保"仁和"水险的溢额保险以及"仁和"不承保的轮船招商局的码头、栈房和货物的火灾保险业务。后期为了扩大承保能力，增资招股30万两白银，股本金增加至50万两白银，改名为"济和水火险公司"。

仁和、济和两家保险公司相继设立，总资本金达100万两白银，承保能力以及与外商保险竞争的能力大大提高，防止和减少了外商保险的掣肘和压制。两家公司不仅承保船舶保险和货物运输保险业务，同时承保陆上港口仓储货物、设备、房屋等火险业务，并逐步把业务推广至国内其他各个口岸，后又进一步扩展至南洋新加坡、小吕宋（今菲律宾马尼拉）等国外商埠。仁和、济和两家保险公司的创办和经营，在发展民族保险业自身力量的同时也支持了民族工商业的发展，增强了轮船招商局同外商航运业竞争的实力。1886年2月，仁和、济和两家公司合并为"仁济和水火险公司"，资本金100万两白银，成为当时华资最大、具有相当规模和影响力的保险公司，对强势的外商保险公司形成了一定的制衡，同时迫使外商保险公司按相对合理的费率和保险业的经营惯例承保和接受华商保险的分保业务。

除了保险招商局和仁和、济和保险公司以外，这个时期还有另外一些华商保险公司相继设立：1877年，安泰保险公司成立；1880年，常安保险公司成立；1882年，上海火烛保险公司、香港万安保险公司成立；1899年，宜安水火险公司成立。

1900年至1911年辛亥革命前，陆续创办的华商水火险公司有18家：协安保险公司（1901），香港源安洋面火烛保险公司（1904），华兴火险公司（1905），中国合众水火险公司（1905），华通保险公司（1905），同益火险公司（1905），万丰保险公司（1905），源盛保险公司（1905），华安水火险公司（1906），华成经保火险公司（1906），四海通银行保险公司（1907），中国信益保险公司（1908），恒安保险公司

（1908），普华保险公司（1908），小吕宋益同人保险公司（1908），恒盛保险公司（1908），汇通保险公司（1908），同安保险公司（1909）。

> **背景字幕**
>
> 公元1901年1月15日，清政府与外国列强签署议和大纲。
>
> 公元1901年9月7日，清政府与英国、美国、俄罗斯、德国、日本、奥匈帝国、法国、意大利、西班牙、荷兰和比利时签订《辛丑条约》。

同一时期创办的华商人寿保险公司有6家：福安水火人寿保险公司（1901），华洋永庆人寿保险公司（1905），华安人寿保险公司（1907），上海允康人寿保险公司（1909），上海永宁人寿保险公司（1909），上海延年人寿保险公司（1909）。

据统计，到1912年中华民国成立之前，在上海经营的华商保险公司包括水火险公司和人寿保险公司共有37家，在广州、天津等其他城市设立的保险公司有8家，共计45家。华商保险公司为了对抗外商保险公司的垄断打压、维护共同利益，相互开展合作、协调和支持，组建成立了同业公会。1903年，香港华商保险公会成立；1907年，上海华商火险公会成立。上海华商火险公会对外商保险公司共同成立的上海火险公会形成了一定制衡。

从当时的保险市场格局而言，由于民族保险业起步较晚、发展势头时起时落，无论在业务规模还是人才技术上都弱于外商保险。据史料记载，1911年45家华商保险公司的保费收入占当年整个保险市场的20%，外商保险则占到80%，外商占据着主导地位。但是，中国人自办保险的火炬由此点燃，中国民族保险业自此从零起步，开始走上一条从无到有、从小到大、从弱到强的振兴发展之路，虽然这条道路后来被事实证明也充满了曲折和艰难,然而矢志不渝、克难前行的中国保险业最后终于在 152 年之后（2017 年）崛起成为世界第二大保险市场。

曲成未奏·清末保险法律法规

据考,我国最早的保险法律产生于清光绪年间（1875—1908）。1903 年,清政府设立商部；1904 年,设立法律修订馆。

1907 年,中国首部《保险业章程（草案）》拟订完成,共 7 章 105 条。草案拟订后上报清廷,却被束之高阁,未批准实施。然而,它是中国近代史上第一部成文的保险法规。

1909 年,《海船法（草案）》拟订完成,共 6 编 263 条。第一编总则,包括法则和通则；第二编海船关系人,包括所有者和海员；第三编海船契约,包括运送物品契约、运送旅客契约、保险契约；第四编海损,包括共同海损和海船的冲突；第五编海难之救助；第六编海船债权的担保。《海船法（草案）》同样没有颁布实行,未产生效律效力。

1910 年,《大清商律（草案）》初拟完成,后延请日本法学家志田钾太郎参与进行了修订。《大清商律（草案）》第一编为总则,分 6 章 84 条；第二编为商行为,共 8 章 339 条。《大清商律·商行为》第 7 章载有"损害保险营业"（共 49 条）,第 8 章载有"生命保险营业"（共 10 条）。然而《大清商律（草案）》还未及审核颁布,1911 年 10 月 10 日就爆发了辛亥革命。1912 年 2 月 12 日,末代皇帝爱新觉罗·溥仪颁诏退位,宣告清王朝退出历史舞台。

以上三部保险法律法规是中国近代保险业最早拟订的行业法律规范,参考了日本、德国等国的法律规定,对保险业的行业规范和涉及的商法、海法进行了认真的探索和研究,内容比较周全,虽然没有颁布施行,但是对之后民国时期的保险立法产生了借鉴作用。

民国初期至全面抗战前的保险业（1912—1937）

胡适（1891—1962）有一段关于保险的话，经常被人引用，可以在很多保险书籍和保险公司的职场招贴画、培训材料、宣传资料上看到。原文如下：

> 保寿的意义只是今日作明天的准备，生时作死时的准备，父母作儿女的准备，儿女幼小时作儿女长大时的准备，如此而已。今天预备明天，这是真稳健。生时预备死时，这是真旷达。父母预备儿女，这是真慈爱。不能做到这三步的，不能算作现代的人。

这一段话写于一篇1930年3月5日的稿件当中，收录于《胡适遗稿及秘藏书信》（耿云志主编，黄山书社1994年版）第12册。其中的"保寿"，指的就是人寿保险。

1933年4月9日《申报》人寿保险专刊第四期刊载胡适的题词，内有"人无远虑，必有近忧""日计不足，岁计有余"等语，被视为社会知名人士向民众推荐保险、传播保险理念的先例。

> **背景字幕**
>
> 公元 1912 年 1 月 1 日，孙中山就任中华民国临时大总统。
>
> 公元 1912 年 2 月 12 日，清朝末代皇帝爱新觉罗·溥仪退位，清王朝结束。
>
> 公元 1912 年 4 月 15 日，泰坦尼克号首航途中撞冰山沉没。

觉醒图强·华商保险扩容与联合

1912 年 1 月中华民国成立后，工商百业呈现出繁荣发展景象，华商保险公司也如雨后春笋般成立。1912—1925 年，在上海成立的华商保险公司包括：上海康年保寿、华安合群保寿、均安水火、羊城置业、金星人寿、香安、永康联保人寿、联泰、华侨合众、上海联保水火、先施置业、广恒、永宁水火、永安水火、先施人寿、永安人寿、爱众联保寿险、众益联保寿险、两利联保寿险、博爱人寿联保、永益联保寿险、永隆人寿、宁绍水火、华年人寿水火、中和人寿、江苏中华商立寿险、福田保寿、大中华水火人寿、中华人寿保险公益会、船商水运保险、合记公司、利运保险、仁济保寿、保众保险、公安保险等共计 39 家。

莎士比亚在戏剧《皆大欢喜》中曾经写道："这个世界是一个舞台，所有的男人或女人只是演员，他们都将进场和退场。"保险市场同样是一个舞台，保险公司也有生命周期，有进场就会有退场。当时新成立的 39 家华商保险公司当中有 19 家经营人寿保险业务，其中有些寿险公司如康年保寿、金星人寿、允康人寿、延年人寿等因为缺乏寿险原理知识和科学管理基础，加上经验不足和管理不善，开办短短数年就停止营业了。华商保险公司中经营比较成功的是 1912 年 7 月 1

日开业的中国华安合群保寿险股份有限公司，公司延揽了多位当时的军政要人担任公司董事，聘请了曾有外商寿险工作经验的精算人才和管理干部，积极开展保险功用意义的社会宣传，大力训练和培养业务干部，业务增长和经营效益都比较显著，公司于 1926 年 5 月迁入自己的办公大楼——坐落于静安寺路 34 号的华安大厦。华安大厦高九层，是当时静安寺路上第一幢高层建筑，也是华商保险公司唯一自有的保险大楼。华安合群保寿一直经营到 1931 年，存续时间 20 年，公司原始资本金 50 万元，新保、续保和利息收入 1 637 万元，寿险满期给付 548 万元，经营收益 1 089 万元，是当时在上海乃至全国都相当有名气的华商寿险公司。

除了上海有诸多华商保险公司成立以外，南方的广州也不断有华商保险机构开业。也是在这一时期，银行资本开始进入保险业。

背景字幕

公元 1921 年 7 月 23 日，中国共产党第一次全国代表大会在上海开幕；7 月 31 日，会议在浙江嘉兴南湖闭幕。

公元 1921 年 11 月 12 日，英、美、日、法、意、中、荷、葡、比九国在美国华盛顿举行"华盛顿会议"。

银行与保险的合作是一种强强联合。银行和保险在业务上有着天然的联系，银行发放抵押贷款，要求借贷人的抵押物或不动产抵押都必须有保险，银行家们也掌握保险的经营机理，知晓保险公司有良好的经营利润，银行的分支机构和经营网点也可以利用机构网点优势便利地代办保险。于是银行业相继投资入股保险业，或直接开办保险公司，1926 年开始便有大量银行资本进入民族保险业，使民族保险业的资本实力和承保能力得到明显提高。

银行资本设立保险公司

时间	事件
1926 年	东莱银行发起设立安平水火险保险公司
1927 年	上海商业储蓄银行投资设立大华保险公司
1929 年	金城银行投资开设太平水火险公司
1930 年	上海商业储蓄银行又投资设立中国第一信用保险公司
1931 年	上海银行与英商太古洋行联合投资开设宝丰保险公司
1931 年	中国银行创办中国保险公司
1932 年	浙江兴业银行、中国通商银行、浙江实业银行、中孚银行与美商美亚保险公司联合开设泰山保险公司
1933 年	金城银行联合交通银行、大陆银行、中南银行、国华银行和东莱银行共同增资太平水火险公司，改名为太平保险公司
1933 年	四明银行投资设立四明保险公司；华安水火、肇泰、先施置业、永安水火、永宁、宁绍、中国海上、上海联保保险公司、通易信托公司保险部等联合投资设立专营再保险业务的华商联合保险公司
1935 年	重庆聚兴诚银行投资开设兴华保险公司
1935 年	中央银行设立中央信托局保险公司；交通部设立邮政储金汇业局保险处

1926—1935 年 10 年间，银行业的金融资本不断投入保险业，加快了民族保险业的发展。据 1937 年《中国保险年鉴》统计，当时全国共有华商保险公司 40 家，包括民营 37 家、国营 3 家。其中总部设在上海的 24 家；设在香港的 10 家；设在广州的 2 家；总部设在新加坡而在国内开设分公司的 2 家；其他 2 家。

全国共有华商保险公司分支机构 126 家，其中上海 11 家，江苏 7 家，浙江 8 家，江西 5 家，湖北 7 家，福建 2 家，广东 23 家，四川 6 家，河南 6 家，天津 10 家，北平 3 家，山东 12 家，辽宁 3 家，吉林 5 家，香港 6 家，设在国外新加坡等地区 12 家。

全国华商保险代理处共计 1 688 个，主要省份中，江苏占 161 个，浙江占 109 个，湖北占 52 个，福建占 27 个，广东占 44 个，四川占 33 个，辽宁占 47 个，安徽占 35 个，河南占 40 个。

华商保险联合图强　1912 年以后，华商保险公司的数量虽然有较快的增加，但是各家华商保险公司的资本实力相对外商保险而言都比较弱。40 家华商保险公司中，实收资本 400 万元以上的只有 2 家，300 万元以上的有 2 家，200 万元以上的有 3 家，100 万元以下的有 33 家。保险公司的承保能力与资本金直接相关，华商保险的资本实力限制了其承保能力，按照保险分散风险的原理，华商保险公司不得不把承保的许多大额业务通过再保险的形式分给外商保险公司。据统计，当时外商保险通过直接承保和再保险分入，占据了全国保险费收入 80% 的份额，主导甚至掌控了中国的保险业。为了提高承保能力和增加自留保费，减少对外商保险在再保险方面的依赖，华商保险公司逐渐通过协商与合作走向联合经营管理。中小华商保险公司通过联合经营管理，风险自留额和自留保费相应增加，提高了对大额保险业务的承保能力，增加了盈利和基金积累。

1929 年 12 月，上海联保、联泰、肇泰、羊城 4 家保险公司设立四行联合总经理处。1930 年 2 月，太平、华安、宁绍、通易信托公司保险部相继加入，扩大后的四行联合总经理处改名为中国联合保险总经理处。参加的公司签订联合分保协议，可以接受大额保险分保业务。这是中国保险历史上首个民族保险业再保险组织，四行联合总经理处的成立与运行被保险业专家视为民族再保险的开端。

> **背景字幕**
>
> 　　公元 1929 年 10 月 24 日，美国纽约证券交易所发生崩盘，引发全球经济大萧条。
>
> 　　公元 1929 年 12 月 28--29 日，中国工农红军第四军在福建上杭召开第九次党代会，通过《古田会议决议》。

1933年6月，肇泰保险、华安水火、永宁保险、永安水火、先施置业、中国海上、上海联保、通易信托公司保险部、宁绍商轮公司保险部9家公司发起设立华商联合保险公司，经国民政府特许为经营分保业务的专业再保险公司。华商联合保险公司与瑞士再保险公司签订了分保合约，建立了溢额再保险合作关系。

1934年1月，肇泰保险、华安水火、上海联保、太平保险、宁绍商轮公司保险部、中国海上意外、先施置业、永宁保险、联泰保险9家华商保险公司组成中国船舶保险联合会，开展联合经营管理。

1935年5月，太平集团设立太平、安平、丰盛总经理处，进一步加强对集团内各公司的领导和管理，采用当时欧美托拉斯式的方式对集团内各公司进行联合管理。太平集团资本雄厚，分支机构遍布全国各地口岸及内陆城市，成为当时全国具有较大影响力的华商保险集团之一。

市场上的中小主体联合起来，增强业务发展能力，抗衡大公司的垄断和欺压，是市场中常见的现象和做法。华商保险公司通过联合经营管理，建立起华商保险公司之间的分保机制，提高了民族保险业对巨额保险的承保能力，减少了对外商保险公司在再保险方面的依赖，同时也增强了华商保险在市场上对业务承保和价格费率的话语权。

驿外花开·闽粤民间盛行简易保险

民间的创新往往最接地气和具有实用性。由西方传入的规范人寿保险盛行于广州、上海等大城市，对于中国普通的中低收入民众而言不仅交费标准偏高，而且需要进行体检等繁复程序，更适合于大中城市的相对富裕阶层。然而，中低收入的普通民众阶层同样面临着生、老、病、死的风险，在疾病和死亡的威胁下更需要有所保障，于是民间简易保险应运而生，创设所谓"人寿小保险"来迎合满足这种需求。大部分民间"小保险"是由原来的"百子会""父母轩"等民间组织演变而来，尤其在福建、广东一带较为盛行。

据1937年的《中国保险年鉴》统计，截至1933年6月，福建省内先后设立的人寿小保险公司主要有福星人寿、福田保寿、大年保寿、福明保寿、健安保寿、怡康保寿、同康百寿会、南山保寿、仁寿堂长寿轩、公平保寿等35家。福建省第一家人寿小保险公司——福星人寿，对参保人每月只收取1元保险费，不需要医生体检，如果10个月内出险则返还所交保费，10个月后出险则赔款50元，40个月后出险赔付100元，80个月以后出险赔付150元，150个月满期后偿还200元。这项业务由于保费低、保障简单明确，而且手续简便易行，因而受到普通民众的广泛欢迎，全盛时期每月保费收入1万余元。福星人寿生意兴隆，引发很多民间商人仿效其开设人寿小保险公司。

广东省地处华南、毗邻福建，同一时期也设立了诸多人寿小保险公司。其中有一家名为"济川善堂人寿会"的小保险公司，在它的《章程》弁言中阐述了公司成立的缘由："古人云：死生亦大矣。天道循环，在所不免。惟最可悯者，贫民耳。夫贫民环境之恶劣，人所共知，仰不足以事父母，俯不足以蓄妻子。一旦疾病纠缠，束手待毙。语云：未知生，焉知死。身后之事，更何以堪。言念及此，故人寿会所当急谋组织也。"这种小规模的人寿会一般由商人个人出资设立，民众自愿入会并每月交费，如果会员发生死亡事故，由人寿会发放丧葬费作为补偿，入会满15年后可以停止交费，寿终时人寿会还给付一笔保险金，显示其具有储蓄保障功能。这种"小保险"入会手续方便、交费低廉，能够满足老百姓死后丧葬安排的需要，因此在民间很受欢迎，兴盛时期仅广州一地就有30多家人寿会。

除了福建、广东以外，天津、上海等地也曾有"人寿小保险"在民间开展经营。1935 年，国民政府颁布实施《简易人寿保险法》，交通部设立邮政储金汇业局保险处专营简易人寿保险。曾经兴盛于民间的"人寿小保险"便逐渐被取代而退出市场了。

掮客过市·保险经纪的兴起

保险经纪人（broker）旧称"保险掮客"，其主要职责是寻找客户并代表客户向保险人投保。他们在保险合同双方当事人之间进行沟通、协调和斡旋，促成保险合约的订立，并以此获得佣金收入。保险经纪人代表投保人选择保险人并代办保险手续，保险人按照保费的一定比例向他们支付经纪佣金。在民国及更早时期，投保人自动上门到保险公司申请参保的情况极为少见，不论是外商还是华商的保险公司，除了由具有合作关系的银行或轮船公司等机构代办保险以外，市场上基本都是保险经纪人招揽和安排保险业务，收取保费、递送保单等工作都通过保险经纪人来完成。

欧美国家的保险业经过几百年的发展，各种制度相对完善，从事保险经纪必须先申请取得资格证书，在主管机关进行登记，经审查核准获得营业执照后方可执业。海上保险的经纪人被视为精通法律和保险实务的专门人才，具有较高的专业门槛和社会地位。在伦敦劳合社，保险业务均通过专业经纪人来安排。中国在 1899 年之前，没有专门的规章制度对保险经纪人的资格和行为进行规范，能够为保险公司招揽、介绍业务的人都自称为保险经纪人，其中人员鱼龙混杂、良莠不齐，行为缺乏法规或组织约束，在竞争激烈的市场上很容易出现尔虞我诈、不择手段开展竞争的混乱情况。有的保险经纪人收取客户保费后不即时交付给保险公司，延后一月或者数月交费的情形时有发生，导致保险事故发生后产生责任纠纷的情况不断增加。

1899年9月,《申报》刊登了一则《火险掮客公所章程》公告。《章程》的主要内容有4条:(1)凡从事保险经纪的掮客,必须在火险公会注册,并在公会中存款50洋元作为保证金;(2)不按章程经办的保险合约,一经查出视作无效;(3)违反章程规定多放折扣的,第一次罚10元,第二次罚20元;(4)受罚后再犯的,交火险公会董事处理。这是有据可查的中国保险业历史上第一次对保险经纪人的资格和执业行为提出明确的规范要求。

1936年5月1日,由上海市保险业同业公会联合上海火险公会,共同研讨制订的《经纪人登记规章》发布施行。《经纪人登记规章》共6章37条,主要内容包括:(1)所有保险经纪人必须向上海市保险业同业公会或上海火险公会(外商)注册登记;(2)公会会员公司只能向已登记的经纪人支付佣金;(3)保险佣金不得超过投保人所交保费的20%;(4)公会规定的保险费率必须详细注明在火险保单或续保收据上,所有折扣不得低于85%,投保人实交保险费金额必须在结算单和收据上注明;(5)保险公司和保险经纪人不得以任何方式直接或间接给予被保险人回扣;(6)保险经纪人须在公会缴纳保证金国币500元;(7)保险经纪人如有违规,每次违规将受到50元以下罚款甚至撤销登记的处罚。

1936年12月6日,上海市保险业经纪人公会成立,参加会员有200余人。成立大会通过了公会章程,共9章27条,选举产生了5人常务委员会和主席。然而始料未及的是,几个月以后上海爆发了"八一三"淞沪抗战,随后国民政府迁都重庆。时局动荡中,保险业大受影响,保险经纪人行业自律组织无法正常运转,管理规章也未能得到贯彻执行。

当时保险界著名人士朱如堂在《保联》月刊(1939年5月第1卷第7期)上撰文指出:"经多方之慎思熟虑,积冗长之钻研讨论,始有上海经纪人登记规章之实施。夫此项规章之得以付诸实行,实为吾同业合作之伟大收获。施行之初,虽有一二违章背约之举,大都犹能绳以制裁。当时吾同业咸抱相当乐观，以为此乃吾业步入正规之嚆矢，日后得以同样设施，逐渐推行于全国各地。岂料曾几何时，故态复萌！各种陋习又相继而来。迄乎近顷，情势益非，规章已视如无物，贴佣放佣之举，浸成普遍现象，而为公开秘密，诚有不胜检举之概。"遗憾和感慨之情溢于言表。

洋为中用·保险公估的引入

在保险事故尤其是保险金额和损失较大的事故发生后，聘请具有专业资质和专业技术能力的第三方公估人进行查勘、定损和理算，是英美保险市场通行的做法。保险公估行当时也称保险公证行，指在保险事故发生后专门负责对保险标的受损情况进行第三方查勘、定责、检验、鉴定、估损、理赔处理的机构。保险公司处理赔案有直接处理和委托公证机构处理两种方式。保险公司一般都雇有专职的理赔人员，大的公司设有理赔部门，专门负责赔案处理工作。在有相对较大的赔案或保险公司不宜直接处理的赔案发生后，保险公司会委托保险公估人作为独立第三方对受损保险标的进行检验、评估和定损，并将保险公估人出具的书面报告作为与被保险人协商确定赔款的依据。

1927年之前，在中国从事保险公估业务的公估行都由外商经营。当时公估行每处理一笔赔案，除了向委托的保险公司收取公估费以外，向保户另外收取一笔费用是行业潜规则。外商公估行在处理赔案时，经常发生偏袒外商保险公司的情况，引发保户和国人的不满。1933年6月25日，当时的上海市商会第四次会员代表大会曾通过《限制洋商行使公证人办法》并上报政府部门，同时专函上海市保险业同业公会，要求公会所属会员公司不再使用外商公证行处理有关公估事宜。1935年8月，汉口市商会决议设立汉口市保险赔案公断委员会，专职处理保险纠纷事宜，对灾后保险财产进行查勘、估损，保证保险赔款的公正合理，打破了外商三义会计所在汉口地区保险公估业务领域的长期垄断。

1927年，中国人自己创办的第一家保险公估行——上海益中公证行成立。1935年，联合保险公证事务所成立。此后，中国公证行、华商公估拍卖行、永平公证行、商联公证行等公估机构陆续成立。然而，当时外商经营的公证行在数量、实力和技术上仍然占有绝对优势，许多华商保险公司在保户出险后，大都仍沿袭惯例委托外商公证行处理，外商公证行依然在整体上控制了保险公证业务。当时在上海经营的较有名的外商公证行有三义洋行、鲁意斯摩洋行、保险审估公司、博录公证行、瑞和公证行、远东公证行等，在天津则有益业公证行等数家外商公证行开办公估业务。

背景字幕

公元1936年2月26日，日本法西斯军人发动"二二六事件"。
公元1936年3月7日，纳粹德国军队占领莱茵区。
公元1936年12月12日，西安事变发生。

1936年，上海市保险业同业公会制订《统一火险委托办法》来规范保险公证行为。当时火险保户出险之后，各保险公司都自行委托公证人负责损失评估，当遇到同一危险单位由几家保险公司共保的情况时，份额小的保险公司为了讨好保户，往往抢先以高比例赔付，份额大的保险公司只能跟进，导致在估损和赔付方面十分混乱，特别是异地出险时情况更加复杂。《统一火险委托办法》规定：保户在异地发生保险事故，不论华商还是外商保险公司都必须首先及时电话报告公会，由公会规定共保份额最大的保险公司委托保险公估人进行第三方查勘并出具损失评估报告，其他共保的保险公司一律参照该公证报告执行。

鉴于保险公估涉及公众利益，产生矛盾纠纷容易引发社会不稳定因素，当时的政府也对公估行采取了积极的管理措施。1936年12月23日，上海市公安局公布了《取缔火险公估行收拾火场暂行办法》，要求公估行必须在上海市公安局登记注册、获得许可以后才能营业，对公估行的名称、地址、经理、员工、资本等进行了申报要求，同时对于公证行进入火场进行调查取证、协助减损等行为进行了具体规范，要求公证行必须将查勘定损的金额以及拍卖损余物资等详细清单报上海市公安局备案。

道同者谋·华商同业公会

外商保险在上海保险市场占有垄断地位，各家外商保险公司通过上海市火险同业公会互通信息、维护外商保险团体利益。华商保险公司面对实力雄厚的外商保险显得势单力孤，在竞争中往往处于劣势，于是"抱团取暖"成了必然的选择。1907年，由华兴保险、华安保险、华成保险三家保险公司发起，在上海成立了华商火险公会。1917年10月，上海华商火险公会改名为上海华商水火险公会，1928年11月再次改为上海保险公会，1929年8月国民政府公布《工商同业公会法》后依法改组，1931年10月正式更名为上海市保险业同业公会。

1935年之后，上海市保险业同业公会开始实施改革。当时，保险同业竞争异常激烈，华商、外商各家保险公司各自为政，费率、规程五花八门，行业信誉受到很大影响。上海是大多数保险公司总部所在地，公司数量多、业务规模大，作为全国保险市场中心，发挥公会作用维持市场秩序、维护行业形象十分重要。1936年《上海市保险业同业公会工作报告》提出："今日上海市保险业同业公会应改弦更张，力矫俗习，充分扩展机能，务使成为积极化、学理化、研究化、同业互助之组织。"

> **背景字幕**
>
> 公元 1937 年 1 月 13 日，中共中央机关迁驻延安。
>
> 公元 1937 年 5 月 6 日，德国巨型载客飞艇"兴登堡"号在美国新泽西州焚毁。
>
> 公元 1937 年 7 月 7 日，日本发动"七七事变"，中国全面抗日战争开始。
>
> 公元 1937 年 11 月 12 日，日军占领上海。
>
> 公元 1937 年 12 月 13 日，日军攻占南京。

1937 年，上海市保险业同业公会健全了公会内部职能设置，共设 27 个委员会，分别管理火险、水险、汽车险、人寿险、寿险精算、保单译文、保险法规研究、兵法公约、互助、调查、修改代理人规章、组织上海火险联合等工作。同时聘请保险专家、学者 40 余人参与公会工作，为加强公会组织机能和专业化，促进保险业健康发展做了大量工作。其中比较重要的工作包括以下各项：

规范保险费率，华洋公会联动。上海火险的费率，一向由公会估价委员会按保险标的的建筑结构分等级规定。由于业务争夺激烈，各华商保险公司乱放折扣、低价竞争十分普遍，以致影响公司和行业利润。1931 年 4 月，上海市保险业同业公会派代表与外商火险公会洽商统一保险费率事宜，经过 5 个月艰难谈判，于 9 月达成一致并发布《上海火险保价规章》。这一行动成为华商保险公会和外商保险公会联合行动的开端，以后华洋特别保价与意外事项联合委员会、华洋估价委员会等先后设立。此后，保险费率相对统一，保险估损及赔偿、再保险等都有了行业规范，逐步扭转了华洋各保险公司各自为政、各行其是的混乱境况，开创了中外保险公司共同协商、联合行动的新局面，保险业进入一段相对稳定的发展时期。

维护行业利益，减低保险印花税。1935年9月1日，国民政府《印花税法》颁布施行。税法规定：保险单须按照保险额贴花，每千元贴花二分，其超过之数不及千元者亦以千元计算。这个规定没有区分人身保险和财产保险的不同，而且水险和火险的印花税较以前增加了几倍，加重了各保险公司的负担。上海市保险业同业公会汇总各保险公司的意见，推派代表到财政部陈情并申请复议修改。几次呼吁后终于得到立法院的支持，1936年2月10日公布修改后的《印花税法》，对人身保险和财产保险分别征税，税率趋于相对合理。

组织翻译条款，为中文保单奠定基础。保险从欧美传入中国，不仅外商保险公司的章程、条款和单据使用英文，华商保险公司也都依例采用英文。上海市保险业同业公会设立保险单译文委员会，推选保险资深专家和律师共同负责翻译工作，先后翻译了火险保单条款、火险保单特约条款及批单、汽车保险单条款及批单、水险条款等，形成了较为专业且具有行业权威的译文版本，为以后改用中文保险单奠定了良好的基础。

培育保险人才，宣传普及保险知识。1935年11月，上海市保险业同业公会呈请国民政府教育部并致函中英庚子赔款董事会和清华大学，在派遣国外留学生名额中指定研究保险学的学生名额，推动保险理论与实务的西学中用。同时，呈请教育部仿照日本的办法，要求各书籍出版社增加保险教材出版，致函国内各大学商学院，将保险学列入必修课程。这些努力先后得到了批准和采纳，为培养我国的保险人才和宣传普及保险知识起到了推动作用。

行规渐起·保险业法律法规

1912年中华民国成立后，北洋政府曾聘请法国顾问爱斯嘉拟订了《保险契约法草案》，共4章109条。1917年，北洋政府农商部拟订了《保险业法案》，共 42 条，刊载于 1918 年 12 月 10 日的《银行周报》。这两个法案因北洋政府的倒台而未正式颁布实施。

1927 年，国民政府在南京成立后，责令有关部门草拟《保险法》。1929 年 12 月 24 日，国民政府立法院通过《保险法》，分为总则、损害保险、人身保险 3 章共 82 条。此后，国民政府立法院商委会对《保险法》进行了修订，同时拟订了《保险业法》和《保险业法施行法》。1937 年 1 月 11 日，国民政府同时公布修正后的《保险法》《保险业法》和《保险业法施行法》。

修订后的《保险法》分总则、损失保险、人身保险、附则 4 章共 98 条。规定火灾保险、责任保险归属损失保险；规定运送人和保管人对于运送保管的货物投保须有可保利益，保险金额以其所负责任为限。规定人寿保险、伤害保险归属人身保险；规定投保人本人或负责给予生活费及教育费的家属，以及债务人和为本人管理财产或利益的人，具有可保利益。

《保险业法》分总则、保证金、保险公司、相互合作社、会计、罚款及附则 7 章共 80 条。主要内容包括：（1）对保险业实行严格监管，保险公司必须申请核准并依法缴存保证金、领取营业执照方可开业。（2）只允许华洋合资共办损失保险，外商不准经营人身保险。（3）华商向外国或外国属地登记的保险公司，不被视作本国保险企业，与外国保险公司享受同等待遇。（4）外国保险公司的营业范围以通商口岸为限。（5）保证金为实收资本的 15%，实收资本超过 50 万元的，超过部分按 10% 缴存，保证金以 20 万元为限。（6）资本金不得少于 20 万元，相互保险公司资本金不少于 10 万元。（7）保险公司的组织形式规定为股份有限公司和相互保险公司两种，同一保险公司不得兼营损失保险与人身保险。

《保险业法施行法》共 19 条。此前已登记营业的保险公司，其章程中有与《保险法》抵触的，要求于《保险业法》施行后一年内修正；资本金不足 20 万元的，要求于《保险业法》施行两年内补足；保险公司兼营其他行业的，两年内依法改组并重新登记；保证金于《保险业法》施行后 6 个月内缴存国库；保险契约以中文为准；经纪人、公证人、保险精算师的颁证办法另行制订。

1935 年 5 月 10 日，国民政府公布《简易人寿保险法》，共 38 条。主要规定：（1）简易人寿保险为国营事业，由交通部主管的邮政储金汇业局兼业办理，其他保险企业不得办理。（2）简易人寿保险分为终身寿险和定期寿险两种。（3）保险金额以 50 元至 500 元为限，被保险人未满一年死亡的返还保险费，未满两年死亡的给付保险金额的 50%，保户有需要时可以进行保单抵押贷款。

1935 年 9 月 12 日，国民政府行政院发布《简易人寿保险章程》，分总则、契约之成立、保险费之缴纳、保险金额之给付、契约之变更、保险契约之效力终止/停止/回复及其解除借款、团体契约和附则，共 9 章 71 条。主要内容包括：（1）保险费规定为月缴。（2）保险费由保险局征收员上门收取。（3）先定保险费，后推算保险金额。（4）采用国民生命表计算保费。（5）15 人以上团体投保保险费可执行九五折。

以上国民政府制订颁布的保险业法律法规，内容上相对具体而完备。《保险法》《保险业法》《保险业法施行法》中的有关条款对外国保险公司利益进行了明确的限制，因而受到外商保险的抵制和反对。这三部法律颁布后不到 6 个月的时间即发生"七七事变"，中国抗日战争全面爆发，国民政府迁都重庆，除《简易人寿保险法》和《简易人寿保险章程》外，《保险法》《保险业法》《保险业法施行法》未能得到有效实施。

保险业税收征缴

税收是国家公共财政的主要收入形式和来源，它的本质是国家凭借公权力，依照法律规定的标准和程序，参与国民收入分配，强制、无偿取得财政收入的一种规范形式。1928年9月，国民政府财政部金融监理局制订了《保险条例（草案）》，分总则、设立及营业、投资之准备、凭单及赔款、职员、监督、纳税、罚款及附则共9章39条，其中对保险业的税收征缴进行了规范。

1928年12月20日，国民党中央政治会议广州政治分会颁布《广东省整理保险事业暂行条例》，共5章47条。主要内容包括：（1）广东省政府财政厅有权监督管理及取缔境内所有保险企业（含外商保险）的权力。（2）总公司设在广东省的保险公司须向省财政厅登记，申请特许证并缴纳100元特许证费。（3）广东省内营业的保险总公司、分公司、代理店、营业代表须按保险费的1%缴纳保险税，否则可以由投保人扣下保险费的1%自行缴税。

以上两个条例特别是《广东省整理保险事业暂行条例》公布后，因为触及了外商保险公司的利益，遭到英、美、日、德等保险公司群起反对，它们都通过本国驻广州领事馆与广东省财政厅进行交涉。当时的广东省财政厅面对惯于强势的外商保险公司不退让、不妥协，各国外商保险在交涉无果的情况下，美国驻广州总领事代表英、法、日、荷、葡、瑞等国领事，通过各国驻北平公使向南京国民政府外交部进行交涉。国民党中央政治会议一方面表示同意对保险业加强监督管理，另一方面认为对外商保险可采用"相互原则"，参照对方国家对我国同类公司的经营要求予以执行。

1930年，国民政府江苏省印花税局与各国领事及公共租界部协商，在上海租界开始实行印花税条例，设立上海特区印花税办事处，下设保险印花税办事处，专门办理有关保险业税收事宜。

1934年12月8日，国民政府颁布《印花税法》，并于1935年9月1日起实施。1936年2月10日，又对《印花税法》相关条文和税率表进行了修订。税率种类第 14 目为保险税，规定人身保险按保额每千元贴 2 分，财产保险按保额每千元贴 1 分，每件贴印花税以 3 元为限。

1937 年 7 月，日本发动"七七事变"，国民政府为了筹集抗战费用，制订《非常时期征收印花税暂行办法》并于 10 月 1 日起实施，对印花税在原税率基础上加倍征收。

保险学术及知识普及

保险作为舶来品，通过宣传让民众理解、接受十分重要，对于一个行业的发展也是一项基础性的工作。民国时期成立的中华人寿保险协进社、中国保险学会等学术团体为此做了大量工作，许多知名的保险专家、学者撰写了不少保险方面的学术专著，同时还发行了诸多的保险刊物，对宣传和普及保险起到了积极的推动作用。

1932 年 9 月，中华人寿保险协进社成立，开展了大量保险宣传普及工作：

在大学开课并演讲。在沪江大学、大夏大学等高等院校开设保险系或保险课，协进社派员担任教授。聘请专家赴各个大学演讲，阐扬保险理念和知识，听者十分踊跃。

创办函授学校。协进社内设人寿保险函授科，组织学者专家编写保险讲义，分送给学员进行自修，遇到疑问通过函询讨论解答，从而传播保险知识，培养寿险专门人才。

编制《中国保险年鉴》。该年鉴首次对中国保险全行业的情况进行了系统论述和年度统计，1935—1938 年共出版 4 册，成为当时保险界的重要资料汇编和行业向导，也为后来的保险学术研究留下了珍贵史料。

译著保险专著。协进社邀约部分专家学者，翻译、编著并出版了

《人寿保险招徕学》《人寿保险社会学》《人寿保险推广方法》《人寿保险经济学》《人寿保险学概论》等专著。

杂志报章宣传。编印了《寿险嘉言集》，收录当时的社会名流、政要人物有关人寿保险的题词、墨宝等汇集成册广为发行。出版发行《保险界》《寿险季刊》宣扬保险理念和实务知识，带动许多保险公司编发保险学术和宣传刊物，在报章杂志上刊登有关保险的知识文章、产品信息和赔案故事等。

中国保险学会 1935 年 8 月 3 日在上海静安寺路的华安大厦成立。会议选举了理事会、常务理事和理事长。8 月 21 日举行的会员临时大会通过了《中国保险学会章程》，共 7 章 23 条。章程规定中国保险学会以研究保险学原理、促进保险事业为宗旨，主要工作包括研究保险学原理、调查保险实务、编制保险统计、拟订保险条款、训练保险人才、举办保险演讲、发行保险书刊、创设保险图书馆、组织各种保险研究会等 9 项。学会会员从初期的 40 余人发展到 100 多人，编辑出版了由蔡元培题写刊名的《保险季刊》。在学会活动方面，向国民政府教育部申请将保险相关知识内容写入小学教材并得到批准，联合上海市保险业同业公会致函各个大专院校申请开设保险课程，向教育部申请并致函中英庚子赔款会和清华大学申请派送留学生时增加保险学名额，聘请知名专家、学者马寅初等举行保险学术演讲等。

驿站

中国首部保险年鉴

1935 年之前，中国保险业自 19 世纪初发端已历经 130 多年，保险公司和分支机构已遍布沿海和内陆各大城市，各类工商企业和运输贸易等普遍参加了保险，人寿保险在大城市中也开始流行，整个行业已有相当规模，且逐渐渗透到社会经济生活的各个层面。然而，当时整个保险行业系统性的调查统计制度尚未建立，全国保险市场的发展状况和各保险公司的历年经营情况和数据没有确切、完整的统计汇编资料。中华人寿保险协进社于是着手主持编撰了中国首部保险年鉴，1935年、1936年、1937年、1938年各编辑出版一卷，为中国保险业留下了珍贵的行业史料。

1935年出版的《保险年鉴》共分4篇。上篇为保险概论，分总论和分论两章，论述了保险的沿革、意义、要素、特质、价值、种类和发展展望；中篇介绍了世界各国的保险概况；下篇论述了中国保险业的概况，介绍了中国保险业的历史沿革，记载了全国各保险公司的注册年月、资本、高管、总分公司营业地址、代理处、资产负债及损益等详细情况；附篇中收录了保险法规、保险契约、保险同业公会章程及保险公司章程等内容。1936年起，改名《中国保险年鉴》。这部年鉴辑录了中外保险专家的论述，史料翔实、统计精确，是中国保险业历史上首次对中外保险业进行全景式的论述，对全国各保险公司的经营情况进行了完整、准确的统计，开创了中国保险业编撰行业年鉴的先河。

保险论著 我国民族保险业肇始于1865年，与西方国家的保险业相比历史短、实力弱、人才少。当时华商保险公司的章程、契约、条款、单证等都是直接照搬或仿效外商保险的现成格式与内容，虽然依样画葫芦的方法上手容易，但是由于缺乏对保险原理、实务操作的研究和改进，始终处于跟进、追随的从属地位，很难实现真正平等的竞争甚至后来居上的赶超。学术理论研究的落后，也被认为是当时民族保险业发展弱于外商保险的原因之一。

于是，许多对保险有研究的有识之士和专家学者开始著书立说。我国第一本保险学专著是王效文1925年所著的《保险学》，马寅初在该书的序言中说："吾国向无所谓保险学，有之，自本书始。"此后，《火灾保险》《中国保险法论》《保险法释义》《海上保险学》《保险学概论》《人寿保险计算学》《寿险基金及其投资》《人寿保险经济学》等保险学术专著相继问世，保险业内部和社会舆论在这段时期都兴起了保险学术研究和宣传保险的风潮，对加快发展和振兴民族保险业起到了推动作用，增添了我国保险业的行业理论基础和技术底蕴。

民国时期出版的保险著作

著作名称	作者/译者	出版时间
《保险学》（第一版）	王效文 编著	1925年
《保险学》（第二版）	王效文、孔涤庵 编著	1934年
《保险业》	陈掖神 著	1930年
《保险合作经营论》	王世颖 编著	1944年
《保险从业须知》	管怀琮 编	1936年
《对于吾国保险之管见》	陈郁 编著	1944年
《人寿保险计算学》	周绍濂 编著	1946年
《我国家畜保险之理论与实务》	张延凤 著	1941年
《简易寿险与社会保险》	张明昕 著	1935年
《海上保险学》	魏文翰 著	1944年
《火灾保险》	王效文 编著	1935年
《农业保险的理论及其组织》	黄公安 编著	1937年
《保险法概论》	蔡缵周 著	1932年
《保险法释义》	王效文 编著	1937年
《中国保险法论》	王效文 著	1930年
《保险法概论》	陈顾远 编著	1946年
《保险法释义》	郑爱诹 编	1930年
《保险法》	孔涤庵 编	1933年

（续表）

著 作 名 称	作者/译者	出版时间
《保险学概论》	管怀琮 译	1938年
《财产保险学》	罗玉东 译	1933年
《农业保险之机能与组织》	殷公武 译	1937年
《人寿保险学》	徐兆荪 译	1933年
《寿险基金及其投资》	周宸明 译	1936年
《人寿保险经济学》	陈克勤 译	1934年

通过保险刊物刊登百姓喜闻乐见的文章或故事，用润物无声的方法寓教于乐，巧妙地传播保险理念和知识，在民国时期已较普遍。保险刊物在宣扬保险理念、普及保险知识、提升保险意识方面起到了积极的作用，但是由于时局动荡，这些刊物发行的时间都比较短。

《人寿》季刊 《人寿》季刊创刊于1933年4月10日，由当时的宁绍人寿保险公司发行，免费赠阅给保户和公司员工。《人寿季刊》开设了业务报告、保险论坛、寿险讲座、健康常识、赔款征信、条文释意等栏目。每期刊头请社会各界名流题写，刊首刊载名人题词，首篇刊登名人文章，善用名人效应扩大刊物影响力。刊物的内容丰富多样：请保户撰写对保险的认知，刊载获得赔付的客户的署名感谢信，国外保险的信息，与保险有关的故事和图画，用图文并茂的方法宣传保险，富有时代特色，通俗易懂。1940年停刊。

《寿险季刊》/《寿险界》 《寿险季刊》创刊于1933年4月，由中华人寿保险协进社发行。1934年3月更名为《寿险界》。内容主要包括社会贤达人士谈保险认知，保险业界最新信息，介绍英国、美国、日本、意大利等国的保险事业发展情况，刊载漫画广告等。1935年6月停刊。

《太安丰保险界》/《保险界》 《太安丰保险界》创刊于 1935 年 10 月，由上海太平安平丰盛保险公司刊发。办刊使命有三：研究保险学理，阐扬保险利益，推进保险事业。栏目有短评、保险论坛、研究、保险法言、译述、特载、调查、保险情报、国内外半月大事记等。1939 年 1 月 1 日更名为《保险界》，1942 年初停刊。

《保险季刊》 《保险季刊》创刊于 1936 年 9 月，由当时的中国保险学会主办，属学会会刊。刊名由蔡元培题写，办刊宗旨为研究保险学理、推进保险事业。该刊物为纯学术性刊物，刊载当时保险界专家撰写的学术性文章。1937 年 6 月停刊。

《保联》月刊 《保联》月刊创刊于 1938 年 11 月，由当时的上海市保险业联谊会创办。刊头印有"火炬"图案的标志。办刊宗旨为"联络感情、交换知识、调剂业务生活、促进保险业的发展"。开办的栏目有会务报道、行业动态、通讯、特写、简讯、人物志、保险论坛、保险浅说、保险杂谈、保险问题研究等。1940 年 1 月 15 日更名为《保险月刊》，办刊宗旨改为"普及保险知识、发扬保险学理、研究保险问题、报道保险消息、从事保险服务、促进保险事业"。栏目变更为保险论坛、保险界人物志、保险问题研究、保险判例等。1941 年 8 月停刊。

全面抗战时期的中国保险业（1937—1945）

1937年"七七事变"后，中国的抗日战争全面爆发。国民政府迁都重庆，形成了以重庆为中心的抗战大后方。在大量厂矿和工商业企业内迁、大量物资设备运往大后方的过程中，保险业发挥了重要的保障作用，并在大后方的经济活动中得到继续发展。上海租界一度成为"孤岛"，大量游资涌入租界开展投机活动，保险公司数量短时间内大量增加。日本帝国主义侵占中国东北后建立了傀儡政权——伪满洲国，日资以及日本保险公司大量进入东北，英、美、德、法等外商保险公司和民族保险公司受到打压限制，东北保险业被日本操纵和全面控制。

全面抗战大后方的保险业·战时经济

"七七事变"之后，日本军国主义大举入侵中国，华东和中南地区的大片国土先后沦陷。国民政府迁都重庆，西南和西北地区成为抗日战争的大后方。大后方主要包括西南的四川、云南、贵州、广西、西康，西北的陕西、甘肃、宁夏、青海、新疆以及湖南、湖北两省的西部地区。

全面抗战爆发前，中国西部地区经济条件相对东部落差较大。按国民政府1937年的统计，西南、西北各省仅有大小工厂237家，占全国工厂总数的6%。商业和金融业也不发达，西部地区的银行各级营业机构仅占全国1 891个的10%左右，经办保险业务的单位只有30多家。保险业在经济和贸易相对发达的地区受到重视和得到发展，西部地区的地方政府则对保险业的发展认识不足，而且经常进行行政性干预。比如，1936年初重庆地方政府曾发出通知："为防止火险保户浮额投保，纵火图赔，特规定凡有投保火险者，必将保单携赴市府登记，以便派员调查。否则，一经出险，赔款即不生效。"后来有一家杂粮铺失火，因业主参加火险后未按规定向市政府申报登记，结果保险赔款被充公，用于消防联合会购置消防器材。

全国性的抗日战争开始后，国民政府和沿海大批工厂内迁，大量物资运往后方，大后方的保险业发生了根本性的变化。从1937年8月起，国民政府就着手有计划、有步骤地将大批官办工矿企业从沿海迁往西部地区，许多民族资本家也纷纷要求政府协助将其工厂迁往内地。上海以及沿海各省市的大量官办企业、民营企业向西部地区进行了大规模的迁移。据有关资料记载，国民政府协助内迁的民营厂矿共计452家，各类物资12万余吨。其中迁入重庆及附近地区的民营厂矿就有234家，该地区的工厂数量和工业生产有了大幅增长。大后方厂矿企业的大量增加和经济的发展，为保险业的发展提供了保源和物质条件。与此同时，当时上海、武汉等地的部分保险公司也陆续迁往重庆。于是，全国的保险经营机构、从业人员、资金以及分保关系，除了部分留在上海之外，大量集聚到重庆，形成了以重庆为中心、辐射到整个西南和西北的大后方保险市场。

随着军事、政治、经济形势的推移，大后方的保险机构大量增加，保险业务也得到快速发展。据统计，截至1945年年底，西南、西北及湖南、湖北的西部共有59家保险公司约200个保险营业机构，其中有官办保险公司8家，地方政府保险公司7家，中国共产党地下组织同企业合办的保险公司 1 家，民营大小保险公司 43 家。官办保险公司因为有政治后台且资金雄厚，占据了大部分保险业务，地方政府保险公司主要经营本省及本地区的工商企业保险，民营保险公司则依靠数量多、接触面广的特点开拓各类细分市场。

● 官办保险公司形成业务垄断

国民党官僚资本和政府有关部门兴办的保险公司和附属的保险部门，形成了大后方的官办保险体系。其机构主要包括：中央信托局产物保险处、人寿保险处，邮政储金汇业局寿险处，资源委员会保险事务所，太平洋产物保险公司，中国农业保险公司，中国产物保险公司，中国人寿保险公司。

驿站

国民政府中央信托局

1935 年 10 月，国民政府正式设立中央信托局，作为中央银行的附设机构，总局设于上海。中央信托局的经营范围主要包括国营投资实业、信托业务、普通储蓄、有奖储蓄和保险业务等。中央信托局成立时的登报公告中称："成立保险部，办理一切保险事宜，资金五百万元，一次拨足，会计独立，盈亏自理。"1946 年 12 月，中央信托局总局扩充组织，内设秘书、会计、业务稽核、信托、购料、易货、储蓄、地产、产物保险、人寿保险 10 个处，以及中央储蓄会、代理出售政府物资财产委员会等 12 个部门，并在各大都市设立分局或办事处。1947年 5 月 7 日，《中央信托局条例》颁布实施，中央信托局设产物保险处和人寿保险处，经营的保险业务包括：（1）再保险；（2）公有产物保险；（3）公教人员团体寿险；（4）政府指定的社会保险；（5）政府指定的其他保险业务。

中央信托局产险处和寿险处是当时规模最大的官办保险机构。产险处由政府特许办理国家机关、官办、公营事业的财产保险以及官办企业的进出口物资和财产保险，并且还先后开办战时兵险、白银保险、盐载保险、再保险等业务。寿险处对寿险业务的开展做了三项改进：废除佣金制，开办免体检寿险，重点承保团体寿险。寿险处还利用行政系统拓展业务，由重庆市社会局发文规定，凡公务人员、企业职工人数30人以上的团体，必须参加保险，保费由单位和职工各负担50%。当地厂矿企业的参保率一度达到93%。中央信托局每年的保费收入在大后方保险业中稳居第一。

邮政储金汇业局是国民政府特许办理简易人寿保险的专营机构。简易人寿保险金额小、不用体检、具有储蓄和保险两全性质、手续简便。资源委员会保险事务所是一个集团性封闭式的相互保险组织，只为资源委员会内部所属单位提供保险服务，由于该会在全面抗战时期掌握了整个国统区的资源命脉，实力比较雄厚。太平洋产物保险公司是官僚资本交通银行的附属机构，交通银行的投资、押汇、放款财产是其主要业务来源。中国农业保险公司由中国农民银行创办，农林部、粮食部参股，业务来源除了农民银行系统的自有财产及放款、押汇物资保险外，还有农本局的花纱布、中粮公司的粮食、中茶公司的茶叶等物资库存和运输保险，同时该公司也试点办理了一些耕牛生猪牲畜保险。

官办保险机构在抗战大后方形成了一个比较完整的官办保险体系，包罗了当时国统区主要经济命脉的各种保险业务。对于巨额的保险业务，它们采用内部共保的方式，尽可能避免份额外流，同时还接受中小保险公司的分保业务，实际上占据了大后方保险市场的垄断地位。

- **地方保险机构借势发展**

大后方的地方政府和财政金融部门投资开办的保险公司，在全面抗战爆发前主要有四川省的兴华保险公司和川盐银行保险部两家。兴华保险公司 1935 年由聚兴诚银行创办，总部设在重庆，在四川省内外部分大城市设有分支机构和代理处。川盐银行保险部成立于 1932 年，于 1945 年按照《公司法》改组成川盐保险公司，专门办理川江盐运保险，业务范围遍及西南及川江沿岸各地。

> **背景字幕**
>
> 公元 1938 年 3 月 12 日，德国入侵奥地利。
>
> 公元 1938 年 5 月 26 日，毛泽东在延安作《论持久战》讲演。
>
> 公元 1939 年 11 月 30 日，苏联入侵芬兰。
>
> 公元 1940 年 5—6 月，英法联军敦刻尔克大撤退。
>
> 公元 1940 年 9 月 27 日，德、意、日签署《三国公约》，结成轴心国同盟。

全面抗战时期，云南新成立了几家地方性保险公司。1940 年 2 月成立的富滇保险公司，办理省属各企业单位保险，代办中央信托局的兵险和邮政储金汇业局的人身险业务。1942 年 8 月，云南省合作委员会创办云南省保险合作社，主要办理合作社成员的团体寿险、个人寿险及个人储蓄保险。1944 年 2 月，云南省信托局保险部改组成立云信保险公司，由兴文银行各级机构代理业务。1945 年 4 月，侨民银行投资设立安全保险公司，主要办理银行抵押放款保险。1945 年 4 月，成立侨民保险公司，主要办理与投资人业务有关的财产保险。这些地方性的保险公司都有地方政府和银行背景，主要服务于地方经济。

- **大后方其他保险机构的发展**

  民安保险公司　在大后方的所有保险公司当中，民安保险公司是一家具有特殊背景的保险机构。重庆是中共中央南方局（1939年1月正式成立）的所在地，按照当时中共中央提出的"隐蔽精干、长期埋伏、积蓄力量、以待时机"的工作方针，中共地下组织认为借助保险公司在金融界的地位，可以扩大同各行各业的往来，为地下活动创造更为有利的条件。1943年11月，在重庆成立了由中共地下组织领导的广大华行和民生实业公司共同投资的民安产物保险股份有限公司。

民安保险公司首笔承保的大额保险业务是民生实业公司所有的50艘轮船及其运输保险业务。公司随后在内江、昆明、成都、贵阳、西安、泸州、宜宾等地相继设立了分支机构，成为大后方保险业的新秀。

民营保险机构 1940年后，许多金融界和工商界人士纷纷投资于保险业，先后成立了各种民营保险公司，到抗战胜利时已达50多家。这些公司当中，包括了太平、安平、丰盛、宝丰等老公司，也有中国工矿银行创办的永兴保险公司、中国绸业银行创办的长华保险公司、亚西银行投资创办的亚兴保险公司、迁川工厂联合会创办的中国工业联合保险公司、民生公司独资开办的中国航运意外保险公司、三北轮船公司投资创办的宁波保险公司，以及金融界联合其他方面创办的中国人事保险公司等。

农村保险合作社 国民政府在实业部下成立农本局，推动大后方普遍建立以办理农村猪牛保险为主的保险合作社。四川、贵州、云南、广西、江西的农村地区都陆续成立了保险合作社。具体业务的做法上采用社员制，承保的猪牛由乡评估委员会确定保险金额，保险费率为5%，牲畜死亡时按保险金额的90%赔付，这对鼓励农民饲养家畜起到了积极作用。1944年3月中国农业保险公司成立后，这些农村合作社便相继结束营业。

外商保险机构 二战爆发后，大部分外商公司陆续撤离回国，留在重庆、昆明等地的只有太古、怡和、友邦等少数代理机构，影响十分有限。

● 大后方的再保险市场

全面抗战爆发前，西部地区保险业一般通过上海办理分保业务，主要再保险业务为外商保险所掌握。全面抗战开始后，重庆成了大后方各保险公司的分保中心。特别是太平洋战争爆发后，上海、香港被日军侵占，原来与国外分保的很多主渠道被割断了。当时中央信托局产物保险处、中国保险、太平保险、宝丰保险等少数几家公司还维持着与国外的分保合约关系。在原先的外部可依赖分保渠道减少的情形下，大后方各种形式的再保险组织也适应市场的分保需要而产生。1942年，中国保险公司联合太平、宝丰、兴华成立了"四联分保办事处"，并与伦敦再保险市场订立了自动分保合约。1944年，民营保险公司中兴、永大、亚兴、永兴、民安等公司联合组成了"华联产物保险公司"，专营再保险业务。1945年10月，国民政府财政部拨巨款作为基金，交由中央信托局产物保险处办理再保险，内部设立再保险科。抗战胜利后，中国保险业的中心重新移回上海，再保险的主要业务重又通过上海进行办理。

● 抗战大后方应运而生的专项保险

大后方的保险业，除了办理一般的财产保险、责任保险、信用保险和人寿保险外，还创新开办了一些专项保险业务，影响比较大的有战时运输兵险、陆地兵险和川江盐运保险，为鼓励沿海工厂内迁、保障大后方生产和生活物资安全起到了积极作用。

战时运输兵险　1937年8月25日，国民政府行政院常务会议决定开办战时运输兵险。财政部拨款1 000万法币，委托中央信托局筹办战时运输兵险。凡由上海起运或途经上海的内迁物资设备财产均属保险范围,责任包括了一切险和兵险。这项业务当时风险很大,不能对外分保,因此费率较高,最初单程运输的基本费率定为3%。武汉沦陷后,按战区和非战区分为水路、铁路、公路、航空4种确定费率,规定一次运程费率最高为10%。后来,保险费率逐渐回落到最高费率不超过5%,并且根据不同地区、不同物资、不同运输工具享有不同比例的优待。自1937年开办到1945年结束,战时运输兵险历时8年,共收取保费47 971万元,赔款37 450万元,年平均赔付率78%,除去各类费用成本,略有结余。战时运输兵险的开办,对当时鼓励和保障沿海的工矿企业内迁和抗战物资内运起到了重要的作用。

陆地兵险 在鼓励沿海工厂企业内迁过程中,部分工商界人士担心厂房机器设备和物资迁往大后方后,会随时遭到日军敌机的轰炸而蒙受损失,在行动上观望徘徊。国民政府于是再拨款1 000万元法币,委托中央信托局开办陆地兵险。1939年7月,中央信托局从上海保险界选拔征召了13名保险专业人士前往昆明创办陆地兵险业务,林震峰、包玉刚、沈雍康、唐雄俊等13人在"一切为了祖国"的号召下绕道香港、越南进入昆明,完成了陆地兵险的筹办工作。陆地兵险的承保范围明确规定为存放在国内大后方、与抗战和民生有关的物资设备。保险标的分为存栈货物、生产工具和建筑3类,每类制订保额限制,保险期限为1个月,基本保险责任包括飞机轰炸导致的损毁及延烧损失。基本费率定为0.5%、0.75%、1%,另按建筑等级、占用性质、坐落地点计算加费,但最高不超过1%。这一费率标准适用于重庆、桂林、衡阳等一类地区,昆明、贵阳、万县、西安等二类地区优待25%,其他城市作为三类地区可优待50%。当时陆地兵险的大宗赔案,比如陕西宝鸡的申新四厂和福新五厂被炸,支付赔款302 522元,由于赔款及时,两家工厂只停工一星期就迅速恢复了生产。陆地兵险从1939年12月至1945年共收入保费23 026万元,赔款支出3 999万元,赔付率17.4%。陆地兵险的开办对于推动沿海工厂内迁、发展大后方经济、充实抗战资源起到了促进作用，业务经营上也取得较好的效果。

川江盐运保险　四川盛产食盐，主要产地在川南的自贡、富顺和荣县，发运销售遍及云、贵、川、陕各省。当时的食盐运输主要依靠木船走水路，先用橹船由产地装至邓井关提载，再用大木船从沱江转运至泸州、重庆，然后再分别转运至各销售点。由于川江滩多水急，尤其重庆至宜昌一段有青滩、泄滩、空岭等有名的险滩，加之运输条件比较落后，导致经常有事故发生，因此对于保险有迫切需求，盐运保险正是由此应运而生。盐运保险在1932—1949年的17年中历经了一家独办到多家垄断再至市场竞争三个阶段。1932—1941年，盐运保险由川盐银行一家独办。1942—1945年，中央信托局、中国保险公司、太平保险公司、太平洋保险公司、中国农业保险公司、裕国保险公司先后加入经营。1946—1949年，抗战胜利后全国的形势发生变化，川江盐运保险在大后方各保险公司要求破除垄断的呼声中扩大了市场竞争，各盐商还联合组成了盐联保险公司参与业务经营。盐运保险1942年以后业务开始逐年减少，但还是继续经营直到上海解放前夕。

● 国民政府对大后方保险业的监管

抗日战争期间，国民政府一方面制订和颁布各种法令来规范和监管保险业，另一方面通过政府相关部门和公会组织来加强监督管理和行业自律管理。

1941年以前，国民政府公布施行了《国民寿险章程》《公务人员团体寿险章程》《战时兵险法》《健康保险草案》等，中央信托局产物保险处据此开办了运输兵险和陆地兵险，中央信托局人寿保险处开办了战时国民寿险。1942年，国民政府公布了修正后的《简易人寿保险法》，邮政储金汇业局据此开办了简易人寿保险。1943年12月，国民政府行政院公布实施《战时保险业管理办法》，明确规定了保险公司申请开业的条件、资本金和保证金要求，保险资金运用限于国家银行存款、国营信托机关储蓄存款、人寿保险单抵押贷款、以不动产为第一担保的贷款、政府债及公司债、不动产投资及生产事业投资。1944年5月，国民政府财政部公布了《战时保险业管理办法施行细则》，对管理办法的各项细则进行明确，并且根据细则的规定分别拟订了《水险保险单基本条款》《火险保险单基本条款》《人寿保险单基本条款》，使各类保险契约的基本内容趋向标准化。1944年6月，财政部颁布实施《保险业代理人经纪人公证人登记领证办法》，加强了对保险中介人的资格管理和行为管理。

国民政府根据新的《商会法》和《同业公会法》，要求各行各业都要在官方支持下建立起同业公会。《战时保险业管理办法实施细则》第12条规定：保险业应依照《同业公会法》组织保险业同业公会。先后成立的各地保险业同业公会主要任务包括办理会员公司登记、制订费率规章、开展同业协调等。比如，重庆市保险业同业公会于1944年制订出台《四川省火险费率规章》《水上运输平安险费率》。按照当时《非常时期团体组织法》的规定，保险业同业公会还要接受当地社会局的领导，有关重要问题和行政事务需要向社会局请示汇报，一定程度上成为协助政府推行行业管理的社会组织。

全面抗战时期上海的保险业·从"孤岛"到日军进驻

据1937年《中国保险年鉴》记载，当时全国华商保险公司有40家，其中有24家保险公司的总公司设于上海，外商保险公司及代理机构157家，保险从业人员2 000余人。当时的上海是全国的经济、金融和保险中心。

保险公司总公司集中设在上海，它们的分支机构和营业范围则分布于沿海各大城市，以及铁路和长江沿线的工业区和物资集散点。抗日战争爆发初期，由于日军的空袭轰炸和进攻破坏，这些地区的工厂、商店、货栈、仓库、民房等遭到大规模损毁，纺织厂、钢铁厂、制药厂、造纸厂的厂房设备、码头仓库等被炸毁损坏的不计其数。保险公司一方面按照保险合约对责任范围内的损失进行赔偿，另一方面这些保险标的大量灭失减少了保险业的保源和保费收入，所谓"屋漏偏逢连夜雨"，上海保险业遭受了从未有过的沉重打击。然而，即使在这样艰难的环境下，上海的各家保险公司仍然苦心维持、勉力支撑。

1937年7月，上海外商水险公司联合会决定："凡往来中国沿海、长江各口岸与香港各外船所载货物之兵险费率均照前加倍收取。"德国汉堡保险公司联合会发出通告："将与远东往来之货物运输战争险，取消战争危险之条款，凡中国、日本、高丽等地均在其内。"1937年8月，英国劳合社及各海上保险公司发出通告："决定不再承保上海、香港、大连及东北各港口岸的货物运输险。"1937年9月，美国及其他国家的保险公司都声明不再承保运往中国包括香港的货物运输兵险。上海保险业面临前所未有的严峻局面。

上海租界地区成为"孤岛"以后，外国船只还能继续出入上海港，可以进口大米、棉花、原煤及其他工业原料和工业设备，与中国沿海口岸和境外港口进行通商贸易，上海维持着它的国内、国际贸易中心的地位。同时，沦陷区的富有阶层为了躲避战乱，携带大量资金逃进"孤岛"以求安全，一时造成上海人口激增、资金大量聚集，他们为了谋求生存和发展，纷纷投资于工商业，推动"孤岛"经济呈现畸形繁荣。据统计，1935年公共租界内有工厂3 421家，到1938年增加至3 879家。1938年，上海新开设的工厂商号达到491家，其中饮食业129家，日用贸易 251 家，交通运输公用事业 20 家，金融业 16 家，文化娱乐业 85 家。1938 年，中国保险公司、宝丰保险公司等公布的营业报告显示，营业收入和经营效益均有较为明显的增长。"孤岛"时期，上海还有长城保险公司等新的华商保险公司成立开业。

1941 年 12 月 7 日，太平洋战争爆发。日军进驻租界，"孤岛"局面结束。英、美、法等国的保险公司被勒令停业，外籍人员受到羁押或被关进集中营。日本为了控制操纵上海保险市场，由东京海上、明治火灾、三菱海上等 10 家日本保险株式会社联合投资成立了"东亚火灾海上再保险株式会社"。由于遭到了当时抗日救国情绪高涨的中国民众的抵制，"东亚火灾海上再保险株式会社"无法开展业务。日本人于是改变策略，与当时华商保险中实力较强的太平保险公司合资开设了"通惠水火保险公司"，主要的业务方向是经营华商保险同业和日商水火险的再保险业务。然而，除了太平保险向"通惠"分出一些业务外，其他的华商保险公司了解到该公司的日资背景后，都对它"敬而远之"，不愿与之发生分保关系。

1940 年，长城保险公司在上海成立。1941 年，中国航运、中华、华光、大东、华泰、宝隆等 6 家保险公司在上海成立。1942 年发布开业公告的保险公司有大中、大公、大陆、大安、大南、大新、大丰、大业、久安、中南、中国利民、一大、上海、上海大同、大陆、大达、天平、中孚、中国工业、中国联业、同安、和安、泰安、金安、长安、保安、安业、安宁、安达、振泰、华一、华孚、华丰、裕华、联华、企华、富华、国华、新丰、中央信托公司保险部等 40 多家。截至 1943 年 9 月，上海的华商保险公司达到 97 家，当时的《申报》《新闻报》等报刊上经常登载新成立保险公司的"开业公告""开业启事"等内容。保险公司大量增加形成了市场的短期繁荣，但是市场竞争日益激烈，市场秩序也十分混乱。

1942年8月1日，日本军部委托日本保险公司监督办理留在上海的9家英美系保险公司的停业退市工作，限1个月完成，华北、华南、汉口等地的英美系保险公司也遭到驱离。9月，汪伪政府制定了日商保险公司分区管理办法。汪伪政府将1937年国民政府颁布但未能实施的《保险法》和《保险业法》经修订后于1942年公布施行，制订了《保险业登记规则草案》《保险监理局组织规章草案》等，在实业部下设立保险监理局，加强对保险业的控制和监管。保险监理局成立后发布公告，要求所有保险公司重新进行登记、缴纳保证金、领取营业执照后方能营业，限令所有保险经纪人、公证人必须重新办理登记领证手续后方可执业。汪伪政府还于1942年8月重订《苏浙皖三省各埠火险保价规则》。

1944年7月1日，汪伪政府中央储备银行拨款1亿元成立"中央保险股份有限公司"。公司章程共6章29条，其中第22条明确规定它对一般保险公司有权进行监督指导，对各地保险同业公会有权进行工作指导。1944年10月保险监理局被撤销后，保险公司的注册、监督、指挥权归属财政部，而检查事项委托中央保险股份有限公司专设的检查机关办理。1945年，中央保险股份有限公司在上海、南京、杭州、苏州、无锡、常州、镇江、扬州、南通等地开办战争伤亡保险业务，并指定中国、中孚、中国工业、安平、先施、永安人寿、太平物产、中国天一、富华、宝丰、泰山、丰盛、光华、四明、永安、联保、太平人寿、先施人寿、宁绍人寿、泰山人寿、中国人寿、华安合群人寿、大东等23家保险公司代办战争伤亡保险业务。

全面抗战时期，中国共产党地下组织在上海通过大安保险公司和上海市保险业业余联谊会（简称"保联"）等组织开展统战和救亡工作。大安保险成立于1942年5月，公司的高中级职员大多数是中共地下党员，他们以保险职业为掩护从事地下革命工作，参加上海金融界、工商界和知名人士组织的座谈会，联系和团结爱国民主人士。"保联"成立于 1938 年 7 月，是中共地下组织领导下团结保险职工和中上层人士的群众团体，以"联络感情、交换知识、调剂业余生活、促进保险业之发展"为宗旨开展活动，组织保险业职工开展业务技术学习和文娱体育活动，举办时事讲座和保险业务讲习班，培养了大批保险业务技术人员，激发了广大保险业职工的民族意识和爱国热情。

全面抗战时期东北的保险业·伪满经营

日本占领中国东北地区后，于 1932 年扶植清朝末代皇帝溥仪成立"满洲国"。伪满洲国成立初期，有损害保险公司 115 家，1936 年进行整顿和重新登记。1937 年 1 月 20 日，成立"满洲火灾保险协会"，规定当时东北境内所有营业的损害保险公司不分国籍全部入会，其中有日籍公司 28 家，英美籍公司 27 家，中国籍公司 9 家。协会的主要任务是：统一损害保险费率和条款，设立损害调查机关，协调会员公司关系，组织交换再保险业务。4 月 1 日，协会制订的"协定费率"公布实施。

伪满政府 1937 年 9 月 10 日公布了"邮政生命保险法"和"邮政生命保险规则"，明确在东北全境开展邮政生命保险，规定了承保、缴费、合同中止、合同失效、合同复效、保单贷款、给付等具体举措与事项。"邮政生命保险法"于 1941 年 4 月进行了修订，保险金额从 500 元提高到 800 元，投保年龄从 15 岁扩展至 7 岁，并为 7 岁至 15 岁的被保险人设立创业保险金。

伪满政府于 1937 年 12 月 27 日颁布实施"保险业法"，共 37 条。12 月 28 日颁布"保险业法施行细则"，分 3 章及附则共 65 条。主要内容包括：所有在东北境内经营的保险公司重新登记注册，经批准后方可营业；保险公司禁止兼营其他行业；缴纳保证金 30 万元；经营保险必须设立公司机构；代理店设立须经批准，一家代理店只能代理一家保险公司业务；代理店禁设再代理店。

驿站

伪满洲国的保险代理店

伪满洲国的损害保险业务，大多依靠代理店招揽获取。代理店分普通代理店、副代理店（经纪人）和特别代理店三级。初始时收入 10 万元以上的为特别代理店，后来改为 50 万以上的为特别代理店。

特别代理店可以出具正式保单，普通代理店只能出具暂保单，副代理店（经纪人）只能介绍业务，不能出具任何保险单证。特别代理店的佣金不得超过 25%，普通代理店的佣金不得超过 18%，经纪人不得超过 13%。当时东北地区保险市场上规模较大的代理店中有大兴公司、英商太古洋行和日商三井洋行。大兴公司原为伪满洲国"中央银行"的附属企业，1933 年 7 月分离独立，太平洋战争爆发后接收了英商太古洋行的所有代理保险业务。

1940 年 8 月 1 日，原"满洲火灾保险协会"改组为"满洲损害保险协会"，参加的会员公司有日商保险株式会社 24 家，伪满洲国保险株式会社 1 家，太平产物保险哈尔滨分公司 1 家，英国伦敦和兰开夏保险公司（London and Lancashire Co. Ltd）1 家，美国的纽约汉诺威火灾保险公司（Hanover Fire Insurance Co. Ltd of New York）1 家，德国的马德堡火灾保险公司（Magdeburg Fire Insurance Co. Ltd）和安联和斯图加特保险公司（Alliance and Stuttgarter Vere InsuranceCo. Ltd）2 家，共 30 家。同年"满洲生命保险协会"在长春成立，参加的会员公司有 18 家，包括日商公司 17 家，"满洲生命保险株式会社" 1 家。从保险公司的数量分布上显而易见，日本帝国主义完全控制和垄断了东北地区的保险市场。

全面抗战时期，全国除了大后方、上海和东北三个主要的保险市场以外，当时的华北、湖南、南京、厦门、宁波等地的保险业也都开展经营，各地都有相应的保险法规法令颁布，当地也成立了保险同业公会协调市场秩序，在太平洋战争爆发后日军占领的地区当地保险业都受到了日本的控制。其间各种情况较为复杂，有兴趣或有志研究者可以查阅《中国保险年鉴（1935—1938）》《旧中国的武汉保险业》《宁波解放前保险业略述》《厦门保险业》《山东省金融志》等史料。

抗战胜利后保险业的表面繁荣（1945—1949）

1945年8月15日，日本宣布投降，中国人民抗日战争取得了最后胜利。9月9日，侵华日军代表在南京签署无条件投降书。

战后接收与清理

抗战胜利后，敌伪（日商、汪伪、伪满）金融机构被全部接收清理。国民党政府行政院核准的《收复区敌伪财政金融机构财产接收办法》规定，凡在日本侵华期间建立的此类机构，由财政部各区财政金融特派员商请各收复区接收委员会分别予以接收清理。财政部在南京、上海、广东、广西、福建、湖北、湖南、江西、山西、山东、河南、河北、东北、台湾等地区设立财政金融特派员办公处。特派员办公处裁撤后，财政部内设立清理敌伪金融机构督导委员会，直接督导接收清理工作，保险机构的接收清理由中央信托局负责。

据1947年《财政年鉴》的不完全统计，列为敌伪保险机构的共有69家（不包括东北地区），其中日商66家，汪伪3家。接收清理的日商保险机构有三类：第一类以经营火灾或海上保险为主，或兼营火灾、海上保险，有 15 家；第二类以经营生命保险（含征兵保险）为主，有 14 家；第三类以经营再保险为主，有 1 家。接收清理的 3 家汪伪保险机构为中央保险公司、通惠保险公司和中华人寿保险公司。中央信托局沈阳分局负责接收东北的 42 家敌伪保险机构，其中日商 40 家，伪满 2 家。42 家敌伪保险机构中经营损害保险的 25 家，经营生命保险的 17 家。

抗战胜利后，全国的政治经济重心重新东移。此前由上海迁往重庆的保险公司以及后来在重庆成立的官僚资本保险机构和一些民营保险机构陆续迁往上海，太平洋战争期间被迫停业的外商保险公司重回上海，集中在上海的大量游资积极投入保险业，上海恢复成为全国的保险中心。

1945 年 9 月 28 日，国民党政府财政部公布《收复区商营保险公司复员办法》，规定不同类型的保险机构复业办法和手续。10 月 23 日，财政部又发出通令，敌伪政府核准设立的保险机构一律停业清理。上海、南京停业清理的这类保险公司共有 57 家，其中久安、中南、安宁、振泰、华孚、泰安等保险公司获准改组后继续营业。抗日战争期间停业的同盟国及中立国的保险公司，依照收复区商营金融机构清理办法规定，由财政金融特派员先行接收，经查明主权后发还自行清理。

背景字幕

公元 1945 年 4 月 12 日，美国总统罗斯福病逝，杜鲁门继任美国总统。

公元 1945 年 7 月 16 日，美国试验第一颗原子弹。

公元 1945 年 9 月 2 日，日本向同盟国签署投降条约，第二次世界大战结束。

公元 1945 年 10 月 24 日，联合国成立，《联合国宪章》生效。

公元 1946 年 2 月 14 日，世界上第一台通用电子计算机 ENIAC 问世。

截至 1946 年年末，当时向财政部申请办理注册的华商新老保险公司有 148 家，其中原先设立的保险公司申请继续营业的有 56 家，申请新设的保险公司有 92 家。另加上经核准在各地设立的保险公司分支机构 278 家，新老保险总分支机构共 426 家，实收资本总额 24.375 亿元，缴存保证金 1.384 亿元。

对于外商保险公司，国民政府财政部规定应依照 1944 年公布的《战时保险业管理办法施行细则》及《公司法》要求补办注册手续。外商依法履行手续后注册登记的保险公司有 50 家，其中美商 22 家、英商 13 家、法商 3 家、瑞士商 3 家、古巴商 1 家、加拿大商 1 家，另外包括设立于香港的 7 家保险公司。

对于保险中介人，财政部要求按照 1944 年颁布的《保险业代理人经纪人公证人登记领证办法》进行注册登记。截至 1946 年年底，登记的保险代理人 42 人，经纪人 358 人，公证人 22 人。

百废待兴中的短时繁荣

抗战胜利后，国内民族主义高涨、乐观情绪弥漫，久经战乱后民众对经济、社会和家园的重建充满热情和期待，工商百业呈现出趋于振兴的景象，保险业也一度出现繁荣的局面。许多资本看好保险业的发展而投资设立保险公司。截至 1947 年 3 月，全国保险业总分支机构达到 507 家，到 1948 年 6 月，全国保险总分支机构增加到 602 家。

1945 年 10 月以后，上海、重庆等地方的保险机构迅速增长，呈现快速膨胀的趋势。当时申请加入上海市保险同业公会的中外保险公司会员数，1946 年 11 月有 133 家，其中华商保险 124 家，外商保险 9 家；1947 年 5 月增加至 147 家，其中华商保险 138 家，外商保险 9 家；1948 年底快速上升至 241 家，其中华商保险 178 家，外商保险 63

家（含英商 39 家、美商 16 家、法商 3 家、瑞士 3 家、荷兰 1 家、古巴 1 家）。

除上海以外，国内其他地区的保险公司也在不断增设。据重庆市保险同业公会统计，截至 1948 年 12 月，重庆的保险公司已达 76 家。据汉口金融管理局 1948 年 3 月 5 日编印的《武汉金融机构概况一览》记载，武汉地区的保险机构达到 44 家，其中华商保险 41 家，外商保险 3 家。在东北地区的哈尔滨，房地产资本家发起设立了阜成保险公司，桃梨瓜果批发业主联合组建了中兴保险公司，火磨油坊业主申请设立了亚洲保险公司，形成了各行各业都集资经营保险的热潮。

在国内保险业呈现短时欣欣向荣的景象中，1948 年 5 月 6 日，中央信托局产物保险处驻美分处在美国纽约华尔街开业，开办资本 250 万美元。它是中国第一家在美国获准特许设立的保险机构。

当时的国民党政府也出台了意图稳定保险业的政策，1946 年 4 月公布《财政部核定复员期间人寿保险契约处理办法》，规定被保险人因为战争或交通阻滞，保险人暂停营业或迁地营业而未能如期交付保险费的，若能在一定期限内补交所欠保费，已中断的保险可复效。

在抗战胜利气氛的鼓舞下，当时社会百业渴望振兴，保险业也谋求快速发展，短时期内呈现出前所未有的增长势头。

驿站

中国历史上首个大学保险系

1932 年 8 月，国立中央大学商学院独立建校，成立国立上海商学院。经国民党政府教育部批准于 1946 年设置保险学系，学制四年，同年招收了首届保险专业本科生 30 余人。它是中国为培养保险专业人才在高等院校建立的第一个保险学系。国立上海商学院 1950 年更名为上海财政经济学院，随后 10 年里学院及专业几经变迁，后于 1960 年重建上海财经学院。1972年受"文革"波及被撤销，1978年上海财经学院复校，1985年更名为上海财经大学，同年恢复保险专业。1994年设置精算专业，1998年开始招收精算研究生。

抗战胜利后的再保险　再保险作为原保险的上游，对整个保险业的发展方向和价值链利益分布起着重要的作用。抗战胜利后，再保险机构在此前建立的分保集团的基础上调整和发展，形成了三股力量。

第一类是以官僚资本保险公司为主体的再保险机构，包括中央信托局产物保险处、全国盐运再保险总管理处和中国再保险公司。1945年，国民政府财政部为协助各保险机构解决分保困难，减少外汇流失，核定由中央信托局经营再保险，赋予其集中办理再保险的特权。自1945年9月起开办到1946年年底，中央信托局临时分保接受额达法币5 622亿元，与之有业务往来的保险公司达82家。1946年，四联盐运保险管理委员会由重庆迁至上海，在上海设立了全国性的盐运再保险总管理处，并于1946年5月制订了《集中盐运保险再保险办法》《盐运再保险分配办法》，规定所有盐运保险的再保险由国内同业按成分分配，凡直接或间接经营盐运保险的公司都可以申请分配此项再保险。每一公司分配的成分（即在总责任限额内的占比），以其在集中分配前盐运保险的自留额为标准，参照其资本、公积金、准备金及业务经营情况调整酌定，每半年调整一次。按照这个办法，中央信托局产物保险处获得了超过50%的份额。中国再保险公司1946年成立于上海，由中央信托局参股控制，全部业务是分入合约分保和临时分保业务，产物保险的分保业务主要来自中央信托局产物保险处、中国保险、太平洋保险、中国农业保险等12家公司，人寿保险分保业务主要来源于中央信托局人寿保险处、中国人寿等5家公司。

第二类是以上海的华商分保集团为主体的再保险机构，包括太平、久联、华商联合、大沪、中国等5家。其中，中国分保集团由中国保险公司组建。成员初期有29家，后增加到44家，大部分为民营保险公司。

第三类是以外商保险公司为主体的再保险机构，其中具有代表性的是美亚代理保险公司。美亚凭借与国民党政府的关系获得了大量政府部门的进出口货物运输保险业务，还通过接受华商保险公司的合约固定分保赚取大量美元。

1949年之前，华商保险公司由于在资本额、经验、技术等方面的限制，按照风险分散的原则把大量高保额保险业务分给了外商保险，华商自营的再保险集团也把部分业务各自分往国外，而同时从国外分入的业务很少，形成了再保险的巨额"逆差"。保险界的有识之士从维护民族利益出发，曾倡议设立民族保险业的再保险总集团，华商保险的业务尽量先在同业间进行分保，超过总集团限额的溢额部分再分给国外，同时集合民族保险业的集体力量接受国外分入业务，争取分保入超，扭转长期大量外汇流失的境况。当时的华商国营公司联合民营公司经过酝酿后向财政部提出筹组全国性再保险机构的建议，并得到了财政部的同意和支持，但最终因诸多利害牵制未能形成可行方案而被搁置。

抗战胜利后，保险机构大量增加，保险的供给大大超过市场的需求，带来了供给过剩的恶果，保险业呈现畸形发展。保险公司之间出现了恶性竞争，各种市场乱象和失序行为屡禁不止，保费按七折八折还难以争取到业务，华东地区的保费曾出现保费七折八折后再以九折即按50.4%收取。经纪佣金混乱而高企，重庆市的保险经纪人佣金率超过30%，天津市的保险经纪人佣金率也达到30%以上，有的甚至高达44%。保费交付期限越放越宽，有些保险公司将经纪人交付保费期限推迟2~3个月，有的甚至将经纪人交费宽限期放至6个月。有些保险公司的高管将本人承揽的业务归在虚设的经纪人名下套取佣金。与此同时，由于恶性通胀导致保险资金存放银行的利率远远赶不上物价上涨率，将保险资金违规用于炒黄金、美元甚至放高利贷的行为时有发生。保险经纪人和代理人不经登记而招揽业务的越来越多，他们凭借人情关系或财物疏通招揽业务，保险公司为了争抢业务，不仅提高佣金，还另外给予特别佣金、车马费或暗佣，甚至还给予保险经纪人和代理人副经理、专员、襄理等头衔。保险公司因为经营效益不理想而惜赔、拒赔的情况经常发生。保险业一时可谓市场乱象丛生，行业信誉和形象大受影响，社会上部分民众认为保险公司并不保险。

政局不稳定导致经济大动荡和大衰退，工商业歇业和倒闭的越来越多。恶性通货膨胀导致币值大跌，寿险的保障效力和储备作用骤减，投保的人寥寥无几，各寿险公司陆续停办储蓄性业务，转向开办短期意外险，开办银圆或美金保额的寿险业务。邮政储金汇业局于1947年起暂停接受简易人寿保险新保户。

1948年，国民党政府再次实行币制改革失败，导致物价飞涨、通胀严重，人们对金圆券已经失去信心，客户即使有投保意向，也只愿用银圆或外币计算保费和赔款。有些保险机构为了不违反禁令，利用他们在香港等地的分支机构签发外币保单，或直接将业务介绍给外商保险公司承保。

受此影响，保险机构数量出现锐减。全国华商保险的总分支机构由1948年6月的602家，锐减至1949年的369家。广州的中外保险公司最多时有127家，到1948年仅剩下27家，且都是分支公司或代理机构。上海在1949年5月解放前停业的保险公司有48家。重庆市1948年12月时有保险公司76家，至1949年11月解放前夕只剩43家。昆明市在全面抗战时期有保险机构40多家，到解放前只剩4家。

许多保险机构业务停顿、收入骤减，经营处于风雨飘摇、濒临破产的状态，对时局的预期十分悲观，有的采取隐匿转移、抽调挪用、虚报开支等手法耗空公司资金，有的保险机构负责人卷款逃跑到国外或香港、台湾等地。很多保险公司的员工遭到薪金削减或者遣散，员工因此组织起来开展反遣散斗争，劳资矛盾十分突出。

驿站

1948年江亚轮事件

江亚轮是沪甬线班轮。1948年12月3日，江亚轮从上海起航驶往宁波，驶抵吴淞口外横沙西南白龙港附近突然发生爆炸，随即沉入海底。该轮核定适载乘客2 250人，实际超载运营乘客达到2 607人，船上员工191人。这次沉船事故造成乘客和船员1 483人死亡，成为中外航海史上的重大惨案之一。当时国营招商局和各轮船公司的旅客意外伤害保险由中国航联意外责任保险公司办理，旅客保费按统扯费率3%附加于船票费内。后经中外潜水员多次探查后，宣布事故原因为水雷炸沉，船上旅客死亡的赔偿责任不属保险责任范围，最后由国营招商局支付抚恤金予以解决。

驿站

1949年太平轮事件

太平轮属于中联轮船公司。1949年1月27日由上海开往台湾，驶抵吴淞口外时，与其他轮船互撞沉没。该轮的巨额船舶险由华泰、鸿福两家产物保险公司承保，但这两家保险公司竟然没有按照规定办理分保，出事后无力支付巨额赔偿。华泰保险和鸿福保险的负责人卷携账册及凭证潜逃香港，后不知所终，两家保险公司立即倒闭，中联轮船公司也宣告破产。太平轮事件发生67年之后，导演吴宇森拍摄的电影《太平轮》于2015年获得了香港电影金像奖。

驿站

1949年重庆市中区大火灾

1949年9月2日,重庆市中区发生严重火灾。一家兼营油蜡的茶社商铺起火,由于当时正值夏热久旱,且区内地势陡峭、街道狭窄,加之消防设施简陋,致使大火迅速延烧至朝天门码头、小什字、千厮门等处,很多逃往码头的民众因通路阻断而被烧死或被踩踏致死。后经统计,火灾导致有户口可查的死者2 568人、掩埋尸体2 874具、伤4 000余人,受灾民众41 000人,总受灾面积41万平方米,其中39条大街小巷被全部焚毁,烧毁坍塌房屋接近10 000间,火灾现场满目疮痍、惨不忍睹。商人囤积物资和私人财产损失不计其数,全市金融业有三分之一受到损失,被烧的银行、钱庄、仓库、保险公司共计34家。重庆市工商界上报给市救济委员会的材料统计,火灾造成直接经济损失约4 200万银圆。当时重庆市的保险业务量已经锐减,但是仓库物资因有银行贷款的原因,都向保险公司投保了火险,保额以港元、银圆居多。后经委托英商三义公证行查勘定损后,属于保险责任的赔款约150万银圆,宝丰、中国、太平和美商海龙等保险公司承担了大部分赔款。

背景字幕

1949年4月4日,《北大西洋公约》在美国华盛顿签订。

1949年7月27日,世界上第一架喷气式民航客机试飞。

1949年10月1日,中华人民共和国成立。

上海解放后保险业的变化

1949年4月,中国人民解放军发起渡江战役,突破国民党军千里江防，并于23日占领南京。4月下旬，毛泽东写下了著名的《七律·人民解放军占领南京》：

> 钟山风雨起苍黄，百万雄师过大江。
> 虎踞龙盘今胜昔，天翻地覆慨而慷。
> 宜将剩勇追穷寇，不可沽名学霸王。
> 天若有情天亦老，人间正道是沧桑。

1949年4月25日，毛泽东、朱德发布《中国人民解放军布告》，其中第三条规定："没收官僚资本。凡属国民党反动政府和大官僚分子所经营的工厂、商店、银行……均由人民政府接管。"全国各大城市解放后，在中共地方党委和军事管制委员会的统一领导下开展接管工作。凡是企业股份中官僚资本占50%以上，或者股份虽未超过50%但实际被官僚资本控制的保险公司都被列入接管范围。由于解放前官僚资本所属的中国银行、中央信托局、交通银行、中国农民银行及其附属的保险总公司、总管理处、事务所都集中在上海，因此上海是保险机构接管的重点城市。

人民解放军大军渡江以后，为顺利接管上海，中共中央华东局于5月初选调了5 000余名干部到江苏丹阳进行接管工作集训，集中学习接管上海的政策和纪律。上海市军事管制委员会财政经济接管委员会金融处在丹阳奉命成立了保险组，筹划接管官僚资本在上海的保险企业。

1949年5月27日，上海解放。上海市军事管制委员会财政经济接管委员会金融处根据"依照系统、原封不动、从上而下、整套接收"的工作方针，于1949年5月30日发布训令，要求上海市保险业同业公会通知所属会员公司，限时具结填报股东名册，对各保险公司的历史沿革和资本结构进行调查核实，据以审定公司的性质。对属于官僚资本或官僚资本控制的保险公司进行接管，对官僚资本占比不超过50%的保险公司进行监管，对民营工商业或私人投资的保险公司予以保留。军事代表和联络员分别进驻各被接管和监管单位，责令造具移交清册，查封金银、证券等重要财物，准备办理交接工作。解放前在各保险公司的中共地下党员这时候也都亮明身份，穿上中国人民解放军军装，在军管会金融处领导下开展接管工作。

上海市被接管的官僚资本保险机构共 24 家，包括中央信托局产物保险处、中央信托局人寿保险处、中国农业保险公司、资源委员会保险事务所、国民产物保险公司、台湾产物保险公司上海分公司、中国产物保险公司、中国人寿保险公司、中国航联产物保险公司、中国航联意外责任保险公司、太平洋产物保险公司、交通产物保险公司、中国再保险公司、中合产物保险公司、江苏产物保险公司、世界产物保险公司、中国人事保险公司、四联盐运保险管理委员会、盐运再保险总管理处、中国纺织建设公司保险事务所、人和产物保险公司、同信产物保险公司、中南产物保险公司、浙江产物保险公司上海分公司。对官商合办、官僚资本股份占比未超过 50% 的四明产物保险公司、新丰产物保险公司、泰安产物保险公司、永宁产物保险公司 4 家公司，经监管并审查股权和资产负债情况后，撤销监管准予继续营业。

上海接管官僚资本保险机构的工作从 1949 年 5 月 30 日开始，同年 10 月 23 日基本结束。由于解放前夕国民党政府货币改革失败导致的恶性通货膨胀，以及许多保险公司在战乱中资产大量流失，被接管的官僚资本保险公司留下的资产十分有限，除了几家大的保险公司在海外存有外汇外，上海接管清理的资产计有黄金 123 两、美金 22 380 元、港币 15 187 元、银圆 1 719 枚、金圆券 42.19 亿元、台币 8 165 953 元及一部分有价证券，另有机动车 19 辆、非机动车 24 辆、中英文打字机 108 架、少量房地产等。对于接管中接收的各保险公司员工 777 人，分别进行了妥善安置。

在接管的官僚资本保险机构中，除了批准中国产物保险公司和专营船舶保险及船员意外保险的中国航联意外责任保险公司恢复营业外，其他被接管的保险公司一律停止经营。对未到期的火灾保险单全部办理退保手续，终止保险责任；对人寿保险的清理情况较为复杂，因涉及多次货币大幅贬值，参照银行存款清偿的办法拟订《人寿保险金清偿办法》上报审批，直到8年以后的1957年才得到全部解决。

接管后获准恢复营业的中国产物保险公司1931年由中国银行投资在上海成立。该公司在国内主要城市设有分支机构，在海外也设有许多分支机构和代理处，经营相对稳健，基础较好。当时为了迅速恢复国民经济和保险业的正常经营，在扶持私营保险业复业的同时，中国产物保险公司在接管后被批准恢复营业，以利于恢复国营企业财产和贸易货物运输保险，解决私营保险公司的再保险问题。中国产物保险公司1949年6月29日恢复营业，7月与伦敦订立水险分保合约，8月再签订火险分保合约。该公司积极配合政府促进内外、南北物资交流，支持国民经济恢复，适时开办了运输兵险、航业员工兵险和小额船壳兵险等政策性新业务。1949年6月至10月，中国产物保险公司除上海外在华东地区复业的机构有杭州、南京、南通、青岛、芜湖、扬州、济南等分支公司。

上海市军事管制委员会财政经济接管委员会金融处根据对私营工商业"利用、限制、改造"的方针，制订了对私营保险公司的管理办法。要求各保险公司具报股东名册和资产负债表，具结承保契约责任。规定保险公司只能专营保险业务，不得兼营其他业务，不得签发国内业务外币保单，分保合约必须上报审核，按经营业务类别缴存保证金。

经过整顿清理获准重新营业的保险公司共106家，其中华商64家，外商42家。复业的保险公司都经营非寿险业务，原经营寿险的公司均未复业。

上海复业的华商保险公司64家，包括：大安、大东、大南、大信、大通、大华、大达、大沪、大丰、中国工业联合、中国天一、中国保平、中国航运、中国航联意外责任、中国第一信用、中国、中国统一、中国联合、中华、太平、太安丰、四明、永中、永平安、永安、永宁、民安、全安、合安、合众、先施保险置业、光华、兆丰、好华、安平、利华、长城、长华、怡太、东南、保安、恒昌、建国、泰山、泰安、泰东、海兴、国泰、惠中、裕民、华安、华盛、华商中华水火、华商联合、华业、宁绍、扬子、新丰、福安、肇泰、丰盛、宝隆、宝丰。

上海复业的外商保险有42家，包括英商28家：四海、平克司、英外水险、老公茂康记、保裕、香港、昆士仑、公裕太阳、利物浦、伦兰、皇家、英汇、南英保泰、於仁保安、鸟思伦、家定、永隆、泰勒顿、海平、海洋、贸兴水上、爱兰司、谏当、惠斯登、声天雷、鹰星、太古洋行保险部、怡和洋行保险部；美商7家：美亚代理、友宁、海龙、商务意外、福美、好望、北美洲联合；法商3家：法大、法安、保太；瑞士商3家：业兴、巴噜士、联宁；古巴商1家：美联。

上海市军管会金融处1949年7月5日制订《上海市保险业经纪人佣金限制办法》，规定保险公司须自接受业务起7天内收足保费，经纪人佣金火险29%、水险30%，保险公司不得另外给予经纪人任何名衔或津贴；保险公司特约代理处佣金不能超过15%，同业分保佣金为火险30%、水险15%。《办法》公布实施后，违规行为仍时有发生，在1949年7月至年底的5次抽查中，被抽中检查的26家保险公司中违规放期的7家、放佣8家、放期又放佣的2家、私营外币业务的1家，私放高利贷的3家。按照违规情节，这些保险公司分别被处以书面警告、登报悔过、停业3天、停业半月等处罚。瑞士保险公司巴噜士擅自签发外币保险单，且藐视法规、情节严重，被上海市军管会金融处处以永久停业处分。

上海解放后，在保险业的恢复过程中，大部分华商保险公司资本力量薄弱，承保能力有限，原有的华商分保集团已经解体，对外分保关系中断。当时恢复营业的华商保险公司普遍认为缓解分保问题已成为燃眉之急，建立一个互助合作的分保组织十分必要。1949年7月20日，经上海市军管会金融处批准，民联分保交换处（简称"民联"）成立，参加的保险公司有47家。"民联"作为集中办理华商私营保险公司分保交换业务的服务性机构，本身不直接经营保险业务，只是把各保险公司的再保险部门集中起来共同经营管理，这样既不改变原来各保险公司的直保业务经营，同时又解决了各公司的分保问题并带来了新增业务，因而受到各公司的欢迎。各公司承保业务及同业分保业务全部交给"民联"，再由"民联"按照各自占保成分分配。上海"民联"成立后与国营的中国保险公司相互接受溢额分保，与天津成立的华北"民联"分保交换处订立了再保险合约。上海"民联"后来还在华东的南京、苏州等地设立了办事处。

1949—2018年中国保险业的发展

中华人民共和国成立以后，中国保险业70年的发展历程大体分成了10年改造、20年停办、20年复苏、20年扩张四个主要阶段。2019年以后，中国保险业转型进入了追求高质量发展的新时期。

第一阶段：1949—1958年。创办国营的中国人民保险公司，外商保险全部退出市场，私营保险实施公私合营，10年时间完成了对1949年之前遗留下来的保险业的社会主义改造。

第二阶段：1959—1978年。国家实行计划经济体制，在保险业已经完成历史使命的结论下，国内保险业务停办了20年。

第三阶段：1979—1998年。国家实施市场化取向的改革开放，国内保险业务实现了以财产险为主的20年复苏式快速发展，从独家垄断到引入竞争机制，逐步形成群雄并起、主体多元的市场格局。

第四阶段：1999—2018年。以新型寿险推出、银行保险崛起、费率市场化改革和扩大对外开放为特征，寿险成为保险业增长主力，保险市场进入20年资产和负债快速扩张阶段。

2019年以后，保险业强调保险姓保、回归本源，强调服务实体经济、服务社会治理，进入转型发展的新时期。

1979 年国内保险业务恢复以后的 40 年，中国保险业爆发出停办 20 年积蓄的巨大潜能，同时搭乘上中国经济改革开放的快速列车，整个保险行业实现了恢复性的高速增长，全国保费收入由 1980 年的 4.6 亿元增长到 2018 年的 38 016.6 亿元，年复合增长率 26.8%，大大高于同期 GDP 的年增长速度。1980 年我国保险费收入仅占全球保费收入的 0.04%，到 2018 年我国保险费收入在全球保险市场中的份额提升至 11.07%，40 年间快速成长为全球第二大保险市场，保险深度增加到 4.2%，保险密度提高至 2 697 元 / 人。

第一阶段：1949—1958年　改造

1949年8月，由陈云主持、在上海召开的财经工作会议上，提出了创建国营的中国人民保险公司的设想，同时决定由中国人民银行总行负责筹备工作。1949年9月17日，中国人民银行总行正式向政务院呈请核准设立中国人民保险公司。

1949年9月25日至10月6日，由中国人民银行总行组织召开的第一次全国保险工作会议在北京举行。会议通过了《中国人民保险公司条例草案》和《中国人民保险公司组织规程草案》。会议明确中国人民保险公司的基本任务是：保障生产安全，扶助贸易发展，促进城乡物资交流；保障劳动人民福利；保护国家及社会财产。会议确定中国人民保险公司实行总公司和各地人民银行区行双重领导，规定总公司行使决定方针任务、提出总计划、制定章则办法、制定重要制度、调拨资金和分配资金限额、重要人事任免等6项权力，中国人民银行区行负责制订开支制度、人员待遇、经费审核、具体计划和低职级人员的任免。会议讨论通过了公司条例、组织规程、工作计划、限额表、工作程序、再保险办法、会计制度、私营保险业管理办法、报告制度、火险运输险赔款处理办法。筹备中的国营中国人民保险公司是新民主主义经济下的国家金融机构，肩负着统筹发展全国保险业的责任，相对其他私营保险公司和外商保险公司处于领导地位。会议结束时，还请苏联专家介绍了苏联保险的基本原则和推行情况。

第一次全国保险工作会议的结束，标志着中国人民保险公司筹备阶段的完成，中国保险业的历史翻开了新的篇章。

中国人民保险公司（PICC）筹建成立

1949年10月20日，中国人民保险公司（People's Insurance Company of China，简称PICC）在北京成立。中国人民保险公司的总公司和直属营业部同时正式开业，地址位于北京西交民巷108号。与总公司同时成立的还有中国保险公司、人保华东区公司和天津分公司。1950年1月，陆续成立了人保东北区公司、华中区公司（4月改称为中南区公司）、西北区公司和西南区公司。截至1950年6月，人保总公司已下设5个区公司，31个分公司，8个支公司，75个办事处，4个营业部及派驻所。承办国营企业、县以上供销合作社及国家机关财产和铁路、轮船、飞机旅客的强制保险。在城市，开办了火险、团体与个人寿险、汽车险、旅客意外险、邮包险、航空运输险、金钞险、船舶险等。在农村，积极试办农业保险，主要是牲畜保险、棉花保险和渔业保险。同时，中国人民保险公司还致力于发展国外业务，接受私营公司的再保险业务。截至1950年5月，全国保费收入当中，国营中国人民保险公司占70%，私营华商公司占8%，外商保险公司占22%，从根本上改变了中华人民共和国成立前中国保险市场由外商保险主导和掌控的格局。

外商保险停业退市 中华人民共和国成立以后，美国倡导14个主要资本主义国家于1949年11月在法国成立了"巴黎统筹委员会"，组织资本主义国家对社会主义国家实行经济封锁。1950年6月27日，朝鲜战争爆发后第三天，美国总统杜鲁门命令美军驻太平洋第七舰队侵入台湾海峡，阻挠中国人民解放台湾。1950年12月16日，美国政府宣布对我国在美国辖区的一切公私财产实施管制，禁止所有在美国注册的船只开往中国港口。12月28日，中国政务院也针锋相对，宣布了《关于管制清查美国财产冻结美国公私存款命令》。

1949年之前曾长期垄断我国保险市场的外商保险公司面对这样一种形势，加上外国在华工商业的收缩、转让和停业，导致保源骤减和业务萎缩，纷纷申请停业并退出中国保险市场。1950年5月，全国尚有外商保险公司61家，其中上海37家、天津10家、广州8家、青岛5家、重庆1家。当时政府对外商保险采取了"利用加限制并重"的政策，一方面允许其继续办理海运保险、外国侨民外汇保险等中资保险公司尚不能开办的业务，另一方面对其业务范围和经营活动进行必要的限制，对其违法违规行为进行严肃查处。外商保险公司的保费收入占全国保费收入的比重1949年时为62%，1950年年末下降至9.8%，1951年为0.4%，1952年仅为0.1%。到1952年年底，在华外商保险公司全部退出中国保险市场。

反封锁、反禁运 由于以美国为首的资本主义国家对新中国实行经济封锁和禁运，中国人民保险公司成立后从维护国家利益和发展保险事业出发，在保险领域积极开展反封锁、反禁运的活动，大力开展保障国家进出口贸易货物运输安全的海洋物资运输保险，积极拓展分散风险并减少外汇支出的国际分保业务，在东南亚地区大力开展各种吸收外汇的保险业务。为了配合国家对外贸易开展，打破封锁和禁运，中国人民保险公司开办的海洋运输保险和战争保险业务的险种有兵险、共同海损、平安险、水渍险、淡水险、潮湿险、偷窃险、渗漏险、碰损险、短少险和破碎险等。中国保险公司作为中国人民保险公司所属的专业公司，保持了1949年之前同伦敦保险市场的分保业务关系，将我国的进出口贸易和海外各分支机构经营的运输保险和火灾保险业务继续分给伦敦保险市场。当时外国的保险公司和再保险公司对中国保险公司规定了较为苛刻的分保条件，保费按月结算，分保手续费和年终盈余手续费都很低，且只接受中国保险公司的分出业务而不进行分保的业务交换。

扩大国际分保合作 1949年12月16日至1950年2月17日，毛泽东率团访问苏联；1950年2月14日，《中苏友好同盟互助条约》正式签字。1950年4月20日，中苏签订贸易及换货协定，签署了1950—1952年苏联向我国供应各种工业装备及器材的协议书。中苏两国的保险合作也顺势得到发展。1950年10月，中国人民保险公司与苏联国外保险局签订了一个100万美元的分保合约；1951年，分保合约修订为苏联接受我国第一溢额分保150万美元。同时，中国人民保险公司与波兰、捷克、匈牙利、保加利亚等国的保险组织也建立了分保关系。1952年年初，中国人民保险公司再次修订与苏联等社会主义国家保险机构的分保合约，后者扩大接受我国分出限额达到300万美元，到年底再次扩大合约限额为450万美元。50年代后期，中国人民保险公司又先后与德国慕尼黑再保险以及埃及、巴基斯坦、土耳其等国的保险机构建立了合作关系。

中国人民保险公司开展的国际分保业务，发挥了在国际范围内分散危险、减轻国家外汇补偿负担、平衡外汇收支的功能和作用。同时，在具体实务工作中，中国人民保险公司再保部在对外合作特别是与英国、意大利、德国等保险组织的再保险合作中努力争取了分保合作条件的优化。一是取消了分出保险业务必须经过Willis经纪人的条款，避免在分保安排、支付和摊回保费赔款等方面受制于经纪人；二是遵循分保合同争议仲裁地点应选择分出国的国际惯例，将分出合同争议仲裁从英国商会或海事委员会仲裁改为在北京由中国贸促会仲裁委员会处理；三是加大了我方处理赔款的权力，由先前一定金额以上须经分保接受人审核改为不论金额多少由我方全权处理;四是提高了自留额、分保手续费和纯益手续费。

> **背景字幕**
>
> 公元 1950 年 6 月 25 日,朝鲜战争爆发。
> 公元 1950 年 6 月 30 日,《中华人民共和国土地改革法》颁布施行。

强制保险与自愿投保

1951 年 2 月 3 日,中央人民政府政务院发布《关于实行国家机关、国营企业、合作社财产强制保险及旅客强制保险的决定》,规定国家机关、国营企业及合作社因保险而支出的费用,准予编入预算报销或列入成本计算,同时指定中国人民保险公司为办理强制保险的法定机构。2 月 13 日,《人民日报》发表社论《必须实行强制保险》。4 月 24 日,中央人民政府政务院财政经济委员会发布《关于颁布财产强制保险等条例的命令》,公布施行《财产强制保险条例》《船舶强制保险条例》《铁路车辆强制保险条例》《轮船旅客意外伤害强制保险条例》《铁路旅客意外伤害强制保险条例》和《飞机旅客意外伤害保险强制条例》。强制保险的推行,有力地配合了国民经济的恢复与发展。截至 1952 年年底,全国国营企业、县以上供销合作社的财产全部投保,县以上国家机关财产的绝大部分也都办理了保险。铁路、轮船、飞机三种旅客意外伤害强制保险由中国人民保险公司委托交通运输部门代办,保险费由运输部门在售票时随同票价附收,按月交付中国人民保险公司。公路汽车旅客意外伤害保险作为一种地方性强制保险,1952 年年底在全国各地普遍开办。

强制保险在大力推行过程中也导致部分企业和民众的不理解，特别是原定以自愿原则开展的农业保险在实施过程中由于基层干部搞强迫命令，出现胁迫投保、逐级包办、层层摊派、半夜催收等现象。为了纠正农业保险中发生的强迫命令作风和偏差，中国人民保险公司于1951年11月20日至12月8日在北京召开农业保险专项汇报会。会议讨论了各地出现农业保险强迫命令的具体情况，分析了产生问题的原因，强调这一现象必须得到严肃认真地彻底纠正和整改，农业保险必须坚持自愿原则。

1951年起，中国人民保险公司在全国陆续开办了自愿投保的火灾保险、物资运输保险、运输工具保险和人身保险。火灾保险包括普通火灾和公民财产保险两种。人保制订的新的全国统一的普通火灾保险条款，扩大了保险责任范围，增加了地震、地陷、爆炸以及抢救和保护受灾财产而支付的合理费用等责任，同时大大降低了保险费率，主要承保私营工商业财产和县以下供销合作社和城市手工业合作社的财产。公民财产保险有职工团体火灾保险和简易火灾保险两种。职工团体保险以厂矿、企业、机关团体的职工为对象，采用团体投保方式；简易火灾保险以城市居民、手工业者、小商小贩为对象，采用个人投保方式。这两种保险因为费率低、保障大、手续简便而受到欢迎，1951年下半年以后在全国得到普遍开展。

为了促进物资交流、疏通商业渠道、保证交通运输安全畅通而开办的物资运输保险，包括轮船、木船、火车、汽车、驿运、航空等6种运输保险和各种附加险，附加险主要是沿海匪盗险和破碎渗漏险，以国营和私营工商企业运输过程中的物资为主要承保标的。中国人民保险公司对物资运输保险的方式方法做了重要改进，采取了预约保险合同方法，即投保单位与保险公司事先商定好投保范围后订立合同，投保单位根据合同的投保范围交纳保险费，并根据物资运输情况汇总办理一次保险手续，解决了原来在每一笔运输物资起运前逐笔投保的手续复杂问题。原先的办法由于物资种类、价格、目的地、运输工具、运输线路等情况复杂，导致投保手续工作量大且常有漏保和少保的情况。预约保险合同办法受到普遍欢迎，全国各商业部门所属单位在1951年年底基本上都与中国人民保险公司各级分支机构签订了预约保险合同。

中国人民保险公司开办的运输工具保险主要包括汽车保险、木船保险和海洋渔船保险3种自愿保险。汽车保险主要承保地方国营交通运输部门和国营厂矿的汽车，以及各国外交使馆和外侨的汽车，私营工商业投保的汽车占比由于资本主义工商业的社会主义改造而逐年下降。汽车保险的汽车公众责任附加险在开办中引发异议，认为该险种会减弱企业加强交通安全管理的责任心，因而于1954年停办。木船保险和海洋渔船保险在1950—1951年先后开办，1952年起，全国凡有木船运输和海洋渔业生产的省、自治区、直辖市都普遍办理了这两项业务，满足了船民和渔民的保障需要。

中国人民保险公司开办的自愿人身保险包括两类：一类是按集体方式投保、不带储蓄性质的职工团体人身保险，另一类是按个人方式投保、带有储蓄性质的简易人身保险。职工团体人身保险是一种按照集体方式投保的一年期定期寿险。参保人不论年龄、健康状况，采用相同的保险费率，发生死亡或意外事故导致丧失劳动能力时，由保险人给付保险金。团体人身保险因费率低、手续简便而受到欢迎。另外，中国人民保险公司针对船员、渔工和建筑工人三个群体开办了船员团体人身保险、渔工团体人身保险和建筑工人意外伤害保险，承保的保险责任在团体人身保险责任的基础上增加了意外伤害医疗津贴责任。简易人身保险的主要对象是城市中的手工业者、小商小贩、搬运工人和其他个体劳动者及其家属，是一种带有储蓄性质、保险期限相对较长的两全保险，保险金额和保险费都按份计算，每一份的保险费相同，保险金额则根据被保险人的年龄及保险期限不同而不同，被保险人死亡、丧失劳动能力或生存到保险期满时可以领取保险金。

保险公私合营

中国人民保险公司在对私营保险业的改造过程中起到了领导作用，并制订了"团结改造基础较好的华商公司，淘汰资金薄弱、投机倒把的华商公司"的政策。1951年，上海25家私营华商产物保险公司开始酝酿合并经营。后经协商，天津3家私营保险公司也愿意加入合并。于是，上海和天津的28家私营保险公司分别组成了太平和新丰两家保险公司，中国人民保险公司在两家公司中的投资超过50%，实现了保险业的公私合营。

公私合营太平保险公司由上海12家私营保险公司和天津3家私营保险公司合并组建。上海12家保险公司分别是太平、安平、中国天一、太安丰、华商联合、福安、宝隆、建国、大丰、大信、裕民、扬子，天津3家保险公司为大昌、中安和中国平安。1951年10月22日签订协议，11月1日正式开始营业。

公私合营新丰保险公司由上海13家私营保险公司合并组建，参加的公司包括大安、大华、中国统一、永安、永宁、泰丰、先施、光华、长城、兴华、华业、新丰、泰安等，1952年1月1日宣告开业。

公私合营完成以后，由中国人民保险公司指定地区和行业作为合营公司的业务经营范围，帮助合营公司学习苏联的保险理论，批判单纯追求营利的经营思路，改变被认为是中间剥削性质的保险经纪人招揽业务的方法，改由保险公司干部和员工直接对投保人进行联系和服务。1955年，我国完全废除了保险经纪人制度。

农村停办·城市整顿

中国于1952年年底完成了恢复国民经济的任务，从1953年开始了有计划的社会主义改造和建设工作。1953年3月，中国人民保险公司在北京召开第三次全国保险工作会议。会议总结了新中国成立以后三年的工作成绩和经验教训，检视了业务方针、政策和具体做法。会议提出保险的工作方针调整为"通过国家保险业务，组织分散的社会资金，促进国家和社会财产的安全互助，提高人民福利，同时为国家积累资金"。在当时城乡二元结构体制下，保险的工作思路按城市和农村实施差异化的政策，1953年的工作思路确定为："整理城市业务，停办农村业务，整顿机构，在巩固的基础上稳步前进。"会议决定，撤销各区公司以简化机构层级，抽调干部加强总公司和分公司，农村业务停办后省级分公司紧缩机构和编制，相关基层机构视业务情况撤销或改组。

1953年保险工作的关键词是"整顿收缩"。国家对城市保险业务进行调整，国营企业的强制保险继续办理，国家机关财产强制保险和基本建设工地强制保险停止办理，其他业务按对生产有无积极作用、群众是否需要和自愿、自己有无条件、是否符合经济核算要求四项原则，分为巩固、收缩、停办三类进行清理。

到1953年年底，农村各地基本停办了保险业务。其中，东北地区农村保险业务停办以后，由于当地农村经济和互助合作运动发展较快，加之马匹多、价值高，农民对继续开办农村保险的呼声很高，于是经中共中央东北局上报中财委批准后恢复经营，重点办理牲畜保险。东北财政管理局确定以"收缩、整顿、巩固、提高，坚决贯彻自愿原则，兼顾经济核算，促进牲畜健康，为农业生产服务"的工作方针，以省为单位有重点地继续办理。东北地区从实际情况出发再办农村牲畜保险，被认为是实事求是、不搞农险停办"一刀切"的正确做法，这也为后来重新在全国范围开办农村保险积累了经验。

> **背景字幕**
>
> 公元 1953 年 1 月 7 日，杜鲁门总统宣布美国研制出氢弹。
>
> 公元 1953 年 3 月 5 日，苏联领导人斯大林逝世。
>
> 公元 1953 年 7 月 27 日，《朝鲜停战协定》在板门店签订。
>
> 公元 1953 年 8 月 14 日，苏联宣布研制成功氢弹。

1954 年，中国发生了百年不遇的大洪灾。中国人民保险公司的各级机构和干部在抗洪救灾中发挥了重要作用，同时全国保险业务继续在整顿中发展。由于国营经济、合作社经济和公私合营经济增长显著，财产强制保险业务大幅增长，自愿火灾保险业务则萎缩下降。严重洪灾导致各地洪水灾害赔款支出 1 450 亿元，相当于 1953 年洪水赔款的 5 倍，保险赔付率快速上升。国外业务方面，加强了进出口货物争取均在国内保险的工作，中国人民保险公司扩大了转运地区的责任范围，取消了海运转运地的加费规定，财政部、对外贸易部和中国人民银行也给予了协调、配合和支持，出口货物保险下半年快速增长，增加了国家外汇收入。再保险工作方面，中国人民保险公司加强了与苏联等社会主义国家的合作，改善相互合作的条件，同时相互配合对伦敦保险市场提高战争险费率等不合理行为开展抵制并取得成效。在抗击特大洪灾的过程中，中国人民保险公司发挥了事前防洪防灾、事后抢险和经济补偿的作用。保险干部在防洪防汛、修堤排水、抢险救灾、灾后理赔中表现突出，受到各地党政机关的表扬和表彰。

1954 年，全国行政区划发生变动，中国人民保险公司的分支机构也做了相应变动。原总公司直属西安、沈阳、旅大、抚顺、鞍山、本溪、长春、哈尔滨 8 个机构归属所在省公司领导，撤销绥远、宁夏两个省公司，撤销辽东、辽西两个省公司，成立辽宁省分公司，撤销松江省分公司，并入黑龙江省分公司。全国各级分支机构工作人员由年初的 25 846 人减至年底的 20 406 人。

1954 年 11 月，第四次全国保险工作会议在北京举行。会议认为国家保险是财政体系中的一个重要环节，明确了下一阶段我国保险工作的基本方针：根据国民经济有计划发展的需要，对地方国营企业、合作社企业、农业、手工业、国家资本主义工商业、资本主义工商业和一般公民办理各种保险业务，吸收分散的社会资金建立保险基金，充实国家财政的后备力量。保险基金主要用于补偿国民经济因自然灾害和意外事故所造成的损失，保证生产的不断发展和劳动者的物质福利，补助地方防灾费用并开展防灾工作，加强抵抗灾害能力，减少社会财富的损失。

会议规定了各项保险业务的发展方向：有计划地、有控制地采取稳当的步骤发展农村保险；逐步停办国营经济的保险；继续按自愿原则办理手工业合作社和县以下供销合作社的保险，通过给予费率优待等支持巩固合作经济；国家资本主义工商业争取全部或大部分参加保险，公私合营企业给予费率优待；继续按自愿原则办理资本主义工商业保险，促进其加强安全措施、保障其稳定经营；有计划地适当发展个人财产和人身保险。会议明确 1955 年的工作要求是：停办部分国营企业强制保险业务，有重点地恢复农村保险业务，稳步推展城市保险业务。

清偿历史遗留寿险契约

1954 年 12 月 15 日，由财政部批准的《解放前保险业未清偿的人寿保险契约给付办法》公布实施。该办法由中国人民保险公司参照顺利解决了新中国成立前银行业未清偿存款给付的《关于解放前银行业未清偿存款给付办法》制订。《办法》规定按新中国成立前法币贬值的时间不同划分为三个阶段：1937 年 12 月 31 日以前为第一阶段，1938 年 1 月 1 日至 1948 年 8 月 18 日为第二阶段，1948 年 8 月 19 日至新中国成立时为第三阶段，各年的给付标准依次递减。根据人寿保险契约的特点，给付办法规定分别按"死亡给付""期满给付""现金价值"的金额计算给付，并明确了各年给付标准表。

《办法》规定：战犯、汉奸和反革命分子的人寿保险契约，所属保险公司应当向当地中国人民保险公司或财政机关检举报告，如经人民法院判决没收，将给付金额汇缴国库。被保险人或受益人在登记期限内不申请登记，或已登记但在给付办法公布后一年内未支取给付金额的，由所属保险公司汇缴国库。对于日本侵华时期的日本保险公司或汪伪政府的保险公司签订的人寿保险契约，一律不予清理。列入清理范围的人寿保险公司包括中央信托局、邮政储金汇业局、中国保险公司、中国人寿保险公司、私营保险公司和外商保险公司。据统计，列入清理的保险公司共 35 家，其中官僚资本 3 家，私营 14 家，外商 18 家。3 家官僚资本保险公司签发的人寿保险契约规定由邮电部、中国人民保险公司和中国保险公司办理清偿，私营保险公司和外商保险公司都应自行筹资由原公司或委托的代理人负责办理清偿。

> **背景字幕**
>
> 公元 1954 年 1 月 10 日，英国海外航空 781 班机发生空难。
>
> 公元 1954 年 4 月 26 日，日内瓦会议召开。
>
> 公元 1954 年 4 月 29 日，中印两国确定"和平共处五项原则"。
>
> 公元 1954 年 10 月 7 日，新疆军区生产建设兵团成立。

1955 年 1 月 5 日，新中国成立前保险业未清偿人寿保险契约登记工作正式开始，中国人民保险公司总公司指定全国 69 个大中城市的分支机构接受登记。按给付办法原则规定受理登记期限为 3 个月，至 1955 年 3

月24日止。实际执行中,对逾期申请登记的保户,按先宽后严、逐步停止接受登记的精神,对1955年6月底以前提出申请的绝大部分予以登记,对1955年下半年提出申请的根据情况只受理了少数申请户,1956年以后除华侨外一律不予登记。对于居住在国外的华侨和港澳同胞,通过刊登正式公告并由新华社国外部发布通讯,登记期限延至1957年年底。

清偿工作按照"重点登记、集中审查、就地给付"的原则开展。对数目较大或有疑问的保户进行调查核实后清偿,对权益人当时在台湾或行踪不明的申请户,凡单证齐全而由指定受益人或其直系亲属提出申请的给予通融给付,单证齐全而由亲友申请或单据不全的保留权利、暂不给付。清偿工作进行比较顺利,除17家外商保险公司因在我国大陆既无财产又无代表无法对其寿险契约进行清偿外,其余各保险机构的清偿工作于1957年年底基本结束。

人寿保险契约清偿工作的影响相当广泛,得到清偿的保户遍及社会各个阶层,地区分布于全国各省、自治区、直辖市,包含了境外的部分侨胞和港澳同胞。这项清偿工作增进了社会民众对政府的信任,对恢复保险业的行业信誉也起到了积极的作用。

1955年保险业的工作方针和思路比较明确清晰,中国人民保险公司各级机构积极开展劳动竞赛,超额完成了全年的计划任务。1955年报财政部提交全国人大核准的全国保险业务计划数为人民币新币21 727万元,到第三季度调增为22 543万元,全年实际完成保险业务收入22 742万元。中国人民保险公司1955年按全年利润的50%上缴国库8 423万元,其中含补缴1954年利润1 268万元。

背景字幕

公元1955年5月5日,《伦敦—巴黎协定》生效。

公元1955年5月14日,华沙条约组织成立。

保险业完成社会主义改造

　　1955年11月11日，中国人民保险公司上海分公司提出了《关于公私合营太平、新丰保险公司合并的方案》。建议两公司合并后将业务重点放在国外，成为中国人民保险公司领导下的专业公司，承担促进国际贸易和吸收外汇资金的任务。考虑到太平保险公司在新加坡、马来西亚及印度尼西亚等地区设有分支机构，新丰保险公司没有海外机构，建议合并后的公司保留太平保险公司的名称，停办其国内业务，将合并后新的太平保险公司总管理处从上海迁往北京，在中国人民保险公司的统一领导下专门负责发展海外业务。

🏯 烽火台

《北京日报》·社会主义改造如火如荼

　　1956年1月16日《北京日报》报道："在1月15日这样一个普普通通的日子里，天安门广场被飘扬的红旗和欢乐的人群淹没了，在数不尽的笑脸和金色喜字中间，工人、农民、手工业者、战士、学生和资本家，一起高歌曼舞，同心欢庆社会主义改造的辉煌胜利。……尽情地歌舞吧！尽情地欢笑吧！让我们首都人民永远记住1月15日这个日子，让我们用这一胜利时刻激励自己，跑步进入社会主义！"

　　1956年3月21日，太平、新丰两家保险公司在上海分别举行董事会、监事会。两家公司董、监事会决定：太平和新丰进一步合并成一个保险公司，定名为公私合营太平保险公司；新公司总部迁往北京，在国内不再设立分支机构；公司主要任务是加强国外分支机构领导，积极开展国外业务，继续为侨胞服务，替国家累积外汇资金；两家公司原在国内已承保业务的责权,全部移交给中国人民保险公司;两家公司合并后董事会组织和人选的确定以及职工安排,由中国人民保险公司全权负责。太平、新丰两家保险公司的合并、迁京工作于1956年8月完成,这标志着中国保险业社会主义改造的完成。

1956年2月19日,第五次全国保险工作会议在北京举行。当时全国农业合作化已进入高潮阶段,中共七届六中全会通过了《关于农业合作化问题的决议》,1955年下半年起全国出现了整乡、整区、整县实现农业合作化的现象。全国手工业的社会主义改造也从1956年春季开始进入高潮,到年底全国手工业生产合作组织达10万个,参加人数509万,占全国手工业总人数的92%。全国上上下下要求保险配合农业合作化和手工业合作化的呼声日高,许多省的领导机关也支持这种要求,并把农村保险列入发展规划,中华全国手工业生产合作社联合总社筹备委员会提出了对手工业生产合作社全面实行保险的要求。当时,北京有一些新组织起来的手工业生产合作社还主动到中国人民保险公司要求投保财产保险。

形势的发展让保险干部们受到鼓舞。第五次全国保险工作会议期间出台的《关于农村保险问题的说明》提出:"现在农业生产合作社对于保险的要求,主要是从巩固合作社的组织和发展生产出发,而且经济力量比起个体农民大大加强,负担保险费一般不会感到困难,因而它们的要求有着广泛的代表性。有的村合作社一组织起来,就提出要求参加保险,可是它们要求保险是为了集体经济的利益。如果我们不对今天的这种要求作充分的估计和认识,我们就会犯右倾保守的错误。"基于这个认识,会议提出了保险工作的新任务:适应农业合作化社会改革和农业生产发展的需要,把业务重点转向农村,积极地、有计划、有步骤地开展农村保险业务,为逐步实行法定保险创造条件,争取在第一个五年计划内,对农业生产合作社负担起基本保险责任,同时必须根据新的情况，积极地发展城市业务，把保险工作做得又多、又快、又好、又省，全面适应经济社会发展的客观需要。会议同时提出办理保险应根据三条基本原则：一是符合客观的需要，妥善制定保险的保障范围，满足群众的要求；二是有助于促进社会财产的安全和生产的发展，保护财产、减少损失，有利于国民经济；三是考虑群众的负担能力，贯彻经济核算原则，费率和赔款必须分省、分年、分项核算。会议认为对农作物和牲畜实施法定保险，是一项关系到全国农民经济生活的重大政治任务，准备在短时期内全面实行农村法定保险。

然而，第五次全国保险工作会议对于保险发展的形势估计事后看来过于乐观。会后，财政部向毛泽东汇报财政工作时谈到保险，毛泽东指示："愿意保就保，不愿意保就不保。"周恩来也指出："过去办得急躁了，冒进了，现在又要办，切记过去经验教训，要谨慎不可急躁。"1956年6月8日，国务院就第五次全国保险工作会议批复财政部："法定保险在短时期内不必考虑，而应当考虑的是切实贯彻实行自愿保险原则。"中央最高领导的指示和国务院的书面批复对保险业务开展的原则定了方向。中国人民保险公司总公司在6月5日至12日召开的21个省、自治区、直辖市分公司总经理的临时会议上，传达了毛泽东、周恩来关于农村保险必须贯彻自愿原则的指示，并对农村保险贯彻自愿原则进行了重点研究和讨论。会议一致认为毛主席关于农村保险工作贯彻自愿原则的指示符合当时农村的实际情况，完全正确，坚决贯彻执行。8月11日，中国人民保险公司总公司发出了《关于布置第五次全国保险工作会议总结的指示》，8月13日又报请财政部转发了《农村财产自愿保险办法》。

1957年1月29日，中国人民保险公司总公司《关于1956年保险工作总结和1957年工作安排的报告》中提出："1957年的保险工作应稳一年，看一看，坚决贯彻自愿原则，改进业务的经营管理和制度办法,大力精简机构人员,通过深入的调查研究和总结过去的经验,并参考其他国家保险工作的经验,明确今后保险工作的方向。""稳一年"成为1957年保险工作的主线。1956年、1957年两年的保险工作加强了防灾工作,除了防火检查、防灾宣传外,中国人民保险公司各级机构还协助地方政府开展防汛、防台工作,农村保险都结合承保和理赔开展了保护牲畜的宣传,有的地区还组织力量帮助农业合作社建立和改进牲畜饲养管理制度,或者帮助进行防疫检查,支持地方消防费用和牲畜防疫费用共350万元。同时,积极改进业务方法和调整优化费率,将运输险费率平均降低60%,扩大了承保面,降低了渔船险的费率,修改了牲畜险的办法和费率,对公民财产保险制订了统一的办法。

1958年1月,中国人民保险公司召开了第六次全国保险工作会议。会议决定农村业务要积极办理牲畜保险,扩大办理养猪保险,重点试办农作物保险;城市业务要积极发展人身保险和公民财产保险,继续办理国营企业财产保险和运输保险。

随后不久,国务院下发《关于改进保险管理工作体制的规定》。铁路、飞机、轮船旅客意外伤害保险的强制保险、国外保险业务继续由中国人民保险公司总公司统一经营,其他各项业务交由各省、自治区、直辖市自行经营,业务种类、规模、工作规章等均由地方自行决定,各级人保机构划归同级中国人民银行领导。体制改革的目的在于因地制宜发展保险业务,充分发挥地方党政部门的创造性和积极性。

"大跃进"中的保险业

1958年5月,中共八大二次会议正式提出了"鼓足干劲,力争上游,多快好省地建设社会主义"的总路线,"大跃进"由此拉开了大幕。一时间"大干快上"运动席卷全国,保险也被卷入狂热发展的洪流之中。当时,人保河北省分公司提出:"鏖战猛干六十天,保险面貌大改观;任务保证增六倍,争取实现翻三番;大胆革新要首创,敢想敢说又敢干;提前实现保险化,要在全国列占先。"人保湖南省分公司开展的"平时包防疫、病时包治疗、死时包赔偿"的"三包养猪保险"办法被作为经验在全国推广。1958年9月5日,中国人民保险公司在长沙召开"三包养猪保险"现场会议,认为保险公司改变只负责死亡赔偿的老办法,配合有关部门建立和加强兽医组织、充实医疗器械、大量训练兽医防疫人员是保险办法的重大革新。在"三包养猪保险"的带动下,牲畜保险办法也进行了改革,业务委托生产合作社代办,保险公司派专人在固定地区进行管理和指导,提高承保和理赔的效率,促进了牲畜保险的发展。

农作物保险的开办并不顺利。由于存在不同意见,经过调研和讨论后,中国人民保险公司于1958年1月向财政部呈报了试办农作物保险的报告,建议选择经济条件和合作组织基础比较好、自然灾害损失程度有不同类型的代表性地区开始试办,条件具备后再逐步扩大试点范围。前期试办险种以棉花保险、烟叶保险、大豆保险为主,保险的具体办法由各省、自治区、直辖市保险机构根据当地实际情况自行制定,报当地政府批准后试行。经国务院批准后,河北、吉林、河南等省就开始了农作物保险试办工作。农作物保险本身由于保费低、责任范围广而受到农民欢迎,但是在"大跃进"时期由于高指标导致农作物上报的产量数字虚数很大,对一亩地的保险金额很难确定,定低了解决不了问题,定高了保费又比较高,使保险公司和人民公社都很为难,难以就保险金额和保险费达成一致。试办农作物保险作为"大跃进"形势下的产物,试办时间不长就鸣金收兵了。

1958年在人身保险发展方面有一项重要的基础工作对于我国保险

业的发展具有重要的意义。新中国成立后，人口死亡率大大降低，中国人民保险公司于 1958 年根据新中国成立后部分城市人口死亡率的统计资料，编制了新的死亡率表，并将人身保险费用率降低到 10%。同时，修改了简易人身保险办法，放宽了投保年龄和健康条件限制，扩大了责任范围。1958 年下半年，新的简易人身保险办法在全国大部分地区实行。

历史使命完成·奉令退场

形势变化很快。经济形势紧随政治形势的变化，而保险形势又紧随整个经济形势的变化而变化。在 1958 年 9 月的郑州会议上，财政部提出由于人民公社规模大，人多、地多，资金雄厚、后备力量强，抵抗和抑制自然灾害的能力大大加强，对于灾害造成的损失，公社有能力自行弥补。人民公社化以后，保险已完成历史使命。

> **背景字幕**
>
> 公元 1958 年 1 月 24 日，英美科学家完成核聚变试验。
>
> 公元 1958 年 8 月 17—30 日，北戴河会议举行，掀起全民大炼钢运动。
>
> 公元 1958 年 11 月 27 日，中国第一艘远洋万吨轮"跃进号"下水。

1958 年 10 月，在西安召开的全国财贸工作会议上正式提出了停办国内保险业务。会议认为：人民公社化以后，保险工作的作用已经消失，除国外保险业务必须继续办理外，国内保险业务应立即停办。1958 年 12 月，在武汉召开的全国财政会议正式做出"立即停办国内保险业务"的决定。1959 年 1 月，中国人民保险公司召开第七次全国保险工作会议，贯彻落实国内业务停办精神，并布置善后清理工作。1959年起，除上海、哈尔滨、广东、天津等地的国内保险业务维持了一段时间外，其余各地全部停办。

"昨夜西风凋碧树。独上高楼，望断天涯路。"听到国内保险业务停办的消息，当年工作热情高涨、从事保险的人们，会不会突然与900年前的宋代词人晏殊产生了深深的共鸣？经济基础决定上层建筑，上层建筑也会反作用于经济基础。保险作为商品经济和自由贸易的产物，在计划经济体制确立以后，国内业务便偃旗息鼓了。"欲寄彩笺兼尺素，山长水阔知何处。"国内保险业务恢复经营，已经是20年以后的事了。

涉外业务调整中继续经营

1958年3月制订的《保险工作规划纲要（草案）》明确指出：国外保险业务的两个重点，第一个是积极发展与世界各国的分保业务，第二个是组织进出口物资的运输保险，其中特别是对资本主义国家的出口物资的保险。这两个重点的指向十分明确，就是保险要服务于国家利益和社会整体经济发展的需要，要为打破帝国主义封锁和禁运服务，为通过创收外汇增加国家经济建设所需资金服务。

《保险工作规划纲要（草案）》明确了具体工作要求和目标：加强与有关国家的联系，分保业务方面争取分保费外汇的入超，加强与苏联、捷克、波兰等社会主义国家的合作关系，打开与埃及、印度、缅甸、锡兰（今斯里兰卡）等亚非国家的分保合作关系。配合对外贸易积极发展进出口物资的运输保险业务，五年内除进口物资达到90%在国内投保外，对资本主义国家出口的物资争取70%在国内投保，每年积累保费外汇资金80万英镑。

为了争取做到涉外保险业务在外汇上的收支平衡并进一步实现入

超，中国人民保险公司 1958 年从四个方面对国外业务进行了改进：将分给苏联、捷克等国并由它们转分给资本主义国家的分保业务抽回一部分；直接同埃及、印度尼西亚等 13 个亚洲国家的 23 个保险公司建立了交换分保关系；增加分保合同的种类，灵活掌握分出业务的质量和数量，争取对等交换业务；控制分出业务的利润率，减少分保费外汇支出，提高分出业务手续费率。通过以上措施，1958 年我国第一次实现了分保费外汇收支入超。

从 1958 年开始，中国人民保险公司有计划地加强对资本主义国家出口物资的保险。具体举措包括：贯彻不同国家不同对待的针对性政策；多渠道争取新客户、巩固老客户，提高进出口货物在国内保险的比重；加强防灾防损工作，协助提升包装、储藏、运输质量，保障出口商品安全；调整和发展国外理赔和海损检验代理人关系。截至 1960 年，我国共在海外委托了 60 个理赔代理人，同时我国保险公司也接受了 18 个国家 31 家保险公司的委托，担任它们的理赔代理人。

除了国际再保险和进出口保险的发展，中国保险公司、太平保险公司在新加坡、马来西亚和印度尼西亚设有分支机构，这些机构开展海外保险业务也为国家汇入外汇资金，1960 年输入外汇 90 854 万美元，支持了国内的经济建设事业。

第二阶段：1959—1978 年　停办

1959—1978 年，由于国家实行计划经济体制，加上人民公社兴起、"大跃进"运动和"文化大革命"的影响，我国的保险业除了保留部分涉外保险及国际再保险业务，国内业务停办了 20 年。

停办、清理及善后

1959 年 1 月召开的第七次全国保险工作会议，对国内保险业务停办和善后清理工作进行了布置。中国人民保险公司历年积存的 4 亿元准备金，下拨各省、自治区、直辖市财政各 400 万～600 万元，涉外业务留下 5 000 万元作为继续办理的基金，其余资金上缴国家财政。国务院随后批转了财政部和中国人民银行《关于国内保险业务停办后的善后清理工作和国外业务一律由中国人民银行接办的报告》。除了上海、哈尔滨、广东和天津等地的国内保险业务勉力维持了一段时间，全国国内保险业务全部停办。

凛冬将至。1960 年，"大跃进"运动导致全国经济出现萧条。国内保险业务停办，中国人民保险公司的员工转业遣散，机构合并撤销，全国只留广州、大连、上海、青岛、天津 5 个分公司。中国人民保险公司总公司由直接隶属中国人民银行总行领导,降格为中国人民银行国外业务局领导的处级单位,保险事业进入了低潮期。

> **背景字幕**
>
> 公元 1960 年 1 月 4 日,欧洲自由贸易联盟成立。
>
> 公元 1960 年 1 月 19 日,波音 707 首次通航。
>
> 公元 1960 年 7 月 16 日,苏联决定撤回全部援华专家。
>
> 公元 1960 年 9 月 14 日,石油输出国组织成立。
>
> 公元 1960 年 9 月 24 日,世界上第一艘核动力航母"企业号"在美国下水。
>
> 公元 1960 年 10 月 30 日,英国医生实施了世界上首例肾移植手术。

● **上海、哈尔滨、广东、天津鼓声渐歇**

在国内保险业务全面停办的形势下,上海、哈尔滨、广东、天津四省市采用调查研究、积极争取、分类实施等方式续办了一段时间的国内保险业务,最终在"文化大革命"到来后被全面停办。

上海 1958 年 12 月全国财政会议正式做出停办国内保险业务的决定后,上海市对此采取了比较审慎的态度。1958 年年底到 1959 年年初,中国人民保险公司上海分公司联合上海市财政局,两次邀请企业单位主管专业局的领导举行座谈会,会上绝大多数主管局认为国内保险业务不宜停办,如果企业不参加保险,一旦发生灾损,不仅影响企业经济核算,不能保证利润上缴,也会影响国家预算收入,影响地方财政平衡,建议将强制保险改为自愿保险继续办理。

1959 年 3 月,人保上海分公司再次组织几个调查小组,就国内保险业务是否需要继续办理,深入听取各级党政领导、企业单位和广大群众的意见,调查的结果是多数意见反馈还是需要保险。于是,上海市财政局党组于 1959 年 6 月向中共上海市委作了《关于本市国内保险业务的处理意见》的专项报告,建议从有利于发展生产和适合群众需要出发来统筹考虑,按照不同险种的不同情况分别采取措施:

- 国营、公私合营企业的财产强制保险,包括船舶强制保险自 1959 年起停办,改为企业可以自愿向保险公司投保。国内货物运输保险继续按自愿原则办理。

- 人身保险做维持性办理。群众自愿续保的,继续负责办理,要求退保的同意退保,符合条件要求投保的接受承保。团体人身保险、公民财产保险、建筑工人意外伤害保险,到期时保户自愿续保的继续承保,不愿续保的终止合同,有要求投保的也可以接受。

- 农村保险业务中的养猪和耕牛保险在停办以后,可以开展公社自保,如果公社有困难的也可与人保公司共保,分担一部分赔偿责任。渔船、渔工保险、社办企业和公社供销部门的财产、商品或运输物资可以自愿投保。

- 铁路、轮船、飞机、公路等各类旅客意外伤害保险按要求移交给交通部门接办。

1959 年 7 月 29 日,中共上海市委同意并批转财政局党组报告,发全市区、县、局以及各单位遵照执行。各企业主管专业局要求所属企业按自愿原则补办投保手续、补交保险费,全市有 93% 的原强制保险单位改为投保企业财产自愿保险。

1960 年 1 月 1 日,中国人民保险公司正式并入中国人民银行系统。对外保留中国人民保险公司的名义,内部则在中国人民银行各级机构中设立保险处、保险科和保险股。国外业务并入中国银行,下设保险科。1960 年 5 月,中国人民银行上海市分行下设的保险处又改组并入储蓄保险处，区县支行的保险科、保险股也并入储蓄部门。在业务上强调贯彻自愿原则，对参保企业和个人只发"到期通知单"，不得派员上门或电话联系，期满不续保者责任即行终止。取消个人保险原由工厂企业每月在工资中代扣代交保险费的做法，改为保户自己到保险公司或银行储蓄所交费。这些规定导致许多企业财产保户脱保，许多人身保险保单因未续期交费而失效。

1961年，保险业加快了收缩停办的步伐。

> **背景字幕**
>
> 公元1961年1月3日，美国和古巴断交。
>
> 公元1961年1月14日，中共八届九中全会召开，确定"调整、巩固、充实、提高"八字方针。
>
> 公元1961年1月20日，约翰·肯尼迪就任美国总统。
>
> 公元1961年4月12日，尤里·加加林乘坐"东方1号"宇宙飞船进入太空，完成人类首次太空飞行。
>
> 公元1961年8月13日，柏林墙开始修筑。

在"保险是倒口袋"的指导思想和"总趋势是停办"的既定方针支配下，中国人民银行上海市分行于1962年3月正式向上海市委呈送了《关于停办本市国内保险业务的意见》的报告。当时正值全国各地贯彻落实"调整、巩固、充实、提高"八字方针，财政部和中国人民银行总行下发文件要求加强企业的财务管理和经济核算，企业对保险的需求更加迫切。于是，上海市委明确表示："国内保险业务，仍应继续办理。"同时为做好上海国内保险业务工作采取了三项措施：

- 整顿组织、充实干部。1962年7月，保险从银行储蓄部门分设出来，单独成立保险处并组织保险干部归队。

■ 恢复展业、加强服务。简易人身保险恢复在工资中代扣代交保费的办法，对企业恢复上门联系和服务的做法。

■ 修订法规、调整费率。1962年10月，把原强制保险条例修订为自愿原则的《企业、机关、团体财产保险办法》和《国内船舶保险办法》，扩大了保险责任范围，降低费率、简化手续。这两个办法于1963年4月9日经市长办公会议通过，于5月2日由上海市人民委员会批转各区、县、委、局贯彻执行。

1963年7月1日，上海市人民委员会批准撤销中国人民银行上海市分行内部的保险处、科、股，单独成立市、区县保险公司，市分公司对区县公司实行人事和业务垂直领导。1963年，上海市全年企业财产保险比上年增加4 827户，人身保险新增保户18 685人，全年保费收入2 880万元，支付赔款320万元，上缴财政和积累保险基金2 445万元。上海继续办理国内保险业务的情况经全国财政会议介绍后，天津、广东都派人到上海学习，这些地区随后也部分恢复了国内保险业务。

背景字幕

公元1963年3月5日，《人民日报》发表毛泽东题词"向雷锋同志学习"。

公元1963年8月2—8日，河北各地连降特大暴雨，引发海河大洪水。

公元1963年8月28日，马丁·路德·金在林肯纪念堂发表"我有一个梦想"的著名演讲。

公元1963年11月22日，美国总统约翰·肯尼迪遇刺身亡。

面对基层出现的保险业务需求，中国人民银行于1965年3月下发了《关于了解国内保险业务状况的函》，要求上海和哈尔滨分行提

供有关保险的情况和资料,以便对办理国内保险业务可行性做进一步研究。1965年5月,中国人民银行和财政部联合发出《关于国内保险统一由财政部管理问题的联合通知》,明确国际保险业务由中国人民银行所属中国人民保险总公司管理,国内保险业务由财政部统一管理。

> **背景字幕**
>
> 公元1965年1月14日,中共中央发出《农村社会主义教育运动中目前提出的一些问题》。
>
> 公元1965年7月14日,美国"水手4号"空间探测器飞越火星。
>
> 公元1965年9月17日,中国首次成功人工合成牛胰岛素。

1966年5月,"文化大革命"开始了。

揭发、批判、大字报、再教育铺天盖地:"保险是封资修产物";"保险是钞票挂帅,助长投机取巧,与政治挂帅唱对台戏,不利于思想革命化";"保险滋长活命哲学和私有财产观念";"办保险是为了复辟资本主义"……保险遭到了猛烈的攻击和批判。

1966年11月1日起,群众性保险业务遭到停办。公民财产保险到期责任终止、不再接受续保,简易人身保险退还保户已交全部保费,保额高于所交保费者按保额给付。

1966年12月30日,中国人民保险公司上海市分公司和上海市财政局联合向各企业主管局发出通知,称:"根据当前革命形势发展,保险公司举办的企业财产保险业务越来越不适应社会主义经济基础,从而革命群众要求停办。经研究并请示上级同意,决定自1967年1月1日起停办该业务。"1967年7月1日,国内货物运输保险停办。

> **背景字幕**
>
> 公元 1966 年 2 月 3 日，苏联无人驾驶宇宙飞船"月球 9 号"在月球着陆并发回月球全景照片。
>
> 公元 1966 年 8 月 8 日，中共八届十一中全会通过《关于无产阶级文化大革命的决定》。

1968 年 6 月，上海市的保险机构对外宣布撤销，内部继续开展"斗、批、改"，同时抓紧处理善后工作。保险工作人员绝大部分被下放"五七"财贸干校劳动。

哈尔滨 1958 年 10 月西安财贸会议决定停办国内业务的消息传到哈尔滨，中国人民银行黑龙江省分行立即向省委呈报了《关于人民公社化后保险工作安排意见的报告》，认为保险的作用已经消失或正在消失，决定对国内保险业务不再续保，维持到期满为止，直至全部停办。

中国人民保险公司哈尔滨市分公司根据中共黑龙江省委批转的报告要求，对国内保险的办理和需求情况进行调查。调查得出四条意见：生产危险程度较高的单位迫切需要保险；商业系统比工业系统对保险的要求急切；公民财产保险能解除职工的后顾之忧；企业受损时在财务处理上需划清责任，停办保险须由上级主管部门明文指示。

哈尔滨市人民委员会在调查研究的基础上认为：城市人民公社正在试点阶段，全部取消保险业务尚有一定困难，为保障国家财产安全，支持工农业生产的更大跃进，国营企业和地方国营企业的财产强制保险、运输工具保险、汽车保险、城市公民财产保险仍继续办理。

国内保险业务展业的原则定为：市级企业财产强制保险，中央、省级企业自愿保险，集体企业争取保险。简化承保手续，采用签订协议书，按企业财产账面价值自计自缴保费。具体工作方法上采取两个

"三结合"的办法：在承保工作中，采取内部"人员三结合"，即保险员和信贷员、贷管员相结合，下去一把抓、本职带其他、各记一本账、回行再分家。在理赔工作中采取"内外三结合"，即出险后由贷管员提供企业设备和财产情况，公安人员负责现场实物调查，保险人员负责核实结案。

"文化大革命"开始后，保险被当作资本主义的产物，是资本家用来发财致富的手段而遭到批判。哈尔滨市继续办理部分国内保险业务，被视为"将社会主义企业引向资本主义的罪恶阴谋"，"是大搞地方独立王国、地方主义的卑劣手段"。企业财产强制保险被认为是"揩国家油，化国家为地方，化大公为小公"。"保险就是企业的保证"被指控为消极依赖思想的根源。1969年1月，中国人民银行哈尔滨市分行革命委员会、哈尔滨市财政经济办公室革命领导小组联合向哈尔滨市革命委员会生产委员会提出了《关于停办财产强制保险的报告》，立即获得批准执行。哈尔滨市国内保险业务在"文化大革命"的冲击下全部结束。

广东 1958年10月西安财贸会议后，广州市财政局根据广东省人民委员会《关于当前保险工作的通知》以及广东省财政厅关于逐步停办国内各项保险业务的指示精神，报请市委批准后停办了广州市的各项国内保险业务。然而，停办国内保险业务带来的后果却是始料未及，由各种自然灾害和意外事故造成的损失不能得到经济补偿，特别是经济基础薄弱的集体企业在受灾后既得不到财政补助，又无力自救恢复生产经营。许多简易人身保险的保户都不愿意退保，不少群众还继续要求参保。于是，广州市酝酿恢复国内保险业务，在1963年广州市政协第三届一次会议上提出了"恢复私人房屋、家具保险业务"的提案，6月8日中国人民银行广州市分行向财政部提交了《关于恢复国内保险业务的报告》。1964年10月15日，中国人民保险公司广州市分公司重新组建并正式对外营业，主要办理企业财产险、货物运输险、汽车险、船舶险、公民财产险、简易人身保险和轮渡旅客意外伤害保险等业务。

广州市恢复国内保险业务后，1965年2月广东省人民委员会下发了《关于对本省地方国营、公私合营企业财产实行强制保险的通知》，指出：为了保障企业财产在遭受自然灾害或意外事故的损失时得到经济补偿，以促进生产发展、保证财政稳定，决定对纳入本省各级财政预算的国营企业、公私合营企业的财产实行强制保险，并指定由中国人民保险公司广东省分公司办理，自1965年4月1日开始实行。企业支出的保险费列入成本，今后凡列入保险的企业如未按规定投保而遭受自然灾害或意外事故损失而无所补偿时，不得列入财产损失报销，企业自负全部损失。1966年5月，经广东省人民委员会批准，将强制保险的范围扩大到县以上供销合作社，另外公路旅客意外伤害强制保险重新由人保广东省分公司收归办理。

"文化大革命"的爆发改变了一切，"保险保了资产阶级法权"的思想一时充斥于广东各地。1966年8月31日，中国人民保险公司广东省分公司转给广州市分公司一份群众"大字报"："我们每个革命工人都不希望万一死后要获取到一笔一千多元巨款，以免助长资产阶级思想，凡有人买人身保险的应立即取消。"广州市分公司于是向市财政局呈交了《关于停办有关保险业务的报告》，于9月份停办了人身保险业务，并将已承保的31 967份保单全部办理退保退费。1967年2月13日，人保广州市公司向各投保单位发出《关于停办各种国内保险业务的通知》。1967年6月，广东省军管会生产委员会决定撤销省保险公司所属机构，停办企业财产保险。广东省国内保险业务由此也鸣金收兵。

天津 1959年1月，河北省财政厅下达了《关于停办国内城乡保险业务的意见》。天津市自1959年2月起（直至1967年1月）由直辖市改为河北省省辖市，中国人民保险公司天津市分公司制定了《关于停办保险业务的方案》，停办收尾工作由天津市财政局负责。

然而，在1959—1963年停办国内保险业务期间，天津市共发生火灾883起，直接损失1 457万元，其中国营和集体经济企业发生次数占60%以上，损失金额占损失总金额的90%以上。受灾单位由于灾后筹措资金困难，又无法及时得到经济补偿，生产被迫停滞和中断。受灾单位因此不能按计划上缴利润，筹措恢复生产的资金最终由财政负担，从而又影响到财政预算的执行。在学习了上海继续办理国内保险业务的经验后，天津市人民委员会于1964年下达了《关于恢复保险工作的通知》，指出：恢复天津市保险公司建制并于1965年1月开始办公。凡在津的工商企业、公私合营企业、供销社以及国家机关、人民公社、人民团体、事业单位所属企业均须进行财产保险，并自1965年1月1日起保费列入当年成本计划，以上各单位还可根据具体情况投保货物运输保险。中国人民保险公司天津市分公司积极恢复国内保险业务，陆续开办了企业财产强制保险和货物运输自愿保险，以及汽车保险和公民财产保险。

1967年2月，"文化大革命"冲击天津的各行各业。恢复了两年的天津市国内保险业务也被迫停办。至此，在1959年后全国国内保险业务全面停办的形势中，根据保户需要和商品经济规律恢复办理国内保险业务的上海、哈尔滨、广东、天津四省市，在1966年"文革"开始后国内业务也相继结束了。

风雨飘摇的涉外业务

在20世纪60年代的政治形势下，国内保险业务停办以后，涉外保险业务也处于朝不保夕的状态，对于是否继续开办涉外保险业务展开了激烈的争论。反对者认为，对外再保险会增加国家外汇支出，外贸部门可以自行承担风险和损失，涉外保险业务应该寿终正寝。支持者认为，涉外保险业务是国际贸易成交的必要条件，保险费是货物价格的组成部分，进口货物在国内保险可以增加非贸易外汇收入，办理再保险不仅可以分散风险，还可配合国家对外政策开展国际经济合作。当时中国急切需要打破以美国为首的资本主义国家的经济封锁，加强与世界各国开展进出口贸易和经济合作，国际贸易和国际信贷中不可缺少保险属于国际惯例。出于国家利益需要，最终明确涉外保险业务应当继续办理。

由于现实的贸易需要和国家利益需要，涉外保险业务得以继续经营。然而，涉外保险办理过程中依然受到各种非难和阻挠。1963年发生的"跃进轮事件"，使涉外保险业务继续开展经营遭受的异议和阻力大大减少，保险的风险分担、经济补偿职能在社会经济的运行中不可或缺，特别是在发生损失较大的灾害事故时凸显出保险的重要性。

驿站

"跃进号"事件

"跃进号"货轮是中华人民共和国成立后，由苏联专家帮助设计，采用当时最先进的技术，由大连造船厂建造的我国第一艘万吨远洋货轮。轮船装备了全套机械化、自动化、电气化设备，排水量22 100吨，载货量13 400吨，时速18.5海里，能够续航12 000海里，有破冰航行能力，可以中途不靠岸补充燃料直接驶抵世界各个主要港口。1963年4月30日，"跃进号"货轮满载1.3万吨玉米从青岛港起航驶往日本名古屋港。5月1日，"跃进号"在苏岩礁触礁沉没。

不幸中万幸的是，"跃进号"首航前已由中国人民保险公司承保，并且对外办理了分保。"跃进号"投保金额 125 万英镑，其中船壳机器 100 万英镑，费用增值 25 万英镑。险别上分别投保了船壳险全险、费用险、战争险。中国人民保险公司在承保后将其中的 104 万英镑分给了英国、苏联、捷克等 20 个国家的 90 家保险公司。"跃进号"出险后，包括周恩来在内的中央领导和有关部门十分关注，人保在向国外各接受分保的保险公司提出索赔后顺利摊回了 104 万英镑的赔款，及时补偿了外汇损失。中国人民银行 1963 年 11 月 20 日的文件记载："跃进号"货轮保单分出的 104 万英镑在 65 天内全部摊回，避免了巨额损失。涉外保险业务也因此得到了支持和保留。

1959 年，中国人民保险公司由财政部划归中国人民银行领导。中国人民银行国外业务管理局下设保险处，负责办理中央和北京地区的进出口保险业务，领导国内外分支机构的业务和人事，统一办理国际分保业务和开展对外活动。中国人民保险公司、中国保险公司和太平保险公司仅保留招牌用于对外联系业务，对内则变为中国人民银行的内设机构。这段时间内，保险干部大量流失，到 1959 年减少为 60 多人，1964 年仅剩 35 人。

中国人民银行于 1964 年 6 月 17 日向国务院请示建议恢复保险公司建制，恢复后的中国人民保险公司总公司，对外仍以中国人民保险公司、中国保险公司和太平保险公司三个公司名义开展业务，总公司编制精简不超过 60 人。国务院批复表示同意，中国人民银行于 1965 年 3 月正式向各级有关单位发出《关于将我行国外局保险处改组为中国人民保险公司的通知》，明确保险处改为局级机构，对外行文用中国人民保险公司的名义。

"文化大革命"开始以后，涉外保险业务也受到更大的冲击，多次面临被调整甚至停办的危险。

"文革"期间保险业受到冲击

1966年5月，中国人民银行在北京召开了海外经理会议。会议要求克服和改变以往经营中"重业务、争存款、积外汇"的单纯重视业务的思想，要将"反帝反修、爱国爱行"作为今后海外工作的努力方向。这次会议的导向造成了参会的海外银行和保险机构工作人员思想上的困惑和执行上的无所适从。由于突出强调政治立场和独立自主，海外银行和保险业务的发展在以后很长一段时间受到较大的影响。

"文化大革命"开始后，在突出政治、政治带动一切的强烈氛围中，各行各业包括保险业也受到了颠覆性的冲击。保险被斥为私有经济、资本主义的产物，已不再适应我国社会主义的经济基础。再保险被认为是"帝、修、反"之间的利润再分配，办理国际再保险得不偿失。在"打倒""砸烂"等口号铺天盖地的形势下，也有人提出要彻底"砸保险"。在席卷一切、摧毁一切的力量面前，任何不随波逐流的存在都成为螳臂当车的案例再现。

首当其冲受到打击的业务是货物运输险中的"罢工险"。"罢工险"承保由于罢工、停工、暴动或民变所造成的经济损失，是国际保险市场上普遍办理的险种。但是，罢工也是新中国成立前无产阶级工人运动的重要方式，是工人阶级与资本家进行斗争的重要手段。"文革"中，这项保险业务被理解为"对工人运动和工人阶级反对资产阶级的革命行动起着污蔑和抵消的作用"，承保"罢工险"违背了无产阶级国际主义立场。1968年，在经过外贸部同意后中国人民保险公司停办了"罢工险"。1969年12月，中国人民银行总行军事代表又向国务院业务组提交了《关于停保分入"罢工险"的请示》，从1970年起中国人民保险公司停止接受国外保险公司分入的"罢工险"业务。

"文革"中，有人进一步提出要停办全部涉外保险业务和对外再保险业务，远洋船舶险不幸成为第一项被停办的涉外保险业务。远洋船舶险被指摘为"一切依赖外国人的洋奴哲学"，以不相信远洋船员的政治责任感为前提，经济上得不偿失。1969 年 4 月，中国人民银行总行军事代表和交通部军事管制委员会生产指挥部联合向国务院呈报了《关于停保自营远洋船舶保险的请示报告》。经批复同意后，我国远洋船舶保险正式停办。

虽然当时国内的政治形势十分复杂，但是进出口贸易还是国家十分重视的必要活动。由于进出口货物运输保险是对外贸易价格的组成部分，无法全部停下来；再保险由于业务的连续性，也不能全部停下来。涉外业务和再保险虽然在异常困难的情况下得以继续办理，但是其发展受到了严重的影响。1969 年，我国对外有再保险关系的国家从原有的 32 个减少至 17 个，有业务往来的保险公司从 67 家减少到 20 家，业务合同从 219 份减少到 49 份。我国保险业实际上基本停止了和英美等资本主义国家的再保险往来，仅保留了与社会主义国家及个别发展中国家的分保关系。

然而，国内业务的停办和涉外业务的收缩还不是最坏的消息。1969 年，按照"在职干部也要到农村去，接受贫下中农再教育"的指示要求，中国人民保险公司总公司的 86 名干部大部分被下放到河南淮滨"五七"干校参加劳动，最后仅留下一个 13 人的保险业务小组负责涉外保险业务的清理和收尾工作。现在已经很难回溯这个留守业务小组的成员们当时的工作状态和心情，没有被下放到干校劳动的侥幸或许一定程度上平衡了一时看不到前景和希望的黑暗和焦虑。不知道当时他们是否能预想到 10 年之后保险业会迎来复业的曙光，能够继续坚持在保险的岗位上从事专业的工作已经属于幸运，但是他们或许也不知道还能坚持多久。

"文化大革命"造成的政治局势动乱，使国内经济形势急剧恶化。1968年，我国的经济跌到了最低点，当年2月中央发出了《关于进一步实行节约闹革命，坚决节约开支的紧急通知》。1969年，国民经济在极端的困境中开始慢慢回升。1969年6月中旬，发生了外贸部门从巴基斯坦空运进口铂金丢失的事件，当时因为受到"砸保险"的影响没有办理保险而遭受了巨大损失。周恩来在听取这一事件汇报时，对"砸保险"的错误思想和言论给予了批评。他同时指出："保险还是要办，保险是对外联系的一个渠道，敌人想孤立我们，我们不要自己孤立自己。"明确指示涉外保险和再保险业务必须继续办理。真理总是会偏向有利的方向，涉外保险业务由于这次进口贵重物品的丢失事件而在行业困难时期得到了难得的转机。"祸兮福所倚，福兮祸所伏。""塞翁失马"的故事以不同的方式在历史上重复上演。

1970年的春天对于被下放到"五七"干校劳动的人保总公司的干部们来讲可能不会跟"春光明媚""莺歌燕舞"这样的词汇产生关联，有的干部在劳动之余可能会念一念王维"春草年年绿，王孙归不归"的诗句。1970年6—12月，中国人民银行为了贯彻周恩来关于继续办理保险的指示精神，从淮滨"五七"干校调回一部分保险业务骨干，充实保险业务小组，重新开展了涉外保险业务和国际再保险活动。在1969年、1970年两年间，中国人民保险公司先后与16个国家的32家保险公司恢复和发展了分保业务往来。

中国人民保险公司抓住时机努力发展涉外保险，总公司积极指导当时仅有的上海、广东、天津、青岛、大连5个有涉外保险业务的口岸分公司开展和处理保险业务。1969年我国进出口保险业务保费收入比1968年增长13%，1970年进出口保险保费收入同比增长17%。在当时的环境下取得这样的增长，是保险公司干部顶着各种压力努力的结果。

1971年5月，财政部、外贸部、外交部联合向国务院呈报了《关于改变一律不保"罢工险"的请示》，认为在世界各国都承保"罢工险"的情况下，我国如果在与各国保险公司业务往来中强调不保"罢工险"，将影响对外关系的开展，建议在今后对外国保险公司分保时改变一律不保"罢工险"的做法，而是根据不同对象和情况区别对待。报告不久获国务院批准，停办的"罢工险"在1971年得到了恢复。1972年，远洋船舶保险也得到了恢复，同时通过对广州、上海、天津、青岛等地的调查研究，完成了自1970年开始进行的海洋船舶和货物运输保险条款的修订。

1971年10月25日，第26届联合国大会通过提案恢复了中华人民共和国在联大的席位。1972年2月，美国总统尼克松访华，打开了中美关系的大门。1971年到1972年年底，共有25个国家与我国建立了外交关系，国际关系的改善为我国开展对外经济技术交流和增加对外贸易创造了条件，涉外保险业务的发展环境也因此发生了向好的变化。到1972年，有50多个国家的180多家保险公司与中国人民保险公司建立了分保关系。

背景字幕

公元1972年1月7日，中国首枚实用氢弹试验成功。

公元1972年2月17日，英国通过加入欧洲经济共同体法案。

公元1972年2月21—28日，美国总统尼克松访华。

公元1972年2月28日，美国发射木星探测飞船。

公元1972年4月27日，美国载人探月飞船"阿波罗16号"成功返回。

公元1972年9月29日，中日正式建交。

公元1972年12月11日，美国成功发射载人登月飞船"阿波罗17号"。

1972年美国总统尼克松访华，中美建立非正式外交关系以后，涉外保险业务还经历了一段曲折。当时在中美两国的贸易关系中，上级指示进口一般由我方保险，出口一般由对方保险。这个看似双方对等的规定导致出口保险业务的比重大幅下降，影响了保险业的外汇创收，引发了部分涉外保险业务干部的不理解，但在上级指示高于一切的年代，保险干部们只能以委曲求全的姿态机械执行。1978年11月，外贸部、中国人民银行联合向国务院请示，要求以"按照平等互利原则，方便贸易，由双方自愿选择"的原则取代"进口一般由我方保险、出口一般由对方保险"的原则。国务院批复同意，此后出口货物对外报价是否含保险，可以根据不同商品、不同地区、不同对象，由双方协商确定和解决。

中国人民保险公司从1973年起相继开办了来料加工险、建筑工程安装险、油轮的油污及其他险、石油开采险、钻井平台险等新险种、新业务。1974年开办了国际航线的航空保险，1975年在天津开办了国际旅行旅客人身意外险。专业精神和发展意愿支撑着人保的业务干部们在有限的空间里尽可能地保存着保险业的火种并让它继续发光发热。

困难中保险业的对外交往

20世纪50—70年代中国在政治上受到孤立、经济上遭遇封锁的国际环境下，保险业由于进出口贸易保险和再保险的外部合作而成为一个对外交往的重要窗口。在国内保险业务停办、涉外保险业务发展受到各种阻挠期间，保险业对外交往一直没有中断。除了国际再保险、进出口贸易保险的正常业务往来，中国人民保险公司1958年派代表出席了在埃及开罗召开的亚非经济合作组织会议第一届亚非经济会议，参与讨论组织亚非保险再保险联合会事宜，并派员参加了1964年9月在开罗举行的亚非保险再保险联合会筹备会。1974年，中国人民保险公司代表团参加了亚非保险再保险联合会第四届全体会议并当选为执委会委员，同年组织代表团参加了第三届非洲保险会议。1975年，中国人民保险公司代表团出席了亚非保险再保险联合会第十届执委会，同年还派代表团参加了第四届非洲保险会议。此外，中国人民保险公司派代表参加了1959年以后举办的每一次社会主义国家保险机构代表大会。

从窗口透进的光亮和空气，也在一定程度上支撑、鼓励着人保的干部们继续坚持发展政策所允许的涉外和再保险业务。在外部遭遇各种封锁、内部政治形势异常严峻的特殊时期，涉外保险和再保险犹如崖岩上的劲草和冰雪中的蜡梅顽强地生长着，努力维系着与外部世界的联系。

我国保险业在1958年完成社会主义改造以后，国内保险业务停办了整整20年。这20年成为中国保险业发展历史上的低潮时期，造成了全国保险组织体系被解散，保险业专业人才的大量流失和青黄不接，业务停办导致保险基金的积累中断，保险基础理论研究停滞不前，行业发展受到极大的挫折。然而，正如久蛰于地下的草根依然活着，当气温回暖而雨水滋润时，大地重又欣欣然葱郁起来。经济规律的必然性和改革开放的政策给我国保险带来了新的发展机遇，饱经沧桑、顽强生长的中国保险业迎来了新的春天。

第三阶段：1979—1998 年　复苏

中国传统文化将高等数学中的极限与拐点表述为否极泰来和时来运转。1959—1978 年停办了 20 年的中国保险业，终于在改革开放的号角声中久旱逢甘霖般地复业了。

1978 年 12 月 18—22 日在北京召开的中共十一届三中全会做出了改革开放的战略决策。这一年，全国科学大会在北京召开，《光明日报》发表特约评论员文章《实践是检验真理的唯一标准》，邓小平访问日本。"发展是硬道理"的著名论断和"黑猫白猫论"解放了人们的思想，实事求是成为中国社会政治经济生活的准绳。体制改革是所有改革中最根本性的改革，中国由计划经济体制过渡转向有计划的商品经济体制，再由有计划的商品经济体制改革进入社会主义市场经济体制，这是中国改革开放 40 年间国家经济体制的重大变革。中国保险业的体制改革始于中国人民保险公司的企业化改革，随后打破垄断、引入竞争机制，市场主体不断增加、形成多家竞争的市场化格局，1995 年《保险法》的颁布确立了产寿险分业经营体制、实现专业化经营管理。伴随着国家经济体制的革新和对外开放的历程，中国保险业在 1979 年国内业务复业后走过了一条从独家垄断经营到多元化市场竞争再到全面市场化的发展道路。纲举目张式的顶层设计和改革路径确保了我国保险业整体改革的有序推进，推动保险行业循序渐进地走向市场化的繁荣。1979—1998年中国保险业实现恢复性快速增长的20年当中，以财产保险的快速增长为主，人身保险在《保险法》确立产寿险分业体制后也得到了加快发展。

春江水暖鸭先知。1979年2月召开的中国人民银行全国分行行长会议提出恢复国内保险业务。1979年4月，国务院批准《中国人民银行行长会议纪要》，同意"逐步恢复国内保险业务"。中国人民银行随后向各省、自治区、直辖市分行下发了《关于恢复国内保险业务和加强保险机构的通知》，对恢复国内保险业务的地区、险种、经营核算、人员编制、领导归属、管理体制等均做了明确指示。

国内业务复业与PICC改革

1979年是国际风云变幻的一年。1月，中国与美国建立正式外交关系；2月，中国开展对越自卫反击战；5月，"铁娘子"撒切尔当选英国首相；7月，萨达姆就任伊拉克总统；12月，苏联举兵入侵阿富汗。中国人民保险公司在1979年紧锣密鼓地开始了恢复国内保险业务和机构的筹备工作。总公司从江苏、上海等地选调了多名"老保险"进京，他们立即着手设计和制订保险条款、费率、单证格式，1979年5月首先推出了企业财产保险、货物运输保险、家庭财产保险3个险种。中国人民银行、财政部、中国农业银行也在同时下发了《关于恢复办理企业财产保险的联合通知》。1979年9月以后，上海、重庆、江西等地率先开始经营国内保险业务，新险种如来料加工险、建筑工程险等也陆续开办，保险业呈现出逐渐复苏的喜人景象，这为11月全国保险工作会议的召开和保险业全面恢复做了思想上、组织上、干部上和业务上的准备。

1979年11月，中国人民银行在北京召开全国保险工作会议。中国人民银行各分行主管保险业务的副行长、中国人民保险公司各分支公司的负责人和业务干部，以及国务院财贸小组、国家经委、财政部、公安部等有关部门的代表共130多人参加了会议。

这次会议在中国保险业发展历史上具有里程碑的意义。会议的主要任务为：总结新中国成立以来保险工作正反两个方面的历史经验，明确在新的历史条件下保险工作的方针和任务，研究保险工作如何为社会主义现代化建设服务的问题，并对1980年保险工作进行具体部署。会议肯定了新中国成立初期前10年的保险工作，认为1958年停办国内保险业务是受到政治影响的冲击，对社会主义制度下如何开展保险的理论研究和规律认识不足。自然灾害和意外事故在任何社会都是不可避免和客观存在的，用救济补助、冲账报销的办法解决灾损问题不符合现代经济发展的规律和要求，不利于受灾企业快速恢复生产，不利于改善企业的经营管理，不利于政府财政的收支平衡。会议报告引用卡尔·马克思在《资本论》中的论述，指出在资本主义生产方式消失之后，在社会主义经济条件下，补偿损失的保险基金仍需存在。会议在全面分析面临形势的基础上，明确了1980年保险工作的主要任务为：筹建机构、培训干部、搞好试点、取得经验。会议要求试办的业务以企业财产保险和货物运输保险为主，适当办理家庭财产险保险，同时继续大力发展涉外业务，扩大保险宣传，提高民众的保险意识。

当时的新闻媒体以《中国国内保险业务即将恢复》为题做了关于全国保险工作会议的报道，强调"利用保险形式，建立保险基金以补偿意外损失，是符合社会主义经济规律的，是国民经济活动中不可缺少的一个环节，是为四个现代化服务的重要措施"。这次会议为全面恢复和发展保险业指明了方向、作出了具体部署，鼓舞了全行业的信心。然而，在整整中断了20年之后，从计划经济体制中逐渐走出来的社会民众，特别是20世纪50—70年代出生的群体，对商业保险的认识和接受并非自然天成，市场的培育还需要经历一个过程。

"花径不曾缘客扫，蓬门今始为君开。"20世纪80年代初期，中国的国门刚刚重新对外开放，老百姓对商业保险还比较陌生。当时有机会去欧美出差的人回来说，外国的马路上两辆汽车碰撞以后，不像国内双方驾驶员下车后马上开始争吵甚至打架，而是双方下车查看以后马上报警，警察到场后相互确认情况再签个字就走了，显得十分平和而友好，并由此得出"外国人综合素质高"的结论。后来看，这是属于知其然而不知其所以然。良好的社会秩序背后，都存在着均衡合理的制度安排。他们不知道这背后是因为欧美国家当时已经普遍建立了完善的汽车保险制度，交通事故发生以后，当事车辆都有各自的保险公司按照警察开具的交通事故责任书承担赔偿责任。那个时期，中国的普通民众看到城市马路边"中国人民保险公司"的招牌，一般认为那是跟税务局、邮政局、粮食局等单位同类的官办机构。那时独家经营保险的中国人民保险公司所开办的业务主要针对单位而非家庭和个人，保险还只是企事业单位和保险公司之间的一种经济往来，而且全国的保险公司只有中国人民保险公司一家，经营的业务也局限于企业财产险、货物运输险、船舶险等传统业务，少量的简易人身保险和家庭财产险主要通过单位经办。

1980年5月，上海、天津、江苏、四川等17个省、自治区、直辖市设立了中国人民保险公司的分支机构。到1980年年底，除西藏以外的28个省、自治区、直辖市都已恢复设立中国人民保险公司的分支机构，各级机构总数达到311个，专职保险干部3 423人。中国人民保险公司直属中国人民银行领导，组织架构和管理体制沿袭了20世纪50年代总、分、支的垂直架构体制。

PICC 自我革新　1983 年 7 月 28 日，中国人民保险公司董事会和监事会在北京召开成立大会。会议宣布了《中国人民保险公司章程》，明确中国人民保险公司为中华人民共和国的国营企业，是经营保险业务的专业公司，公司可以根据业务需要在国内外设立分支机构及附属机构，资本金为 5 亿元。

1986 年 12 月，中国人民保险公司总公司迁入北京阜成门内大街 410 号新办公大楼。公司的组织架构和分支机构随着业务发展也得到不断扩展和完善，到 1990 年，总公司设置的职能部门包括：城市业务部、人身保险部、农业业务部、国外业务部、出口信用险部、再保险部、营业部、防灾防损部、财会部、计划部、办公室、电子计算中心、人事部、老干部办公室、保险研究所、职工教育部、监察室、稽核审计部、机关党委、工会工作委员会、总务部、思想政治工作办公室、资金运作部等 23 个部门，另外还有设在长沙的中国保险管理干部学院和设在秦皇岛的干部培训疗养基地。1990 年，人保分布在全国各地的分支机构达到 3 000 多个，保险职工 85 700 余人，全国设有专职代理机构 13 000 多个，专职代理人员 25 000 余人。

中国人民保险公司作为独家经营的国营保险公司，长期实行总公司统收统支、统一核算、统一交税的高度统一管理。各分支机构经营自主权较小，责、权、利不挂钩，不负盈亏责任，不担经营风险，内部与当时大部分国营企业一样在分配上存在平均主义。1984 年，中国人民保险公司召开全国保险工作会议期间，学习了《中共中央关于经济体制改革的决定》和国务院批转的《中国人民保险公司关于加快发展我国保险事业的报告》，讨论通过了人保总公司提出的《改革保险管理体制，加快发展我国的保险事业》方案，决定从六个方面实施人保的管理体制改革：

- 核算管理改革。国内业务实现分级核算，自负盈亏。自 1985 年起,除人身保险由地方经营外,其他国内业务采取总分公司之间分保的办法,各省、自治区、直辖市分公司当年承保的业务至少30%分给总公司,计划单列市分公司当年承保的业务至少20%分给所在省的分公司,30%分给总公司。各省、自治区、直辖市和计划单列市分公司分给总公司的业务所支付的营业税、赔款和费用支出,由总公司按约定的分保比例摊还,计划单列市分公司分给省公司业务的各项支出由省分公司按比例摊还。总公司历年积累的保险准备金,根据各地1984年的业务量按比例分拨给各省、自治区、直辖市和计划单列市分公司。涉外业务仍由总公司统一经营、统负盈亏,同时通过费用定额包干、节余留存使用的办法调动各分公司的经营积极性。

■ 利润留成改革。当时的利润留成办法按5%的固定比例核定,没有形成多劳多得的机制,留成比例太低也不能适应机构人员的增长需要。经财政部同意,改革后的办法将利润留成计算基数中的赔款改用固定赔付率30%确定的办法,如果赔付率超过30%则仍按30%计算,以稳定提取利润留成的水平。利润留成的比例由5%提高至7%。

■ 扩大经营自主权。全国性法定保险和带有储蓄性的人身保险,条款、费率继续由总公司统一制订,其他各种保险的条款和费率,由各分公司参照总公司拟定的承保范围和费率幅度自行制订后报总公司备案。取消重大赔案报总公司审批的规定,继续执行各险种重大赔案的报告备案制度。凡总公司开办的涉外险种,分公司都可以开办,但涉及向国外分保的业务条款和费率由总公司统一制订,沿海各省、直辖市分公司的核赔权限和国内诉讼权限为每案50万美元,其他分公司为30万美元,国外诉讼权限为国内诉讼权限的50%。案情复杂的赔案和诉讼案件,事前报总公司核定。

■ 架构和干部管理改革。按照干部分级管理原则,总公司只管各省、自治区、直辖市分公司班子成员以及计划单列市分公司经理的考核、任免、调职和奖惩等事项。分公司内设职能部门的设置和变动由分公司自行决定。干部出国学习，原则上由总公司统一安排。

■ 下放自有资金运用权。根据国务院批转的《关于加快发展我国保险事业的报告》，经中国人民银行批准，中国人民保险公司总公司和分公司收入的保险费，扣除赔款、赔款准备金、费用开支和应纳税金后，归各自运用。

■ 财务费用管理权限改革。从1985年起，对分公司的财务管理、资金运用、费用开支等审批权限进行改革，分公司有权在总公司规定的标准和开支范围内自行掌握。但是，明确必须在利润留成中开支相应费用，一律不准挤占业务费用。

中国人民保险公司和国家财政的关系，在国内业务恢复以后经历了三个阶段：1980—1982年，国务院同意中国人民保险公司留足保险基金以后再上缴财政，所以这一时期没有向财政上缴利润；1983—1986年，中国人民保险公司作为国营企业，在国家1983年实施利改税以后，每年按55%上缴所得税，按20%上缴调节税（1985年以后改为15%），按5%上缴营业税，其中农险业务和国外分入保费不缴营业税，长期人身险免缴所有税收；1987年以后，根据"收益共享、责任共担"原则，对除广东、福建以外的各省、自治区、直辖市和计划单列市的国内业务（不包括储蓄性人身险和养老金）所交的所得税和调节税，从1987年1月起实行中央财政和地方财政各50%共享，5%的营业税上缴地方财政，地方财政的保险税收收入可以不纳入财政体制，全部留给地方建设。这有效调动了地方政府支持保险事业发展的积极性。

保险体制改革破冰：打破垄断与多家竞争

20世纪80年代在打破垄断和引入竞争机制方面一句流行的话是：

"一花独放不是春，百花齐放春满园。"中国的经济体制由计划经济转向有计划的商品经济的方向已经明确，保险业打破独家垄断变为多家经营已经是大势所趋，而其实现则经过了一个循序渐进的过程。1982年，香港民安保险公司经中国人民银行批准在广东省深圳特区设立了分公司，为外资、合资、合作企业以及在特区的外国公民、华侨、港澳同胞办理外币的财产和人身保险。这可以视作特区在打破垄断、引入竞争机制方面的一种先行先试。

1985年发生了两件后来看影响世界大局的重要事件：一件是邓小平于6月宣布中国政府裁军100万；另一件是9月美国、日本、联邦德国、英国、法国签订了"广场协议"。1985年对于中国保险业的改革发展来说至关重要。该年3月，国务院颁布《保险企业管理暂行条例》，共6章24条。《条例》规定：具备相应条件，经保险监管机关审核批准，工商行政管理部门颁发营业执照，就可以设立保险机构、开展保险业务经营。这是保险监管部门为打破独家垄断格局、增加市场经营主体、引入竞争机制而实施的法律规范准备。

驿站

广场协议·日本泡沫经济

20世纪80年代初期，美国财政赤字剧增，对外贸易逆差大幅增长，日本取代美国成为世界最大的债权国。美国希望通过美元贬值来增加产品的出口竞争力，以改善美国国际收支不平衡状况。1985年9月，美国财政部长詹姆斯·贝克、日本财长竹下登、联邦德国财长杰哈特·斯托登伯、法国财长皮埃尔·贝格伯、英国财长尼格尔·劳森等五个发达工业国家财政部长及五国中央银行行长在纽约广场饭店（Plaza Hotel）举行会议，达成协议：五国政府联合干预外汇市场，引导美元对主要货币汇率有序下调，解决美国巨额的贸易赤字。因为协议在广场饭店签署，所以又被称为"广场协议"（Plaza Accord）。"广场协议"签订后，协议各国开始抛售美元，继而形成市场投资者的抛售狂潮，导致美元持续大幅度贬值。"广场协议"的签订对日本经济产生了巨大影响，日元大幅升值导致日本国内泡沫急剧扩大，最终于90年代引发房地产市场崩盘而致泡沫经济破灭，造成了后续20多年的经济低增长。

1986年7月15日，新疆生产建设兵团农牧业生产保险公司获准成立。公司经营范围主要是为生产建设兵团所属单位的家庭农场和专业承包户的种植业和养殖业提供保险，后来业务范围逐步扩展至企业财产保险、家庭财产保险和人身意外伤害保险等。1992年，公司更名为新疆兵团保险公司；2002年，改制成为中华联合财产保险公司。

1987年，交通银行总行及全国各分行陆续设立保险部，逐步开始办理保险业务。交行保险部后来成为1991年成立的中国太平洋保险公司的前身。1991年5月13日，中国太平洋保险公司在上海成立，成为中国第一家全国性股份制商业保险公司。

1988年4月27日，深圳平安保险公司在蛇口开始对外营业。当时，平安保险属于招商局蛇口工业区与中国工商银行深圳信托投资公司共同投资组建的区域性股份制保险公司。1992年6月4日，平安保险更名为中国平安保险公司，由一家区域性保险公司正式升格为全国性股份制商业保险公司。

除了保险公司陆续增加，民政部门开办的农村保险互济会，劳动部门开办的社会保险，卫生部门开办的保健保险，以及供销系统、邮电系统、石化系统开展的行业自保，铁路部门开办的货物运输保价保险，都增加了保险业的经营和竞争主体，推动我国保险业向着多元化竞争格局的方向发展。

中国保险业的巨大发展潜力受到许多具有前瞻性战略眼光的外国保

险公司的青睐，它们陆续来华考察市场并设立联络机构，为申请进入中国保险市场打好前站。在这些公司当中，有的在1949年之前就已经在我国上海、广州等地经营保险业务。1980年7月，美国国际保险集团在北京设立代表处。1980年7月，日本东京海上火灾保险株式会社在北京设立代表处。1981年7月，美国万年能国际保险公司在北京设立代表处。1981年7月，英国塞奇维克保险经纪集团在北京设立代表处。1981年10月，日本安田火灾海上保险株式会社在北京设立代表处。1981年11月，日本火灾海上保险株式会社在北京设立代表处。1981年11月，日本大正海上火灾保险株式会社在北京设立代表处。1982年3月，美国大陆保险集团在北京设立代表处。1982年9月，日本住友海上火灾保险株式会社在北京设立代表处。1985年11月，英国约翰和希金斯有限公司在北京设立代表处。1986年4月，日本千代田火灾保险株式会社在北京设立代表处。1986年5月，英国班陶氏股份有限公司在北京设立代表处。1986年9月，日本东邦生命保险相互会社在北京设立代表处。1986年11月，日本日动火灾海上保险株式会社在北京设立代表处。1986年11月，日本生命保险相互会社在北京设立代表处。1988年6月，日本第一生命保险相互会社在北京设立代表处。这些外国保险机构的北京代表处一般都设有首席代表和若干工作人员，一方面与中国政府的保险监管机关和人保、太保、平安等保险公司保持联系和沟通，另一方面收集中国保险业的各种最新信息和再保险业务信息，为后期申请进入中国保险市场做好准备工作。到1999年年底，共有17个国家和地区的外国保险机构在我国设立了196个代表处。

1995年《保险法》颁布·产寿险分业体制确立

1979年国内保险业务恢复以后，中国人民保险公司主要经营财产保险业务，1982年开始试办人身保险，但业务占比一直较小。新疆生产建设兵团农牧业生产保险公司成立后主要经营财产保险。平安保险公司成立初期主要经营财产保险，后决定改为以寿险业务为主。中国太平洋保险公司成立后同样也是以财产保险作为主要经营范围。因此在1995年《保险法》确立产寿险分业经营体制以前，我国保险业主要以财产保险经营为主，人身保险的业务占比和市场地位相对较低。

1995年《保险法》出台之前，同一家保险公司可以同时经营财产保险和人身保险。保险期间一年期及以下的财产险、健康意外险与保险期间为5年、10年以上的长期寿险在保费核算、产品定价、价值评估、准备金提取等方面存在巨大差异，但是非寿险和寿险的不同经营规律在当时并未引起真正的重视。当时对于保险公司的偿付能力、总部对分支机构的授权和保险资金运用权限等还缺乏明确的法律规范和刚性监管，部分保险公司内部出现业务和财务不清、账户之间资金相互挪用、资产和负债不完全匹配、准备金的提取不充足等问题，在业务快速增长中很容易滋生风险隐患。在当时以财产保险为主的经营思路下，公司的机构、财务、人员、技术等资源都优先配置于财产保险，人身保险的发展相对缓慢而弱势，长期寿险"7年盈利"的经营规律甚至一度在有的保险公司内部引发了人身保险是不是亏损业务、要不要发展人身保险的争论。

1993年，颁布了《国务院关于金融体制改革的决定》，明确对银行业、证券业、信托业和保险业实行"分业经营、分业管理"的原则。《决定》意在从体制上解决1992年下半年开始出现的国内金融市场秩序混乱的问题。保险的产寿险分业可以看作金融业分业经营的一个子项。

1995年10月1日起施行的我国第一部《保险法》明确："同一保险人不得同时兼营财产保险业务和人身保险业务。"此后设立的保险公司或专营财产险，或专营人身险。当时已在经营中且既有财产险又有人身险的保险公司主要有三家（当时称为"老三家"）：中国人民保险公司、中国太平洋保险公司和中国平安保险公司。

1996年7月，中国人民保险公司改组成立中国人民保险集团，下设中保财产、中保人寿和中保再保险三家子公司。45个省级分公司分设为产、寿险分公司，分别隶属于产、寿险子公司，西藏分公司直接改设为财产险分公司。财产险公司共设省级分公司46个，地、市级分公司/中心支公司368个，县级支公司2 536个，县级营业部307个。寿险公司共设省级分公司45个，地、市级分公司/中心支公司316个，地、市级营业部40个，县级支公司1 200个，县级营业部811个。人保全系统职工117 548人，分流到产险79 429人，占比67.6%；分流到寿险37 937人，占比32.4%。1998年，中国人民保险集团撤销，形成三家完全独立的保险公司：中国人民保险公司（承继原人保品牌，专营财产险）、中国人寿保险公司和中国再保险公司。

2001年1月，中国太平洋保险公司顺利实施了产寿险分业体制改革。太保从1995年以后实施机构、人员、计划、业务、财务等"寿险五分开"，将寿险业务在公司内部实行单列并单独进行核算，产寿险共用"太平洋保险"品牌和机构网络资源，相对独立的寿险业务得到了加速发展，经过五年的培育"长"成了相当规模。2001年，中国太平洋保险公司改制成为中国太平洋保险（集团）股份有限公司，下设太平洋产险和太平洋寿险两家子公司，产、寿险子公司在全国分别设有35家分公司。

2003年2月，中国平安保险（集团）股份有限公司正式挂牌成立，下设寿险、产险、证券、信托、投资等子公司；同年11月，中国平安又在收购福建亚洲商业银行的基础上设立了平安银行，形成了一家以保险为主业，融银行、证券、信托、投资和海外业务为一体的金融控股集团。1993年，中国平安在内部提出了走综合金融集团化的发展道路。

1995年，中国平安在全公司范围内推行产险、寿险、证券业务的体制改革，完成了资产一体化改造，实现了从二级法人到一级法人的过渡。中国平安1995年成立平安证券，1996年成立平安信托和平安海外（控股）公司，初步形成了以产险为基础、寿险为重点、证券和信托为两翼、海外业务为补充的集团化雏形，实行产险、寿险、证券、投资四大业务的统一管理和分业经营。金融控股集团模式成为我国产寿险分业经营体制改革实践中的一种创新模式。

中国保险业走过了一条从混业经营到分业经营再到综合经营的发展道路，用"合久必分、分久必合"来描述和形容可能失之简单。如果避开非黑即白的二元逻辑，"螺旋式上升"正符合了保险业的客观经营规律。分业经营以前的保险公司内部同时经营产寿险，由于当时责任准备金制度、偿付能力监管等还不健全或未有效执行，混业经营的保险公司内部存在着账目不清、资金挪用等风险隐患，也不利于产寿险的专业化经营。分业以后，不论是人保模式、太保模式还是平安模式，彻底分开或同一个集团下面的产寿险都成了独立的企业法人，资产负债完全独立，相互之间以独立企业法人的身份开展交叉销售、业务合作和资源共享。通过分业经营，明晰了产权、厘清了责权，建立了不同专业子公司之间的资金和风险防火墙。后期再开展综合金融，一个集团内各子公司的资本、偿付能力、准备金、产品、渠道、机构、人员等相互独立，围绕着一个客户提供包括产险、寿险、证券、信托、银行业务等在内的综合一站式金融解决方案。

产寿险分业给寿险提供了独立专业经营和大发展的体制基础。由于人寿险的长周期经营规律和财产险的当年核算体现损益不同，人寿险在全世界范围内存在着"7年盈利"的潜在经营规律，导致保险公司的不同股东和投资者对保险的发展思路和经营目标存在明显的诉求差异，以追求当年利润和分红为主要诉求的董事会确定的经营方针必然限制和不利于通过前期浮亏换取后期长期价值增长的寿险业务的发展。分业经营给寿险发展提供了体制上的保证，后来的市场实践充分证明，分业经营对我国人身保险的大发展至关重要，对我国保险业整体资产负债结构的改善和优化也影响深远。人保、太保、平安等这些大公司的人身保险得到了前所未有的发展，一些专业寿险公司的成立和兴起为推动我国保险业的整体发展和繁荣起到了重要作用。

各领风骚·大类保险蓬勃发展

1979年国内保险业务复业以后，保障国家、企业和家庭财产安全，与各类企业生产经营和贸易运输等紧密相关的财产保险率先得到了恢复性发展，农业保险也得到恢复性试办并进行了各种模式和路径的探索。1995年以后，人身保险在产寿险分业经营体制确立和个人代理人制度引入后开始得到快速增长。同时，涉外业务与再保险在改革开放进程中得以持续和扩大经营。各大类保险业务均逐步得到恢复发展且呈现波浪式上扬态势，1979—1998年的20年间，保险行业实现了整体性复苏。

● 财产保险恢复性快速增长

1979年以后，财产保险得到了优先发展，且在整个20世纪80年代实现了恢复性的快速增长。刚复业时，中国人民保险公司仅开办了企业财产险、货运险、家财险、汽车险等少数几个险种。到1990年，全国开办的财产险险种超过200个，保费收入从2.92亿元增长到94亿元，年复合增长率达到52%。久旱逢甘霖式的复苏与增长让保险业呈现出柳暗花明、欣欣向荣的喜人景象。

"时间就是金钱，效率就是生命。"当年改革开放前沿城市深圳的这句口号不啻一声春雷炸响在百业待兴的神州大地。复业后的保险业的首要职责是为经济发展保驾护航，促进各类企业的设立和生产经营。改革开放初期，我国经济结构中全民和集体所有制企业占了绝大部分，它们是企业财产险早期承保的主要保源和团体客户，企业财产保险主要承保城市和乡镇各类企业因自然灾害和意外事故所导致的经济损失。后期随着经济体制的改革和不同所有制企业的发展，私营企业、三资企业、个体企业的数量和资产占比不断增长，成为企业财产保险新增承保服务对象。1980年全国企业财产保险保费收入2.84亿元，到1989年增长到23.6亿元，年复合增长率达到26.5%。

运输工具保险主要承保各种机动车辆包括汽车、拖拉机、摩托车，以及内河航运船舶、渔船等保险业务。社会经济商品化过程中交通运输事业快速兴起和繁荣，汽车的保有量和使用量大幅上升。1980年，全国投保的汽车总共7 922辆，全年保费仅728万元，到1989年年底投保汽车超过620万辆，全年保费31亿元，年复合增长率达到96%。为了保护交通事故中的受损方和受害人，减少因交通事故导致的各种经济矛盾、社会矛盾和司法诉讼，到1990年有20多个省、自治区和直辖市实行了机动车辆第三者责任法定保险。

货物运输保险1980年全年保费收入仅50万元，占当年国内财产险保费的0.17%，到1990年货物运输保险保费收入达11.85亿元，占当年国内财产险保费收入的16.2%。1986年，中国人民保险公司把1979年制订的《国内货物运输保险条款》分成了《国内水路、铁路货物运输保险条款》《国内航空货物运输保险条款》《国内公路货物运输保险条款》三个专业细分条款。1987年，人保总公司综合各地的反馈意见，制订了统一的《货物分类表》和《费率档次表》。由于商品经济发展过程中各类生产资料、生活物资转运量大幅增加，航空、铁路、公路的保险代理点不断增多、覆盖区域扩大，人保各分支机构之间实行了代查勘、代理赔制度，保险客户投保和理赔申请都日趋方便，货物运输保险很快上升为国内财产保险的第三大险种。

家庭财产保险1980年全国投保的户数仅34 200户，全年所交保费只有7万元，占全国财产险保费收入的0.02%。到了1990年，全国家庭财产保险的投保户数达到7 691万户，全年保费收入3.2亿元，占全国财产险保费收入的比重提高到4.4%。家庭财产险的快速增长，一方面源于民众财富的增长和保障意识的提高，另一方面和保险公司的业务创新直接相关。1983年，中国人民保险公司在研究国外长期综合保险的基础上，推出了家庭财产两全保险。保险期限分为三年、五年，每份保费100元，保险金额固定，一份起保、多保不限，保险期间内发生保险责任事故按照事故损失及保险金额赔付，保险期间未发生事故则退还所交保险费，实际上是用客户所交保费的储金利息作为风险保障费用的来源。1990年，中国人民保险公司向全国推广"长效还本"家庭财产保险，每年自动续保，1990年家财险保费收入同比大幅增长了184%。

雪中送炭·保险理赔　雪中送炭往往比锦上添花更受欢迎并且让人印象深刻。1980—1990年发生了诸多自然灾害和意外事故，中国人民保险公司的灾后赔付以及平时的防灾防损工作让政府和民众对保险的功能和作用有了更具象的认识。

- 1981年，四川发生特大洪灾，有56个县（市）的1 490户企业遭灾受损。人保公司共支付保险赔款8 100万元，帮助受灾企业快速恢复生产、受灾群众重建家园，在社会上引起很大反响。当时新华社的记者这样报道：在克服自然灾害造成的严重困难中，长期默默无闻的保险公司起到一种特殊作用，从保险公司的赔款活动中，人们明显感觉到这是一种救援意外事故、稳定社会十分有效的经济手段。

- 1986年10月，广州海运局的"大庆245"轮在青岛港码头爆炸沉没，造成船舶全损、船员7死1残，码头输油设备严重损毁。人保广州市分公司迅速赔付 1 000 万元。

■ 1987 年 5 月，东北大兴安岭发生特大森林火灾。黑龙江 4 个林业局投保的财产被大火烧毁，造成巨大财产损失。人保黑龙江分公司支付赔款 1.2 亿元。

■ 1988 年 7 月，长江发生新中国成立以来最大洪灾，浙江东部及杭州市的 41 个县、市的 12 251 家企业和 12 万户居民投保的财产发生损失。人保浙江省分公司保险理赔 1.26 亿元。

■ 1988 年 11 月，云南省澜沧、耿马地区发生强烈地震，造成 893 家企事业单位和 3 188 户家庭受灾，损失达 20.5 亿元。人保云南省分公司对其中投保的财产赔款 3 000 多万元。

未雨绸缪·防灾防损　开展防灾防损是保险公司通过行业技术和专业能力减少社会财富损失、增强风险管理的重要工作。它使保险公司的经营不局限于事前承保签约、事后理赔给付，不仅履行经济补偿和资金融通的职能，而且体现保险的社会管理职能。保险公司通过防灾防损，一方面降低了赔付率，另一方面与各级政府和企业客户加强了联系、增进了相互关系。20 世纪 80 年代，中国人民保险公司总公司和各分公司都设置了防灾防损部，专门负责开展防灾防损工作。

防灾防损最常用的方法是检查保险标的不安全因素，提出防灾建议并督促整改。据不完全统计，1980—1985 年中国人民保险公司对 18.6 万个企业进行了防灾检查，提出防灾建议 29.5 万条，被及时采纳并落实的 12.5 万多条，有效地减少了可能导致意外事故发生的安全隐患，降低了保险事故的发生率和赔付率。

■ 河南省开封市 A 皮鞋厂的锅炉房和仓库紧挨着汽油库，很容易引发火灾甚至爆炸，并且导致仓库货物焚毁和损失。经保险公司提出建议后，厂方将汽油库搬移到了远离锅炉和仓库的地方，消除了火灾和爆炸隐患。

■ 人保天津市分公司在对出口商品的防灾检查中，发现外贸公司存放的桶装蚁酸保管不善，因日晒雨淋致破损严重。外贸公司采纳了保险公司的建议，立即将露天存放的蚁酸改为搭棚储藏，并将已不符合出口条件的 10 余吨蚁酸做了处理，防止了发生损失和损失扩大的可能，提高了对外出口商品的信誉。

■ 江苏无锡麻纺厂发生大火，烧毁和损坏原麻 1 321 吨。根据当地人保分公司的建议，用 38 天时间翻晒水湿原麻 920 吨，使原先估损 102 万元的损失降低为实际损失 64.7 万元，节约了社会物资又减少了保险赔付。

防灾防损的第二种方法是拨付防灾补助费用，加强社会安全措施。1980—1988 年，中国人民保险公司共拨付防灾补助费 3.9 亿元，主要用于三个方面：拨付给防灾、防汛、防台及交管农牧渔业等部门，用于添置和改进防灾设备，开展防灾宣传和科研工作；为投保的企业添置消防设备，增强火灾防控能力；资助地方修建堤坝、仓库等防灾工程。

防灾防损的第三种方法是利用理赔经验和数据积累，运用安全系统工程的理论方法，将通过数据分析得出的事故发生规律和知识信息，有针对性地传播给社会、企业和保户，普及防灾知识和减损技能，提高全社会的安全意识和防灾减损能力。

● 农业保险的恢复试办与探索

农业、农村、农民问题是关系到国计民生的根本性问题，特别是在生产力落后、不能满足人民日益增长的物质需求的年代，农业生产的稳定和粮食的有效供给对国民经济和社会发展尤为重要。1982 年 1 月 1 日，中共中央批转《全国农村工作会议纪要》。《纪要》指出：当前农村实行的各种责任制，包括小段包工定额计酬、专业承包联产计酬、联产到劳，包产到户、到组，包干到户、到组，都是社会主义集体经济的生产责任制。这一年，停办了 20 多年的农业保险恢复试办。农业保险的试办坚持"积极试办、稳步发展"的指导方针，以"收支平衡、以丰补歉、略有节余、以备大灾之年"为经营原则。首先试办的是农村牲畜保险，江西的耕牛保险、黑龙江和山东的大牲畜（牛、马、骡、驴）保险、湖南的养猪保险都是当时最早试办的农险。到 1989 年，农险的开办地区已遍及 29 个省、自治区、直辖市的各个乡镇村，全国有 800 多个县、市设有农业保险试验基地。承保的种植业种类有：稻谷、小麦、玉米等粮食作物，棉花、粮油、烟叶、水果等经济作物，森林及其他农作物。承保的养殖业种类有：耕牛、奶牛等大牲畜，猪、羊等小牲畜，鸡、鸭、鹅等家禽，虾类、鱼类等水产，貂、兔等其他类。开办的险种达 100 多个。

农业保险的开办对支持农业经济发展，建立农村经济补偿机制，解除农民生产经营的后顾之忧，巩固和完善家庭联产承包责任制，减轻国家财政负担，增强农民合作互济和自力更生都起到了积极的作用。然而，从世界各国开办农业保险的情况来看，由于农业灾损频繁、赔付率高，普遍存在着经营效益不佳甚至亏损的问题。1982—1988 年，我国农业保险的总保费收入为 3.84 亿元，总赔款支出为 3.91 亿元，平均赔付率为 111.9%，再加上经营费用支出，农业保险的经营是一个全面亏损的局面。主要的原因有两个方面：一个是农业保险涉及面广、地域分散、风险大，灾后查勘、定损、理赔以及防灾防疫等工作情况复杂而且工作量大；另一个是农险风险大、灾害多、赔付率高，出现了"保费高了农民保不起、保费低了保险公司赔不起"的尴尬矛盾。

世界各国农业保险的组织模式各有各的方式和特点。我国的农业保险在试办过程中形成了 6 个基本类型：（1）保险公司开办农险，在农村设立代办处、代办员；（2）建立农村保险合作社；（3）地方政府办农业保险，保险公司代理和提供服务；（4）保险公司与地方政府共保；（5）民政部门经办；（6）地方经济单位自办自保。农业保险发展中遇到的困难引发了理论界对我国农险组织形式的讨论，有的专家提出农险可以采取建立农业保险合作社进行共保、联保的发展模式，同时建立农业风险基金进行配套支持。在当时的情况和条件下，要建立一套符合我国国情、切实可行的农业保险模式，还有待继续试验和探索。这实际上涉及农业在国民经济结构和分配体系中的地位问题。后来，国家在财力较充裕的情况下采用财政补贴的再分配调节方式解决了农业保险的保费与赔付及费用的矛盾。2015年以后，我国农业保险在国家财政财力增强、《农业保险条例》出台、各级财政加大补贴的背景下得到了快速发展，并成为财产保险的新增长点。

● 人身保险的兴起与发展

我国人身保险得到快速发展是在20世纪90年代以后，然而人身保险的恢复试办从1982年就开始了。1982年3月召开的全国保险工作会议决定，在有条件的地区积极开办一年期的职工团体人身保险和人身意外伤害保险。上海、广东、四川、陕西、吉林、湖北等省市在1982年试办了简易人身保险、团体人身保险和公路旅客意外伤害保险，其中上海还率先试行开办了集体企业职工养老保险。试办当年，人身保险的保费规模很小，全年保险费仅收127万元。然而事物有了萌芽，在环境和条件成熟时自然会开花结果。有了开头，有了目标，循着规律持之以恒地努力，则虽远必至。

1984年，国务院批转《关于加快发展我国保险事业的报告》，要求进一步加快职工养老保险等人身保险的发展。截至1989年年底，全国有1.82亿人次参加了人身保险，开办险种50多个。全国人身险（含储金）保费46亿元，占保险业全部保费的32.3%。到1990年年底，全国已有2.19亿人次参加人身保险，开办险种70多个，包括母婴安康保险、学生平安保险、独生子女教育婚嫁金保险、旅游意外伤害保险、医疗保险、城镇居民集体企业职工统筹养老金保险、"五保户"及农民丧葬统筹保险、三资企业职工统筹养老金保险、农村义务兵养老保险等，各类市场需求催生各种人身保险业务的创新和开办。

我国人身保险真正进入发展快车道是在1995年以后，当时具备了三个基础性的前提条件：第一个是1992年美国友邦登陆上海，引入了寿险营销个人代理人制度，解决了业务发展模式问题；第二个是1995年颁布的《中华人民共和国保险法》确立了产寿险分业经营原则，解决了人身保险独立于财产保险的发展体制问题；第三个是在"让一部分人先富起来"的政策指引下，一部分先富起来的家庭和个人产生了人身保障和财富保值增值的需求。

"旧时王谢堂前燕，飞入寻常百姓家。"美国友邦保险1992年返身登陆上海时引入了个人代理人制度，从此"跑街先生/小姐"奔波在上海的大街小巷，用主顾开拓加扫街陌拜（陌生拜访）的方式将人寿保单和保险知识送入千家万户。由于经营地域限制和精兵制的经营策略，友邦人寿的代理人队伍和寿险业务始终呈现一种稳扎稳打、循序渐进的发展势头。中国平安、中国太保、中国人保等在1994年、1995年、1996年陆续仿效友邦人寿发展寿险个人代理人制度，由于这些公司具有分支机构遍布全国、熟悉本土市场和当地文化等优势，寿险个人代理人（俗称营销员）和寿险业务均进入了快速增长的通道。特别是1996年以后进入降息周期，大量保险客户在保险涨价预期和营销员鼓动下快速接受和购买了人寿保险，人寿保险规模几年内快速扩张的速度超出了很多业内专家的预料。1996年人保实施产寿险分业时，原人保的大部分干部倾向于留在中保财产险公司，然而分业时被分流到寿险公司的干部们在次年就迎来了出人意料的惊喜，不仅人身险的保费规模在 1997 年一举超过财产险，而且寿险公司的当年可用费用的富足也让财产险公司的干部们惊讶、羡慕不已。

降息催动寿险热销 1995—1999 年，央行连续七次降低存贷款利率，一年期银行存款利率从 10.98% 降至 2.25%，而降息后寿险预定利率的调整都有一个时间差，这段时间内都会形成一个寿险的销售高峰期。1995—1999 年，我国的人身险保费收入由 194.2 亿元增长到 872.1 亿元，年复合增长率达到 35%。1996 年以后每一次央行宣布降息后的若干天内，寿险公司营销员用提包或布袋装着客户交来的大量现金半夜在公司排队等待交费的场景将来也许不会再出现。经历了当时这个过程的保险从业者至今回想起来仍然会激动不已。

20 多年后的今天，当保险业的人们忆及产寿险分业的历史时，似乎尚能依稀听到当时人保财产险的干部们"三十年河东三十年河西"和"风水轮流转"的感叹，也为"时势造英雄"和"选择胜于能力"的说法增添了论据。至 2018 年保险业复业 40 年的时候，人身保险的保费收入已经两倍于财产保险，大批年轻的保险业干部也在人身保险的快速发展中得到历练成长，许多寿险干部以青出于蓝而胜于蓝的姿态成为行业后起之秀，并且因为具有管理、培训营销员和开拓一线市场的能力而成为可以"领兵打仗"的市场化经营人才。

● **改革开放·涉外业务乘势发展**

20 世纪 50 年代至 1978 年，我国的境外保险机构主要聚集在香港和澳门，主要包括中国保险公司香港分公司、澳门分公司、新加坡分公司，太平保险澳门分公司、新加坡分公司，香港民安保险公司及其下辖支公司。1980 年以后，我国又在港澳地区增设了部分境外保险机构：中国再保险公司，主要经营水险、火险、意外险、建工一切险合约和临时分保业务以及其他各类再保险业务；中国保联投资有限公司，主要经营投资、股票和债券等业务；新世纪证券（集团）有限公司；中国人寿保险有限公司香港分公司；中国保险港澳管理处，统管人保公司和总管理处在港澳地区的所有保险机构。

与此同时，中国人民保险公司还积极向东南亚和欧美地区扩展涉外保险业务，参股或独资设立的驻外机构有：参股总部设在曼谷、由联合国贸发会议和亚太经社理事会赞助设立的亚洲再保险公司；与美国国际保险集团（AIG）合资建立中美保险公司；注册在百慕大的民安保险公司海外公司；设于伦敦的中国保险（英国）股份有限公司。中国人民保险公司还在世界各地设立了联络处和代表处，如驻伦敦、纽约联络处，驻汉堡、东京代表处等。截至1990年年底，中国人民保险公司的境外机构已发展到60多家，形成了一个以港澳地区为主体，覆盖英国、新加坡、美国、德国、日本、加拿大的机构网络。

中国人民保险公司出于业务经营和对外交流的需要，与世界各国的保险业相关机构建立了代理、分保等合作关系。截至1986年，中国人民保险公司已在100多个国家和地区的主要港口，委托聘请了300多家货损检验和理赔代理人，与120多个国家的1 000多家保险公司、再保险公司、保险经纪公司建立了再保险业务关系。中国人民保险公司也接受外国保险机构的委托，为其提供在中国的理赔和海损检验等服务，比如劳合社委托中国人民保险公司在北京、上海、大连、广州、天津5个口岸的分支机构作为其在中国的检验代理人，至1989年有18家外国船东保赔协会聘请中国人民保险公司为中国地区的保赔通讯总代理人，代表各协会处理其入会船舶在中国境内发生保赔保险责任范围内的海事及其他事故的案件。

20世纪80年代以后，在中国实施改革开放的进程中，涉外业务因得益于进出口贸易大量增加、外商投资大幅增长、技术和设备大量引进、三资企业大量设立等因素驱动而实现了持续快速的增长。根据我国引进成套设备、来料加工、合营企业、补偿贸易、技术合作，以及使用外汇贷款进口的财产物资在运输、建造、安装、生产、合营期间可能发生自然灾害或意外事故而遭受损失或人员伤亡等风险保障需求，各保险公司开办了一系列涉外的险种，包括建筑工程保险、安装工程保险、财产一切保险、机器损坏保险、公众责任保险、第三者责任保险、船舶建造保险、出口信用保险、投资风险保险、石油勘探与开发保险、出国劳工意外伤害保险、核电站保险、卫星保险等。1980—1989年十年间，仅石油勘探与开发方面的保费收入就达6 667万美元，总赔款5 315.5万美元，总赔付率79.7%。1986年，广东深圳大亚湾核电站保险项目保险金额30亿美元；1990年，"亚洲一号"卫星发射保险项目保险金额1.2亿美元；1995年，"亚太二号"卫星发射保险项目保险金额1.6亿美元。

承保的涉外保险客户以前主要是外贸系统的十大专业公司，后来逐步扩展到了外贸部以外的各类涉外企业，特别是沿海开放地区、经济特区开办的大量"三来一补"（来料加工、来样加工、来件装配和补偿贸易）企业以及三资企业（外商独资企业、中外合资企业、中外合作企业），这些企业在生产经营和对外贸易中产生了大量的保险需求，从而推动涉外保险业务实现了快速发展。比如地处福建沿海、开放搞活较早的泉州市，1980—1989年全市批准设立的外商投资企业共948个，总投资22亿元，全市外贸主要商品进出口总值达4 408万美元，全市来料加工装配业务合同6 462个，成交金额1.48亿美元。1987年，泉州市全市968家来料加工工厂和104家中外合资企业有90%都向中国人民保险公司投了保。从全国范围来看，1980年我国涉外保险业务保费收入1.13亿美元，到1989年上升到4.1亿美元，年复合增长率达到15.4%。

● 再保险扩大对外交往

1949 年以前，我国保险业的再保险由外商保险公司主导，其间也有民族保险公司形成共保或联合经营管理。新中国成立后经历了行业整顿和国内业务停办，1979 年国内业务恢复后，再保险也日渐活跃，为分散国内市场风险、提高市场容量和承保能力、调剂周转外汇资金、扩大对外交往发挥了重要作用，在重大保险责任事故发生后摊回赔款、挽回经济损失方面也起到了不可替代的作用。

■ 1980 年 9 月，中国远洋运输集团公司所属 4 艘中国货轮"嘉陵江""牡丹江""阳春""开平"因故被围困在两伊战争战区，遭到炮击而严重受损，经过核赔定损属于保险责任的赔款高达 2 000 多万美元。由于承保这 4 艘货轮的中国人民保险公司向国外市场办理了再保险，事故发生后大部分赔款都通过分保渠道得到摊回。

■ 1995 年 1 月 25 日，美国休斯公司研制的"亚太二号"卫星由中国长城工业总公司的长征二号 E 型运载火箭在西昌卫星发射中心发射升空，火箭正常飞行 50 秒后在空中发生爆炸，造成星箭全部损失。承保此次卫星发射的中国太平洋保险公司在 50 天内快速赔付了"亚太二号"星箭全部损失 1.6 亿美元，成为中国保险业在国内外树立良好行业形象的标志性事件。成立不到 4 年的中国太平洋保险公司正是由于按照规定向国际保险市场办理了再保险，从而能够快速完成理赔并通过分保渠道摊回赔款，由此也奠定了新生的太平洋保险在航天保险领域的市场地位。

■ 2002 年 3 月 12 日凌晨 1 时 09 分，大亚湾核电站二号机组主变压器 C 项爆炸起火，反应堆自动停止运行。此次事故造成变压器和发电机转子两项损失，经专业公司理算，在扣除 200 万美元免赔额后赔款金额加理算费共计 2 237 981 美元。中国核保险共同体此前已将大亚湾核电站核物质损失险业务向全球 24 个国家和地区办理了再保险，风险被高度分散消化，赔款也很快得到摊回。

1985 年颁布的《保险企业管理暂行条例》规定，所有新设立的保险企业所经营的全部保险业务的至少 30%，以及非寿险业务每一危险单位超过其实收资本加总准备金 10% 以上部分，须向中国人民保险公司办理再保险。1992 年，中国平安保险公司和中国太平洋保险公司获准经营国内和国际再保险业务。1995 年颁布施行的《保险法》将法定保险比例由 30% 降为 20%。1996 年 7 月，中国人民保险公司改制为中国人民保险（集团）公司，下设的中保再保险公司承接了原中国人民保险公司再保部的业务，同时还代表国家统一经营法定再保险业务。

法定再保险在中国的起步并不顺利，1996 年以前处于"有法可依、无章可循"的状态。1996 年 7 月 30 日，中保再保险公司成立伊始就在北京密云召开了全国首届保险法定分保工作会议，全国 13 家财产险公司、4 家寿险公司参加了会议。此前在 7 月 13 日，中国人民银行下达了《财产险法定分保条件》和《人身险法定分保条件》，为 7 月底召开的会议做了铺垫和准备。然而，会后各保险公司对法定分保的落实和执行显示大家对法定分保的认知差异较大，有的公司认为法定分保是"尽义务""做贡献"，有的公司认为 25% 的分保手续费太低，有的公司认为中保再属于垄断经营，在行动上拖延迟缓，不及时报送分保账单、报表和划拨分保保险费。实际上，各保险公司对于向体量最大的竞争对手——中保集团强制分出保险业务，存在不愿意或者不服气的心理，虽然中国人民银行保险司坚定支持法定分保，中保再的领导和干部积极向各家保险公司宣传、解释，然而由于体制尚未理顺，法定分保在中保再独立成为中国再保险公司之前一直处于步履蹒跚的艰难阶段。

1999 年 3 月，中国人保集团撤销，中保再保险公司升格成为直属国务院的中国再保险公司，行使国家再保险公司职能。1999 年 12 月，中国保监会批复同意《财产保险法定分保条件实施细则》，将预付分保手续费由 25% 提高至 30%，降低分出公司申请现金赔款额度，纯益手续费从 10% 提高到 30%，修改后的法定分保条件将财产险和人身险内容合并为一个文件。中国再保险公司的成立，从体制上解决了此前阻滞法定再保险实施的问题和矛盾。2000 年，中国再保险公司实现分保收入 140.43 亿元。同一年，中国核保险共同体成立，当年实现保费收入 239 万美元，分出保费 225 万美元，分入保费 74 万美元。然而，令中国再保险公司始料未及的是，2001 年我国加入 WTO 时承诺，20% 的法定分保以后每一年降低 5 个百分点，四年后完全取消，同时允许外国保险公司在华经营寿险和非寿险的再保险业务。加入 WTO 不仅加快了原保险的市场化进程，而且几乎用四年到位的方式倒逼再保险快步进入市场化并对外开放阶段。2005 年 12 月 1 日，《再保险业务管理规定》正式实施，其中规定：直接保险公司办理合约分保和临时分保的，应当优先向中国境内至少两家专业再保险公司发出要约，要约分出的份额之和不得低于分出业务的 50%。

百舸争流·市场化格局形成

20 世纪著名经济学家哈耶克极力推崇自由市场和竞争，他认为竞争之所以有价值，是因为它是一种发现的过程——发现价格、规则以及世界的真相。路德维希·艾哈德曾在《来自竞争的繁荣》中指出：竞争是获致繁荣和保证繁荣最有效的手段。通过引入竞争机制，我国保险业在 1979 年复业后走上了一条市场化取向的改革发展道路。

1990 年以前，我国的商业保险经营主体分布呈现人保一家独大的格局，然而中国保险业市场化的发展取向已经初现端倪。特别是 1985 年颁布的《保险企业管理暂行条例》，为后来新的保险公司纷纷成立和保险业市场化格局的形成建立了法律规范并铺平了道路。1987年，交通银行设立保险部开办保险业务；1988年，平安保险公司在深圳蛇口成立。

进入20世纪90年代以后，除了全国保险费每年快速增长之外，市场经营主体不断增多是这一阶段保险业改革发展的明显特征。保险需求的不断增长呼唤新的保险公司成立，新的保险公司成立以后又不断开发保险客户的潜在需求，形成了保险业供给与需求"面多加水、水多加面"式的行业扩大。经营主体的增多符合店多成市的机理，保险业形成了前所未有的竞争态势，激发了人保等老保险公司的活力，鼓励了行业的创新发展，保险业在市场化竞争中焕发出勃勃生机和活力。

90年代初，保险监管部门为了尽早打破独家垄断格局，培育和建立全国保险市场，加快推动经营主体多元化，促进相对滞后的人身保险业发展，先后批准成立了大连、沈阳、厦门、珠海、湘潭、本溪、丹东、天津、哈尔滨、太原、福州、广州、南京、鞍山、昆明等15家地方人寿险公司。但囿于当时比较复杂的情况，这些公司的业务没有能够很好地发展起来，到1996年中国人民保险公司改建时，都陆续划归并入了中保人寿保险有限公司。

1991年以后，以中国太平洋保险公司成立、中国平安保险公司升格为全国性公司为序幕，新设立的保险公司如雨后春笋般出现在中国保险市场上。1991年5月13日，中国太平洋保险公司在交通银行保险部的基础上组建成立，总公司设在上海，随后在全国各省区市均成立了分支机构。1992年9月25日，美国友邦保险登陆上海，重回外滩17号，引入寿险营销个人代理人制度。同年10月，美亚保险在上海开业。1992年9月29日，深圳平安保险公司获批升格成为中国平安保险公司，经营范围扩展至全国，陆续在全国各省区市设立分支机构。1994年9月，日本东京海上火灾保险公司获准在上海设立分公司，经营财产保险业务。1995 年 1 月，天安财产保险公司和大众财产保险公司在上海相继成立。

驿站

《中国保险报》·行业宣传

保险业在改革与发展过程中的舆论宣传工作非常重要。《中国保险报》创刊于 1994 年 1 月，是我国保险业唯一公开发行的行业报纸，主要职能是及时发布政府主管部门和监管部门的相关政策法规，报道保险行业重大事件和重要消息，交流国内外保险业务动态，宣传保险理念和专业知识。2005 年 4 月，中国保险报业股份有限公司组建成立，经营范围扩大到报纸出版、广告、培训、会展、互联网、图书音像发行等多种业务。2006 年 10 月，中国保险报网（简称中保网）上线。2018 年 3 月，《中国保险报》获评全国百强报纸。

1996 年 7 月，中国人民保险公司改组成为中国人民保险（集团）公司，下设中保财产保险有限公司、中保人寿保险有限公司、中保再保险有限公司三家子公司。1996 年 8 月，泰康人寿保险股份有限公司在北京成立。同月，华泰财产保险股份有限公司、永安财产保险股份有限公司、华安财产保险股份有限公司成立。1996 年 9 月，新华人寿保险股份有限公司在北京成立。1996 年 11 月，首家中外合资寿险公司——中宏人寿在上海成立。1998 年，英国太阳联合、太平洋安泰、安联大众、金盛人寿等中外合资寿险公司陆续成立。1999 年，中国人民保险（集团）公司再次改革，集团撤销，成立中国人民保险公司、中国人寿保险公司、中国再保险公司。同年，光大永明、信诚人寿等中外合资寿险公司成立。

1997 年 9 月 9 日，13 家全国性、区域性中资保险公司共同签署我国第一个《全国保险行业公约》，并于 10 月 1 日开始实施。

1999 年全国保险费收入 1 393.2 亿元，较 1980 年增长 300 多倍，平均每年增长 35%。保险业的经营主体从人保 1 家增加到 26 家，其中中资保险公司 13 家，外资保险公司分公司 9 家，中外合资保险公司 4 家，中国人保、中国人寿、中国太保、中国平安等全国性公司在各个省、自治区、直辖市都设有分公司，人保、人寿的分支机构基本铺设到地市和县区，一个遍布全国的保险机构网络基本搭建完成。保险业向社会提供的保险产品从最初单一的财产保险，扩展到包括财产险、人身险、责任险和信用险在内的四大类几百个险种，形成了一个主体多元、产品多样、创新多发的市场化格局。

保险业市场化格局形成的另一个标志是保险中介的发展。完整的市场包含了买卖双方及其交易关系的总和，既包括了买方和卖方双方当事人，还有居于买卖双方之间进行沟通、协调、促成的中介人。通过保险经纪人安排保险业务是保险的发源地欧洲保险市场的重要特征，保险中介的发展和发达是保险市场兴盛和繁荣的重要标志之一。20 世纪 90 年代以前，我国的保险公司经营主要采取集研发、销售、理赔、服务等业务于一身的经营模式。保险公司分销渠道主要包括自建的直销渠道和一些行业性兼业代理机构，比如通过银行代理销售与抵押信贷有关的保险，通过旅行社代理销售旅游意外险，通过机票销售点代理销售航空意外险，通过学校相关部门代理销售学生平安险。

1992 年，友邦保险在上海推行个人代理人制度开行业之先河，形成了"鲇鱼效应"，激活了我国的寿险市场。随后，个人保险代理人制度在经营寿险业务的保险公司得到普遍推行，寿险公司的个人代理人 20 多年间数量快速增长。专业保险代理公司、保险经纪公司、保险公估公司也陆续出现在保险市场上。1993 年，我国诞生了第一家保险中介公司——华泰保险咨询服务有限公司，2001 年更名为华泰保险经纪有限公司。2000年6月，国内首家中资全国性保险经纪公司——江泰保险经纪有限公司在北京成立。同年，长城保险经纪公司在广州成立。2001年5月，长安保险经纪有限公司在北京成立。2004年8月，航联保险经纪有限公司在北京成立。外资的达信（中国）保险经纪、韦莱保险经纪、中怡保险经纪也分别于1993年、2001年、2003年进入中国保险市场。

保险中介按所涉及的业务领域有保险代理人、保险经纪人、保险公估人、保险精算事务所、律师事务所等，其中保险代理人、保险经纪人和保险公估人是数量最多、最主要的保险中介。保险代理人指接受保险公司委托并代理保险公司销售其产品和服务客户的个人或机构。保险代理人按属性分为专业代理和兼业代理，按与所代理保险公司的关系分为专属代理和独立代理，按代理人的组织形式分为个人代理和机构代理。专业代理在我国是指业务经营范围限定为代理销售保险产品、依法设立的专业保险代理公司。兼业代理是指获得行业监管机关颁发兼业代理资格许可证、依托主业资源开展代理销售保险产品的机构，常见的兼业代理有银行、车商、旅行社、机票火车票销售点、长途汽车站等。

在我国，个人代理人属于专属代理，接受一家保险公司管理、培训并代理销售产品和服务客户。在市场实务中，也存在一个个人代理人在为一家保险公司代理销售产品的同时，通过"飞单"的形式为自己的客户提供另一家保险公司的产品的情况，原因可能是另一家保险公司的产品保险责任更全或价格更优、佣金更高。很多个人代理人在代理销售寿险产品的同时，也会用推荐或转介绍的形式向客户提供另一家产险公司的非寿险产品和服务比如车险、家财险等，有经验的个人代理人能够围绕着个人和家庭客户的需求提供包括寿险、意外险、健康险、养老年金、车险、家财险等在内的一站式保障解决方案。

市场经营主体的多元化和保险中介大量活跃于买卖之间，促进了市场的竞争。卖方竞争极大地推动了保险公司在产品、服务、技术、管理等方面的创新，提高了保险的供给能力，同时也有力地开发、扩展了买方的保险需求，推动整个保险市场从卖方市场转向买方市场，促进了整个保险市场的发展与繁荣。

依法循规·行业法律法规陆续颁布

1981年12月13日，《中华人民共和国经济合同法》由第五届全国人民代表大会第四次会议通过，其中对财产保险合同所做的原则性规范，成为1983年《中华人民共和国财产保险合同条例》制定的法律依据。《经济合同法》的实施可以视作我国由计划经济向有计划商品经济过渡发展的国家意志的重要体现之一。

1983年9月1日，国务院颁布实施《财产保险合同条例》，共5章23条。《条例》内容简明，择要对财产保险合同投保人的资格和义务，财产保险合同的订立、变更和转让，保险人的赔偿责任，理赔申请的要求与时限等进行了明确规范。

1985年3月3日，国务院颁布实施《保险企业管理暂行条例》，共6章24条。《条例》规定了保险企业设立的具体程序、应具备的资本要求、偿付能力确认标准以及再保险方式及比例等。《保险企业管理暂行条例》的实施使我国保险业经营主体的增设有了法规依据，为行业打破垄断、逐步走向主体多元化的市场竞争奠定了法律基础。

1995年6月30日，《中华人民共和国保险法》由第八届全国人民代表大会常务委员会第十四次会议通过，共8章158条，同年10月1日起施行。《保险法》的颁布实施，确立了我国保险业产寿分业经营的原则，对保险合同的订立及当事人权利义务进行了规范，对保险公司的组织形式、设立条件、经营规则、监督管理等作了明文规定，同时也为保险代理人和保险经纪人的发展提供了法律基础。《保险法》后于2002年10月28日第一次修正；2009年2月28日修订；2014年8月31日第二次修正；2015年4月24日第三次修正。

《保险法》作为我国保险行业的基本大法于1995年出台以后，《保险代理人管理办法》《保险经纪人管理办法》和《保险公估人管理办法》等行业法规相继颁布实施，为保险业的恢复性发展建立了重要的基础性法律规范和保障。当然，更多有关保险业偿付能力、经营规则、费率改革、资金运用、产品和渠道创新、消费者权益保护、科技应用的法规与制度将在1999年以后20年的行业快速扩张时期陆续出台。

第四阶段：1999—2018年　扩张

　　1999年对于中国保险业来讲，除了中美达成关于中国加入WTO的双边协议对于行业未来形成长期趋势性影响，以及中保集团再次体制改革一分为三、中保财险继承老人保品牌恢复为中国人民保险公司外，更加直接和重要的事件是中国人民银行自1996年5月开始启动降息周期，至1999年6月连续七次降低一年期存款利率，一年期存款利率从10.98%一路降至2.25%，长期寿险预定利率从10%下阶梯式降至2.5%，这必然对全国保费占比超过一半而且正处于上升势头的人身保险产生可谓革命性的影响。在一个市场化的经济环境中，利率作为货币的价格对各类金融资产和负债的影响十分重大，央行连续大幅降息对保险业形成了产品创新和偿付能力的巨大压力。环境的倒逼迫使保险业加快市场化的改革，在预定利率为2.5%的传统险销售几乎停滞的情形下，投连、分红、万能保险应运而生投入市场，同时新型寿险快速增长对偿付能力的要求又迫使保险公司加快了建立资本持续补充机制的上市步伐。

央行降息催生投连、分红、万能保险

从 1996 年 5 月开始，中国人民银行连续七次降低存贷款利率。由于当时寿险预定利率调整还没有建立快速应对机制，央行降息后一段时间内，寿险的预定利率高于银行基准利率的"利差势能"导致社会民众形成寿险涨价预期，促使保险公司基层一线机构借势大力销售高利率保单。寿险公司规模快速扩张的同时也埋下了巨额利差损的隐患。

1993—1999 年银行存款利率（一年定期）和寿险预定利率变动表

时间	1993年7月	1996年5月	1996年8月	1997年10月	1998年3月	1998年7月	1998年12月	1999年6月
存款利率	10.98%	9.18%	7.47%	5.67%	5.22%	4.77%	3.78%	2.25%
预定利率	9%	10%	8.8%	7.5%	6.5%	4.5%	4.5%	2.5%

1999 年 6 月 10 日，中国人民银行第七次降息，一年定期存款利率降至 2.25%。降息后监管机关快速应对，同一天中国保监会下发《关于调整寿险保单预定利率的紧急通知》，规定寿险保单预定利率不得超过 2.5%，并不得附加利差返还条款。央行在 36 个月中将存款利率（一年定期）由 9.18% 下阶梯式连续下降至 2.25%，这给正在步入发展快车道的中国寿险业带来了两个直接而严峻的问题：

第一个是业务的持续增长问题。预定利率降至 2.5% 的长期寿险业务很难对一般民众产生吸引力，预定利率降低使各寿险公司的业务增长面临前所未有的危机。一方面，长期处于高利率环境、保险意识尚在逐步培育中的老百姓对没有高收益预期的寿险产品热情骤降；另一方面，各保险公司一线机构和团队对降低寿险预定利率不理解而向各寿险公司总公司传递市场压力和"需要新产品"的呼声。寿险产品的开发，从早期分公司可自行开发产品报总公司审批的办法，改为收归总公司开发并报保监会审批。预定利率变化导致各寿险公司总部的新产品开发压力急剧上升，各寿险公司总公司乃至监管机关当时都承受了不小的压力。

第二个是存量业务的巨额利差损问题。过去高利率时期，寿险公司销售的长期寿险保单的预定利率在4.5%～10%，平均值在6.9%左右。国际著名投资银行高盛在2003年发布的《中国保险业——成长前景、创造价值的关键在改革》的报告中称："中国保险业正展现出创造价值式的增长，有望在2010年跻身全球五大保险市场行列，但巨额利差损仍是悬于这个繁荣行业头上的达摩克利斯之剑。"高盛预测中国人寿、中国平安、中国太保三大保险公司的潜在利差损在320亿～760亿元。中国国际金融公司2007年3月的报告称，平安人寿将长期受到利差损保单的困扰。1997年4月日本日产生命保险公司破产和1999年6月日本东邦生命保险公司破产，正是因为日本进入20世纪90年代以后经济低迷、通货紧缩，而在经济繁荣时期销售大量高预定利率保单的寿险公司背负巨额利差损，同时面临业务下降、投资收益下降、资产缩水、退保增加的巨大压力并危及公司的偿付能力。

生物界的进化肇始于环境的改变，人类社会的很多创新同样也是缘于环境改变的倒逼。当困难和压力积聚到一定程度时，极限和拐点就会显现，中国推出新型寿险正是被利率环境改变倒逼的结果。许多年后人们回述这段历史时，或许可以称新型寿险乃是应运而生。事实上面对当时的困境，监管机关和各个保险公司都是在焦虑中急切研究突破的方法和路径。中国平安当时提出："引进西方保险业的成功经验，开拓以基金连锁型产品为主的投资型保险产品，是化解巨额利差损，提高偿付能力的一条重要途径。"

1999年10月，中国平安推出国内第一款投资连结保险——平安世纪理财投资连结保险。这种形态的保险产品在国外称为 unit-link insurance，直译为"基金连锁型保险"。平安保险的这款创新寿险产品报批时为了与当时国内的基金相区别，以及便于明确监管归属并使市场易于接受，最终定名为投资连结保险。

2000年4月，中国人寿总公司在个险营销渠道推出国内第一款分红保险——国寿千禧理财分红保险。分红险设有保底收益，每个会计年度后，保险公司将该类业务的可分配盈余按一定比例（70%以上）以红利方式分配给客户。收益保底满足了客户保值增值的需求，而分红则提供了获得高收益可能的想象空间。

2000年8月，中国太保向市场投放了国内第一款万能寿险——太平盛世·长发两全保险（万能型）。该产品设有保底利率，缴费方式灵活，投资和保障账户分设，风险保额可以申请调整，投资账户定期结算。由于当时面临一线分支机构没有主打产品可卖的巨大市场压力，作为老三家保险公司中最后一家推出新型寿险的太保一时如释重负。

投连、分红、万能险的渐次推出，是中国寿险业在产品创新方面的里程碑，缓解了银行存款利率连续下调以后分支机构无主打产品可卖的问题和业务增长压力，同时也通过产品创新解决了银行存款利率波动情况下寿险产品的保单投资收益随着市场而浮动的问题。当时的三大保险巨头国寿、平安、太保如同台下有约，分别推出分红、投连和万能三种不同类型的新型寿险，这种结果是各自市场博弈的巧合还是顶层设计下的安排无从查考，但是三种不同类型的新型寿险确是十分契合国寿国营、太保稳健、平安创新的经营风格。当时中国保险市场如此快速地推出投连、分红和万能保险，也出乎许多国外保险同行的意料。

由于投资连结保险投资收益上不封顶、下不保底，在投资市场行情好的时候客户的投资账户会大幅盈利，而在资本市场处于熊市时会出现客户账户亏损的情况。当时部分营销人员在销售时存在夸大收益预期、避谈风险和账户管理收费等销售误导行为，加上客户在投资风险意识方面还不很成熟，导致2000年股市上扬时热销的投资连结保险在2001年下半年资本市场下行低迷时期销售大幅下降的同时，已投保客户因账户出现亏损而大量退保，在福建、广东、山东等地形成了一时的投连退保危机。万能寿险虽然设有保底利率，但是其每季、每月的结算规则以及账户不透明的特点，在投资低迷时期同样也引发客户的不满，保险公司同时还要承担投资盈亏风险和现金流波动风险。因此，中国平安和中国太保后来也很快向市场投放了分红保险，以致在后来的十几年里，寿险业一度形成了分红险"一险独大"的局面。

高储蓄低利率诱发银行保险异军突起

银行和保险的天然联系不仅表现在业务的相关性，同时在客户资源、资金账户等许多方面具有紧密的联系。人保、平安、太保几家老牌保险公司从20世纪90年代开始就把银行视作一个优良的渠道，积极展开和中、农、工、建、交、邮等各家银行的合作，但在2000年之前，这种看似前景很好的合作并没有结出多少成果，根本性的原因在于我国长期实行的高利率政策让绝大部分银行客户习惯于把钱"趴在银行"吃利息，他们既缺乏取出银行存款去投资的动力，也缺乏投资理财方面的专业知识和渠道。然而当银行利率由10%一路跌至2.25%甚至到2002年降至1.98%时，当时6万多亿元的储蓄存款被"震醒"了，买国债、买保险、买基金成为银行储蓄在柜面分流的几个主要选项，银行内部加强了对中间业务收入的考核，银行的营业网点贴出了"鸡蛋不放在同一个篮子里""你不理财、财不理你"的招贴画。

2000年之后，我国的银行保险开始启动，此后进入10年高速增长时期。银行保险出现井喷式增长，主要源于五个方面背景：一是客户需求出现新的趋势性变化，超过 6 万亿的居民储蓄在央行连续七次降息之后开始出现寻求其他理财增值渠道的分流意愿；二是由于前两年产品原因导致个险营销渠道出现保费骤降形成公司业务发展产生波动的风险，促使各家寿险公司积极寻求分销渠道的多元化，银保渠道由于行业相近且在客户资源、机构网点方面的优势成为首选；三是由于市场竞争日趋激烈以及传统存贷差的盈利模式受到挤压甚至挑战，中间业务收入成为各家银行新的盈利增长点和重要的考核指标；四是监管机关逐渐放开对银行网点代理销售其他金融产品的限制，取消了银保代理"1+1"模式要求；五是中国保险行业协会引介银行保险领域全球领先的法国保险同行来华介绍欧洲银行保险的发展经验。法国保险专家对于中国保险复业 20 年即推出投连、万能等技术复杂的新型寿险产品的创新能力表示惊讶。

在银行保险方面首先看到商机并闻风而动的是中国平安保险公司。2000 年 8 月，平安人寿率先在银行柜台推出了全国第一款分红储蓄型银行保险产品"千禧红"。2001 年 4 月，太平洋寿险在上海召开首款银行保险产品"红利来两全保险（分红型）"上市新闻发布会，三年内银保渠道年保费收入飚升到 300 亿元。随后，中国人寿、太平人寿、新华人寿、泰康人寿等公司快速跟进，银行保险进入井喷式发展时期，成为银行储蓄分流、保险公司保费收入快速增长的重要渠道。全国银行保险保费收入由 2001 年的 46 亿元增长到 2010 年的 4 399 亿元，占寿险保费收入的比重从 3.2% 上升到 44.9%，接近一半的寿险保费来自银行保险渠道，有的寿险公司银行保险保费的占比一度高达 80%。当时一家保险公司银行保险的培训材料中引用了南非总统曼德拉的名言："对于我们而言，最可怕的不是我们存在多少的不足，而是不能发现我们身上蕴藏着巨大的能量。"银行保险的高速增长超出了大部分行业专家的预期。

2003年1月1日，监管机关取消了一个银行网点只能代理一家保险公司产品的禁令。银行及其分支机构网点成为各家寿险公司竞相争夺的资源，各银行总行也积极与各家寿险公司签订战略合作协议，以"总对总"方式下达银行代理保险的年度预算任务，开展"总对总""分对分""中支对中支"多层级的业务启动、竞赛和培训，推动银行保险进入加速发展的快车道。

银行与保险公司合作模式的先天限制、井喷式高速增长和激烈的价格竞争也埋下了银行保险后十年调整的伏笔。由于金融业实施分业经营、分业管理，各家保险公司与银行无法形成资本层面的深度联姻，合作主要限于业务代理的范围，银行看重的是当期代理手续费收入，保险公司关注的是当期保费收入，短期行为的特征十分明显。各家保险公司在银行柜面销售的分红型寿险产品，期限以五年期为主，保障低、储蓄性强，产品的同质化导致激烈的手续费及分红的价格竞争。在一个银行网点可以销售多家保险公司产品的模式下，保险公司建立了银行网点管理员队伍进行驻点或巡点销售来提高点均产能。银行基层网点和柜面人员由于业务指标考核压力和保险公司给予的业务奖励，引导柜面客户投保分红险的积极性较高，销售中出现误导的情况时有发生，有的年迈客户将五年期的分红险保单当作五年定期储蓄的新型存单领回了家。保险公司对银行网点资源的激烈争夺，使银行网点资源形成卖方市场，银行对保险公司的代理利益要求逐年提高，除了总行、分行要求的合作协议手续费以外，保险公司还要支付会议培训、竞赛激励、经办人员奖励等费用，在竞争白热化的阶段，有的保险公司基层机构甚至出现贴费获取业务的情况。

2010年以后，价值型增长方式逐步在寿险业和主要寿险公司的经营方针中得到确立，业务价值率高的个人长期期交业务逐渐成为各寿险公司的业务主流，以五年期趸交为主、代理成本高企、逼近盈亏平衡点的银行保险慢慢被一些保险公司视为鸡肋。2010年，银监会发布90号文件《中国银监会关于进一步加强商业银行代理保险业务合规销售与风险管理的通知》，明确要求取消保险公司在银行网点的驻点销售方式，禁止银行网点在销售中强调银保产品的分红收益或与存款、国债等进行收益回报比较等可能误导客户的行为，要求客户投保时抄录"本人已阅保险条款、产品说明书和投保提示书，了解本产品的特点和保单利益的不确定性"并签字确认。银行保险由此快速降温，进入了新一轮调整期。当然，正如西方谚语所言，当一扇门砰然关上的时候，2009年11月5日银监会颁布《商业银行投资保险公司股权试点管理办法》，为银保联姻和资本层面的深度合作打开了另一扇窗。随后，银行投资设立或参股、控股保险公司的案例不断出现，到2015年中、农、工、建、邮、交等银行都有了自己的保险公司，建信人寿、农银人寿、中银人寿、工银安盛、邮储人寿、交银康联等纷纷登台亮相，成为保险市场上一支"银行系保险公司"新军。"银行系保险公司"依托银行的机构网络资源和客户资源，一段时间内业务上取得了较快的发展，其中有的公司也建立了个人代理人队伍，发展个人长期期交分红型高价值率保单业务。但在2017年监管机关对高现金价值和速返型寿险产品进行了限制，并禁止万能险和投连险作为附加险销售以后，"银行系保险公司"以及银保业务占比较高的寿险公司面临业务结构调整和保费增长的经营压力。

加入WTO与保险市场扩大开放

2001年，世界发生了许多影响后世的大事：1月，印度发生死亡两万人的大地震；2月，科学家首次公布人类基因组图谱；3月，"和平号"空间站成功坠入南太平洋；5月，第一位人类太空游客安全返回地球；7月，中俄签订《睦邻友好合作条约》；9月，美国遭受"9·11"

恐怖袭击；11月，中国签署加入世界贸易组织（WTO）议定书。2001年9月17日，中国经过历时15年的艰难谈判后终于和WTO的主要成员方达成加入WTO的多边协议。中国于11月10日正式加入WTO，并于12月11日成为其正式成员。国家战略和国家利益需要保险业以金融业排头兵的角色率先实施对外开放，从而换取了银行、证券等其他金融业更长时间的过渡保护期，以确保我国金融业的有序开放和整体金融安全。

驿站

"9·11"事件·劳合社敲钟

2001年9月11日，美国纽约当地时间上午9时，两架被劫持的民航客机一前一后撞入纽约世贸中心双子星高楼。撞击瞬间爆炸、燃烧、浓烟滚滚，随后两幢大厦轰然倒下。当天，另有两架客机被劫坠毁，其中一架撞上了华盛顿五角大楼。这次恐袭事件震惊了全世界，后来被称为"9·11事件"。

2001年9月13日，世界保险市场最具影响力的伦敦劳合社举行了敲钟仪式，表达对"9·11事件"死难者的哀悼并宣告全球保险业面临又一宗重大保险理赔案件。劳合社大厅里的这座"卢丁钟"（Lutine Bell），在遇有船舶失踪或沉没等重大海难事故时才会敲响。这是自20世纪70年代以来的第一次敲钟仪式，显示劳合社对"9·11事件"以及这宗估损超过380亿美元的巨额赔案的高度重视。

中国再保险公司国际部在"9·11事件"发生后第一时间进行了保险损失估算。当时中国再保险公司并没有从美国和加拿大分入的保险业务，但是亚马孙流域的一只蝴蝶扇动一下翅膀引起的连锁反应可能在南美洲引发一场飓风，一份法国再保险公司的转分保合同和一份劳合社的第一溢额分保合同将中国再保险公司牵涉在内，中国再保险公司估计损失195万美元。中国再保险公司当时由于没有分入航空险业务，因此没有受到巨额的航空险索赔。

中国加入WTO对保险业的影响是巨大的。一方面，中国由此融入世界市场经济体系，在全球分工的价值链中赢得了符合自身定位和需求的位置，通过低人力成本优势、民众的勤奋和努力以及前20年积累的技术和生产能力获得又一个20年的经济高速增长。中国经济的增长和财富的快速增加是中国保险业得以持续快速发展的经济基础和前提条件，大量以房产、设施、机器、设备、物资、产品、库存等形态存在的财富需要财产保险，大量国际国内贸易中空运、海运、河运、陆运的各类商品物货需要运输保险，大量的企业和非企业组织之间的经贸经营活动需要信用保证保险、责任保险，数以亿计的机动车辆需要车辆保险和第三者责任保险，数量和占比快速提高、逐步富裕起来的中等收入阶层产生了意外保险、健康保险和人寿保险的巨大需求。另一方面，WTO秉持的市场开放和国民待遇原则，又给尚不成熟的中国保险业带来作为金融业前哨阵地首先对外开放的压力。中国加入WTO时对保险业开放的主要承诺内容包括以下方面：

企业设立形式：

——中国在加入WTO时，将允许外国非寿险公司在中国设立分公司或合资公司，合资公司外资股比可以达到51%；中国加入后两年内，允许外国非寿险公司设立独资子公司，即没有企业设立形式限制。

——加入时，允许外国寿险公司在中国设立合资公司，外资股比不超过50%，外方可以自由选择合资伙伴。

——合资企业投资方可以自由订立合资条款，只要它们在减让表所作承诺范围内。

——加入时，合资保险经纪公司外资股比可以达到50%；中国加入后三年内，外资股比不超过51%；加入后五年内，允许设立全资外资子公司。

——随着地域限制的逐步取消，经批准，允许外资保险公司设立分支机构。内设分支机构不再适用首次设立的资格条件。

地域限制：

——加入时，允许外国寿险公司、非寿险公司在上海、广州、大连、深圳、佛山提供服务；中国加入后两年内，允许外国寿险公司、非寿险公司在北京、成都、重庆、福州、苏州、厦门、宁波、沈阳、武汉和天津提供服务；中国加入后三年内，取消地域限制。

业务范围：

——加入时，允许外国非寿险公司从事没有地域限制的"统括保单"和大型商业险保险。加入时，允许外国非寿险公司提供境外企业的非寿险服务、在中国外商投资企业的财产险、与之相关的责任险和信用险服务；中国加入后两年内，允许外国非寿险公司向中国和外国客户提供全面的非寿险服务。

——允许外国寿险公司向外国公民和中国公民提供个人（非团体）寿险服务；中国加入后三年内，允许外国寿险公司向中国公民和外国公民提供健康险、团体险和养老金/年金险服务。

——加入时，允许外国（再）保险公司以分公司、合资公司或独资子公司的形式提供寿险和非寿险的再保险业务，且没有地域限制或发放营业许可的数量限制。

营业许可：

——加入时，营业许可的发放不设数量限制。申请设立外资保险机构的资格条件为：第一，投资者应为在WTO成员方有超过30年经营历史的外国保险公司；第二，必须在中国设立代表处连续两年；第三，在提出申请前一年年末总资产不低于50亿美元。

关于大型商业险：

——大型商业险是指对大型工商企业的保险。其标准为：中国加入WTO时企业年保费超过80万元人民币，而且投资额超过2亿元；加入后一年，企业年保费超过60万元，而且投资额超过1.8亿元；加入后两年，企业年保费超过40万元，而且投资额超过1.5亿元。

关于法定保险的范围：

——中国承诺，中外直接保险公司向中国再保险公司进行20%分保的比例，在中国加入WTO时不变，加入后一年降至15%，加入后两年降至10%，加入后三年降至5%，加入后四年取消比例法定分保。但是，外资保险公司不允许经营机动车辆第三者责任险、公共运输车辆和商业用车司机和承运人责任险等法定保险业务。

关于保险"统括保单"经纪业务：

——将实行国民待遇。但是，外资保险经纪公司地域范围也应按照外资保险公司地域限制的过渡期逐步放开，即加入时在上海、广州、大连、深圳、佛山范围内办理业务；加入后两年，增加开放十个城市；加入后三年，无地域限制。

——关于保险经纪公司申请资格，除上述30年经营历史和连续两年代表处要求外，对其资产规模要求：加入时，超过5亿美元；加入后一年内，超过4亿美元；加入后两年内，超过3亿美元；加入后四年内，超过2亿美元。

此外，中国政府根据《服务贸易总协定》，对保险服务中跨境交付等方式做出的承诺包括以下方面：

——中国政府针对跨境交付，除国际海运、航空、货运险和再保险，以及大型商业险和再保险经纪业务外，不做承诺；针对境外消费，除保险经纪不做承诺外，其他未做限制；针对自然人流动，除跨行业的水平承诺（即包含保险行业在内的普遍承诺）外，对其他没有承诺。

2001年时，我国GDP已经以10 808亿美元跃居世界第6位，但是保险业排名还在第13位。由于巨大的人口基数，2001年我国人均GDP以946美元排世界112位，我国的保险密度仅为20美元/人，排名世界第73位，排名大大低于美、英、日、法、德等西方发达国家，也低于泰国、阿根廷、哥伦比亚、委内瑞拉、智利、土耳其等国家。保险深度排名世界第56位，同样十分靠后，大幅落后于我国GDP排名。

任何事物的发生总是利弊同现、祸福相倚。对于开放保险市场，赞成者认为，通过与国际接轨可以输入先进的理念和技术，有利于破除国内保险业存在的各种积弊，推动整个行业更好地向市场化方向健康发展；反对者认为，保险业国内业务复业时间不长，行业的整体实力、法规制度、技术水平等还相对薄弱，开放市场带来的巨大冲击可能使市场陷入混乱，导致民族保险业利益受损。不过，当时中国加入WTO大局已定，保险业对外开放也是大势所趋，问题的关键转变为在对外开放的环境中如何更好地发展我国的保险市场。

中国人的逻辑思维习惯是为什么、做什么、怎么做，在开始做一件事以前，会进行利害权衡和各种利弊分析，一旦决定以后就会义无反顾、心无旁骛地坚持做下去。中国民族保险业的发展历史比发达国家短得多，当时的资本实力、技术能力也相对较弱，面对率先对外开放的要求，保险业一方面加快中资保险公司自身的发展和壮大，另一方面做好与外资保险公司同场竞争的准备。外资进入的压力增强了中资保险公司的责任感、使命感和忧患意识，加快培育和发展国内保险市场、增强容纳与共生能力，成为中国加入WTO后中资保险公司的共同诉求。从最初担忧被抢走业务、客户和发展空间，很快转化为更好借鉴和学习消化、利用外资保险带入的经营理念、管理经验、承保规则、理赔技术等发展和繁荣我国的保险市场。

事实上，在我国加入WTO以前，外资就已经开始渐次进入中国保险市场。自 1992 年友邦登陆上海开始，陆续有外资保险以各种形式进入中国市场，国家监管机关对保险业开放进程采取了循序渐进的方法，而加入 WTO 增加了保险业开放的外部压力，加快了市场开放进程。1992 年 7 月，中国人民银行颁布了《上海外资保险机构暂行管理办法》；同年 9 月，美国友邦保险抢滩登陆上海，10 月美亚保险在上海开业；1993 年，中国平安保险公司引进美国摩根士丹利和高盛两大国际投资银行入股，占 13.7% 的股份；1994 年，日本东京海上保险公司在上海成立分公司开展非寿险经营；1996 年，首家中外合资寿险公司中宏人寿成立；1998 年，英国皇家太阳联合保险公司获准在中国开设分公司，太平洋安泰人寿于同年在上海成立；1999 年，法国安盛集团与中国五矿集团合资组建金盛人寿保险公司，安联大众于同年在上海成立；2000 年，新华人寿向苏黎世保险公司、国际金融公司、日本明治安田生命保险公司等募集 24.9% 的股份协议在上海签署，信诚人寿、中保康联人寿于同年成立；2000 年，泰康人寿宣布经海外募股增资至 20 亿元，海外股东包括瑞士丰泰人寿、新加坡政府直接投资公司等；2002 年，中意人寿、招商信诺、海尔纽约人寿、首创安泰成立，恒安人寿与欧洲最大的互助保险公司英国标准人寿保险公司合资成功，双方各占 50% 股份；2003 年，中英人寿、海康人寿、广电日生人寿成立；2004 年，中美大都会人寿、国泰人寿成立；2005 年，中航三星人寿成立，太平洋保险集团与美国凯雷投资集团于同年年底以对等方式出资 66 亿元人民币注资太保寿险，助其提升偿付能力。

2001 年时，我国保险市场上共有中外资保险公司 40 家，其中国有独资公司 5 家，股份制公司 9 家，中外合资公司 13 家，外国保险分公司 13 家。但从业务占比来看，外资保险公司在中国保险市场的占有率仅为 1% 左右。在随后几年中，保险市场经营主体继续扩容，到 2004 年 7 月有 18 家新设中资保险公司获批筹建，其中 8 家寿险、3 家健康险、7家财产险，包括国民人寿、联合人寿、国信人寿、国华人寿、阳光健康险、昆仑健康险、正华健康险、永诚财险、华农财险、安邦财险、安华农业险、万全汽车险、渤海财险、东安财险等，同时获批的还有人保健康、平安健康、太平养老、平安养老等专业公司。

  同时，外资保险进入我国的步伐也进一步加快。到2005年12月，名列《财富》世界500强企业的40多家境外保险公司中，有27家在中国设立了营业机构，外资、中外合资的保险公司达到40家。有19个国家和地区的128家外资保险机构在华设立了192个代表机构和办事处。外资保险机构进入中国以后，带来了国外成熟的经营理念和承保、理赔、客服等方面的管理技术，也为保险业培养了专业人才。从市场开放实践的结果来看，由于对外资保险的准入采取了股权、地域、业务上逐步放开的办法，并未对民族保险业产生原来担心的巨大冲击，外资保险公司由于对中国市场不同于其母公司所在国的经营环境和文化的适应需要过程而没有获得预期中的快速扩张，增长速度大大低于中资保险公司。截至2018年年底，在我国经营的外资保险公司共有50家，其中：外资财产险机构包括史带财产、美亚、东京海上、瑞再商企、安达保险、三井住友、三星、安联、日本财产、利宝互助、中航安盟、安盛天平、苏黎世、现代财产、劳合社、中意财产、爱和谊、国泰财产、日本兴亚、乐爱金、富邦财险、信利保险等22家；外资寿险机构包括中宏人寿、中德安联、工银安盛、中信保诚、交银康联、中意、友邦、北大方正人寿、中荷人寿、中英人寿、同方全球人寿、招商信诺、长生人寿、恒安标准、瑞泰人寿、中法人寿、华泰人寿、陆家嘴国泰、中美联泰、平安健康、中银三星、恒大人寿、新光海航、汇丰人寿、君龙人寿、复星保德信、中韩人寿、德华安顾等28家。22家外资财产险机构2018年保费收入227.8亿元，占全部财产险保费收入11 755.7亿元的1.9%；28家外资寿险机构2018年保费收入2 126.5亿元，占全部寿险保费收入 26 260.9 亿元的 8%。产寿险外资保险 2018 年合计保费收入 2 354.3 亿元，占全部产寿险保费收入 38 016.6 亿元的 6.19%。

驿站

美国友邦重回外滩 17 号

1992 年 9 月 25 日，美国国际集团（AIG）旗下友邦人寿董事长暨首席执行官谢仕荣手捧获批的中国内地第一张外资保险经营许可证，在上海外滩中山东一路友邦大厦宣布：友邦保险重新回到外滩 17 号，AIG 全资子公司友邦人寿上海分公司正式开业。同年 10 月，AIG 又在上海设立了专业经营财产保险的独资子公司美亚保险。友邦和美亚重回上海，是中国从金融保险业的角度向全世界发出的扩大对外开放的明确信号。登陆上海后的友邦人寿在中国保险市场引入了个人代理人制度，后经平安、国寿、太保等公司的仿效和发展，成为我国寿险业的主流揽业获客模式。

美国国际集团（AIG）是全球最大的金融保险集团之一，它的创办人是 20 世纪 30、40 年代赫赫有名、发家于上海的"远东保险王" C.V. Starr（中译名史带）。1916 年，曾在美国做过保险经纪人的美国青年 C.V. Starr 赤手空拳来到了当时的远东第一大城市上海，意图成就一番事业。1919 年 12 月 12 日，C.V. Starr 创立美商美亚保险公司，这是一家注册在美国、带有代理性质的保险公司，主要为美英几家大保险公司专营代理中国保险业务。1921 年，C.V. Starr 又陆续在上海创建了友邦人寿保险公司、友邦水火保险公司，并开办了友邦银行。1925 年，根据中国的贸易法令，美亚改向中国政府注册。1930 年，美亚与英商合办四海保险公司；1931 年，与法商合办法美保险公司；1932 年，又与浙江兴业、中国通商和中孚银行等合资组建泰山保险公司。美亚保险在 1919—1951 年的 30 多年间，分支机构和业务遍及上海、广州、汉口、天津、重庆、杭州、福州、香港以及英国、美国、阿根廷、巴西、哥伦比亚、委内瑞拉、印度、日本、越南、缅甸、新加坡等地。1937年，日本侵华战争全面爆发后，为了躲避战火，C.V. Starr 将友邦保险的总部从上海迁到了纽约。1950 年 12 月 16 日，美国政府宣布管制中国在美国的公私财产，作为应对措施，上海市政府在 12 月 30 日宣布对美亚、北美洲等在沪美资企业实行军事管制。1951 年 4 月 1 日后，美亚因营业收入锐减而申请停业并撤出中国。

C.V. Starr 回到美国后，在美亚保险、友寿保险等公司的基础上组建成立了美国国际集团（American International Group，AIG），经过几十年的经营，AIG 成为美国乃至全球著名的金融保险集团，经营地域扩大至全世界 130 多个国家和地区，业务范围也扩展到寿险、非寿险、退休金管理、资产管理及其他投资等金融服务领域。40 年后的 1992 年，AIG 率先敲开了中国保险市场的大门回到上海，设立美国友邦人寿上海分公司和美亚财产保险子公司，分别开展人身保险和财产保险经营。在 2008 年的全球金融危机中，美国国际集团（AIG）遭到重创面临重大财务危机，后受到美国政府 1 820 亿美元救助而最终转危为安。

外资保险公司在中国的生存和发展有一个本土化的过程，这也是中外双方文化和理念碰撞、协同的过程。理查德·道金斯在《基因之河》一书中曾经指出："来自双亲的基因本身并不融合，仅仅是发挥它们各自的作用，基因本身都具有坚实的完整性。"长期经营的企业的基因或许也根植于其企业文化和价值观当中，中国的保险经营环境、发展阶段与很多合资保险公司外方母公司所在国的环境存在着文化和市场上的差异，大部分合资寿险公司在中国的经营没有获得预期中的成功。外资保险公司中被业内认为经营比较成功的是外方独资的美国友邦保险，这可能是由于它发端于上海而熟悉当地文化，也可能是它聘用了我国台湾和香港地区的经营管理人才担任高管。友邦在经营理念、产品、管理和技术方面的经验使其成为许多前期规模导向的中资寿险公司在转型时期借鉴学习的榜样。而且在许多中资寿险公司仿效其个人代理人营销模式而实现寿险业务的快速增长和规模扩张时,友邦表现出淡定而理智的态度:别的公司能模仿 AIG 做的事,却不能模仿 AIG 如何思考。与此同时,大部分合资寿险公司在中国的经营都处于增长缓慢的状态,有的甚至出现经营困难、高管频繁更换或者股东变更。分析其原因主要有三个方面:

股权结构。相关法规规定外资寿险进入中国市场必须采用合资的方式,且外方的股权占比不超过 49%,后期放宽至 50%。这种合资股权结构,特别是在只有 2～3 家股东的情况下,很容易产生中外股东在重大问题上出现分歧时互不让步的情形,导致在经营思路和决策上徘徊犹豫,业务踯躅不前。

经营控制权。由于合资双方股东所处的市场背景不同,其价值取向和经营思维存在差异,很多外资高管无法理解也不能同意"跨越式的增长",外方从战略利益出发产生对经营控制权的诉求,形成中外高管在具体经营中的互相掣肘。

高管频繁更换。由于合资公司本土化的问题没有能够很好解决,其业务发展相对中资保险公司而言增长较慢,特别是在外部经营环境出现波动和风险时,合资公司高管很容易成为业务发展不力的归责对象,从而产生频繁离职跳槽的现象。

大型保险公司纷纷上市

2003 年 11 月,中国人保财险在香港挂牌上市,拉开了我国内地金融保险企业赴境外上市的序幕。此后,中国人寿、中国平安、中国太保等公司陆续赴香港、纽约上市,通过上市实现了资本持续补充和偿付能力改善,同时也为我国国有商业银行的境外上市提供了经验借鉴。中、农、工、建四大国有商业银行1999年将不良资产剥离给四大资产管理公司并获得国家注资后，从2005年开始也陆续实现了境外上市，首家在香港挂牌上市的中国建设银行募集资金622亿港元。

2003年3月24日，原保监会发布2003年1号令《保险公司偿付能力额度及监管指标管理规定》。中国人保、中国人寿的偿付能力充足率和资本补充成为保险业的大事，两家公司分别于当年11月和12月实现了境外上市，成为当年全球最大的两宗IPO。中国人保和中国人寿率先在境外上市，适应了国有保险公司股份制体制改革的需要，通过完善公司法人治理结构和资本市场监督加快转换经营机制、增强企业活力。同时，两家公司在业务快速扩张过程中需要建立资本的持续补充机制，以确保公司具有法规所要求的充足偿付能力。

- 2003年11月6日，中国人保财险在香港联交所挂牌交易，成为内地保险业，也是金融业境外上市第一股。2012年12月7日，中国人民保险（集团）股份有限公司在香港H股整体上市，股票代码1339。2018年11月16日，中国人民保险（集团）股份有限公司正式登陆上海证券交易所，股票代码601319。

- 2003年12月，中国人寿保险（集团）公司旗下中国人寿保险股份有限公司在纽约（LFC）、香港（02628）两地同步上市。2007年1月，中国人寿保险股份有限公司登陆上海证券交易所回归A股，股票代码601628，成为全球市值最大的寿险公司。

- 2004年7月，中国平安在香港联交所正式挂牌交易，股票简称"中国平安"，股票代码02318。2007年3月1日，中国平安在上海证券交易所挂牌上市，股票代码601318。

- 2007年12月25日，中国太平洋保险（集团）股份有限公司在A股上市，股票简称"中国太保"，代码601601。2009年12月23日，中国太保在香港联交所上市，H股代码02601。

- 2011年12月15、16日，新华人寿保险股份有限公司分别在香港联交所和上海证券交易所上市，股票简称"新华保险"，A股代码600336，H股代码01336。

- 2000年6月，中保国际控股有限公司在香港联交所上市。2013年7月，中国太平保险集团完成重组改制，将部分股权、未上市资产和负债注入旗下港股上市公司"中保国际"，实现中国太平整体上市，股票简称更改为"中国太平"，股票代码00966。

中国人保、中国人寿、中国平安、中国太保、新华保险、中国太平这些保险公司上市以后，大幅提升了中国保险业的资本实力，为中国保险业的持续发展奠定了更好的基础。第一，上市有效提高了当时各家保险公司的偿付能力充足率，并建立起了在业务快速增长时期的资本持续补充机制。第二，这些公司上市以后经营方向和业绩效益受到资本市场的追踪和监督，必须定期召开业绩发布会向投资者和社会公众说明经营情况，因此经营管理更趋向透明和健康。第三，这些公司作为上市企业其法人治理结构更趋完善，董事会、监事会、经营层各司其职，公司战略决策、财务管理、关联交易、重大投资等程序更加完备，风险管控大大加强。第四，上市保险公司之间形成了业务增长和经营管理方面的同场竞争和对标，注重为投资者、客户和社会创造价值成为它们共同的价值取向。第五，这些公司上市以后品牌价值大幅提升，不仅因其行业特点和大额市值受到资本市场和投资者的广泛关注，同时也为它们拓展客户和业务带来协同增值效应。

保险业"国十条"发布

2006年1月1日是中国历史上一个值得纪念的日子。2005年12月29日，十届全国人大常委会第十九次会议决定，《中华人民共和国农业税条例》自2006年1月1日起废止，标志着在中国延续了两千多年的农业税寿终正寝。这既是国家对农业、农村和农民的直接减负，更显示出我国的经济产业结构和财政税收结构出现了历史性的变化。

2006年对于中国保险业而言也是具有里程碑意义的重要年份。2006年6月15日，发布《国务院关于保险业改革发展的若干意见》，共10条，被称为保险业"国十条"。《意见》认为，我国保险业改革发展虽然取得了巨大成就，但是由于起步晚、基础薄弱、覆盖面不宽、功能和作用发挥不充分，与全面建设小康社会和构建社会主义和谐社会的要求不相适应，与建立完善的社会主义市场经济体制不相适应，与经济全球化、金融一体化和全面对外开放的新形势不相适应，保险业发展的潜力和空间巨大。

《意见》首次从国家层面定义了保险业具有经济补偿、资金融通和社会管理三大功能，是市场经济条件下风险管理的基本手段，是金融体系和社会保障体系的重要组成部分。加快保险业改革发展，有利于应对灾害事故风险，保障人民生命财产安全和经济稳定运行；有利于完善社会保障体系，满足人民群众多层次的保障需求；有利于优化金融资源配置，完善社会主义市场经济体制；有利于社会管理和公共服务创新，提高政府行政效能。

《意见》确立了加快保险业改革发展的总体目标：建设一个市场体系完善、服务领域广泛、经营诚信规范、偿付能力充足、综合竞争力较强，发展速度、质量和效益相统一的现代保险业。围绕这一目标，明确了行业的主要任务：拓宽保险服务领域，积极发展财产保险、人身保险、再保险和保险中介市场，健全保险市场体系；继续深化体制机制改革，完善公司治理结构，提升对外开放的质量和水平，增强国际竞争力和可持续发展能力；推进自主创新，调整优化结构，转变增长方式，不断提高服务水平；加强保险资金运用管理，提高资金运用水平，为国民经济建设提供资金支持；加强和改善监管，防范化解风险，切实保护被保险人合法权益；完善法规政策，宣传普及保险知识，加快建立保险信用体系，推动诚信建设，营造良好发展环境。

《意见》指出，保险业需要重点加快发展的业务领域包括农业保险、商业养老保险、健康保险和责任保险。开展多形式、多渠道农业保险，明确政策性农业保险的业务范围并给予政策支持，探索中央和地方财政对农户投保给予补贴的方式、品种和比例，对保险公司经营的政策性农业保险给予经营管理费补贴，探索发展相互制、合作制等多种形式的农业保险组织，建立适合我国国情的农业保险发展模式。统筹发展城乡商业养老保险和健康保险，完善多层次社会保障体系，鼓励和支持有条件的企业通过商业保险建立多层次的养老保障计划，充分发挥保险机构专业优势，参与企业年金业务。大力推动健康保险发展，支持保险机构投资医疗机构。积极探索保险机构参与新型农村合作医疗管理的有效方式，推动新农合的健康发展。大力发展安全生产责任、建筑工程责任、产品责任、公众责任、执业责任、董事责任、环境污染责任等保险业务，在煤炭开采等行业推行强制责任保险试点，进一步完善机动车交通事故责任强制保险制度，试点建立统一的医疗责任保险。

加快保险业自主创新也是新时期保险业改革发展的必然要求。《意见》指出，要发展航空航天、生物医药等高科技保险，稳步发展住房、汽车等消费信贷保证保险，积极推进建筑工程、项目融资等领域的保险业务，支持发展出口信用保险，加快发展再保险，鼓励发展商业养老保险、健康保险、责任保险等专业保险公司。支持具备条件的保险公司发展成为具有国际竞争力的保险控股（集团）公司，稳步推进保险公司综合经营试点，提供多元化和综合性的金融保险服务。

保险资金运用方面，《意见》允许符合条件的保险资产管理公司逐步扩大资产管理范围，探索保险资金独立托管机制。在风险可控的前提下，鼓励保险资金直接或间接投资资本市场，逐步提高投资比例，稳步扩大保险资金投资资产证券化产品的规模和品种，开展保险资金投资不动产和创业投资企业试点。支持保险资金参股商业银行。支持保险资金境外投资。

提高开放水平方面，《意见》支持具备条件的境内保险公司在境外设立营业机构，为"走出去"战略提供保险服务。积极参与制定国际保险规则，加强跨境保险业务监管。

《意见》强调，要坚持把防范风险作为保险业健康发展的生命线，不断完善以偿付能力、公司治理结构和市场行为监管为支柱的现代保险监管制度。规范行业自保、互助合作保险等保险组织形式，统一纳入保险监管。研究并逐步实施对保险控股（集团）公司并表监管。健全保险业与其他金融行业之间的监管协调机制，防范金融风险跨行业传递。加快保险信用体系建设，强化失信惩戒机制，切实解决误导和理赔难等问题。建立保险纠纷快速处理机制。

《意见》要求进一步完善法规政策，探索对涉及国计民生的政策性保险业务给予适当的税收优惠。建立国家财政支持的巨灾风险保险体系。加快推进农业保险法律法规建设，研究推动商业养老、健康保险和责任保险以及保险资产管理等方面的立法工作。将保险教育纳入中小学课程，提高全民风险和保险意识。

保险业"国十条"提出了保险业改革发展的总目标、主要任务、重点领域及政策要求，是新时期保险业改革发展的蓝图和纲领。它的重要作用在于使保险业的发展上升到国家层面，推动我国保险业进入做大做强、又好又快的发展新阶段。"国十条"作为纲领性文件颁布以后，随之而来的是行业解放思想和一系列促进行业加快改革与发展的新举措、新规章、新政策的出台。2006年7月1日，机动车交通事故责任强制保险（"交强险"）正式实施，极大地带动和提高了车险的投保率，促进了车险业务的改革与发展。2006 年 9 月 1 日,《健康保险管理办法》发布实施。2007 年,政策性农业保险全面启动。2008 年,建立巨灾保险制度提上议事日程。2012 年,中央六部委发布《关于开展城乡居民大病保险工作的指导意见》,商业保险获准经办大病保险。2012 年 11 月,国务院发布《农业保险条例》。

农业保险迎来发展春天

民以食为天。中国两千多年来一直是农业大国,即便在进入工业化建设时期以后,工业的许多原材料也来自农业的供给,农业在国民经济发展中具有基础性的重要作用。但是,农业生产周期长、风险大,农业生产者不仅要面对收成、价格、农产品质量等方面的风险,还面临着由自然灾害和意外事故造成的各种财产损失和人身风险。我国是世界上自然灾害频发的国家之一,长期以来农民靠天吃饭的状况没有得到有效改善。由于农民收入低、交费能力弱,通过国家和地方财政补贴,由保险公司按照保本微利原则进行经营,是保障农业和农村经济发展的重要措施。世界各国也都有对农业保险进行补贴的具体规定。

2004 年中央 1 号文件《中共中央、国务院关于促进农民增加收入若干政策的意见》提出"加快建立政策性农业保险制度,选择部分产品和部分地区率先试点,有条件的地方可对参加种养业保险的农户给予一定的保费补贴"。2005 年中央 1 号文件《中共中央、国务院关于进一步加强农村工作提高农业综合生产能力若干政策的意见》提出"扩大农业政策性保险的试点范围,鼓励商业性保险机构开展农业保险业务"。2006 年中央 1 号文件《中共中央、国务院关于推进社会主义新农村建设的若干意见》又提出"稳步推进农业政策性保险试点工作,加快发展多种形式、多种渠道的农业保险"。连续三年的中央 1 号文件均明确提出要加快建立政策性农业保险制度。

2004年,保监会选择了9个省区市正式启动政策性农业保险试点工作。2007年,财政部拨出10亿元专项资金,选取6个省区进行农业保险保费补贴试点。2011年,财政部把四川和内蒙古定为农业保险保费补贴绩效评价试点地区;2012年,试点范围扩大至4个省区;2013年,进一步扩大至10个省区。我国政策性农业保险体系初步形成。经过10多年的探索和发展,我国农业保险逐步形成了"政府扶持引导、保险机构市场运作、农民自愿参加、部门协同推进"的发展模式,建立起覆盖全国所有省区市、基本涵盖农林牧渔各个领域的农业生产风险保障体系。

《农业保险条例》颁布 2012年11月12日,我国首部《农业保险条例》颁布,自2013年3月1日起施行,并于2016年2月6日进行了修订。《条例》将农业保险定义为保险机构根据农业保险合同,对被保险人在种植业、林业、畜牧业和渔业生产中因保险标的遭受约定的自然灾害、意外事故、疫病或者疾病等保险事故所造成的财产损失,承担赔偿保险金责任的保险活动。《条例》明确了国家支持发展多种形式的农业保险,实行政府引导、市场运作、自主自愿、协同推进的原则。各省、自治区、直辖市人民政府可以确定适合本地区实际的农业保险经营模式。国家鼓励地方人民政府建立地方财政支持的农业保险大灾风险分散机制。保险机构经营农业保险享受税收优惠。属于财政给予保险费补贴的险种的保险条款和保险费率,保险机构应当在充分听取省、自治区、直辖市人民政府财政、农业、林业部门和农民代表意见的基础上拟订。

2013年8月,出台《中国保监会关于保险业支持经济结构调整和转型升级的指导意见》,明确"大力发展三农保险,完善农业生产保障体系",大力发展农业保险,扩大种植业、养殖业、畜牧业和林业等保险保障范围和覆盖区域；推广"菜篮子"工程保险、渔业保险、天气指数保险、农产品质量保证保险、农房保险、农机保险等新型险种，积极开办水利工程等农业基础设施保险业务，增强农业生产抗风险能力；积极开办农民养老保险和健康保险、农村小额人身保险、农村小额信贷保证保险等业务，探索参与新型农村合作医疗管理，为农民生活提供全面风险保障；探索创新农村保险经营组织形式，支持保险公司建设基层服务网点，延伸服务内容，优化服务流程，为农户、农企提供优质服务；积极争取政策支持，建立完善财政支持的农业保险大灾风险分散机制。

目前，我国农业保险开办区域已覆盖全国所有省区市，承保农作物品种达 211 个，基本涵盖农、林、牧、渔各个领域。在我国保险公司的实际经营中，农业保险分为种植业和养殖业两大类，也有的公司把林业保险作为单独的业务种类。目前，我国开办的农业保险主要险种有：农产品保险，生猪保险，牲畜保险，奶牛保险，耕牛保险，山羊保险，养鱼、养鸡、养鸭保险，家禽综合保险，水稻、油菜、蔬菜保险，棉花种植保险，玉米保险，小麦冻害保险，棉田地膜覆盖雹灾保险，烤烟保险，农产品价格指数保险，农产品气象指数保险等。2015 年，我国的政策性农业险在原有自然灾害的基础上，将旱灾、病虫害、地震、泥石流、山体滑坡等纳入保险范畴。2017 年，面向新型农业主体推出农业大灾保险。价格保险、收入保险等加速推进，农业保险从保自然灾害进一步向保市场风险方面扩展。

2007—2017 年，我国农业保险保费收入由 51 亿元增长到 477.7 亿元，年复合增长率达到 25%。农业保险赔款从 30 亿元增长到 366 亿元，年均增长 13.6%，保险金额从 1 126 亿元增长到 2.8 万亿元，参保农户从 4 981 户增长到 2.13 亿户，承保农作物种植面积从 2.3 亿亩增加到 21 亿亩。承保的农作物超过 200 种，其中玉米、水稻、小麦三大口粮作物承保覆盖率已超过 70%。2018 年，全国农业保险保费收入 572.65 亿元，同比增长 19.8%，呈现出加速增长的态势。

WTO 绿箱/黄箱政策　农业保险的实施一方面可以对农业生产经营提供风险保障，为农业稳定发展保驾护航；另一方面也符合世界贸易组织（WTO）对于农业补贴的"绿箱政策"。在 WTO 农业多边协议下，广义补贴是指政府对农业部门的所有投资或支持，比如对农业科技、农田水利、农业生态环境保护等方面的投入，这些投入和支持不会对农产品的产出结构和农产品市场产生直接明显的干预性影响，被称为农业协议的"绿箱政策"。狭义补贴是指政府对农产品市场价格的干预和支持，比如对粮食等农产品的价格、出口或其他形式的直接补贴，这类补贴会对农产品的进出口贸易产生直接影响，被称为"黄箱政策"。WTO 农业协议支持各协议方采用"绿箱政策"而不支持"黄箱政策"。因此，扩大实施政策性农业保险有利于在 WTO 框架下支持我国农业的可持续发展和农产品贸易竞争。中国财政部于 2016 年发布了《中央财政农业保险保险费补贴管理办法》。

地方实践·安徽　2018 年 4 月 26 日，安徽省财政厅发布《政策性农业保险实施办法》。《办法》明确安徽省通过实施财政保费补贴政策，引导和鼓励农户特别是适度规模经营主体积极参保，做到"愿保尽保"。保险模式采用"保险公司自营"模式，经办机构在政府保费补贴政策框架下自主经营、自负盈亏，市场准入的保险机构包括国元农险、人保安徽省分公司、国寿财险安微省分公司等。列入财政补贴的保险险种包括：种植业含水稻、小麦、玉米、大豆、油菜，养殖业含能繁母猪、奶牛。种植业保险责任规定为人力无法抗拒的自然灾害等对投保农作物造成的损失，养殖业保险责任规定为重大病害、自然灾害、意外事故以及强制扑杀等所导致的投保个体直接死亡。

安徽省农业保险的保险金额和费率方面，种植业"基本险"保险金额按照保险标的生长期内所发生的直接物化成本确定，"大灾险"保险金额按照"直接物化成本＋地租成本"确定，养殖业保险金额按照投保个体的生理价值确定。"基本险"保险金额水稻406元/亩、小麦367元/亩、玉米282元/亩、棉花394元/亩、大豆170元/亩、油菜270元/亩、能繁母猪1 000元/头、奶牛6 000元/头，保险费率小麦为4.5%，其余险种6%。"大灾险"保险金额水稻800元/亩、小麦650元/亩、玉米550元/亩，保险费率水稻为6%、小麦4.5%、玉米6%。财政补贴的各类种植业险种不得设置绝对免赔额，设置的起赔线（相对免赔）不得高于20%，不得违规封顶赔付。

安徽省农业保险的财政保费补贴政策包括如下方面。(1)种植业保险。"基本险"保费补贴标准：皖北三市九县和金寨县，中央财政补贴40%、省财政补贴30%、市县财政补贴10%、农户自缴20%（其中：产粮大县三大粮食作物保险，中央财政补贴45%、市县财政补贴5%）。其他地区，中央财政补贴40%、省财政补贴25%、市县财政补贴15%、农户自缴20%。"大灾险"保费补贴标准：全省16个农业大灾保险试点县（区），对庐江县、含山县、无为县、宣州区、贵池区、枞阳县、望江县、黟县8个试点县（区），省级以上财政补贴72.5%，市县补贴7.5%，农户自缴保费20%；对濉溪县、涡阳县、埇桥区、怀远县、太和县、寿县、定远县、霍邱县8个试点县（区），省级以上财政补贴77.5%，市县补贴2.5%，农户自缴保费20%。(2)养殖业保险。能繁母猪保险保费，中央财政补贴50%、省财政补贴25%、市县财政补贴5%、农户自缴20%。奶牛保险保费，中央财政补贴50%、省财政补贴20%、市县财政补贴10%、养殖场（户）承担20%。有条件的市、县可适当提高"五保户"、特困户等的保费补贴比例，减轻农户保费负担。鼓励龙头企业、农村经济合作组织替农户承担一部分保费。各地自行提高保险金额而增加的补贴，由当地财政负担。

农险产品创新　我国农业保险在发展过程中有许多创新。保险监管机关先后批准中国太保、中国平安、中航安盟、中煤财产等保险公司开展农产品"保险+期货"创新试点。2018年6月6日，中国银保监会在给中国平安的《关于开展农产品"保险+期货"创新试点的请示》批复中指出：（1）原则同意你公司开展玉米、棉花、鸡蛋等农产品价格保险试点，并通过相应的农产品期权交易对冲风险。参与农产品期权交易应仅限于以风险对冲为目的，严禁参与投机性交易。（2）你公司应科学厘定保险费率。保险费率应依据试点品种价格风险纯风险损失率确定，可根据期权产品定价结构设置保险费率调节因子。（3）你公司参与玉米、棉花、鸡蛋等农产品期权交易应经公司董事会决议通过。（4）你公司应参照《保险资金参与金融衍生产品交易暂行办法》有关要求，建立健全参与农产品期权交易的内部管理制度和运作机制，配备熟悉期货期权业务并具备相关实务经验的专业人员，确保交易行为规范、透明。（5）你公司应建立健全风险管控机制。要建立科学合理的风险分散机制，多层次多渠道分散业务风险；要制定期权交易对手遴选标准，明确交易对手资质条件，科学审慎选择交易对手，持续跟踪评估并切实防范交易对手信用风险。公司风险管理部门应及时评估风险对冲的有效性，并对期权交易出具独立意见。（6）你公司产品备案的报备材料除应提供《关于加强农业保险条款和费率管理的通知》（保监发〔2013〕25号）要求的材料外，还应包括董事会风险知晓函、产品精算报告、运用期权对冲风险的具体方案或有关协议文本等。

保险中介推动市场繁荣

保险中介的发达是保险市场走向成熟的重要特征，也是社会分工细化在保险行业专业化过程的体现。在全球许多发达成熟的保险市场上，市场的销售职能主要交由中介完成，保险公司更专注于产品研发、核保核赔、投资运用、再保险、风险管理等领域。保险中介因为数量多、体型小、信息灵敏、反应迅捷而在市场上起到促进供需双方充分沟通、联系和协调的作用，推动保险市场的信息对称和市场供需动态均衡，有助于提升保险行业的专业化、市场化程度。

1979年以后我国保险中介的发展大致可以分为三个阶段：1979年国内业务恢复到1991年以前，保险公司的分销渠道主要是员工直销和兼业代理点，兼业代理人是保险中介的主要构成；1992—2000年，美国友邦引入个人代理人制度以后，营销员队伍快速发展起来，同时保险代理公司、保险经纪公司、保险公估公司开始陆续出现；2001年以后，专业保险中介机构大量批设，银行邮政代理网点大量增加，营销员数量也快速增长，而电子商务的兴起和互联网的发展使很多门户网站、保险网络平台、互联网咨询信息公司等都在申请资格后成为保险中介，保险中介进入了快速发展阶段。

截至2010年12月，全国共有保险专业中介机构2 550家，其中保险代理公司1 853家，保险经纪公司392家，保险公估公司305家；兼业代理机构189 877家，其中银行113 632家，邮政24 845家，铁路435家，航空2 171家，车商23 859家，其他24 935家；个人代理人329万余人。全国保险公司通过保险中介实现保险费收入10 941.25万元，同比增长19.43%，占全国总保费收入的75.64%。

截至2018年12月，我国已有专业保险中介机构2 612家，其中保险中介集团公司5家，全国性保险专业代理机构240家，区域性保险专业代理机构1 550家，保险经纪机构499家，保险公估机构353家。保险市场上另有兼业代理机构3.2万家，代理网点22万余家，个人代理人达到871万人。2018年我国通过保险中介渠道实现的保费收入为3.37万亿元，占全部保费收入的87.4%。保险中介已经成为我国保险市场的重要组成部分，为保险公司承担了主要的销售和获客职能，保险中介在保险市场上的地位和作用不断提高。

与此同时，在我国所有制结构发生变化、经济体制由计划经济向市场经济过渡过程中，由于利益格局动态调整、法律规章不够完善、财务税收等制度需要逐步规范以及保险中介从业人员综合素质良莠不齐等原因，保险中介市场也经常阶段性出现混乱现象，在实务操作中各种问题层出不穷，对保险市场的健康发展造成困扰，国家监管机关也因此根据保险中介市场的阶段性发展状况，开展年度或阶段性的治理整顿。

根据保监会发布的《中国保险中介市场报告（2011）》披露的信息，2011年，保监会的36个保监局共派出43个检查组，累计投入317人次、1 691个工作日，检查了103个保险机构，涵盖20家保险法人公司，延伸检查中介机构120家，查出违法违规套取资金8 065.8万元，涉及保费8.55亿元。监管机关由此共处罚保险公司55家，罚款1 014万元，处理保险公司管理人员87人，处罚中介机构54家，罚款197.3万元，14家保险公司收到监管函。

保险监管机关对中介的检查和规范力度不断加大，逐渐对中介违规行为采取零容忍、从重问责的政策。2018年，共有315家专业保险中介机构因存在虚列费用、编制虚假材料、利用业务便利为他人牟取不正当利益等行为被监管机关处罚，处罚累计金额达到4 050万元，处罚的对象主要是投诉举报多、市场反映大、经营指标异动的机构。

驿站

寿险营销员·做一个有梦想的人

自从1992年美国友邦登陆上海、重回外滩17号并引入个人代理人制度以后，我国的寿险营销员队伍从友邦最早期的300人起步，经过20多年的不断发展和壮大，到2018年已经超过870万。

1992—2018年中国寿险营销员人数表

年份	1992	1995	2001	2003	2005	2006	2007	2008	2009
人数	300	1.2万	108万	128万	147万	157万	202万	256万	290万
年份	2010	2011	2012	2013	2014	2015	2016	2017	2018
人数	329万	335万	278万	290万	325万	471万	657万	806万	871万

上市保险公司2016—2018年寿险营销员数量情况

寿险公司	2016年	2017年	2018年
中国人寿	150万	158万	177.2万
平安人寿	112万	139万	141.7万
太保人寿	63万	87万	84.2万
太平人寿	26万	38万	51.3万
新华人寿	33万	35万	37万

我国对寿险营销员实行专属代理管理，一名营销员只能为一家保险公司招揽代理保险业务，并接受所属保险公司的管理和培训。保险公司设有营销区对营销员进行管理，每家公司都有《寿险营销人员管理规定》（俗称"营销员基本法"），对营销员的组织架构、增员、佣金、培训、考核晋升、执业规则等进行规范。营销员的组织体系是一个金字塔形架构，最顶端的营销总监一般管理一个营销区，每个营销区下辖3～4个营业部，营业部有部经理，每个营业部再下辖3～4个业务室，营业室有室经理，每个营业室管辖6～10名营销员，在不同的保险公司不同的营销区、营业部、业务室的人员数量离散度很大。各级营销员除了自己招揽业务获得佣金收入外，还能获得下辖组织和营销员在抽佣、增员、育成等方面的奖励，同时上级营销主管具有培

训和辅导下级属员的义务。

保险公司每年召开各种高峰会、群英会等营销精英表彰会。营销总监、部经理一般在公司有自己的办公室，可以聘请自己的助理，在营销团队中有较高的威望和影响力，经常有机会参加公司组织的绩优主管旅游，达到标准的可以参加"全球华人保险大会"或者去美国参加全球保险业年度百万圆桌会议（MDRT），业绩佳、口才好的营销主管经常被邀请去为行业或其他保险公司的营销员大会做演讲，受邀为其他行业的企业做市场开拓、客户经营等方面的培训，讲课报酬有的高达5万～10万元/天。这样一种名利双收的标杆示范效应激励着大量营销员奋力向上攀爬，也吸引许多想通过自身努力改变命运的人前赴后继地加入寿险营销行业。

互联网保险站上风口

互联网在21世纪的兴起深刻改变了全球商业生态。对于经济处于增长周期、中产阶层大量增加、网民多达数亿的中国来讲，互联网提供了一个在商业消费领域弯道超车的机会。淘宝、京东、当当网、拼多多等电商平台极大地刺激和推动了国内各种商品和资源的网络交易，加上线下的高速公路网、航空铁路网、海运河运网的配套提速，我国各类物资和商品的流转速度大幅度提高，移动即时支付系统的实现大大推升了交易结算的速度和便捷性，互联网使生产和交易的效率提升并形成了比较优势。

互联网保险在中国的兴起，背后是中国的互联网、互联网金融、互联网经济的兴盛。2008年，中国的网民数量达到2.53亿，超过美国的2.2亿；2017年，中国网民增长到7.72亿，互联网普及率达到55.8%。2013年，阿里巴巴的零售平台交易额达到2 480亿美元，超过eBay与亚马逊的总和。2014 年，阿里巴巴以 4 900 美元的交易额，超过沃尔玛成为世界最大零售平台，2018 年 11 月 11 日"天猫"一天交易量超过 300 亿美元。2015 年，中国移动支付交易规模实现 85 000 亿美元，是美国同期的 70 倍。2017 年 4 月，余额宝以 1 656 亿美元余额超越摩根大通，成为世界最大的货币市场基金。

互联网保险在中国兴起的主要原因包括：一是移动互联技术和网络的快速普及和覆盖，阿里、腾讯、百度、京东等互联网企业大力推动互联网和电子商务的发展与应用普及；二是网民和网购人口快速增加，网络支付解决了安全性和便捷性，比已经形成信用卡支付系统路径依赖的西方国家更快渗透民众生活，典型的场景是菜场小贩都用二维码收钱；三是 80 后、90 后消费者行为和偏好发生变化，宅在家里或网上冲浪成为部分人群的生活方式，通过网络寻找信息和达成交易成为重要的购买方式；四是人均收入和人均 GDP 提高推升风险管理和理财需求，财富的增加使更多人考虑风险保障和财富的保值增值；五是交易成本降低、效率大幅提高，手机上下载个保险类 APP 就可以实现投保和售后服务，许多综合门户网站和电商 APP 设置了保险链接，实现了秒级响应和交易零成本，互联网渠道的低成本、高效率在各个保险分销渠道中具有差异化比较优势。

中国的互联网保险最早可以追溯到 2000 年。2000 年 8 月，太平洋保险官网 CPIC.com 和平安保险一站式综合理财网站 PA18.com 几乎同时开通，太平洋保险在集团成立了专门的电子商务部。同年 9 月，泰康人寿的"泰康在线"开通，实现了从拟订保险计划书、投保、核保、交费到后续服务的全过程网络化。中国人保、中国人寿、新华人寿、友邦保险等都陆续建立了自己的网站，后续又在 PAD 和智能手机普及后推出了各种销售服务的应用 APP，实现了"一键投保""一键理赔"等高效极速功能。2010 年以后，许多门户网站与保险公司建立合作关系并在网页上设置链接，许多互联网科技公司也在申请获得保险代理或经纪的资格后通过其网站和 APP 代办保险业务。

2019 年 2 月，腾讯控股的保险平台微保和腾讯用户研究与体验设计部联合发布了《2018 年互联网保险年度报告》。《报告》通过对 24 159 份有效网络问卷样本的量化分析，从中国网民的保险认知和购买情况、投保驱动力、保险成熟用户分类画像、保险高潜及未来用户、互联网保险的机会点等五个维度透视解读方兴未艾的中国互联网保险。《报告》披露的带有价值取向的调查分析结论包括：75.2% 的网民接受在互联网上购买保险，73.9% 的保险客户曾经通过互联网购买保险；保险是一个认知度高而了解程度低的产品，保险是一个话题度高而网民对其资讯阅读意愿低的产品，有 77% 的受访者表示会跟朋友聊到保险，但只有 28.1% 的受访者表示愿意阅读保险相关资讯；民众普遍存在要先为孩子和老人购买保险的观念，有 35.7% 的网民有购买保险的经历；医疗险是受访者普遍认为的首选险种，后面依次为重疾保险、意外险、养老年金、教育金和寿险；购买过保险的网民首次投保年龄为 28.7 岁，80 后、90 后的首次投保年龄分别为 26.7 岁、21.7 岁；买过保险的客户中已婚、白领和高学历、高收入人群占比更高；父母为其购买过保险的人群属于再次投保的高概率客群，而在有投保经验的客户中"没有合适的产品"是最大的痛点。

驿站

众安在线·"三马"联手

2013 年 10 月 9 日有一家保险公司成立时，阿里巴巴的马云、腾讯的马化腾和中国平安的马明哲"三架马车"一起出来为它站台。这家公司就是众安在线财产保险股份有限公司（简称众安在线），由蚂蚁金服、腾讯、中国平安三家公司联合发起设立，由于它的股东背景以及横跨互联网和保险两个热门行业，众安在线在揭牌成立时就已经成为科技金融的双料明星。众安在线的总部设在上海，完全通过互联网进行在线承保和理赔服务。

众安在线的业务范围包括：与互联网交易直接相关的企业财产保险、家庭财产保险、货运保险、责任保险、信用保证保险、机动车保险以及上述业务的再保险分出业务，保险资金运用业务，保险信息服务业务，以及经监管机关批准的其他业务。公司成立后推出一系列互联网保险产品，包括退运险、众乐宝、参聚险、百付安、37度高温险、账户安全险、盗刷险、借款保证险、轮胎意外险等，都属于市场上的创新险种。众安在线利用公司与客户"端到端"的实时连接和交互，横向极速传播信息，在咨询、投保、理赔等方面的效率和便捷性大大优于传统渠道，特别是吸引了大量习惯于网络消费和偏爱极简极速的新生代，形成了对80后、90后人群高于传统保险企业的获客和黏客能力。2017年9月28日，众安在线作为"金融科技第一股"在香港联交所主板上市，开盘当日市值达到990亿港元。

2018年，众安在线服务客户超过4亿，其中80后、90后客户占比50%以上，人均购买保单15.8件，人均贡献保费28元。公司2018年的科技研发投入8.5亿元，占当年保费收入的7.6%，占比大大高于传统保险企业。公司贯彻"保险+科技"的双驱动战略，将保险运营中积累的经验以模块化的方式对外输出，帮助其他保险和金融企业迭代产品或销售系统模块。众安在线与软银愿景基金、日本财产保险公司、新加坡O2O平台Grab开展合作，积极开拓东亚及东南亚市场。公司在2019年3月与富邦人寿在香港合资成立众安人寿有限公司，业务领域由财产险扩展至人寿保险。

2015年7月22日，保监会发布《互联网保险业务监管暂行办法》(保监发〔2015〕69号),对互联网保险的定义、经营条件、经营区域、信息披露、经营规则、监督管理等进行了规范。《办法》允许符合规定的保险机构通过互联网渠道将产品销往未设分支机构的省、自治区、直辖市,突破了传统保险只能在设立机构的行政辖区开办并进行属地化监管的原则。《办法》要求投保人交付的保险费直接转账支付到保险机构的保费收入专用账户,禁止与保险机构合作开展互联网保险业务的第三方网络平台代收保费并进行转支付,禁止第三方网络平台将客户的身份信息、通信方式和账户信息等透露给除客户投保的保险机构以外的任何机构和个人。

互联网保险实现了保险信息咨询、计划书设计、投保、交费、核保、承保、保单信息查询、保全变更、续期交费、理赔和给付的全流程网络化,客户购买保险和接受服务的关键流程体验也大幅提升。2018年,我国互联网财产险的保费收入为695亿元,同比增长41%,其中互联网车险保费收入369亿元,同比增长20%,互联网非车险保费收入327元,同比增长75%。同时,互联网保险在快速发展过程中也出现了宣传误导、搭售、高息诱导等诸多问题。

智能手机的普及推动了自媒体的兴起,许多机构的APP和个人运用社交媒体上的网络账号进行产品宣传和推广。2018年6月,下发《中国银行保险监督管理委员会关于加强自媒体保险营销宣传行为管理的通知》,针对互联网保险存在的"未按规定使用经备案的保险条款和费率、销售过程中存在误导性宣传、信息披露不充分"等问题,加强保险营销宣传信息的合规性与准确性,完善信息监控和处置机制。2018年7月,下发《中国银保监会关于规范互联网保险销售行为可回溯管理通知》。2018年10月,银保监会向3家保险公司发出了要求进行互联网平台销售保险业务整改的监管函。2019年12月,银保监会下发《互联网保险业务监管办法(征求意见稿)》。2020年12月,银保监会正式发布《互联网保险业务监管办法》，加强对互联网保险业务的持牌经营和持证执业管理。

互联网保险在快速增长中也产生了诸多矛盾和问题。然而就像一江春水向东流，趋势性的事物也许会经历曲折甚至短暂回头，但最终涓涓细流将汇成大河而东流入海。互联网保险因为它的低交易成本、高运行效率而受到保险公司和保险客户供需双方的接受和欢迎，在全国保费收入中的占比也逐年提高，正在成为个人代理人、银行、车商、交叉销售等渠道以外最有成长性的增量渠道之一。

供给侧改革·保险费率市场化

价格是市场机制、供需均衡的核心，对特许经营行业及其商品的价格及价格形成机制调整属于供给侧改革的范畴。很多国家出于安全和保护重要而弱小行业的考虑，会在不同时期对于涉及国家安全、社会稳定或者需要保护的行业采取价格管制措施。国家战略物资比如石油、煤炭、电能、粮食等会进入价格管制清单，利率、汇率、保险费率等金融产品的价格也会在管制之列。除了特殊时期政府对它们的价格实施完全和直接的管制以外，大部分的价格管制会表现为在设定条件或允许区间内进行适度浮动。

政府对保险费率的管制一般比较严格。原因在于保险一方面事关千家万户，出现问题会影响社会稳定，另一方面保险的价格特别是长期寿险的价格既与银行利率具有相关性，同时由于寿险合约的长期性，价格的确定更需要贯彻审慎原则。否则，保险公司出现巨额利差损，或者保险客户出现大量退保引发纠纷，都有可能影响到保险业的长期可持续发展，甚至引发社会不稳定因素。

我国在1979年国内保险业务复业后相当长时期内采取了对保险价

格主要是条款和费率的管制。对于企业财产险、机动车辆险、长期寿险等主要保险产品，后期创新推出的新型寿险包括分红、投连、万能，以及健康险、农产品价格指数保险等产品，监管机关要求其条款和费率必须报监管部门审核同意后才能投入市场，有的产品必须适用行业协会发布的示范条款，也有一些产品经过备案就可以销售。监管机关在保险产品的价格管制方面时间上分梯次、产品上分类别、管制上分强弱，有的产品类型在推出初期需要审批，但是经过若干年市场检验后成为成熟产品，就不再需要审批，备案以后就可以上市销售，有的产品甚至允许在上市后规定时间内备案即可。

在我国加入WTO的多边谈判以及后来的中美贸易谈判中，保险市场的开放都是一个谈判双方的关注焦点和重要筹码，原因在于金融市场的开放是形成共同市场的重要组成和高阶内容。然而1997年亚洲金融危机、2008年美国次贷危机引发的全球金融危机、希腊等部分欧洲国家主权债务危机以及世界上个别国家货币贬值、经济崩溃的教训都提醒人们一个国家金融安全的高度重要性。在我国金融市场扩大开放排兵布阵中把保险作为前锋，一方面是因为保险是与进出口贸易高度相关的金融服务，也是欧美发达国家聚焦度很高的谈判领域，另一方面由于保险在我国金融业总量中的占比相较银行、证券要低，因此开放的切口较小、风险度相对较低，这也是"入世"谈判和中美贸易谈判把保险作为金融市场扩大开放的焦点并最终能达成一致的重要原因。

在经济全球化的大趋势下，市场的开放包括金融保险市场的开放是一个国家将自身纳入世界产业分工体系和全球产业链、价值链的必然要求。增强对外开放适应能力与合作能力的基础是对内开放程度和市场化程度的提高，因此我国政府一直把金融市场包括保险市场的培育和发展作为建立市场经济体制的重要内容。"入世"谈判、中美贸易谈判对我国国内金融保险业的市场化改革进程增添了压力和动力，增加了时间上的紧迫性和加速改革的要求。在中国加入 WTO 以后，保险业费率市场化改革的驱动力不仅来自行业自身加快市场化改革的内在动力，同时也来自金融保险行业稳步推行价格市场化的国家要求和政府推动。

我国保险业在市场化取向的改革进程中，分别将车险费率市场化和人身险费率市场化作为核心内容。保险监管机关按照"管住后端、放开前端"的改革思路，推出"偿二代"对保险公司强化偿付能力监管，同时逐步把产品的定价权交给保险公司，最终目标是让保险公司在风险管控的前提下自主掌握产品的定价权，形成市场化的保险产品定价机制。这是保险业市场化改革深化的顶层设计，也是保险行业改革逐步推进过程中必须途经的关键隘口。

费率市场化改革本身也是提升我国保险企业成熟度和竞争力的重要方向。失去了价格保护机制的保险公司必须面对市场的机遇和风险，价格竞争导致的费率下降必然挤压保险公司的盈利区间，对保险公司的经营成本和营运效率提出直接的挑战。车险费率改革过程中出现了无序降价、行业性亏损等始料未及的情况，而人身险费率改革中可能出现的非理性提高预定利率而导致利差损的风险更值得警惕。然而，价格市场化改革是我国保险业无可回避的趋势性发展方向，保险业只能一边改革、一边调整、一边完善，并且用改革的方法和发展的成果去化解各种现实和潜在的困难和风险。保险业费率市场化改革在财产险方面选定车险费率市场化为主要内容，在人身险业务方面则按照"先传统、再万能、后分红"的路径实施。

● **先发后至的车险费率市场化**

车险费率改革可谓好事多磨、一波三折、先发后至，体现出这项改革的难度和复杂性。车险费改 2001 年从广东开始试点，无序的价格战很快将车险逼至全行业亏损的境地，行业自律、价格同盟都未能力挽狂澜，保监会于 2006 年出台了车险"七折限令"，指导中国保险行业协会于 2007 年出台 A、B、C 三个车险示范条款，车险费改进入了调整缓冲期。2015 年，车险费率市场化改革再次启动，6 月从黑龙江等 6 地首批试点，2017 年 6 月推广至全国，从地区、条款费率到保险公司都实行了差异化政策，2018 年 7 月实施车险费用"报行合一"监管，整顿市场秩序的同时正向挤压中介渠道成本。2018 年年末，全国车险保险费收入 7 834 亿元，同比增长 4.16%。车险费改经过 2001—2007 年第一波试水，2007—2015 年调整缓冲，2015 年实施第二波改革，倒逼式的供给侧改革最终以市场细分和差异化经营形成突围之势，同时，移动互联、人工智能等新科技应用和网销等新渠道为车险转型升级照亮了新的路径。

改革起步（2001—2006） "风乍起，吹皱一池春水。"任何需要触动既得利益格局的改革总是艰难而阻力重重，跨出第一步往往最不容易，然而所有艰难的事物都要有第一次。

2001 年 10 月 1 日，全国车险费率改革试点正式启动。这一改革时点的选择明显地标识出它以中国加入 WTO、推动金融保险业的市场化为背景。先试点、扩大试点、再推广是我国在改革开放中探索形成的有效方法和路径。车险费率改革试点地区选在了改革开放的前沿——广东省。

2002 年 3 月，保险监管机关将车险条款费率的制订权限进一步下放给各保险公司。各保险公司通过整合历年车险经营数据，开始根据车型、车龄等从车因素和车主年龄、性别、驾龄等从人因素来厘定车险费率。2002 年年底，各家保险公司分别向保监会报备了新旧两套机动车辆保险条款及费率，车险业务经营中以旧费率为基础，逐步过渡到新费率。车险新费率厘定首次体现了从人、从车、从地域的实际风险因素，在基础费率的基础上引入了包括车龄、车型、主驾人情况、是否指定驾驶员、无赔款优待、是否直接投保、承保地区、承保数量、行驶区域等 13 项费率修正系数。对六座以下客车还设置了绝对免赔额费率系数。新增了无赔款优待费率系数，上年未出险保费优待 10%，三年内有任意两年无出险记录优待 20%，连续三年及三年以上未出险优待 30%。费率系数考虑了驾驶员及车辆特征，机动车辆不再实行统一的保险价格，客户不同、风险不同，保费在基准保费的基础上上下浮动。在激烈的业务争夺中，广东省内各家保险机构为了争抢客户、扩大市场份额，纷纷降低承保费率，每辆车的保费较以前平均下降 50% 左右，导致广东省的车险保费收入一度出现停滞甚至负增长的现象。旧秩序被打破、新秩序未建立之前，阶段性的混乱和阵痛似乎不可避免。

2003 年 1 月，保监会将车险费率改革范围由广东省扩展到全国。同年 2 月，各产险公司逐步停止使用原车险统一条款。有的全国性产险公司进一步细化了机动车辆保险费率，要求每个省区市结合当地情况定制一套费率，以分散地域风险，同时增加投保年度、防盗装置等费率系数，拉大了细分客群之间的车险费率差距，最大优惠幅度达到 50%。有的产险公司还扩大了费率优惠范围，比如车龄三年以内的续保车辆优待达到 15%，选择网上投保的车辆优待标准从 10% 提高到 15%。这种对不同的细分客群给予差别费率政策的做法本身有其一定的合理性，但是一些业务规模较小、经验数据不全的保险公司由于考核压力大、扩张欲望强烈而在承保时不加区别地给予客户高折扣的做法则扰乱了车险市场的秩序，费率从九折、八折甚至打到五折、四折，很快把全行业车险带到了亏损的边缘。打破卖方价格垄断符合车险费改的初衷，但是产品服务同质化基础上的简单价格战导致行业整体性亏损则带来了过犹不及的隐忧。为了避免跌落亏损的陷阱，一些保险公司在共同的危机下为了自保建立起"底线价格同盟"，但是"囚徒困境"很快瓦解了价格同盟。这时候，各地的行业协会开始发挥自律职能，组织各保险公司签订"自律公约",规定给客户的折扣不得低于七折,规定支付给中介的手续费不得超过15%,同业协会组成专门的协调领导小组开展市场行为检查和违规处罚。行业自律对阻止恶性竞争、维护车险市场秩序起到了一定的作用,但不同保险机构执行自律公约的情况存在明显的差异。市场上各种变相的利益输送依然屡禁不止,违反自律公约的行为时有发生,在有些地区甚至十分普遍,自律公约得不到真正的遵守,各保险公司的车险业务普遍出现亏损,市场秩序一度十分混乱。从卖方价格垄断到费率浮动自由化,市场在建立起新的均衡之前经历一段时间的调整甚至混乱似乎是秩序重建必须付出的代价。从2001年到2006年上半年,整个车险市场都处于改革探索时期。

自2006年7月1日起,《机动车交通事故责任强制保险条例》开始施行,"交强险"在全国范围内开始实施。一个新变量的引入可以改变变量之间的关系并建立新的函数关系。在车险市场陷入全面亏损的情势下,"交强险"在全国范围的推行,给车险市场改革注入了新动力,同时也引发了车险市场新的矛盾关注点。或许是强制实施的新事物容易被质疑并且受到挑战,也或许是车险市场本身正处于动荡变化的过程中,"交强险"推行一段时间后被部分民众和媒体质疑为"暴利"。"交强险"的暴利问题在媒体传播和各种争议的推动下酝酿并发酵成为社会热点。

2007年6月,"交强险"在全国范围内实施满一年。为了检视"交强险"的经营情况,回应社会民众的质疑,保监会要求24家经营"交强险"业务的保险公司分别上报了经第三方独立会计师事务所审计的"交强险"年度专项经营报告。保监会委托社会专业机构对各家保险公司提交的报告进行汇总,结果显示:2006年7月1日至2007年6月30日,"交强险"业务保费收入共计507亿元,其中尚未终止保险责任的保费280亿元,已经终止保险责任的保费即已赚保费227亿元,对应的赔款支出139亿元,发生各类经营费用141亿元,投资收益14亿元。如果根据我国企业会计准则，"交强险"第一年账面经营亏损为39亿元，如果按照国际通行的财务规则将第一年的部分费用摊入第二年，"交强险"第一年账面盈利1%。再从分车型数据来看，在所承保的9个大类车型中，有8类车型出现账面亏损，其中赔付率最高的为拖拉机和营业客车，赔付率超过90%，赔付率最低的为摩托车、特种车，赔付率低于50%，只有挂车出现账面盈利。从区域看，东部沿海地区及中部地区赔付率较高，西部地区赔付率则相对较低。在第一个业务年度中，共有5 755万辆各类机动车投保了"交强险"，按截至2007年6月底全国1.53亿辆的机动车保有量计算，投保率为38%。导致投保率偏低的主要原因是摩托车和拖拉机投保率较低，摩托车和拖拉机在所有机动车中占比达到65%，而其投保率分别只有26%和15%。占所有机动车35%的汽车的投保率达到62%，投保率相对较高。

为了平抑社会民众的质疑，保护投保人和被保险人的合法权益，中国保险行业协会按照保险监管机关的要求对"交强险"进行了全国调研，在摸清市场情况和各方利益诉求的基础上提出了调整"交强险"费率水平的建议。2007年11月27日，中国保险行业协会向保监会递交了《关于上报交强险费率方案的请示》。

新的"交强险"方案对责任限额和基础费率两个方面进行了调整。责任限额由原来的6万元上调至12万元，其中死亡伤残赔偿限额为11万元，医疗费用赔偿限额为8 000元，财产损失赔偿限额为2 000元。被保险人在交通事故中无责任的情况下，死亡伤残赔偿限额为1.1万元，医疗费用赔偿限额为800元，财产损失赔偿限额为200元。基础费率调整方面，对《交强险基础费率表》42个车型中的16个进行费率下调，下调幅度在5%～39%不等，约64%的被保险人可以享受到基础费率的下调，下调的平均幅度为10%左右。调整幅度较大的车型包括6座以下家庭自用汽车基础费率下调9.5%，中小排量摩托车下调33%，

36座以上公交车下调26%，20～36座出租租赁车下调31%，20座以上企业非营业客车下调20%，特种车三个车型分别下调39%、18%、30%；同时，挂车的费率水平由现行的按照主车保费的50%计算改为按照主车保费的30%计算，低速载货汽车费率由适用货运汽车费率改为适用14.7千瓦以上运输型拖拉机费率。

保监会于12月14日在北京会议中心召开了"交强险"费率调整方案听证会。这是中国金融业第一个全国性听证会，来自中国保险行业协会的8名代表、22名听证代表和15名旁听代表，就"机动车交通事故责任强制保险费率调整方案"发表意见。经过多渠道沟通特别是听证会程序，各方对"交强险"的理解加深，对"交强险"新方案给予了支持。此后"交强险"得以巩固和继续发展，并且带动了商业车险投保率的上升。

在"交强险"推行过程中，全国还出现个别地区的保险行业协会等组织以组建新车共保体等形式对机动车辆保险市场进行分割或分配，对个别公司的"交强险"或商业车险业务进行限制。2008年12月5日，国保监会向各保监局、中资产险公司、中国保险行业协会发出《关于做好机动车辆保险承保工作有关问题的通知》。《通知》明确要求具有"交强险"业务经营资格的保险公司不得拒绝或者拖延承保"交强险"，任何机构、行业自律组织不得擅自以任何理由限制经保监会批准获得"交强险"业务经营资格的保险公司经营"交强险"业务，各财产保险公司须按照投保人自愿投保的原则开展"交强险"之外的商业车险业务，各地不得通过市场份额分割或分配的方式承保机动车辆保险，保险机构可以在公安交管部门的办公场所通过设立出单点等方式办理保险业务。《通知》要求各保监局、各地保险行业协会加强《反垄断法》的学习，行业自律内容不得违反《反垄断法》，不得组织联合抵制交易。《通知》明文指出监管部门将加强对机动车辆保险市场的监控，重点加强对各保险经营机构是否严格执行报批或备案的条款费率和经营数据真实性的监管。监管机关借此传达出一个重要信息：推动保险业市场化是一项系统工程，费率市场化改革是其中的核心内容和重点，当行业出现垄断、结盟等情况时监管当局同样会出面干预。

"交强险"作为法定保险以"不盈不亏"为经营原则，并不能给财产险公司带来可观的利润以平衡车险费率价格战导致的车险盈利下降甚至承保亏损。"交强险"带来了投保率的提高，但是车险各种明折、暗扣的价格竞争使车险很快又濒临全行业亏损的境地。保险公司经营亏损会影响偿付能力并最终损害保险客户的利益，在市场秩序十分混乱、价格战愈演愈烈的情况下，监管机关在2006年年中断然出手整顿市场秩序并调整车险费改市场化的进程。

调整缓冲（2007—2014） 保监会于2006年3月2日发出《关于进一步加强机动车辆保险监管有关问题的通知》，要求自2006年6月1日起，各财产保险公司通过无赔偿优待、随人因素、随车因素等方式给予投保人的所有优惠总和不得超过车险产品基准费率的30%，即车险费率最高折扣不能超过七折，业内称为车险"七折限令"。2007年4月1日，中国保险行业协会公布的2007版车险基本条款（A/B/C）正式启用，A、B、C三个条款在价格上基本一致，在主附险划分、车型区分、个别免除责任等方面存在差异，人保等11家公司选择执行A款，平安等10家公司选择执行B款，太保等3家公司选择执行C款。车险费率市场化改革实际上进入暂缓的缓冲阶段。

2007年车险实施"七折限令"和A、B、C标准标条款后，全国车险市场保持了几年相对平静的局面。然而，表面上的波澜不惊底下各种暗扣、送礼等价格竞争现象层出不穷，有的保险公司由于在机构网络、品牌、服务等方面处于劣势，在达成业务目标的压力下采用各种变相降价竞争的方法招揽客户，私自变更责任范围和承保费率的违规行为时有发生。车险市场秩序总体上保持相对平稳，价格战虽然暗战不断但限于一定区间，许多财产保险公司的车险经营重回盈利区间。

2012年2月23日，保监会向各家财产保险公司、各地方保监局和中国保险行业协会发出《关于加强机动车辆商业保险条款费率管理的通知》。《通知》对保险公司拟订商业车险条款、费率的原则、资格、执行、监管等进行了明文规范，从内容上看是对重启车险费改进行了铺垫。《通知》重申保险公司应当依法依规拟订商业车险条款和费率并承担相应的法律责任，商业车险条款费率应当报保监会批准并严格执行，遵循依法合规、公平合理、诚实信用、通俗易懂原则，同时不得危及公司财务稳健性和偿付能力，不得损害投保人、被保险人合法权益。

《通知》要求中国保险行业协会组织专业人才力量，研究拟订中国保险行业协会机动车辆商业保险示范条款、机动车辆参考折旧系数和车型数据库，供保险公司参考、使用。收集、统计和分析全行业商业车险经营数据，至少每两年测算一次商业车险行业参考纯损失率，发布供保险公司参考、使用。保险公司可以参考或使用协会条款拟订本公司的商业车险条款，并使用行业参考纯损失率拟订本公司的商业车险费率。连续两个会计年度综合成本率低于行业平均水平且低于100%的保险公司，在按照行业参考纯损失率拟订本公司商业车险条款和费率时，可以在协会条款基础上适当增加商业车险条款的保险责任。

申请根据自有数据拟订商业车险条款和费率的保险公司需要符合以下条件：（1）治理结构完善，内控制度健全且能得到有效执行，数据充足真实，经营商业车险业务3个完整会计年度以上；（2）经审计的最近连续2个会计年度综合成本率低于100%；（3）经审计的最近连续2个会计年度偿付能力充足率高于150%；（4）拥有30万辆以上机动车辆商业保险承保数据；（5）设置专门的商业车险产品开发团队，配备熟悉法律、车险定价实务的经营管理人员，建立完善的业务流程和信息系统；

(6)保监会要求的其他条件。

《通知》对商业车险费率拟订及执行提出具体明确要求：一是预定附加费用率原则上不得超过35%；二是费率浮动因子应当合理设置、明确规范；三是应当每年对费率进行合理性评估验证，最近2个会计年度综合赔付率与预定赔付率偏离较大的应当向保监会报告说明原因。

2012年2月23日保监会发出《关于加强机动车辆商业保险条款费率管理的通知》以后，车险费改重启进入了酝酿期，直到3年以后的2015年2月车险费改重新开启。

费改重启（2015年之后） 2015年2月3日，保监会发出《中国保监会关于深化商业车险条款费率管理制度改革的意见》，标志着车险费率市场化改革重新启动。《意见》提出，为努力营造公平竞争、优胜劣汰的市场环境，更好地发挥市场配置资源的决定性作用，引导财产保险公司提高自主经营意识，增强财产保险行业可持续发展能力，同时加快转变政府职能，加大简政放权力度，强化事中事后监管，不断提高财产保险监管的科学化、现代化水平，决定深化商业车险条款费率管理制度改革。改革坚持市场化、保护保险消费者合法权益、积极稳妥三大原则，以建立健全商业车险条款费率管理制度为目标，建立标准化、个性化并存的商业车险条款体系，逐步扩大保险公司商业车险费率厘定自主权，加强和改善商业车险条款费率监管。改革的主要内容包括：

■ 建立示范条款制度。中国保险行业协会负责拟定并不断丰富商业车险示范条款体系。商业车险示范条款的保障范围应满足社会公众的合理预期，条款文字应严谨、规范、明确、通俗。中国保险行业协会应根据政策法律变化和保险市场发展情况，及时对商业车险示范条款进行动态修订和完善，积极推进保险条款的标准化、通俗化进程，不断增强商业车险示范条款的适应性。

■ 形成条款创新机制。鼓励财产保险公司积极开发商业车险创新型条款。引导财产保险公司为保险消费者提供多样化、个性化、差异化的商业车险保障和服务，满足社会公众不同层次的保险需求。支持中国保险行业协会成立商业车险创新型条款专家评估委员会，建立科学、公正、客观的创新型条款评估机制。探索建立保险产品创新保护机制。

■ **健全费率形成机制。** 中国保险行业协会按照大数法则建立商业车险损失数据的收集、测算、调整机制，动态发布商业车险基准纯风险保费表，为保险公司科学厘定商业车险费率提供参考，建立行业基准纯风险保费的形成、调整机制。逐步扩大保险公司费率厘定自主权，保险公司根据自身实际情况科学测算基准附加保费，合理确定自主费率调整系数及其调整标准，提高保险公司自主风险定价能力，提升商业车险费率厘定的科学化、精细化、专业化水平，最终形成高度市场化的商业车险费率形成机制。

■ **加强条款费率监管。** 建立条款费率的动态监管机制，发现违法违规问题的，责令限期整改或禁止一定期限内申报新的商业车险条款费率，在商业车险单独核算管理基础上，建立车险费率厘定和使用回溯分析机制。完善偿付能力监管制度，推动保险公司建立健全全面风险管理制度，强化偿付能力刚性约束，严守不发生系统性区域性风险的底线。

2015年3月20日，保监会出台《深化商业车险条款费率管理制度改革试点工作方案》，对商业车险费改的主体责任、路径方法和分步实施阶段等进行了具体明确，车险费率市场化再次进入实质性改革阶段并逐步进入深水区。5月22日起，黑龙江、山东、广西、重庆、陕西、青岛六个地区开展首批商业车险费改试点，条款改用中国保险行业协会综合示范条款。基准纯风险保费和无赔款优待系数费率调整方案参照中国保险行业协会拟定的费率基准执行。各家公司拟定的自主核保系数费率和自主渠道系数费率调整方案在［0.85—1.15］范围内使用。示范条款中，车辆损失险新增"台风、热带风暴、暴雪、冰凌、沙尘暴"责任，列明"受到被保险机动车所载货物、车上人员意外撞击"保险人承担赔付责任，取消了"海啸、非营运企业或机关车辆的自燃"责任。车辆损失险部分，交通事故保险车辆驾驶人负全部责任的，事故责任免赔率由15%改为20%；负主要责任的，免赔率由10%改为15%；负同等责任的，免赔率由8%改为10%；单方肇事事故的免赔率由15%改为20%。同时，将因车载货物掉落、泄露腐蚀造成第三者的损失纳入第三者责任保险的责任范围，增加了被保险人与驾驶人的家庭成员的人身伤亡责任。车上人员责任险部分，发生意外事故的瞬间车上人员被甩出车外的，仍属于车上人员，保险公司负有赔偿责任。全车盗抢险部分，增加驾驶人、被保险人、投保人故意破坏现场、伪造现场、毁灭证据、被保险机动车在被当作货物进行运输期间被盗，保险人不负责赔偿。车辆损失险的赔偿处理由公司按照保险金额负责赔付，不再考虑出险时的实际价值。

财产保险公司作为市场经营主体主要负责以下方面：一是自主确定商业车险条款，可以选择使用或同时使用行业示范条款或自主开发创新型条款。二是科学厘定商业车险费率，根据非寿险精算原理、依据基准纯风险保费和附加费用率测算本公司车险基准保费，根据本公司承保标的风险水平与行业平均风险水平之间的差异以及个别业务经营成本与本公司平均经营成本之间的差异，制定科学合理的费率调整系数表和费率调整系数具体使用规则，根据最近三年本公司商业车险实际费用水平测算附加费用率，或基于阶段性的市场经营策略、参考行业平均费用水平测算本公司附加费用率。选用示范条款的可在[−15%，+15%]范围内自主制定"核保系数"和"渠道系数"。厘定车险费率方案后，保险公司应对本公司车险保费充足度和定价风险进行评估，同时测算本公司综合成本率和偿付能力的影响。三是报批商业车险条款费率。保险公司报审商业车险条款费率原则上频率不高于半年一次。四是建立车险条款费率监测调整机制，动态监测、分析费率精算假设与市场实际情况的偏离度，实务中车险综合赔付率、综合费用率、综合成本率等主要经营指标与前期精算报告中的假设发生重大偏离，尤其是车险综合成本率上升幅度超过本机构综合成本率前三个年度相应期间平均同比变动幅度时，应及时对费率进行调整并重新向监管机关报批。

《方案》明确此次改革分三个阶段：一是试点准备阶段。中国保险行业协会、财产保险公司根据中国保监会统一部署，分别成立相关工作组，拟订本单位商业车险改革具体工作方案。中国保险行业协会拟定和发布商业车险行业示范条款、配套单证及行业保费基准；财产保险公司选择使用行业示范条款或开发创新型条款，厘定本公司商业车险费率。财产保险公司开展业务人员培训、业务流程改造、信息系统调试、业务单证印刷等工作。二是试点实施阶段。2015年4月1日起，黑龙江、山东、青岛、广西、陕西、重庆等六个费改试点地区经营商业车险业务的保险公司可向中国保监会申报商业车险条款费率。中国保监会组织对试点地区财产保险机构逐一开展包括公司制度建设、流程改造、系统调试、人员培训等现场验收，经验收通过和批准的保险机构可使用新的商业车险条款费率。三是试点推广阶段。总结试点经验，修订完善车险改革方案并适时推广。

为了确保此次车险费改有序实施，保监会提出加强对保险公司车险条款费率拟订的监管，至少每半年对试点地区保险机构商业车险费率进行一次回溯分析。加强对保险公司车险条款费率使用的监管，加大非现场和现场检查力度，对未按照规定申请批准商业车险条款费率的、未按照规定使用经批准的车险条款费率的依法严处。加强对保险公司偿付能力的监管，强化偿付能力刚性约束，将偿付能力不足的财产保险公司列为重点监管对象并采取相应的监管措施。各地保监局对当地车险改革情况进行指导、监督和检查，密切关注并跟踪分析辖区内财产保险市场发展情况、商业车险条款费率执行情况、理赔服务情况和竞争秩序情况，加大现场检查力度，遏制违法违规行为，防止不正当竞争。监管机关重点关注八种行为：未按照规定申请批准商业车险条款费率的；未按照规定使用经批准的商业车险条款费率的；未按规定履行条款费率提示和说明义务，不明确解释不同类型条款保障范围差异，误导消费者投保的；代替投保人在投保单、告知书等资料上签名的；通过虚假广告、虚假宣传、诋毁同业公司、给予或承诺给予投保人或被保险人保险合同以外的其他利益等形式进行不正当竞争的；以排挤竞争对手为目的，低于成本销售商业车险的；车险财务业务数据不真实的；理赔服务质量下降，存在拖赔、惜赔、无理拒赔行为的。

2015年4月29日，保监会向黑龙江、山东、广西、重庆、陕西、青岛保监局、各财产保险公司、中国保险行业协会发出《中国保监会关于商业车险改革试点地区条款费率适用有关问题的通知》，要求各财产保险公司于2015年6月1日前停止使用黑龙江、山东、广西、重庆、陕西、青岛等六个保监局所辖地区现行商业车险条款、费率，并按照《中国保监会关于深化商业车险条款费率管理制度改革的意见》（保监发〔2015〕18号）和《中国保监会关于印发〈深化商业车险条款费率管理制度改革试点工作方案〉的通知》（保监产险〔2015〕24号）的规定，及时拟订、报批新商业车险条款和费率。6月1日起，商业车险条款费率改革试点工作在黑龙江等18个地区实施，选择使用商业车险示范条款的保险公司可以在15%的浮动范围内自行制订"核保系数"和"渠道系数"，同时规定出险次数和保费系数直接挂钩。

2015年12月22日，监管机关将商业车险费改范围扩展至天津、内蒙古、吉林、安徽、河南、湖北、湖南、广东、四川、青海、宁夏、新疆等12个地区。2016年6月27日，保监会向各财产保险公司以及北京、河北、山西、辽宁、上海、江苏、浙江、福建、江西、海南、贵州、云南、西藏、甘肃、深圳、大连、宁波、厦门保监局发出《中国保监会关于商业车险条款费率管理制度改革试点全国推广有关问题的通知》,决定将商业车险改革试点推广到全国范围,要求各财产保险公司2016年7月1日前停止使用原商业车险条款、费率,启用经保监会批准的新商业车险条款、费率。

2017年6月8日,下发《中国保监会关于商业车险费率调整及管理等有关问题的通知》,进一步放宽保险公司自主定价权限。凡使用行业协会示范条款的财产保险公司,可以申请在以下范围内拟订自主核保系数、自主渠道系数费率调整方案,经保监会批准后使用:(1)深圳保监局辖区内,自主核保系数调整范围为[0.70—1.25],自主渠道系数调整范围为[0.70—1.25];(2)河南保监局辖区内,自主核保系数调整范围为[0.80—1.15],自主渠道系数调整范围为[0.75—1.15];(3)天津、河北、福建、广西、四川、青海、青岛、厦门等保监局辖区内,自主核保系数调整范围为[0.75—1.15],自主渠道系数调整范围为[0.75—1.15];(4)在境内其他地区,自主核保系数调整范围为[0.85—1.15],自主渠道系数调整范围为[0.75—1.15]。

2018年3月8日,下发《中国保监会关于调整部分地区商业车险自主定价范围的通知》,再次扩大保险公司自主定价的系数区间。保险公司使用保险行业协会机动车商业保险示范条款的,可在以下范围内拟订商业车险自主核保系数、自主渠道系数费率调整方案,报经保监会批准后使用:(1)四川保监局辖区,自主核保系数调整范围为[0.65—1.15],自主渠道系数调整范围为[0.65—1.15];(2)山西、福建、山东、河南、厦门保监局辖区,自主核保系数调整范围为[0.70—1.15],自主渠道系数调整范围为[0.70—1.15];(3)新疆保监局辖区,自主核保系数调整范围为[0.75—1.15],自主渠道系数调整范围为[0.75—1.15]。

车险费率市场化改革持续向纵深推进。2018年4月,陕西、广西、青海三地被允许试点实施商业车险完全自主定价。车险费改的目标之一是通过市场竞争降低费率让车险客户受益，同时倒逼保险公司改善营运、降本增效，对于原先获取过高代理手续费的车险中介进行适当的利益调整。2018年6月29日，下发《中国银保监会办公厅关于商业车险费率监管有关要求的通知》，要求各财产保险公司报送新车业务费率折扣系数的平均使用情况、手续费的取值范围和使用规则。手续费为向保险中介机构和个人代理人（营销员）支付的所有费用，包括手续费、服务费、推广费、薪酬、绩效、奖金、佣金等，其中新车业务手续费的取值范围和使用规则须单独列示。银保监会对车险产品、费率实施"报行合一"政策，意在执行和落实层面压实车险费改具体动作。

2019年，车险费率市场化改革继续推进，整个车险乃至财产险行业在盈亏平衡点附近晃动。2020年9月，银保监会主导实施了我国车险的综合改革，对交强险、车险费率、车险条款进行了综合性的改革。

从2001年启动实施的车险费改历经20年，改革过程一波三折、争议不断、矛盾频发，凸显这项改革对既得利益格局的触动之深与广，以及在淘汰落后产能和低效供给的基础上重建车险市场秩序之艰难与不易。不变是相对的，变化是绝对的，或许市场化的改革本身是一个动态持续的过程，车险行业从卖方价格垄断到费率逐步浮动走向市场化，将来还会从一个阶段的市场均衡进化到另一个阶段的市场均衡。虽然最好的结果还没有出现，但是至少可以看到车险费改革过程中，保险公司开始实施细分客群的差异化定价和服务，无赔款优待系数、地区系数、渠道系数、核保系数的引入使车险的经营管理更趋精细化。车险客户在费改过程中得到了保费成本的降低，无责赔偿、高保低赔、零整比、代位求偿等问题逐步得到解决，并且享受到更加客制化的服务，在车险费率方案的调整过程中也召开了全国性的听证会，客户获得了一定的知情权和参与权。车险费率市场化改革将会在各方的利益博弈中以"均衡—失衡—再均衡"的动态调整最终实现车险市场的螺旋式上升，进入一个各方都可接受的健康运行轨道。

- **人身险费率市场化改革分三步走**

人身险费率市场化改革因循着"先普通型、再万能型、后分红型"三步走的思路实施，分险种、分步骤推进有效减缓了改革可能带来的震动。由于人身险费改主要是放宽预定利率上限，因而受到保险公司和投保人的欢迎。然而长期寿险的经营评估周期较长，降价对于人身险的长期发展影响需要观察和评估，监管机关对于一度有条件放开的预定利率为 4.025% 寿险产品持审慎审批原则，对于可能带来的利差损风险十分警惕，同时对于高现金价值产品和短存续产品也细化了相关监管要求。

普通型 2013 年 8 月，发布《中国保监会关于普通型人身保险费率政策改革有关事项的通知》，规定 2013 年 8 月 5 日以后签发的普通型人身保险保单法定评估利率为 3.5%，2013 年 8 月 5 日以后签发的普通型养老年金或保险期间为 10 年及以上的其他普通型年金保单，保险公司采用的法定责任准备金评估利率可适当上浮，上限为 4.025% 和预定利率的小者。不超过评估利率上限的人身险产品备案即可，高于评估利率上限的产品必须报监管部门审批。

预定利率上调对于人身保险产品实际上就是价格下调。不少保险公司在业务增长压力下，为了争抢客户和业务、扩大市场份额而推出了预定利率为 4.025% 的新产品。由于预定利率上调在其他精算假设条件不变的情况下会影响到产品的边际利润率和新业务价值，规模较大、业务发展稳定的公司对预定利率 4.025% 的产品在销售上采取了区域、时间上的限制，主要用于在特定地区的市场突破和在特定期间的阶段性推动。部分扩张意愿强烈的中小保险公司将预定利率管制的放松看作降价扩张的时机，这当中大部分公司并未经历过 20 世纪 90 年代的利差损，国寿、平安、太保等经受过利差损的老牌保险公司则对高预定利率保单心有余悸。

监管机关一方面通过放宽长期寿险的预定利率来引导各寿险公司发展内含价值较高的长期期交业务，同时推出限制短期限、高现金价值产品的政策，通过"一放一压"的方式牵引寿险公司实施业务结构调整和价值型转型发展。2014年2月19日，下发《中国保监会关于规范高现金价值产品有关事项的通知》，要求各人身保险公司限制和规范高现金价值产品的销售。高现金价值产品被定义为第二保单年度末保单现金价值与累计生存保险金之和超过累计所缴保费，且预期该产品60%以上的保单存续时间不满3年的非投连、非变额年金产品。销售高现金价值产品的保险公司要求偿付能力充足率不低于150%。销售高现金价值产品支付的佣金或手续费原则上不得超过产品定价时的附加费用率或初始费用。保险公司高现金价值产品年度保费收入应控制在公司资本金的2倍以内。自2014年第一季度起，保险公司每季度结束后20日内报送《高现金价值产品情况报告》，报告由保险公司总经理签发并承担最终责任。

万能型 2015年2月3日，发布《中国保监会关于万能型人身保险费率政策改革有关事项的通知》。明确万能型人身保险的最低保证利率由保险公司按照审慎原则自行决定，万能型人身保险的评估利率上限为年复利3.5%。《通知》的附件《万能保险精算规定》对万能险的风险保额、万能账户及结算利率，初始费用、风险保障费、保单管理费、手续费、退保费以及现金价值与责任准备金等做出了具体的细化规范。

2015年3月27日，下发《中国保监会关于规范投资连结保险投资账户有关事项的通知》。规定投资连结保险产品投保人有权利选择投资账户，保单账户价值应当根据该保单在每一投资账户中占有的单位数量及其单位价格确定。投资账户产生的全部投资净损益归投保人所有，投资风险完全由投保人承担。投资账户的资产配置范围包括流动性资产、固定收益类资产、上市权益类资产、基础设施投资计划、不动产相关金融产品、其他金融资产。保险公司应加强投资账户的流动性管理,确保投资账户能够满足流动性需要,对于投资账户的流动性管理应符合以下要求:流动性资产的投资余额不得低于账户价值的 5%;基础设施投资计划、不动产相关金融产品、其他金融资产的投资余额不得超过账户价值的 75%,其中单一项目的投资余额不得超过账户价值的 50%。

2015 年 7 月 31 日,下发《中国保监会关于加强人身保险费率政策改革产品管理有关事项的通知》。《通知》要求,保险公司开发费率政策改革审批产品的,应按照《人身保险公司保险条款和保险费率管理办法》(保监会令 2011 年第 3 号)的有关规定报送中国保监会审批,同时应满足以下要求:(1)公司最近两个季度末偿付能力充足率处于充足 II 类。保险公司偿付能力充足率低于充足 II 类时,应立即停止销售费率政策改革审批产品。(2)公司最近 3 年未受到监管部门重大行政处罚。(3)公司没有因涉嫌违法违规行为正在被监管部门调查,或者正处于风险处置、整顿或接管期间。(4)产品预定利率和最低保证利率由保险公司按照可持续性原则审慎确定,应不超过公司过去 5 年平均投资收益率。对于开业时间不满 5 年的公司,其开业之前的投资收益率采用保险行业投资收益率。公司应该说明产品拟配置资产组合的预期投资收益能够支持产品最低保证成本及相关费用等支出;对于分红保险产品,公司还应考虑未来红利分配的影响。《通知》所指的投资收益率为财务收益率[财务收益率 =(投资收益 + 公允价值变动损益 + 其他收益 − 资产减值损失)/ 资金运用平均余额 × 100%],公司过去 5 年各年度的投资收益率应经过外部审计或监管部门认可。保险公司报送普通型、分红型和万能型人身保险条款和保险费率审批或者备案,如果产品预定利率或最低保证利率超过 2.5%,除按照《人身保险公司保险条款和保险费率管理办法》提交有关材料外，还应提交《费率政策改革产品信息表》，保险公司总经理、总精算师、法律责任人、合规负责人等相关管理人员应切实履行审核责任，确保向中国保监会报送的产品审批材料真实有效，不存在虚假记载和陈述等。

分红型 2015年9月25日，下发《中国保监会关于推进分红型人身保险费率政策改革有关事项的通知》。《通知》允许分红型人身保险的预定利率由保险公司按照审慎原则自行决定，分红型人身保险未到期责任准备金的评估利率为定价利率和3.0%的较小者。保险公司应按照《人身保险公司保险条款和保险费率管理办法》有关规定，对于开发的分红型人身保险产品预定利率不高于3.5%的，报送保监会备案；预定利率高于3.5%的，报送保监会审批。《通知》附件《分红保险精算规定》明确分红保险可以采取终身寿险、两全保险或年金保险的形式，保险公司不得将其他产品形式设计为分红保险。对于保险费、最低现金价值、账户管理和盈余分配、责任准备金做了细化明确的规范。

全国人身险保费收入从2013年的10 741亿元，增长至2018年的26 261亿元，复合增长率20%。人身险费率改革实施5年中，行业基本保持了持续快速的增长。人身险的费率市场化改革给寿险公司调整业务结构、发展长期期交业务创造了条件。为了整顿银行保险发展过程中产生的恶性竞争、销售误导、费用乱支等混乱现象，2010年10月下发《中国银监会关于进一步加强商业银行代理保险业务合规销售与风险管理的通知》，禁止保险公司在银行网点派驻专员开展保险产品销售活动，银行保险业务在高速增长了10年之后出现了极速萎缩，从而倒逼部分以银行保险为主要营业收入来源的寿险公司实施壮士断腕式的转型，从原来依赖银行代理渠道获得主要保费收入，转向自建和发展营销员队伍销售长期期交业务来实现业务和价值的持续增长。正如瑞·达利欧在《原则》一书中讲的"故事永远有着另一面"，价格的调整是一把双刃剑，预定利率的上升虽然有利于保险消费者，但对保险公司投资端的收益水平提出了更高要求，在中国宏观经济进入新常态、换挡调速的时期，寿险公司对于利差损的风险必须始终保持足够的警惕。

保险业"新国十条"出台

2014年对于中国保险业而言是具有里程碑意义的一年。国务院于8月14日正式发布《国务院关于加快发展现代保险服务业的若干意见》，简称保险业"新国十条"，成为保险业新时期的顶层设计与行动纲领。从2006年发布保险业"国十条"到2014年保险业"新国十条"出台，当时有人形容这是保险业从"保险需要国家"转变为"国家需要保险"。这种说法有失严谨也过于简单，但是从一个角度说明保险业经过30多年改革发展，行业规模扩大、影响力大幅提升以后意味着承担的社会责任增大，需要为实体经济的发展服务、为国家产业结构的调整升级服务、为资本市场的健康繁荣发展服务、为国民健康养老事业的发展服务、为各级政府转变职能服务。

保险业"新国十条"提出：到2020年，基本建成保障全面、功能完善、安全稳健、诚信规范，具有较强服务能力、创新能力和国际竞争力，与我国经济社会发展需求相适应的现代保险服务业，努力由保险大国向保险强国转变。它以国家顶层设计的形式将保险业的定位提升为现代经济的重要产业和风险管理的基本手段，社会文明水平、经济发达程度、社会治理能力的重要标志；认为加快发展现代保险服务业，对完善现代金融体系、带动扩大社会就业、促进经济提质增效升级、创新社会治理方式、保障社会稳定运行、提升社会安全感、提高人民群众生活质量具有重要意义；提出保险要成为政府、企业、居民风险管理和财富管理的基本手段，成为政府改进公共服务、加强社会管理的有效工具，到

2020年保险深度达到5%，保险密度达到3 500元/人。

在保障民生方面，把商业保险建成社会保障体系的重要支柱，支持保险机构大力拓展企业年金等业务，创新养老保险产品服务，支持符合条件的保险机构投资养老服务产业，促进保险服务业与养老服务业融合发展。鼓励保险公司大力开发各类医疗、疾病保险和失能收入损失保险等商业健康保险产品，并与基本医疗保险相衔接。发展商业性长期护理保险。提供与商业健康保险产品相结合的疾病预防、健康维护、慢性病管理等健康管理服务。支持保险机构参与健康服务业产业链整合，探索运用股权投资、战略合作等方式，设立医疗机构和参与公立医院改制。

在社会管理方面，政府通过向商业保险公司购买服务等方式，在公共服务领域充分运用市场化机制，积极探索推进具有资质的商业保险机构开展各类养老、医疗保险经办服务，提升社会管理效率。按照全面开展城乡居民大病保险的要求，做好受托承办工作。探索开展强制责任保险试点。加快发展旅行社、产品质量以及各类职业责任保险、产品责任保险和公众责任保险。

在支持三农方面，开展农产品目标价格保险试点，探索天气指数保险等新兴产品和服务，丰富农业保险风险管理工具。落实农业保险大灾风险准备金制度。健全农业保险服务体系，鼓励开展多种形式的互助合作保险。健全保险经营机构与灾害预报部门、农业主管部门的合作机制。积极发展农村普惠保险业务。

在推动经济发展方面，鼓励保险资金利用债权投资计划、股权投资计划等方式，支持重大基础设施、棚户区改造、城镇化建设等民生工程和国家重大工程。鼓励保险公司通过投资企业股权、债权、基金、资产支持计划等多种形式，在合理管控风险的前提下，为科技型企业、小微企业、战略性新兴产业等发展提供资金支持。研究制定保险资金投资创业投资基金相关政策。鼓励设立不动产、基础设施、养老等专业保险资产管理机构，允许专业保险资产管理机构设立夹层基金、并购基金、不动产基金等私募基金。稳步推进保险公司设立基金管理公司试点。探索保险机构投资、发起资产证券化产品。探索发展债券信用保险。积极培育另类投资市场。建立完善科技保险体系，积极发展适应科技创新的保险产品和服务，推广国产首台首套装备的保险风险补偿机制，促进企业创新和科技成果产业化。加快发展小微企业信用保险和贷款保证保险，增强小微企业融资能力。积极发展个人消费贷款保证保险，释放居民消费潜力。发挥保险对咨询、法律、会计、评估、审计等产业的辐射作用，积极发展文化产业保险、物流保险，探索演艺、会展责任险等新兴保险业务，促进第三产业发展。发挥出口信用保险促进外贸稳定增长和转型升级的作用。加大出口信用保险对自主品牌、自主知识产权、战略性新兴产业的支持力度，重点支持高科技、高附加值的机电产品和大型成套设备，简化审批程序。加快发展境外投资保险，以能源矿产、基础设施、高新技术和先进制造业、农业、林业等为重点支持领域，创新保险品种，扩大承保范围。

在行业改革开放方面，全面深化寿险费率市场化改革，稳步开展商业车险费率市场化改革。深入推进保险市场准入、退出机制改革。加快完善保险市场体系，支持设立区域性和专业性保险公司，发展信用保险专业机构。规范保险公司并购重组。支持符合条件的保险公司在境内外上市。鼓励中资保险公司尝试多形式、多渠道"走出去"，为我国海外企业提供风险保障。支持中资保险公司通过国际资本市场筹集资金，多种渠道进入海外市场。努力扩大保险服务出口。引导外资保险公司将先进经验和技术植入中国市场。支持保险公司积极运用网络、云计算、大数据、移动互联网等新技术促进保险业销售渠道和服务模式创新。增加再保险市场主体。发展区域性再保险中心。加大再保险产品和技术创新力度。稳步推进保险营销体制改革。

在改进监管方面，坚持机构监管与功能监管相统一，宏观审慎监管与微观审慎监管相统一，加快建设以风险为导向的保险监管制度。加快建设第二代偿付能力监管制度。探索建立保险消费纠纷多元化解决机制，建立健全保险纠纷诉讼、仲裁与调解对接机制。守住不发生系统性区域性金融风险的底线。建立健全风险监测预警机制，加强金融监管协调，防范风险跨行业传递。完善保险监管与地方人民政府以及公安、司法、新闻宣传等部门的合作机制。健全保险保障基金管理制度和运行机制。

在行业基础建设方面，加强保险信用信息基础设施建设，扩大信用记录覆盖面，构建信用信息共享机制。完善保险从业人员信用档案制度、保险机构信用评价体系和失信惩戒机制。加快建立保险业各类风险数据库，修订行业经验生命表、疾病发生率表等。组建全行业的资产托管中心、保险资产交易平台、再保险交易所、防灾防损中心等基础平台。

在行业发展政策方面，鼓励政府通过多种方式购买保险服务，通过运用市场化机制，降低公共服务运行成本；完善加快现代保险服务业发展的税收政策，开展个人税收递延型商业养老保险试点；加强养老产业和健康服务业用地保障，扩大养老服务设施、健康服务业用地供给；完善对农业保险的财政补贴政策，建立财政支持的农业保险大灾风险分散机制。建立保险监管协调机制，建立信息共享机制。

保险业"新国十条"的重要作用在于把发展现代保险服务业放在经济社会工作整体布局中统筹考虑。中国保险业从前期的需要国家和政府的重视扶持，进入了支持国家经济发展和政府职能转变的新历史时期，行业的定位、使命和责任发生了重大变化。由此，保险业在消费者权益保护、健康养老保险推进、保险资金运用渠道放宽、国家巨灾保险体系建立、养老产业布局、科技赋能等方面朝着全面、健康、可持续的纵深方向发展。

保护保险消费者权益

我国于 1993 年 10 月由全国人大常委会通过了首部《中华人民共和国消费者权益保护法》并于次年 1 月 1 日起施行。1999 年 3 月 15 日，国家工商行政管理总局在全国统一开通了 12315 消费者投诉举报专线电话。2017 年，全国消费者投诉举报互联网平台 12315 正式上线。

2011 年 10 月 14 日，中国保监会正式设立保险消费者权益保护局，专门负责推动保险消费者的权益保护工作，主要从治理理赔难、治理销售误导、完善保险纠纷调处和"诉调对接"机制、提高保险消费投诉处理水平、查处损害消费者权益违法违规行为、提升保险公司服务质量和水平、做好公众教育工作、健全社会监督机制等八个方面开展工作。

解决主要矛盾与矛盾的主要方面作为一种工作方法，在保险消费者权益保护工作中得到充分体现。车险理赔难和寿险销售误导是我国保险业发展过程中保险客户反映和投诉最多的两大顽疾，因此也成为保险监管机关重点聚焦和着力解决的问题。

● **治理车险理赔难**

2012 年 3 月 5 日，印发《中国保监会关于综合治理车险理赔难的工作方案》。工作目标包括：增强财产保险公司理赔服务意识，加强理赔服务基础建设，健全理赔服务体系，提升服务规范化和便捷程度，加快服务创新；形成行业规范、统一的车险理赔服务制度、服务流程和服务标准，建立以信息化、透明化为基础的车险理赔服务评价机制、公开机制和监督机制；健全车险理赔服务质量监管的制度机制；减少保险消费者对车险理赔服务投诉。

保监会从八个方面着手治理车险理赔难：（1）加强监管制度建设。

一是出台《机动车辆保险理赔管理指引》，从制度建设、组织架构、控制机制、资源配置、人员培训、数据真实性等方面，明确保险公司的基本管理要求，夯实理赔管理和服务基础，提高服务能力；二是下发《车险理赔管理及服务质量监管和评价指标体系》，将投诉率、客户满意度等指标纳入保险公司服务考核体系；三是将理赔服务基础建设和及时有效理赔服务等情况，作为保险公司分支机构准入及交强险、商业车险等经营许可的考虑因素；四是加强监测保险公司理赔服务质量、服务效率、投诉处理、服务测评等情况，建立向公司董事会和监事会通报的制度，强化公司法人约束。（2）完善车险产品及管理机制。一是出台《关于加强机动车辆商业保险条款费率管理的通知》，完善车险条款费率管理和建立市场化条款费率形成机制；二是全面梳理和查找表述不清、约定不合理及引发纠纷较多的条款，加快修订和颁布协会示范条款；三是行业协会颁布标准化示范条款，公司自主开发个性化条款；四是建立车险投保理赔告知制度、代位求偿机制、理赔争议处理和公司间结算机制。（3）加大违规查处和信息披露。一是对车险恶意拖赔惜赔、无理拒赔的保险机构加大查处力度；二是全面清理未决车险理赔案件，加强分类管理和考核监督，纠正各类违法违规行为；三是加大信访投诉查处力度，打击各类侵害保险消费者利益的行为；四是及时公布车险理赔违法违规行为查处情况，加大信息披露力度。（4）健全车险理赔投诉机制。一是拓宽消费者诉求表达渠道，建立投诉考评机制，促进保险公司提高信访工作水平；二是建立信访工作责任制，提高投诉案件办结率；三是建立信访投诉季度分析制度，解决反映集中的突出问题；四是探索建立社会监督员制度。（5）开展保险知识的普及工作。丰富和完善普及宣传的内容和形式，搭建形式多样、喜闻乐见的保险教育平台。（6）优化车险理赔法制环境。一是制定恶意拖赔惜赔、无理拒赔的行政处罚统一标准；二是加强与最高人民法院沟通协调，推动出台相关司法解释，规范交通事故人伤司法鉴定标准，建立案前调处机制。（7）加强宣传。总结各公司、各地区的经验和做法，多种方式加强治理车险理赔难工作情况的宣传。（8）指导行业协会开展工作。一是推进车险理赔服务标准化建设，发布《车险索赔单证标准》和《车险理赔服务流程时限标准》，出台《车险理赔服务标准》和《车险基础服务标准》，试点执行《查勘定损人员职业认证和资格管理制度》；二是加大车险理赔信息化建设，推进承保理赔信息客户自主查询制度，加快各地车险信息平台改造的功能拓展，实现车险赔案逐案全流程监控；三是提高理赔服务透明度，探索建立保险公司理赔情况披露制度。

各地保监局按照保监会的统一部署，主要做好上下联动、内外结合、横向协调的综合治理工作。一是依法依规加强对辖内保险公司理赔管理和客户服务的监督检查；二是加大未决赔案自查清理监督，严查、严处、追究责任，将处罚情况向社会公布；三是通过检查、抽查、暗访等加大对理赔服务质量的监督；四是加强理赔服务质量评价和信息披露；五是细化完善行业自律规范和标准。

保险行业协会、学会在治理理赔难中发挥积极作用。（1）加强行业制度机制建设，形成理赔服务行业规范。一是建立车险投保理赔告知制度，对处理流程、责任免除、享受权益、争议处理等作出明示统一规范；二是建立车损险代位求偿机制；三是建立化解车险理赔争议和纠纷机制；四是加强行业协作，建立工作联动制度。（2）推进行业标准化建设。一是出台车险理赔流程、车险索赔单证标准、车险理赔服务时限标准等行业规范；二是开展事故车维修配件和工时系数标准、事故车修理厂统一认证制度、修理质量后台控制标准、查勘定损人员职业认证和资格管理制度等研究。（3）加大信息化建设。一是完善行业车险信息平台功能，对车险理赔全流程监控；二是完善理赔风险提示、理赔服务效率评价等功能；三是建立行业车型数据库。（4）加强透明化建设。一是发出《倡议书》倡导行业自律、共同维护行业形象；二是开展集中宣传、形成良好的舆论导向和氛围；三是加强车险投保理赔告知制度的宣传力度；四是建立和实施行业理赔服务质量评价和信息披露的长效机制；五是开展车险理赔满意度调查。（5）加强理论研究，为解决车险理赔难提供政策建议。

《方案》对各财产保险公司提出明确工作要求：（1）加强内控管理、健全规章制度。一是完善车险理赔赔案管理、数据管理、运行保障等制度和流程，健全车险理赔服务质量考核指标及监督机制；二是改进理赔程序，优化流程、简化手续、提升效率，推行服务承诺、服务公约和服务规范；三是加强接报案管理，严格权限管理，严防拖赔、惜赔、无理拒赔；四是强化理赔回访和抽样复核，提高案件处理质量；五是落实"交强险"互碰自赔和事故快处机制。（2）加大信息披露、保障消费者的知情权。一是帮助消费者了解车险保障范围、收益风险、除外责任、服务项目及承诺，知晓理赔服务标准、程序、时限以及赔案处理过程、结果等信息，增强车险服务的透明度和公信力；二是发布《承诺书》，公示理赔工作的目标、措施和监督机制。（3）加大自查、纠正理赔服务中不合规问题，清理未决车险理赔案件，建立并落实责任制，纠正理赔中的各类违法违规行为。（4）畅通投诉渠道、维护消费者合法权益。一是及时处理信访投诉案件，加强跟踪检查和汇总分析；二是公布保险消费者投诉维权电话号码，明示投诉途径、办理流程和时限；三是建立与消费者网上互动交流平台；四是建立保险机构总经理接待日制度和疑难案件报案投诉制度。（5）提高信息化管理水平，对车险接报案、立案、结案实行总公司或区域化集中管理和全流程管控，加强数据积累、提高理赔技术支持。（6）完善调处机制、有效化解纠纷，保险公司服从并执行调解协议，妥善解决保险公司之间车损险代位求偿案件争议。

- **整治销售误导**

2012年9月29日，保监会印发《人身保险销售误导行为认定指引》，对人身保险销售中的欺骗、隐瞒、误导行为进行了明令禁止。

严禁保险公司、代理机构及销售人员有下列欺骗行为：夸大保险责任或者保险产品收益；对与保险业务相关的法律、法规、政策做虚假宣传；以赠送保险名义宣传销售保险产品，实际并未赠送；以保险产品即将停售为由进行宣传销售，实际并未停售；对保险公司的股东情况、经营状况以及过往经营成果做虚假宣传；以银行理财产品、银行存款、证券投资基金份额等其他金融产品的名义宣传销售保险产品；将本公司的保险产品宣传为其他保险公司或者金融机构开发的产品进行销售，或者将本公司的销售人员宣传为其他保险公司或者金融机构的销售人员；其他欺骗行为。

严禁保险公司、代理机构及销售人员有下列隐瞒行为：免除保险人责任的条款；提前解除人身保险合同可能产生的损失；万能保险、投资连结保险费用扣除情况；人身保险新型产品保单利益的不确定性；人身保险产品保险期间、交费期限，以及不按期交纳保费的后果；人身保险合同观察期的起算时间以及对投保人权益的影响；人身保险合同犹豫期起算时间、期间及投保人犹豫期内享有的权利；其他重要情况。

严禁保险公司、代理机构及销售人员有下列误导行为：对保险产品的不确定利益承诺保证收益；诱导、唆使投保人为购买新的保险产品终止保险合同，损害投保人、被保险人或者受益人合法权益；使用保险产品的分红率、结算利率等比率性指标，与银行存款利率、国债利率等其他金融产品收益率进行简单对比；阻碍投保人接受回访，诱导投保人不接受回访或者不如实回答回访问题；其他销售误导行为。

评价指标牵引 2012年11月7日，保监会印发《人身保险业综合治理销售误导评价办法（试行）》，严禁人身保险公司、保险代理机构以及办理保险销售业务的人员在人身保险业务活动中违反法律法规和有关规定，通过欺骗、隐瞒或者诱导等方式，对有关保险产品的情况做引人误解的宣传或者说明的行为。保监会制订了《人身保险业综合治理销售误导效果评价指标体系》，包括业务品质、客户回访、客户投诉和销售误导扣分事项等4类共7个指标，综合反映人身保险业综合治理销售误导的效果，保险消费者对保险产品、保险公司服务的满意度情况。

业务品质、客户回访和客户投诉三类指标根据公司的实际业务运作情况进行赋分，销售误导扣分事项类指标则根据销售误导引发的群体性事件和查处的销售误导违法违规情况进行扣分。业务品质类指标包括保单件数继续率和趸交保单退保率。业务品质类指标主要体现客户维持保单生效的意愿，反映产品与客户实际需求的匹配度，匹配度越高，在销售时发生误导的可能性越低。客户回访类指标包括犹豫期内电话回访成功率和新契约回访完成率。客户回访类指标主要反映保险公司的回访质量和效率，体现了保险公司风险管控的能力。客户投诉类指标包括投诉率。客户投诉类指标反映保险公司存在销售误导问题的情况严重程度。

保险销售行为可回溯　2017年6月28日，保监会印发《保险销售行为可回溯管理暂行办法》。

保险销售行为可回溯指保险公司、保险中介机构通过录音录像等技术手段采集视听资料、电子数据的方式，记录和保存保险销售过程关键环节，实现销售行为可回放、重要信息可查询、问题责任可确认。保险销售行为现场同步录音录像应符合规范要求，视听资料应真实、完整、连续，能清晰辨识人员面部特征、交谈内容以及相关证件、文件和签名，录制后不得进行任何形式的剪辑。

保险公司、保险中介机构销售投保人为自然人的保险产品时，必须实施保险销售行为可回溯管理。电话销售业务应将电话通话过程全程录音并备份存档，不得规避电话销售系统向投保人销售保险产品。互联网保险业务必须开展可回溯管理。除电销和网销外，下列两种情形下应在取得投保人同意后，对销售过程关键环节以现场同步录音录像予以记录：通过保险兼业代理机构销售保险期间超过一年的人身保险产品；通过保险兼业代理机构以外的其他销售渠道销售投资连结保险产品，或向60周岁（含）以上年龄的投保人销售保险期间超过一年的人身保险产品。

同步录音录像至少包含以下销售过程关键环节：保险销售从业人员出示有效身份证明；保险销售从业人员出示投保提示书、产品条款和免除保险人责任条款的书面说明；保险销售从业人员向投保人履行明确说明义务，告知投保人所购买产品为保险产品，以及承保保险机构名称、保险责任、交费方式、交费金额、交费期间、保险期间和犹豫期后退保损失风险等；投保人对保险销售从业人员的说明告知内容做出明确肯定答复；投保人签署投保单、投保提示书、免除保险人责任条款的书面说明等相关文件。

销售新型寿险时应说明保单利益的不确定性，销售健康保险应说明保险合同观察期的起算时间及对投保人权益的影响、合同指定医疗机构、续保条件和医疗费用补偿原则等。销售以死亡为给付条件保险产品时，录制内容应包括被保险人同意投保人为其订立保险合同并认可合同内容；销售新型寿险时，录音录像还应包括保险销售从业人员出示产品说明书、投保人抄录投保单风险提示语句等。

保险公司应建立视听资料质检体系，制定质检制度，建立质检信息系统，配备与销售人员岗位分离的质检人员，对成交件视听资料按不低于30%的比例在犹豫期内全程质检。其中，销售投资连结保险和对60

岁以上投保人销售一年期以上人身保险的应实现 100% 质检。

- **保险公司服务评价**

2015 年 7 月 31 日，保监会发布《保险公司服务评价管理办法（试行）》。保险服务评价坚持消费者导向、全流程覆盖、客观公正和持续改进四项原则。保险监管部门负责评价制度的总体设计，成立专门的保险服务评价委员会负责具体评价工作，服务评价委员会由保险监管机关、中国消费者协会、中国保险行业协会、中国保险信息技术管理有限责任公司、中国保险报、有关专家学者、新闻工作者、保险消费者代表等组成。每年对开业满一年的财产险公司和人身险公司开展一次评价，覆盖保险公司销售、承保、保全、理赔、咨询、回访、投诉等全部业务流程。

按照财产险和人身险建立两套不同的定量指标，各 8 个定量指标。定量指标的选取范围，主要涉及保险消费者能够直接感受和体验的服务触点。在指标选择上，兼顾数据客观准确性原则，选取目前保险行业主体普遍适用的可系统提取、人为影响因素可控的指标。

对于各保险公司根据服务评价得分高低进行评级，设置 A、B、C、D 四大类，具体包含 AAA、AA、A、BBB、BB、B、CCC、CC、C、D 共 10 级。A 类指总体服务质量优秀的公司，B 类指总体服务质量良好的公司，C 类指总体服务较差的公司，D 类指总体服务质量差的公司。

财产保险公司服务评价定量指标包括 8 项：（1）电话呼入人工接通率（10%）；（2）客服代表服务满意率（10%）；（3）承保理赔查询异议信息 5 日处理率（10%）；（4）立案结案率（20%）；（5）案均报案支付周期（20%）；（6）理赔获赔率（5%）；（7）投诉率（15%），其中亿元保费投诉量（7.5%），千张保单投诉量（7.5%）；（8）投诉件办理及时率（10%）。

人身保险公司服务评价定量指标包括8项：（1）保单15日送达率（15%）；（2）电话呼入人工接通率（5%）；（3）犹豫期内电话回访成功率（10%）；（4）理赔服务时效（20%）；（5）理赔获赔率（15%）；（6）保全时效（10%）；（7）投诉率（15%），其中亿元保费投诉量（7.5%），千张保单投诉量（7.5%）；（8）投诉件办理及时率（10%）。

保险监管机关在每年年底采用召开新闻发布会或在中国保信网站发布的方式向社会公布当年财产险和人身险两类保险公司的服务评价结果。保险监管机关发布的评价结果具有官方权威性，评价结果好的公司会用于公司内部培训宣讲或外部企业形象宣传，评价结果不好的公司会对照相关指标进行服务方面的改进。

《2018年度保险消费者投诉情况报告》显示，2018年国家保险监管机关共接收涉及保险公司的保险消费投诉88 454件，其中保险合同纠纷投诉86 491件，占比97.8%，涉及违法违规投诉1 963件，占比2.2%。财产险类投诉48 296件，占比56%，人身险类投诉38 195件，占比44%。财产险公司亿元保费投诉量平均值为4.14件/亿元，万张保单投诉量平均值为0.02张/万张。人身险亿元保费投诉量平均值为1.52件/亿元，万张保单投诉量平均值为0.36件/万张。财产险投诉主要集中在车险理赔，占产险投诉总量的80%；人身险投诉主要集中在销售环节，占人身险投诉总量的42.6%，主要问题是夸大保险责任和收益、未明确告知保险期限和不按期交费后果、未充分告知解约损失和满期给付年限、虚假宣传等。互联网保险消费投诉出现大幅增长，同比增长121%。其中涉及财产保险公司的8 484件，同比增长128%，涉及人身保险公司的2 047件，同比增长95%。互联网保险投诉的主要问题是销售告知不充分或有歧义、理赔条件不合理、拒赔理由不充分、捆绑销售保险产品、未经同意自动续保等。

保险反欺诈

保险由于保险费与保险金额之间的射幸原理和杠杆效应，极易引发逆选择和道德风险。保险欺诈指假借保险名义或利用保险合同牟取非法利益的行为，主要包括保险金诈骗类欺诈行为、非法经营保险业务类欺诈行为和保险合同诈骗类欺诈行为等，主要的行为有：故意虚构保险标的，骗取保险金；编造未曾发生的保险事故、编造虚假的事故原因或者夸大损失程度，骗取保险金；故意造成保险事故，骗取保险金；等等。现实中的保险欺诈案件往往涉及谋杀、纵火、故意制造灾难事故等行为，具有影响社会稳定和安全的危害性。

● 《偷天陷阱》·雌雄大盗生情愫结局意外

1999年在美国上映的好莱坞经典动作电影《偷天陷阱》讲述的是超级大盗与保险公司女调查员离奇而惊艳的故事。举世闻名的艺术品大盗罗伯特（肖恩·康纳利扮演）窃取了一幅由保险公司巨额承保的世界名画，保险公司因此派出美丽性感的女调查员弗吉尼亚展开调查。弗吉尼亚使出浑身解数试图接近和诱捕罗伯特，然而出人意料的是罗伯特的雅盗绅士魅力居然对美艳的弗吉尼亚产生了无以名状的吸引力。雌雄大盗一路合作从伦敦直到马来西亚，屡屡完成任务而从不失手。然而，电影的后半段情节出现了出人意料的反转：弗吉尼亚变成了真正的大盗，引诱已经与警方合作的罗伯特在千禧年的除夕夜一起去劫盗全球防卫最森严的国际票据结算银行。弗吉尼亚经过罗伯特特别训练后潜入银行主机库的过程中，以舞美动作通过红外线防盗网的惊险过程深深地印入了所有观众的脑海，甚至让人在紧张的氛围和注意力高度集中于故事情节的状态中忽略了这种行为本身的社会性质。电影意外而喜剧的结局设计令人惊叹于编剧和导演的专业能力，影片中凯瑟琳·泽塔-琼斯饰演的弗吉尼亚在保险公司的岗位角色就是一名反欺诈调查员。

●《瞒天过海》·卡地亚珠宝遭美女大盗欺诈失窃

2018年在美国上映的《瞒天过海》再次用悬疑而喜剧的方式将保险反欺诈引入人们的视野。影片中，因被男友出卖而入狱的黛比·奥逊在获得保释后，着手策划实施一起在狱中蓄谋了五年的卡地亚珠宝盗窃案。黛比·奥逊离经叛道的行为方式和恶作剧似的智力劫富赢得诸多影院观众的心理戏谑性微笑，她召集另外七名各有特长的女性组成了一个集时装设计师、网络黑客、珠宝师、小偷快手在内的团队，最终将纽约大都会博物馆慈善晚会上价值1.5亿美元的钻石项链解体后偷盗到手并成功嫁祸给她的前男友。当卡地亚的珠宝经理发现价值1.5亿美元的"杜桑"钻石项链在一场盛宴之后变成一串赝品时，受到的震惊一定伤及了五脏六腑。承保了"杜桑"钻石项链的PDG保险公司马上派出反欺诈调查员约翰·弗雷泽调查此案，弗雷泽调查访谈了每一个与此事有牵涉的当事人，甚至在接案后对案发现场的排水管都进行了仔仔细细的搜查。电影的结尾是八名女性各得其所的开放式结局虚构画面，观众或许会对腹黑的黛比·奥逊前男友最终背黑锅入狱报以击掌，然而保险公司因此遭受了巨额损失却似乎并未引起观众更多的关注和同情。

在世界保险史和我国保险业发展过程中，保险欺诈的案例不胜枚举、俯拾即是。比如：有的企业经营不善，在投保后纵火烧毁工厂和库存以骗取保险金；有的被保险人因醉酒后驾驶机动车辆导致交通事故身亡，家属以意外事故报案企图获取高额保险金；有的家庭因巨额负债，丈夫在为妻子投保高额意外险后将其骗至国外杀害，骗保失败后被捕入狱遭到严惩；也有的违法犯罪团伙将车辆投保后故意制造交通事故，制造假赔案骗取保险金。

案例 1：重大疾病诈骗案

2016年年初，高某凭借多年从医经验，感觉自己甲状腺出了问题。于是他利用工作便利在所在医院私自拍片，发现有甲状腺乳头状癌病征。高某随即与妻子廖某商议，决定故意隐瞒患病事实，投保巨额重大疾病险，企图骗取保险金。廖某熟悉保险业务，提醒丈夫高某以假名到医院就诊，以逃避保险公司调查，高某在随后用假名到甲状腺专科医院就诊，被确诊为甲状腺乳头状癌。2016年5月、9月，高某先后在13家保险公司购买了总保额790万元的重大疾病险。2017年2月，在保单观察期到期后，高某进行了甲状腺乳头状癌切除术，并向13家保险公司申请理赔790余万元。集中的巨额索赔引起了保险公司怀疑而报案，经侦民警接到报警后，认为这可能是一起骗保大案。根据高某购买保险的情况，民警逐一排查2016年9月前各医院的甲状腺疾病就诊人员，最终找到了高某用假名进行体检的报告。经侦支队专门邀请甲状腺疾病医学领域的专家对高某分别用真名和假名就诊的两份体检材料进行严格比对，确认两份报告中的患者为同一人。高某在确凿的事实面前交代了恶意骗保的经过，这起特大重疾险诈骗案件被侦破，等待高某的是法律的严惩。

案例 2：制造"交通事故"骗赔案

2015年年底至2016年10月期间，以犯罪嫌疑人刘某为首的团伙经过周密预谋后，驾驶奔驰、奥迪、丰田等高档轿车，在居住地附近的多个地市和县乡，选取地处偏僻、车流行人少、没有监控录像的路段，采用"追尾""撞树""摆撞"等手段屡次制造"交通事故现场"。"事故"发生后，刘某等人电话报警并通知保险公司，经交警现场勘验、出具道路交通事故责任认定书、车辆定损等程序后，通过与保险公司调解、起诉至法院等手段从保险公司骗取保险金。骗赔得逞后，刘某等人立即再从外地购买低价的汽车配件将事故车修好，继续故伎重演、多次骗保骗赔,通过反复骗赔的方式和手段共骗取保险金400余万元人民币。反复多次骗赔引起了保险公司的怀疑,经公安机关侦办,破获了这起团伙作案的保险骗保骗赔案,当地检察机关依法批捕了犯罪嫌疑人。

保险欺诈行为的存在不仅影响到保险公司的正常经营秩序,给守法合规的投保人、被保险人和受益人造成损失和不公平,管理不严或者处罚不当,还会给社会带来不稳定的因素,违背保险制度建立和存在的本意与初衷。因此,保险反欺诈已经成为各国保险监管机关进行市场监管和维护行业发展秩序的重要内容。

- **《反保险欺诈指引》**

2018年2月11日,保监会印发《反保险欺诈指引》。《指引》要求保险机构承担欺诈风险管理的主体责任,建立欺诈风险管理体系,包括:董事会、监事会、管理层的有效监督和管理;与业务性质、规模和风险特征相适应的制度机制;反欺诈风险管理组织架构和流程设置;职责、权限划分和考核问责机制;欺诈风险识别、计量、评估、监测和处置程序;内部控制和监督机制;欺诈风险管理信息系统;报告和危机处理机制。

■ 董事会。保险机构董事会承担欺诈风险管理的最终责任,主要职责包括:确定欺诈风险管理战略规划和总体政策;审定欺诈风险管理的基本制度;监督欺诈风险管理制度执行有效性;审议管理层或风险管理委员会提交的欺诈风险管理报告;根据内部审计结果调整和完善欺诈风险管理政策,监督管理层整改;审议涉及欺诈风险管理的其他重大事项;法律、法规规定的其他职责。

■ 管理层。保险机构管理层承担欺诈风险管理的实施责任,主要职责包括:制定欺诈风险管理制度,报董事会批准后执行;建立欺诈风险管理组织架构,明确职能部门、业务部门以及其他部门的职责分工和权限，确定欺诈风险报告路径；对重大欺诈风险事件或项目，根据董事会授权进行处置，必要时提交董事会审议；定期评估欺诈风险管理的总体状况并向董事会提交报告；建立和实施欺诈风险管理考核和问责机制；法律、法规规定的或董事会授予的其他职责。

■ 风险管理负责人。保险机构应当指定欺诈风险管理负责人，并以书面形式告知保监会。风险管理负责人应由能够承担欺诈风险管理责任的高级管理人员担任，职责包括：分解欺诈风险管理责任，明晰风险责任链条；组织落实风险管理措施与内控建设措施；监督欺诈风险管理制度和程序的实施；为保险机构欺诈风险管理战略、规划、政策和程序提出建议；审核反欺诈职能部门出具的欺诈风险年度报告等文件；向保监会报告，接受监管质询等。

■ 反欺诈职能部门。保险机构须在总部指定内设机构作为反欺诈职能部门，部门职责包括：拟定欺诈风险管理的具体政策、操作规程和操作标准，报董事会或管理层批准后执行；建立并组织实施欺诈风险识别、计量、评估、监测和报告流程；建立并管理反欺诈信息系统；组织开展反欺诈调查和风险排查；协调其他部门执行反欺诈操作规程；监测和分析欺诈风险管理情况，定期向公司管理层、董事会和保监会提交欺诈风险报告；提供反欺诈培训，开展反欺诈经验交流，建设欺诈风险管理文化，进行反欺诈宣传和教育；与欺诈风险管理相关的其他工作。

■ 反欺诈指标。保险机构应定期分析欺诈风险趋势、欺诈手法、异动指标。分析指标包括：总体情况指标，反映在公司制度、流程、内部控制等方面欺诈风险应对能力的总体情况指标，包括欺诈案件占比、欺诈金额占比、欺诈案件的追诉率、反欺诈挽损比率等，用以衡量公司欺诈整体状况；分布特征指标，主要包括行为分布特征、险种分布特征、人员分布特征、地区分布特征、金额分布特征等，用以更好地制定欺诈风险的防范和识别措施，提升欺诈风险管理的经济效果；趋势性指标，将不同时期同类指标的历史数据进行比较，综合、直观地呈现欺诈风险的变化趋势和规律。统计分析至少应每季度进行一次。

保监会及其派出机构在行业反欺诈工作中承担的职责：建立反欺诈监管框架，制定反欺诈监管制度；指导保险机构和行业组织防范和应对欺诈风险；审查和评估保险机构反欺诈工作；依据保险公司偿付能力监管规则中的风险综合评级规则，对保险机构欺诈风险进行评价和监管；通报欺诈案件、发布风险信息，定期对行业整体欺诈风险状况进行评估；推动建立行业合作平台，促进反欺诈协作；加强与其他行业主管部门、司法机关的合作、协调和信息交流；普及反欺诈知识，提高消费者对欺诈的认识。

鱼和熊掌·保险业资产负债同步扩张

随着行业总资产和资金运用余额扩大、新型寿险规模大幅增长，保险资金运用成为保险行业发展的重要问题。保险基金作为保险公司的负债需要在未来赔偿或给付给被保险人或受益人，偿付能力不足将会影响到千家万户甚至危及社会稳定。2008年美国次贷危机引发的金融危机中，全球久负盛名的美国国际集团（AIG）的投资部门的失败引起其他子公司和集团整体财务危机的教训非常深刻，日本在20世纪90年代泡沫经济破灭之后几家大型保险公司因为资产大幅缩水导致破产也是前车之鉴。非寿险经营中面临的重大风险在于危险单位划分不科学以及再保险安排不合理可能导致在大赔案发生时无力赔付，而寿险经营中面临的最大风险则是投资失败或投资收益低于预定利率而导致巨额利差损。保险企业的利润和价值一方面来源于负债端的承保盈余，另一方面又来源于资产端的投资收益，鱼和熊掌被保险企业一并收入囊中，这也是保险业受到资本青睐的主要原因。

保险公司作为主要机构投资者在国际和国内资本市场上扮演着重要角色，保险资金特别是寿险资金具有周期长、金额大、成本低的特征。保险准备金作为保险公司对被保险人的一种负债，它本身需要进行适当的资金运用获得投资收益，使为未来保险合同赔付而建立的准备基金保值增值，提高保险公司的偿付能力，因此保险资金的运用在安全性、流动性和效益性三者当中更注重安全性。投资收益高于预定利率而形成的利差益一般是寿险公司价值的主要来源，而产险公司资金运用获得的投资收益则成为年度利润的重要利源，在有些年份投资收益甚至成为产险公司增加资源投入和回补承保亏损的财务来源。我国保险业的资产负债在 2010 年以后快速扩张，随着保险资金运用限制的逐步解除和渠道拓宽、比例放大，保险资金在资本市场上的表现超出很多专业机构和专家的意料。2013 年开始的险资举牌上市公司事件使保险资金露出峥嵘的一面，宝能和万科之争更成为资本市场和保险业一时的高光焦点。

保险公司运用的资金主要来源于三个方面：一是包括资本金、公积金、公益金、未分配利润在内的所有者权益；二是包括未到期责任准备、未决赔款准备金、长期责任准备金、寿险责任准备金、已发生未报告赔款准备金、长期健康险责任准备金、总准备金等在内的保险准备金；三是承保盈余等其他资金。我国保险资金运用经历了早期交由中国人民银行保本运用，到后来限制为银行存款和买卖国债，再到后来在比例监管条件下股票、基金、债券计划、股权投资、不动产、境外投资等投资渠道逐步放开的过程。

保险资金运用规定 1949—1958 年，保险资金属于国家财政资金，全部存入银行，利息上缴国库。1979—1984 年，复业初期保险资金依然按规定全部存入银行。1984 年 11 月，国务院批转的《关于加快我国保险事业的报告》允许保险公司开展资金运用，由中国人民银行确定计划额度，限于银行存款、国债、流动资金贷款和金融债券。1988 年，我国经济出现阶段性过热现象，国家实施紧缩政策，保险资金运用范围被严格限制，并被要求采取担保、抵押等风控手段。1991年，经济形势好转后，保险资金开始趋于活跃，进入房地产、有价证券、信托等领域，由于当时法规不全，保险公司总部没有实行资金全国集中，各地分公司资金运用缺乏经验和约束，导致保险资金运用出现无序和失控，很多保险资金项目成为坏账。1995年，《保险法》颁布实施，保险资金运用被限定为银行存款、政府债券、金融债券和国务院规定的其他形式，规定保险资金不得用于设立证券经营机构和向企业投资。此后，各保险公司总公司陆续开始实施资金全国集中来加强资金运用管理。1998年中国保监会成立以后，保险资金运用纳入规范监管，《保险资金运用管理暂行办法》《保险资金投资股权暂行办法》《保险资金投资不动产暂行办法》等规章相继出台，保险资金运用逐步进入有序放开、规范发展的轨道。1999年10月26日，国务院批准保险公司可以通过证券投资基金间接进入证券市场。2003年，国内第一家保险资产管理公司——中国人保资产管理有限公司成立。2004年，保监会印发《保险资金运用风险控制指引（试行）》。2005年，保险资金被允许直接投资股票市场。2006年，中国人民银行发布2006年第5号公告，允许保险公司用人民币自有资金购买外汇，进行境外投资。2009年，保险资金被允许投资基础设施债券投资计划。2010年，保险资金被允许进行股权、不动产投资。2012年，保险资金运用新政13条出台，进一步放宽了保险资金运用范围和监管比例。保险资金运用范围涵盖了投资债券、委托投资、投资股权和不动产、资产配置、基础设施债权投资、境外投资、金融衍生品交易、融资融券、创新产品及托管等。2013年6月，证监会和保监会联合发布《保险机构投资设立基金管理公司试点办法》，同年11月6日，国内首家保险系基金公司——国寿安保基金管理公司挂牌成立，经营范围包括基金募集、基金销售、资产管理等业务。2014年10月

17 日，保监会发布《保险资产风险五级分类指引》。2015 年 7 月 8 日，发布《中国保监会关于提高保险资金投资蓝筹股票监管比例有关事项的通知》，放宽了保险资金投资蓝筹股票的监管比例。2018 年 2 月 28 日，保监会印发《保险资产负债管理监管规则（1—5 号）》，保险资金运用进入资产负债管理的规范发展新阶段。

随着我国保费收入逐年增长特别是长期寿险业务的发展，保险业总资产由 2001 年的 4 591 亿元增长到 2013 年的 82 887 亿元，2018 年达到 183 308.9 亿元，保险资金运用余额 2001 年为 3 702.8 亿元，2004 年突破万亿达到 10 778.6 亿元，2013 年增长到 76 873.4 亿元，2018 年达到 164 088.4 亿元。在保险资金运用的投资结构上，银行存款占比呈逐年下降趋势，债券占比逐步上升至 50% 后回落，稳定在 35% 左右，股票和基金占比处于 10%～15% 区间，股权投资、基础设施投资计划等其他类投资呈上升趋势，达到近 40%。

2001—2018 年我国保险行业资金运用收益率

年 份	2001	2002	2003	2004	2005	2006	2007	2008	2009
收益率（%）	4.30	3.14	2.68	2.87	3.60	5.80	12.17	1.89	6.41
年 份	2010	2011	2012	2013	2014	2015	2016	2017	2018
收益率（%）	4.84	3.49	3.39	5.04	6.3	7.56	5.66	5.77	4.3

2001 年、2010 年、2018 年我国保险行业资金运用余额及结构

年份	资金余额（万亿元）	银行存款（%）	债券（%）	投资基金和股票（%）	其他投资（%）
2001	3.70	52.4	28.4	5.5	13.7
2010	4.60	30.5	50.96	15.85	2.6
2018	16.41	14.8	34.4	11.7	39.1（包括长期股权投资、保险资产管理产品、基础设施投资计划等）

在欧美主要发达国家的金融市场上,保险公司管理着市场上超过40%的资产,同时也是资本市场上的主要机构投资者。我国保险业从前期的产品价格管制和资金运用限制,到后来保险费率逐步市场化,投资渠道逐步放开、比例逐步放宽,实现了行业整体资产和负债的同步快速增长。这个过程中,险资在二级市场举牌上市公司的情形一度引起市场和管理层的高度关注。

举牌上市公司 2013年12月10日,招商银行发布公告称,安邦产险通过上海证券交易所斥资136.78亿元增持招行11.3亿股,累计持有招商银行A股达到12.6亿股,超过招行总股本的5%,成为当年罕见的单日巨款举牌上市公司事件。2014—2016年三年当中,A股市场保险资金举牌上市公司总共91次,其中2014年25次,2015年54次(涉及35家上市公司),2016年12次(涉及12家上市公司)。91次举牌中有39次披露了资金来源,其中28次举牌资金来源于万能保险账户。

万能保险是一种新型寿险,客户所交的保费在扣除手续费和保障费用后进入投资账户,由保险公司进行投资运用,投资收益按一定比例分配给客户(一般80%以上)。按照保监会颁布的《万能保险精算规定》,保险公司应当为万能保险提供最低保证利率,保证利率不得为负,结算利率不得低于保证利率。当时大部分保险公司万能保险的年结算利率达到了5%左右,这个收益率高于当时五年期储蓄存款利率1个百分点,对于具有理财需求的银行个人储蓄客户而言具有很大的吸引力。然而存在的问题隐患在于:万能保险客户的保额和交费可以随时调整,客户可以毫无限制条件、几乎不受任何损失地随时从其投资账户中取走资金,如果出现大量客户短时间集中抽取资金的行为,万能保险账户将面临现金流的危机。同时,由于最低结算利率的保证,如果保险公司的投资收益低于保证利率,就会出现巨额利差损。

除了负债端存在的风险以外,保险公司二级市场举牌上市公司也受到了质疑甚至阻击。保险公司在二级市场购入上市公司股权的初衷是进行财务投资，阶段性持有后会抛售获利。如果险资获得筹码后拉高出货，由于持股比例高，大量抛售可能导致离场后上市公司股价异常波动、急剧下跌。此外，当单一股东持有某家上市公司股权超过5%以上甚至超过20%成为大股东时，就可能会产生对该公司的经营管理权的控制意愿，特别是当该上市公司的经营结果不能达到举牌保险公司的预期时，这种可能性就会迅速上升。因此，险资举牌上市公司很容易受到该上市公司其他股东和经营管理层的反弹和阻击。2015年宝能和万科的股权争夺就是保险资金举牌上市公司的典型事件。

烽火台

宝万之争险资露峥嵘

资本市场上的所谓举牌，指投资者持有一个上市公司已发行股份达到或超过5%时，应在该事实发生之日起3日内，向国家证券监管机关和证券交易所做出书面报告，通知该上市公司并予以公告，并且履行有关法律规定的义务。这是《证券法》为了保护中小投资者利益，避免大股东等大机构借助其资金优势操纵股价而做的规定。

2015年7月10日至8月26日，宝能系旗下前海人寿及其一致行动人三次举牌，持股万科达到15.04%，超越持股14.89%的华润而成为万科第一大股东。华润后于2015年8月31日至9月1日两度增持万科，增持后共持股万科15.29%，重回第一大股东位置。

2015年12月4日，宝能系旗下钜盛华通过资管计划在深圳证券交易所系统集中竞价交易买入万科4.969%股份。宝能系合计持有万科A 20.008%的股份，再次成为万科第一大股东。与此同时，钜华盛还在场内买入万科H股，持股比例增至22.45%。12月15日，钜盛华再次增持万科A股，最终持股万科比例达到了23.52%，看似宝能系对万科志在必得。在此期间，安邦集团通过下属四家子公司自2016年1月5日至2016年12月18日买入万科A股，共计持股7.01%，但在多方博弈中并未表明态度和意向。

万科开始反击。2015年12月17日，万科董事长王石表态：不欢迎宝能成为万科第一大股东，主要原因在于宝能系信用不足、能力不足、短债长投以及华润作为大股东对万科不可或缺。次日，万科管理层向沪深证券交易所以"拟实施重大资产重组"为由提出停牌，以遏止宝能系的凌厉攻势。2016年3月13日，万科公告引入新的战略投资伙伴——深圳市地铁集团有限公司。6月17日下午，万科召开董事会审议发行股份购买深圳地铁资产预案。如果预案通过、增发完成，万科的股权结构将变为深圳地铁20.65%、宝能系19.27%、华润12.1%，华润董事在会上提出反对意见。6月23日深夜，宝能系旗下钜盛华和前海人寿发布声明反对万科重组预案，华润随即也重申反对意见。宝能系和华润合计持股万科高达39.6%，足以在万科股东大会上否决重组方案。

2016年6月26日，万科A晚间发布公告称，公司股东钜盛华和前海人寿向公司发出"关于提请万科企业股份有限公司董事会召开2016年第二次临时股东大会的通知"，临时股东大会提案罢免王石等12位董事会成员。

2016年7月4日万科复牌后，宝能系再次通过旗下钜盛华买入万科A股，持股增至25%。2016年7月27日至11月29日，中国恒大在"宝万之争"正酣时耗资362.73亿元买入万科14.07%的股份。2017年3月16日，中国恒大于晚间发布公告，称将公司下属企业持有的万科14.07%股份的表决权，不可撤销地委托给深圳地铁行使一年。由此深圳地铁可行使共29.38%的表决权、提案权，超过宝能（25.4%）成为万科拥有最高表决权的股东，恒大此举打破了"宝万之争"的僵局。2017年6月9日晚间，万科A发布公告，中国恒大将下属企业所持万科A股份以协议转让方式全部转让给深圳地铁集团,深圳地铁至此持有万科29.38%股份,成为万科A第一大股东。

2017年6月30日,万科2016年股东大会在深圳万科总部召开,王石主持会议。深圳地铁提名的董事均以高票通过,宝能和安邦无人当选董事,王石不再担任万科董事。宝能没有出席这次股东大会,深圳地铁表示"宝能书面发函支持换届提案"。"宝万之争"由此落下帷幕。

2017年1月24日,下发《中国保监会关于进一步加强保险资金股票投资监管有关事项的通知》,对保险资金投资股票进行细化规范,将保险机构或保险机构与非保险一致行动人投资上市公司股票分为一般股票投资、重大股票投资和上市公司收购三种情形,并根据不同情形实施差别监管。明确保险机构应当遵循财务投资为主的原则,开展上市公司股票投资。保险机构投资权益类资产的账面余额,合计不高于本公司上季末总资产的30%,投资单一股票的账面余额不得高于本公司上季末总资产的5%。

一般股票投资指保险机构或保险机构与非保险一致行动人投资上市公司股票比例低于上市公司总股本的20%,且未拥有上市公司控制权的股票投资行为。重大股票投资指保险机构或保险机构与非保险一致行动人持有上市公司股票比例达到或超过上市公司总股本的20%,且未拥有上市公司控制权的股票投资行为。上市公司收购包括通过取得股份的方式成为上市公司的控股股东,或者通过投资关系、协议、其他安排的途径成为上市公司的实际控制人,或者同时采取上述方式和途径拥有上市公司控制权。

保险机构开展一般股票投资的,上季末综合偿付能力充足率应当不低于100%;开展重大股票投资和上市公司收购的,上季末综合偿付能力充足率应当不低于150%。保险机构应当根据资金来源、成本和期限,合理选择投资标的，加强资产负债匹配管理，服务保险主营业务发展。

保险机构开展一般股票投资发生举牌行为的，应当按照证券监管法规要求及时披露相关信息，并在信息披露义务人发布公告后5个工作日内，向保监会提交包括投资研究、内部决策、后续投资计划、风险管理措施等要素的报告。保险机构与非保险一致行动人共同开展股票投资发生举牌行为的，保监会还将要求保险机构报告与非保险一致行动人之间其他涉及保险资金往来的活动，或者要求保险机构报告非保险一致行动人以保险机构股权或股票向银行或其他机构质押融资的情况，以及融资方符合保险机构合格股东资质的情况，或者要求暂停保险机构资金最终流向非保险一致行动人的股权、不动产等直接投资，以及开展上述资金流向的债权计划、股权计划、资产管理计划或其他金融产品投资。

保险机构与非保险一致行动人共同开展重大股票投资，经备案后继续投资该上市公司股票的，新增投资部分应当使用自有资金。保险机构达到重大股票投资标准时应在信息披露义务人公告后5个工作日内向保监会报送备案材料，包括：投资资金来源、后续投资方案、持有期限、合规报告、后续管理方案；符合保险资金运用内部控制监管要求的自查报告，涉及本次投资的董事会或投资决策委员会决议纪要等材料；按照《保险公司资金运用信息披露准则第3号：举牌上市公司股票》进行信息披露的基本情况。

保监会严格限制保险机构收购上市公司行为。保险机构收购上市公司，应当使用自有资金。保险机构不得与非保险一致行动人共同收购上市公司，不得以投资的股票资产抵押融资用于上市公司股票投资。保险机构收购上市公司的行业限于保险类企业、非保险金融企业和与保险业务相关、符合国家产业政策、具备稳定现金流回报预期的行业，不得开展高污染、高能耗、未达到国家节能和环保标准、技术附加值较低的上市公司收购。

保险机构收购上市公司的，应当事前向保险监管机关申请核准。申请报告除了达到重大股票投资所应提交的材料外，还应包括股东（大）会或者董事会投资决议、主营业务规划及业务相关度说明、专业机构提供的财务顾问报告及尽职调查报告及法律意见书、业务整合方案、投资团队及管理经验说明、资产负债匹配压力测试报告、附有经监管机构或者部门核准生效条件的投资协议。

监管机关加强对保险资金股票投资的监管后，2017年、2018年险资举牌上市公司明显减少。2017年共8起，涉及资金300亿元；2018年共8起，涉及资金186亿元。2018年，共有7家保险公司举牌8家上市公司。

2018年，保险资金举牌上市公司的意图和价值取向发生了明显改变。国寿资管举牌一家上市公司时就明确表示，将采取积极友善的投资策略，一方面协助企业优化治理结构、提高运营效率，另一方面发挥自身优势，协调资源开展深度协作，探索以多种形式支持满足优质民营企业的融资需求。险资举牌开始从以前的短期财务投资获利为主逐步转向价值链优选基础上的中长期战略投资。

政府有关部门对保险资金进行股权投资的态度也趋于积极。2018年10月25日，发布《中国银保监会关于保险资产管理公司设立专项产品有关事项的通知》，允许保险资产管理公司设立专项产品，发挥保险资金长期稳健投资优势，参与化解上市公司股票质押流动性风险，为优质上市公司和民营企业提供长期融资支持，保险公司投资专项产品的账面余额，不纳入权益类资产投资比例的监管，而是纳入其他金融资产投资比例。《通知》鼓励和支持更多的保险资金配置股权投资，其诉求主要是引导长期保险资金为实体经济发展服务，同时缓解股市在大量股权质押下的流动性压力，让保险公司作为资本市场的重要机构投资者为促进资本市场的长期健康发展服务。

乘势而上·商业健康保险

很多国家都把建立全民覆盖的健康医疗保障体系作为整个社会保障体系建设的重要目标。以政府提供的基本健康医疗保险为主体，以保险公司等商业机构和互助组织提供的商业健康医疗保险作为补充，是兼顾公平与效率原则下社会健康医疗保障体系得以建立并不断完善的现实选择。

社会医疗保险体系由基本医疗保险、补充医疗保险和大病医疗补充保险三部分组成。基本医疗保险作为由政府制定、财政补贴、多种方式筹资的社会保险制度，按照财政、单位和参保人的承受能力来确定参保人的基本医疗保障水平，具有广泛性、共济性、强制性的特点。补充医疗保险通过机关和企事业单位在参加基本医疗保险的基础上，向商业保险机构投保或建立互助组织为员工和退休人员建立超出基本医疗保险范围的补充医疗保险。商业医疗保险是社会医疗保险体系的补充形式，单位和个人自愿参加，国家鼓励个人参加商业医疗保险。

我国的基本医疗保险制度主要由城镇职工基本医疗保险、城镇居民基本医疗保险和新型农村合作医疗保险三部分组成。这三种基本医疗保险覆盖了城镇在职职工、城镇非在职居民、农民三个主要群体。城镇居民医疗保险是以没有参加城镇职工医疗保险的城镇未成年人和没有工作的居民为主要参保对象的医疗保险制度。新型农村合作医疗简称"新农合"，指由政府组织、引导、支持，农民自愿参加，个人、集体和政府多方筹资，以大病统筹为主的农民医疗互助共济制度，采取个人缴费、集体扶持和政府资助的方式筹集资金。

政策推动 2014年10月27日，印发《国务院办公厅关于加快发展商业健康保险的若干意见》。《意见》明确商业健康保险是由商业保险机构对因健康原因和医疗行为导致的损失给付保险金的保险，主要包括医疗保险、疾病保险、失能收入损失保险、护理保险以及相关的医疗意外保险、医疗责任保险等。

《意见》提出的"五个有利于"体现了政府对单位和个人参加商业健康医疗保险的支持和鼓励：加快发展商业健康保险，有利于与基本医疗保险衔接互补、形成合力，夯实多层次医疗保障体系，满足人民群众多样化的健康保障需求；有利于促进健康服务业发展，增加医疗卫生服务资源供给，推动健全医疗卫生服务体系；有利于处理好政府和市场的关系，提升医疗保障服务效率和质量；有利于创新医疗卫生治理体制，提升医疗卫生治理能力现代化水平；有利于稳增长、促改革、调结构、惠民生。

扩大供给　《意见》指出，要从三个方面扩大商业健康保险供给。一是丰富商业健康保险产品，大力发展与基本医疗保险有机衔接的商业健康保险。鼓励企业和个人通过参加商业保险及多种形式的补充保险解决基本医保之外的需求。鼓励商业保险机构积极开发与健康管理服务相关的健康保险产品，加强健康风险评估和干预，提供疾病预防、健康体检、健康咨询、健康维护、慢性病管理、养生保健等服务。支持商业保险机构针对不同的市场设计不同的健康保险产品，开发针对特需医疗、药品、医疗器械和检查检验服务的健康保险和药品不良反应保险、失能收入损失保险。开展长期护理保险制度试点，加快发展多种形式的长期商业护理保险。开发满足老年人保障需求的健康养老产品，实现医疗、护理、康复、养老等保障与服务的有机结合。鼓励开发残疾人康复、托养、照料和心智障碍者家庭财产信托等商业保险。二是提高医疗执业保险覆盖面。加快发展医疗责任保险、医疗意外保险，探索发展多种形式的医疗执业保险。支持医疗机构和医师个人购买医疗执业保险，医师个人购买的医疗执业保险适用于任一执业地点。

鼓励通过商业保险等方式提高医务人员的医疗、养老保障水平以及解决医疗职业伤害保障和损害赔偿问题。三是支持健康产业科技创新。促进医药、医疗器械、医疗技术的创新发展，在商业健康保险的费用支付比例等方面给予倾斜支持，加快形成战略性新兴产业。探索建立医药高新技术和创新型健康服务企业的风险分散和保险保障机制，帮助企业解决融资难题，化解投融资和技术创新风险。

扶持政策 《意见》还指出，要从三个维度推动完善医疗保障服务体系。一是全面推进并规范商业保险机构承办城乡居民大病保险。从城镇居民医保基金、新农合基金中划出一定比例或额度作为大病保险资金，在全国推行城乡居民大病保险制度。遵循收支平衡、保本微利的原则，全面推进商业保险机构受托承办城乡居民大病保险。规范商业保险机构承办服务，规范招投标流程和保险合同，明确结余率和盈利率控制标准，与基本医保和医疗救助相衔接，提供"一站式"服务。逐步提高城乡居民大病保险统筹层次，建立健全独立核算、医疗费用控制等管理办法。二是稳步推进商业保险机构参与各类医疗保险经办服务。加大政府购买服务力度，按照管办分开、政事分开要求，引入竞争机制，通过招标等方式鼓励有资质的商业保险机构参与各类医疗保险经办服务。规范经办服务协议，建立激励和约束相结合的评价机制。综合考虑基金规模、参保人数、服务内容等因素，科学确定商业保险机构经办基本医保费用标准，建立与人力成本、物价涨跌等因素相挂钩的动态调整机制。三是完善商业保险机构和医疗卫生机构合作机制。鼓励各类医疗机构与商业保险机构合作，成为商业保险机构定点医疗机构。利用和发挥商业保险专业知识，帮助缓解医患信息不对称和医患矛盾问题。发挥商业健康保险费率调节机制对医疗费用和风险管控的正向激励作用，有效降低不合理的医疗费用支出。强化商业保险机构对定点医疗机构医疗费用的监督控制和评价，增强医保基金使用的科学性和合理性。

2010年之后,我国的健康险进入了快速增长时期。2013年至2018年,保费收入分别为1 123.5亿元、1 587.2亿元、2 410.5亿元、4 042.5亿元、4 389.5亿元、5 448.1亿元,同比增长分别为30.2%、41.3%、51.9%、67.7%、8.58%、24.1%。2018年,商业健康险保费同比增长达到24.1%,在寿险、产险、健康险、意外险四大类保险业务中增速最高,成为保险业增速减缓时期的增量贡献险类,对各人身保险公司和财产保险公司的业务增长起到了拉动作用。

2018年中国保险业四大类业务保费收入及同比增长

大类业务	保费收入(亿元)	同比增长(%)
寿险业务	20 723	−3.4
产险业务	10 770	9.5
健康险业务	5 448	24.1
意外险业务	1 076	19.3

2018年,在全国健康险保费收入中,人身险公司与财产险公司的健康险保费收入比为9∶1,个人客户和团体客户的健康险保费比为3∶1。从大类险种来看,疾病险同比增长最快,达42.4%,失能险、医疗险同比增长分别为33.9%和30.6%。过去几年以理财型产品形态急剧增长的护理险经过整顿,2017年、2018年连续两年出现大幅负增长。

2018年中国保险业健康险业务分类数据

	类 别	保费收入(亿元)	占比(%)	去年同期(亿元)	同比增长(%)
总体概况	健康险总保费	5 448	100	4 389	24.1
	人身险公司	4 879	89.6	3 995	22.1
	财产险公司	569	10.4	394	44.4

（续表）

	类别	保费收入（亿元）	占比（%）	去年同期（亿元）	同比增长（%）
客户类别	个人客户保费	4 119	75.6	3 281	25.5
	团体客户保费	1 329	24.4	1 108	19.9
大类险种	疾病险	3 553	65.2	2 495	42.4
	其中重疾险	3 175	58.3	2 246	41.4
	医疗险	1 848	33.9	1 415	30.6
	护理险	39.2	0.7	472.7	−91.7
	失能险	7.1	0.1	5.3	33.9

市场普遍认为我国商业健康保险未来将保持持续、快速增长。现阶段健康险发展主要呈现三个特点：一是健康险以个人业务为主，团体业务为辅。个人客户健康险占比3/4，团体客户健康险占比1/4。人身险公司的健康险以个人客户业务为主，财产险公司的健康险以团体客户业务为主。个人健康险业务主要依靠个人代理人一对一的面谈销售，团体健康险主要是企业补充医疗保险和大病保险等政府合作业务。二是健康险产品形态上以定额给付疾病险为主，以费用报销医疗险为辅。疾病险保费占比2/3，医疗险保费占比1/3。主要原因在于现阶段保险公司对医疗机构缺乏有效的管理手段，费用报销型医疗险的赔付率难以有效管控，保险公司经营相对慎重。我国在"新农合"商业保险机构经办方面出现了"江阴模式""晋江模式"等相对成功的模式，这些模式建立在政府与经办保险公司高度信任和深度合作的基础上，采用第三方管理的合作方式并实现双方系统联网，保险公司能即时监控医生的诊疗行为和用药费用开支，政府根据"新农合"基金的使用支出情况适时调整交费金额。三是健康险成为寿险公司转型时期新的增长点，增速明显快于其他业务，健康险在寿险保费收入中占比18.6%，健康险22.1%的同比增

长速度大大高于人身险整体的增长速度。我国快速崛起、数量巨大的中产阶层对商业健康险有着旺盛的需求，保险公司通过有效的市场细分和精准定价，形成符合目标客群偏好的分销渠道和承保理赔方式，市场潜力将得到更大释放。

大病保险 在解决基本温饱并逐步实现小康以后，城乡居民最需要解决的风险是因病致贫、因病返贫的现实困难，一个家庭成员罹患重大疾病就可能拖垮一个家庭。城乡居民基本医保为了控制费率和赔付都设有起付线和封顶线，对于罹患大病而需支付高达几十万甚至上百万的高额医疗费用缺乏解决办法。2015年8月，发布《国务院办公厅关于全面实施城乡居民大病保险的意见》，对我国建立大病保险的近期目标、筹资机制、保障水平、制度衔接、承办规则、监督管理等进行了明确和规范。

- 近期目标。2015年年底前，大病保险覆盖所有城镇居民基本医疗保险、新型农村合作医疗参保人群，大病患者看病就医负担有效减轻。到2017年，建立起比较完善的大病保险制度，与医疗救助等制度紧密衔接，共同发挥托底保障功能，有效防止发生家庭灾难性医疗支出，城乡居民医疗保障的公平性得到显著提升。

- 筹资机制。结合当地经济、大病医疗费用、基本医保筹资能力和支付水平、大病保险保障水平等因素科学测算、合理确定筹资标准。用城乡居民基本医保基金的一定比例或额度作为大病保险资金，城乡居民基本医保基金有结余的地区，利用结余筹集大病保险资金，结余不足或没有结余的地区，在年度筹集的基金中予以安排，稳定大病保险资金来源。大病保险原则上实行市（地）级统筹，鼓励省级统筹或全省（区、市）统一政策、统一组织实施。

- 保障水平。一是全面覆盖城乡居民。大病保险的保障范围与城乡居民基本医保相衔接，大病保险对经城乡居民基本医保按规定支付后个人负担的高额、合规医疗费用给予保障。高额医疗费用标准由各地政府根据个人年度累计负担的合规医疗费用超过当地人均可支配收入等因素经测算后确定。合规医疗费用的具体范围由各地分别确定。二是逐步提高支付比例。到2015年，大病保险支付比例达到50%以上并在以后年度进一步提高，按照医疗费用高低分段制定大病保险支付比例，医疗费用越高支付比例越高，探索向困难群体适当倾斜，提高大病保险托底保障精准性。

■ 制度衔接。强化基本医保、大病保险、医疗救助、疾病应急救助、商业健康保险及慈善救助等制度间的互补联动，在政策制定、待遇支付、管理服务等方面做好衔接，实现大病患者应保尽保。鼓励有条件的地方探索建立覆盖职工、城镇居民和农村居民的有机衔接、政策统一的大病保险制度。推动实现新型农村合作医疗重大疾病保障向大病保险平稳过渡。

■ 规范承办。支持商业保险机构承办大病保险，地方政府人力资源社会保障、卫生计生、财政、保险监管部门共同制定大病保险的筹资、支付范围、最低支付比例以及就医、结算管理等基本政策。通过招标选定承办商业保险机构，招投标无法确定情况下由地方政府明确承办机构产生办法。商业保险机构承办大病保险的保费收入免征营业税、监管费和保险保障金。规范招投标与合同管理，招标内容主要包括具体支付比例、盈亏率、配备的承办和管理力量等，符合准入条件的商业保险机构自愿参加投标。招标人与中标商业保险机构签署保险合同，合同期限原则上不低于3年，探索制定全省（区、市）统一的合同范本。建立结余和亏损动态调整机制，遵循收支平衡、保本微利原则，出现超过合同约定的结余，商业保险机构需向城乡居民基本医保基金返还资金，因政策性原因造成亏损时由城乡居民基本医保基金和商业保险机构分摊，具体分摊比例在保险合同中载明。努力提升管理与服务水平，大病保险保费实行单独核算，建立专业队伍提供高效便捷服务，发挥网络优势推动异地医保即时结算，鼓励商业保险机构提供多样化健康保险产品。

■ 严格监管。建立以保障水平和参保人满意度为核心的考核评价指标体系，加强商业保险机构从业资格审查以及偿付能力、服务质量和市场行为监管，落实利用城乡居民基本医保基金向商业保险机构购买大病保险的财务列支和会计核算办法，加强参保人员个人信息安全保障，防止信息外泄和滥用。加强对医疗机构、医疗服务行为和质量的监管，推进按病种付费等支付方式改革，制定临床路径，强化诊疗行为规范，控制医疗费用。筹资标准、待遇水平、支付流程、结算效率和大病保险年度收支等情况向社会公开、接受监督。

税优健康险 国家通过税收优惠政策促进企业或个人投保商业保险的做法在欧美国家被广泛使用。2015年5月，财政部、国家税务总局、保监会联合印发《关于开展商业健康保险个人所得税政策试点工作的通知》。2015年8月，保监会印发《个人税收优惠型健康保险业务管理暂行办法》。2015年11月，财政部、国家税务总局、保监会联合发布《关于实施商业健康保险个人所得税政策试点的通知》，确定2016年1月1日起在北京、上海、天津、重庆等31个城市开展试点。

■ 产品特点。（1）税收优惠：购买税优健康险之后，投保人可以享受最高每年2 400元（每月200元）的税前扣除福利，税优健康险与普通商业健康险最大的区别就是可以享受税收优惠。（2）报销范围广：不受社保用药限制，社保范围内剩余费用可100%报销，社保范围外费用可80%报销，个人赔付比例高达90%。（3）允许带病投保且保证续保：有既往病史的投保人投保商业健康险一般都会被要求加费甚至拒保，为了保障保险公司的正常经营，允许保险公司对带病投保的投保人调低保额，最低不能低于4万元，终身累计保额不得低于15万元。（4）差额返还：医疗保险简单赔付率不得低于80%，低于80%的，差额部分返还到被保险人个人账户。保险公司的费用成本和利润空间以 20% 为上限。（5）无等待期：健康险产品一般都有等待期（观察期），比如重疾险 90～360 天、医疗险 30～180 天，等待期内被保险人发生保险事故的，保险公司仅退还保费而不承担赔付责任。（6）"医疗险+个人万能账户"的产品设计：发生医疗行为可以报销，个人账户余额可以积累用于退休后购买商业健康保险和个人自负医疗费用支出。（7）保障额度高：规定医疗保险的保险金额不得低于 20 万元人民币，首次带病投保的可适当降低保额。

■ 经营准入。2015 年 8 月 10 日，中国保监会印发《个人税收优惠型健康保险业务管理暂行办法》。《办法》分总则、经营要求、产品管理、业务管理、财务管理、信息系统管理、信息披露、监督管理、附则 9 章 45 条。《办法》规定保险公司经营个人税优健康保险应当具备 5 项条件：上一年度末和最近季度末的偿付能力充足率均不低于 150%；最近三年内未受到重大行政处罚；除专业健康保险公司外的保险公司应设立健康保险事业部；具备相对独立的健康保险信息管理系统，与商业健康保险信息平台对接；配备专业人员队伍，健康保险事业部具有健康保险业务从业经历的人员比例不低于 50%，具有医学背景的人员比例不低于 30%。

■ 经营规则。产品设计遵循保障为主、合理定价、微利经营原则。按照长期健康保险要求经营个人税优健康保险，不得因被保险人既往病史拒保，并保证续保。产品形态采用万能险方式，包含医疗保险和个人账户积累两项责任。医疗保险应当与基本医保、补充医疗保险相衔接，用于补偿被保险人在经基本医保、补充医疗保险补偿后自负的医疗费用。被保险人的医疗费用不得重复报销。个人账户积累仅可用于退休后购买商业健康保险和个人自负医疗费用支出。医疗保险的保险金额不得低于 20 万元人民币。对首次带病投保的，可以适当降低保险金额。医疗保险不得设置免赔额。被保险人符合保险合同约定的医疗费用的自付比例不得高于 10%。医疗保险简单赔付率不得低于 80%，低于 80% 的差额部分返还到所有被保险人的个人账户。不得对个人账户收取初始费用等管理费用。收到保费后应向投保人开具个人税优健康保险专用单证，用于个人所得税税前抵扣。保险公司不得提供个人税优健康保险的保单贷款服务。

具体经营中，保险公司每季度至少一次向投保人提供投保信息、保单状态、账户信息、交费次数、交费金额、万能账户价值和收益等信息资料，并提供相应的查询服务。保险公司加强与医疗机构合作，依据诊疗规范和临床路径等标准或规定，通过医疗巡查、驻点驻院、抽查病历等方式，做好对医疗行为的监督管理。保险公司单独归集个人税优健康保险的保费收入、赔付支出、经营管理费用、盈亏，单独出具个人税优健康保险业务的利润表、费用明细表及报告。保险公司按照费用分摊的监管规定，合理认定费用归属对象，据实归集和分摊，不得挤占其他业务的成本，不得把其他业务的成本分摊至个人税优健康保险业务。保险公司据实列支经营个人税优健康保险业务所发生的销售费用、管理费用及其他运营费用，加强费用控制、降低经营成本。

■ 全国推广。2017 年 4 月 28 日，财政部、税务总局、保监会联合发布《关于将商业健康保险个人所得税试点政策推广到全国范围实施的通知》，要求自 2017 年 7 月 1 日起将商业健康保险个人所得税试点政策推广到全国。

推动三支柱养老体系·商业养老保险

按照联合国的标准，一个国家或地区 60 岁以上人口占总人口的比重达到 10%，或者 65 岁以上人口占总人口的比重超过 7%，这个国家或地区就进入了老龄化社会。按此标准，我国在2000年已经进入老龄化社会。2018年，我国60岁以上人口占比达到17.9%，65岁以上人口占比达到11.9%，人口老龄化程度还在进一步加深。我国从20世纪70年代开始实施独生子女政策，目前"4-2-1"的家庭结构十分普遍，2015年全面放开"二孩"政策以后，新出生人口增长未如预期，同时由于物质生活提高和医疗条件改善，我国人口的平均寿命已提高至72岁并仍在逐年延长，北京、上海等城市人口的平均期望寿命已超过80岁，上海女性的平均期望寿命高达86岁。养老问题已经成为中国社会一个突出问题或者说是主要矛盾之一。

国际上比较通行的养老保障体系一般采取政府、企业、个人三方共同承担养老责任的模式，世界银行称之为三支柱养老体系。第一支柱是社会基本养老保险，第二支柱是企业年金，第三支柱是个人商业养老保险和储蓄。从形式上看，它们有三方面主要区别：一是发起的方式不同，基本养老保险由政府发起，企业年金由企业发起，个人商业养老保险由个人发起；二是责任主体不同，基本养老保险的责任主体是政府，企业养老保险的责任主体是企业，个人商业养老保险的责任主体是个人；三是缴费方式不同，基本养老保险和企业年金都是由企业和个人共同缴费，基本养老保险由国家立法强制，企业年金属于自愿交费，个人商业养老保险也属于个人自愿参保和交费；四是保障水平不同，基本养老保险的原则是"保基本、广覆盖"，企业年金根据参保人所在企业的经济效益和福利政策而不同，个人商业养老保险主要是相对富裕人群年轻时为退休后储备养老金。

基本养老 我国在20世纪90年代开始建立社会基本养老保障制度，目前基本养老"全覆盖、保基本"的目标基本实现，保障水平正在逐年提高，但是地区之间、城乡之间还存在明显差异。2018年，我国启动基本养老保险基金中央调剂制度，从解决地区不平衡逐步向全国统筹过渡。我国养老体系的第二、三支柱发展相对滞后。

企业年金 1875年，美国运通公司建立了世界上第一个企业年金计划。1925年，美国企事业组织已经建立397个企业年金计划。第二次世界大战之后，欧美各国政府主导的社会保障体系得到长足发展，企业年金成为世界各国三支柱养老体系中重要的第二支柱。20世纪60年代，英国参加补充养老保险的人数覆盖面已经达到雇员总数的50%，1987—1995年，英国企业年金规模从2 700亿英镑增长到5 750亿英镑。世界上167个实行养老保险制度的国家中，有1/3以上国家的企业年金制度覆盖了约1/3的劳动人口，丹麦、法国、瑞士的企业年金覆盖率接近100%，英国、美国、加拿大等国家的企业年金覆盖率为50%左右。20世纪的最后10年，欧美等发达国家企业年金规模快速增长，来自企业年金、个人储蓄养老计划的养老收入占到退休收入的60%以上。1990年美国企业年金规模为3.35万亿美元，2003年增长到9.06万亿美元，美国1.51亿雇员中有42%参加了企业年金计划，20岁至64岁的全职雇员，企业年金计划覆盖率达57.1%，其中上市公司全职雇员的企业年金覆盖率达到75.8%。

驿站

养老金替代率·退休收入保障

养老金替代率指劳动者退休时的养老金领取水平与退休前工资收入水平之间的比率。养老金替代率的计算公式为：替代率＝某年度新退休人员的平均养老金÷同一年度在职职工的平均工资收入。养老金替代率是一个国家或地区养老保险制度体系的重要经济指标和社会指标，用以衡量劳动者退休前后生活保障水平的差异状况。养老金替代率越高，说明退休人员退休后的生活水平越接近退休前，晚年生活收入保障水平越高。

我国企业年金制度的建立相对较晚。1991 年发布的《国务院关于企业职工养老保险制度改革的决定》首次提出国家提倡、鼓励企业实行补充养老保险。1994 年颁布的《中华人民共和国劳动法》第七十五条规定"国家鼓励用人单位根据本单位实际情况为劳动者建立补充保险"。1995 年发布的《国务院关于深化企业职工养老保险制度改革的通知》提出"企业补充养老保险和个人储蓄性养老保险，由企业和个人自主选择经办机构"。1995 年 12 月，劳动部印发《关于建立企业补充养老保险制度的意见》，明确我国补充养老保险采用缴费确定型模式。

■ 缴费确定型（Defined Contribution）模式。简称 DC 模式，指年金计划的参与者定期或不定期按确定的金额向个人账户缴费，年金的个人账户余额由累计交费和投资收益构成。员工退休后每月领取的养老金根据个人账户余额和领取方式确定，而不是事先在合同中约定。DC 模式的优势在于年金交费金额确定，单位和个人参加年金的成本事先明确，缺点是未来领取的养老年金金额存在不确定性。年金交费包括全部由单位交纳和单位与员工比例分摊两种方式。

■ 收益确定型（Defined Benefit）模式。简称 DB 模式，指年金计划参与者退休后由年金计划按事先合同约定金额发放退休金，而企业年金计划参与者的应交费用并不事先固定。这种模式的优势在于年金参与者到期领取的年金金额明确而固定，但是由于受死亡、病退、投资回报及通货膨胀等因素影响，DB 模式下年金交费成本预测难度大，一般通过数学模型事先大致预测参与者每年的交费金额。费用交纳包括全部由单位交纳和单位与员工比例分摊两种方式。

1997 年发布的《国务院关于建立统一的企业职工基本养老保险制度的决定》明确了企业补充养老保险和基本养老保险的关系。2000 年国务院印发的《关于完善城镇社会保障体系的试点方案》将企业补充养老保险更名为"企业年金"，提出有条件的企业可为职工建立企业年金，并实行市场化运营和管理。企业年金实行基金完全积累，采用个人账户方式进行管理，费用由企业和职工个人交纳，企业交费在工资总额4%以内的部分，可从成本中列支，并确定辽宁省作为试点省份。2001年的《国务院关于同意辽宁省完善城镇社会保障体系试点实施方案的批复》提出建立企业年金的企业须具备的条件：一是依法参加基本养老保险并按时足额缴费；二是生产经营稳定、经济效益较好；三是企业内部管理制度健全。《批复》同时指出大型企业、行业可以自办企业年金，鼓励企业委托有关机构经办企业年金。

2004年4月，劳动保障部发布《企业年金试行办法》，指出企业年金是"企业及其职工在依法参加基本养老保险的基础上，自愿建立的补充养老保险制度"，规定企业年金基金实行完全积累，采用个人账户方式进行管理，企业年金基金可以按照国家规定投资运营，企业年金受托人应选择具有资格的商业银行或专业托管机构，作为企业年金基金托管人。劳动保障部、银监会、证监会和保监会等四部门随即联合发布《企业年金基金管理试行办法》，对企业年金基金的受托管理、账户管理、托管以及投资管理进行了规范。这两个《办法》自2004年5月1日起同时施行，确立了我国信托型企业年金制度的基本框架和运作原则。2004年8月，劳动保障部发布《企业年金管理指引》，对各类金融机构从事企业年金业务进行了操作全流程和全方位规范。2004年11月，劳动保障部和证监会联合发布《关于企业年金基金证券投资有关问题的通知》和《企业年金基金证券投资登记结算业务指南》，对企业年金基金证券投资的开户、清算模式、备付金账户管理等进行了具体规定。2005年，劳动保障部又相继出台了《企业年金基金管理机构资格认定暂行办法》《企业年金基金账户管理信息系统规范》等文件，形成了以开户流程、运作流程、受托人规定等细则为补充的企业年金整体运作制度体系。

2000年，我国建立企业年金的企业约有1.6万个，参加职工560万人，企业年金规模191亿元。2001年，建立企业年金的企业为1.7万个，参加职工655万人。2005年，全国建立企业年金的企业达到2.4万个，参加职工924万人，该年年底全国企业年金规模达到680亿元。2000年、2001年、2005年全国基本养老保险覆盖的职工人数分别为10 448万人、10 802万人和13 120万人。企业年金覆盖职工人数分别占当年基本养老保险覆盖人数的5.36%、6.06%和7.04%。到2010年，参加企业年金的企业数和职工数量为3.7万家和1 335万人，2011年参加企业年金的企业数和职工数增长到4.5万家和1 577万人，该年年底全国企业年金基金积累3 570亿元，企业年金的养老金替代率约为5%，显著低于许多发达国家企业年金20%～30%的替代率水平。

2011年2月23日，人力资源和社会保障部以及银监会、证监会、保监会联合发布了新修订的《企业年金基金管理办法》。2013年12月6日，财政部、人力资源和社会保障部、国家税务总局联合发布《关于企业年金职业年金个人所得税有关问题的通知》，对企业年金、职业年金个人所得税实施递延纳税优惠政策。

2017年7月，发布《国务院办公厅关于加快发展商业养老保险的若干意见》，提出到2020年基本建立运营安全稳健、产品形态多样、服务领域较广、专业能力较强、持续适度盈利、经营诚信规范的商业养老保险体系，商业养老保险要成为个人和家庭商业养老保障计划的主要承担者、企业发起的商业养老保障计划的重要提供者、社会养老保障市场化运作的积极参与者、养老服务业健康发展的有力促进者、金融安全和经济增长的稳定支持者。支持符合条件的商业保险机构参与个人税收递延型商业养老保险试点，允许商业养老保险机构依法发展个人养老保障管理业务，推动商业保险机构提供企业年金和职业年金计划，并鼓励商业保险机构发展与企业（职业）年金领取相衔接的商业保险业务。支持符合条件的商业保险机构申请参与企业年金基金和职业年金基金管理，提供基金受托、账户管理、投资管理等方面的服务。支持商业保险机构充分发挥专业优势，参与基本养老保险基金和全国社会保障基金投资运营，促进养老保险基金和社会保障基金保值增值。鼓励商业保险机构投资养老服务产业，以投资新建、参股、并购、租赁、托管等方式积极兴办养老社区以及养老养生、健康体检、康复管理、医疗护理、休闲康养等养老健康服务设施和机构。逐步建立老年人长期照护、康养结合、医养结合等综合养老保障计划，健全养老、康复、护理、医疗等服务保障体系。支持商业养老保险资金通过债权投资计划、股权投资计划、不动产投资计划、资产支持计划、保险资产管理产品等形式，参与重大基础设施、棚户区改造、新型城镇化建设等重大项目和民生工程建设，服务科技型企业、小微企业、战略性新兴产业、生活性服务新业态等发展，助力国有企业混合所有制改革。

税延养老 通过减免税负或延迟纳税等方式鼓励民众和企业参加养老保险是许多国家的政府推动养老保险体系建设的有效举措。比如著名的美国401（k）计划，具有延迟纳税、鼓励建立养老计划的功能。《国务院办公厅关于加快发展商业养老保险的若干意见》明确提出加快个人税收递延型商业养老保险试点，通过给予商业养老保险投保人所得税延迟缴纳优惠政策，鼓励民众参加商业养老保险。

个人税收递延型养老保险的实施已经酝酿多年，最早的明文表述见于2009年4月发布的《国务院关于推进上海加快发展现代服务业和先进制造业建设国际金融中心和国际航运中心的意见》："鼓励个人购买商业养老保险，由财政部、税务总局、保监会会同上海市研究具体方案，适时开展个人税收递延型养老保险产品试点"。

2013年11月12日中共十八届三中全会通过的《中共中央关于全面深化改革若干重大问题的决定》提出"制定实施免税、延期征税等优惠政策，加快发展企业年金、职业年金、商业保险，构建多层次社会保障体系"。2014年8月发布的《国务院关于加快发展现代保险服务业的若干意见》再次提出"适时开展个人税收递延型商业养老保险试点"。2017年7月印发的《国务院办公厅关于加快发展商业养老保险的若干意见》明确提出"商业养老保险是养老保障体系的重要组成部分……支持符合条件的商业保险机构积极参与个人税收递延型商业养老保险试点"。

税延养老的试点方案"千呼万唤始出来"。2018年4月，下发了《关于开展个人税收递延型商业养老保险试点的通知》，明确了税延试点的时间和地区范围，决定试点期间保险产品先行、其他行业产品逐步放开。2018年4月25日，银保监会、财政部、人力资源和社会保障部、国家税务总局联合下发《关于印发〈个人税收递延型商业养老保险产品开发指引〉的通知》。《通知》明确：保险公司开发设计税延养老保险产品应当以"收益稳健、长期锁定、终身领取、精算平衡"为原则，满足参保人对养老资金安全性、收益性和长期性管理要求。

■ 参保人。凡16周岁以上、未达到国家规定退休年龄，且符合财政部、国家税务总局、人力资源和社会保障部、银保监会、证监会《关于开展个人税收递延型商业养老保险试点的通知》（财税〔2018〕22号）规定的个人，均可参保税延养老保险产品。

■ 交费方式。可以月交或年交。交费期间为保险合同生效后至参保人达到国家规定退休年龄前。保险期间终身或长期，包括积累期和领取期两个阶段。积累期指参保人按照保险合同约定进行养老资金积累的阶段，参保人开始领取养老年金前均为积累期。在产品积累期，保险公司应为参保人购买的税延养老保险产品建立产品账户，记录所交保费和资金收益等信息。领取期指参保人按照保险合同约定开始领取养老年金的阶段。在产品领取期，保险公司应当根据参保人选择的养老年金领取方式，按照参保时提供的养老年金领取金额表，将参保人在养老年金开始领取日的产品账户价值，转换为每月或每年领取的养老年金，养老年金给付直至参保人身故，或约定的领取期结束。

■ 积累期收益。税延养老保险产品积累期养老资金的收益类型，分为收益确定型、收益保底型、收益浮动型，分别对应 A、B、C 三类产品。A 类产品即收益确定型产品，指在积累期提供确定收益率的产品，每月结算一次收益。B 类产品即收益保底型产品，是指在积累期提供保底收益率，同时可根据投资情况提供额外收益的产品，每月或每季度结算一次收益。根据结算频率不同，分为 B1 类产品（每月结算）和 B2 类产品（每季度结算）。C 类产品即收益浮动型产品，是指在积累期按照实际投资情况进行结算的产品，至少每周结算一次。

■ 保险责任。税延养老保险产品可提供养老年金给付、全残保障和身故保障三项保险责任。养老年金给付指参保人达到国家规定退休年龄或约定的领取年龄（不早于国家规定退休年龄）时，保险公司按照保险合同约定提供终身或长期领取的养老年金，并扣除对应的递延税款。全残保障和身故保障指参保人发生保险合同约定的全残或身故保险事故的，保险公司一次性给付产品账户价值并扣除对应的递延税款，同时根据保险合同约定额外给付保险金。参保人在年满 60 周岁前且未开始领取养老年金时发生全残或身故的，保险公司一次性给付产品账户价值并扣除对应的递延税款，同时按照产品账户价值的 5% 额外给付保险金。参保人年满 60 周岁后且未开始领取养老年金时发生全残或身故的，保险公司一次性给付产品账户价值并扣除对应的递延税款。

■ 领取方式。按照精算平衡原理，分为终身领取、15 年及以上长期领取方式，可选择月领或年领，参保人可在开始领取养老年金前申请变更养老年金领取方式。

终身领取。进入养老金领取期后，保险公司按固定标准给付养老年金，直至参保人身故。如参保人身故时保险公司已给付的养老年金总额小于养老年金开始领取日的产品账户价值，保险公司将差额一次性给付给受益人，保险合同终止。

固定期限 15 年（或 20 年）领取。进入养老金领取期后，保险公司按固定标准给付养老年金，直至期限届满。如参保人在固定领取期限届满前身故，保险公司将固定领取期内尚未给付的剩余养老年金一次性给付受益人，保险合同终止。

■ 费用收取。保单收取的费用包括初始费、资产管理费和产品转换费。保险公司应当向参保人明示收取的费用项目和费用水平，并在保险合同中载明。费用收取应体现让利客户原则，确保清晰透明、水平合理。

初始费：是指保险公司按照参保人每笔交纳保险费的一定比例收取的费用。A、B、C 类产品可收取初始费用，其中，A、B 类产品收取比例不超过 2%，C 类产品收取比例不超过 1%。

资产管理费：是指保险公司按照税延养老保险产品投资账户资产净值的一定比例收取的费用。C 类产品可收取资产管理费，收取比例不超过 1%。

产品转换费：是指保险公司按照参保人转出的产品账户价值的一定比例收取的费用。A、B、C 三类产品发生转换时，可收取产品转换费，公司内部产品转换时，每次收取比例不高于 0.5%。跨公司产品转换时，前三个保单年度的收取比例依次不超过 3%、2%、1%，第四个保单年度起不再收取。

保险公司应当通过中国保险信息技术管理有限责任公司个人税收递延型商业养老保险信息平台（简称中保信平台），对参保人身份等信息进行验证，符合条件方可承保。

■ 退保。如果参保人在开始领取养老年金前，因保险合同约定的责任免除事项导致全残或身故，或者罹患保险合同约定的重大疾病，可以申请退保。保险公司按照保险合同约定一次性给付产品账户价值并扣除对应的递延税款。

■ 产品转换。参保人在开始领取养老年金前，可进行产品转换，包括同一保险公司内的产品转换，或跨保险公司的产品转换。跨公司产品转换须通过中保信平台进行操作。

2018年4月12日，依据国务院批复，财政部、国家税务总局、人力资源和社会保障部、银保监会、证监会《关于开展个人税收递延型商业养老保险试点的通知》正式发布。6月7日，个人税收递延型养老保险产品在上海、福建和苏州工业园区三个试点区域开始办理。对试点地区个人通过个人商业养老资金账户购买符合规定的商业养老保险产品的支出，允许在一定标准内税前扣除；计入个人商业养老资金账户的投资收益，暂不征收个人所得税；个人领取商业养老金时再征收个人所得税。个人交费税前扣除标准：取得工资薪金、连续性劳务报酬的个人为月收入的6%和1 000元孰低；个体户、个人独资企业、合伙企业为年收入的6%和12 000元孰低。累积期免税：个人交费税前扣除，账户资金收益暂不征税。领取期征税：领取的养老金收入，其中25%免税，其余75%按照10%的比例税率计算个人所得税，即领取期实际税率为7.5%。

🚉 驿站

养老保险与银行储蓄的本质区别

2009年央视春晚小品《不差钱》中有一句经典台词："人这一生最最痛苦的事，是人活着，钱没了。"这句话从某个角度十分犀利地反映出商业养老保险和银行储蓄的区别。商业养老保险与银行储蓄都可以用于养老，都是年轻时为年老时所做的资金储备，但是两者在养老功能方面存在四项本质区别：

■ 商业养老保险具有长期锁定性。银行储蓄的期限为五年及以下，可以随时支取，定期储蓄提前支出仅损失定期利息与活期利息的差额。商业养老保险是长期契约，保险期间一般是终身，中途退保损失较大，因此养老保险的资金储备在投保后形成自我约束，累积比较稳定。

■ 商业保险具有终身领取功能。银行储蓄的价值以本金和利息为限，假设60岁的人准备150万元用于养老，每年支取消费10万元，到75岁积蓄就用完了。如果用150万元投保商业养老保险，保险公司会按合同约定按年或按月支付养老金，直至被保险人身故，真正体现养老保障的功能。这里为了简化模型、说明问题，忽略了利息等因素。

■ 商业养老保险锁定被保险人法律权益。银行储蓄作为一种资产，当存单持有人出现债务清偿义务时必须用以偿债，法律上无法予以保全。商业养老保险合同一旦订立，被保险人和受益人的权益就从法律上予以锁定。万一投保人出现资不抵债的情况，他的银行存款、房产物资或其他资产都可以被法院判给债权人用于抵债，但是已购买的养老保险虽然具有现金价值，法律规定不能用于抵债。

■ 商业养老保险具有互助共济性。银行储蓄属于个人独立资产，存单持有人之间没有相互关系。商业养老保险是保险公司依据大数法则和生命表，运用精算技术为同一个投保人集合体所设计的保险合同，保单持有人之间是一种互助共济关系。

举国之力·建立巨灾保险制度

巨灾保险制度是指对由于突发性的、无法预料、无法避免且危害特别严重的如地震、飓风、海啸、洪水、冰雪等所引发的大面积灾难性事故造成的财产损失和人身伤亡，给予保障的风险管理制度。巨灾有三个主要特点：（1）巨灾缺乏大量同质的、独立分布的风险暴露，难以运用大数法则进行风险分散和成本分摊；（2）巨灾风险造成损失难以预测，几乎无法准确估计风险事故发生的频率，无法运用统计概率测算损失发生率；(3)一次巨灾可能造成的损失巨大，一旦发生一家或几家保险公司难以承担。因此，完全依靠商业保险体系承保巨灾风险十分困难，但是客观存在的巨灾风险所造成的巨大损失可能威胁到人类社会的可持续发展，因此很多国家都通过建立巨灾保险制度的方法来解决这一问题。

在我国，汶川大地震、舟曲泥石流等巨大灾害造成了重大人员伤亡和财产损失，巨灾保险由此引起政府和社会的广泛重视。2013年11月12日中共十八届三中全会通过的《中共中央关于全面深化改革若干重大问题的决定》提出要"建立巨灾保险制度"。2014年8月发布的《国务院关于加快发展现代保险服务业的若干意见》中明确要求"建立巨灾保险制度"。巨灾发生的概率很低，但是一旦发生破坏极大，造成的财产损失和人员伤亡巨大，从未雨绸缪的角度全国建立巨灾保险制度已经刻不容缓。

广东深圳、浙江宁波、四川等地在巨灾保险方面率先进行了探索。2014年5月，深圳市民政局与人保深圳分公司签署的《深圳市巨灾救助保险协议书》，被认为是巨灾保险制度方面的全国首创。2015年，四川、浙江宁波、云南大理等地陆续开展巨灾保险试点：四川开展了"住宅地震型"巨灾保险试点，浙江宁波开展了"民生保障型"巨灾保险试点，云南大理则开办了政策性地震指数保险。与此同时，保险学界、业界和监管部门也展开了巨灾保险制度的研究，对世界各国有关巨灾保险的实践经验进行调研和借鉴。

他山之石，可以攻玉。世界各国在建立巨灾保险制度方面有四个可供借鉴的方法：一是运用保险原理和商业保险技术研发和提供保障产品；二是借用商业保险公司的机构网络进行保障产品分销；三是积极利用国际再保险体系进行风险的更大范围分散；四是超出商业保险承担能力的损失由政府兜底承担。各国的巨灾保险制度主要有三种模式：以美国洪水保险和新西兰地震保险为代表的政府责任模式；以日本、土耳其、法国为代表的政府与商业保险共同参与模式；以英国、挪威、墨西哥为代表的市场化运作模式。

美国和新西兰的政府责任模式　1968年美国国会通过《联邦洪水保险法》后，联邦政府于1969年制订并实施了洪水保险计划。由政府专门机构设计制定洪水保险的费率和责任范围，委托保险公司销售洪水保险保单并代收保险费。联邦政府建立国家洪水保险基金，基金由政府专门机构管理，基金出现资金缺口时可以申请国家财政拨款。联邦政府所认定的洪水风险区域以社区为单位进行投保，未投保洪水保险的社区在发生洪灾后无权享受联邦政府提供的灾后救济和援助。1942年，新西兰惠灵顿发生8级大地震，新西兰国会于1944年通过了《地震与战争损害法案》，从1945年起全国实施地震保险制度。新西兰政府设立地震保险委员会作为全国自然灾害基金的管理人，负责提供地震保险产品、履行赔偿责任和向国际保险市场办理再保险，地震保险作为火灾保险的附加险列为强制保险，由保险公司受政府委托代理收取保险费，保险费在扣除必要费用后转入自然灾害基金。新西兰地震保险的风险分散机制分为五层，在巨灾损失金额超过自然灾害基金支付能力的情况下，由政府承担无限清偿责任。

日本和土耳其的政府与商业保险共同参与模式　日本1966年通过了《地震保险法》，建立起政府与商业保险公司共同参与的地震保险体系。日本成立了地震再保险株式会社作为专门机构，保险公司承保地震保险后全额向地震再保险株式会社分保，然后再由地震再保险株式会社将风险集合向参与地震保险计划的保险公司和政府转分保。地震保险作为火灾保险的附加险办理，企业地震保险由商业保险公司提供，家庭地震保险由商业保险公司和政府共同经营。地震发生后的赔偿划分不同层次，每一层分别划分保险公司、地震再保险株式会社和政府分担的责任，赔偿金额越高政府分担比例越高，最高可达该层赔偿额的95%。2000年，土耳其颁布《强制地震保险计划法案》，成立了由政府、保险公司以及世界银行合作建立的"土耳其巨灾保险基金"，法律规定土耳其市区的所有住宅建筑必须投保地震保险，强制保额为2.5万美元，超过部分实行商业性自愿保险。商业保险公司售出地震保险后，以分保形式将所有风险转移给巨灾保险基金，由巨灾保险基金将其中95%的风险到国际再保险市场办理分保。地震灾害损失按不同损失区间实行分层分担机制。

英国和挪威的市场化运作模式　英国的洪水保险完全由私营保险公司提供，投保人可自愿选择保险公司投保，保险公司通过再保险市场分散风险，政府建立防洪体系、加强防洪工程建设而不参与洪水保险的经营管理。英国政府2002年与保险行业协会签订协议，只有政府履行了改进防洪设施、实施洪水风险评估职责的地区，保险公司才会提供相应的洪水保险。挪威则规定所有非寿险保险公司必须参加自然灾害共保组织，由政府管理的自然灾害补偿基金实行市场化运作和商业化管理，政府掌控和参与度较低。挪威的火险保单强制附加自然灾害保险，保险公司收取保费并负责赔偿责任，自然灾害共保组织负责在国际再保险市场办理分保以分散巨灾风险。

中国巨灾保险制度　2016年5月11日，保监会和财政部联合印发《建立城乡居民住宅地震巨灾保险制度实施方案》，45家财产保险公司根据自愿参与、风险共担原则，发起成立了中国城乡居民住宅地震巨灾保险共同体。保障对象为达到国家建筑质量要求的城乡居民住宅（包括建筑物本身及室内附属设施），保障责任为破坏性地震及其引起的海啸、火灾、爆炸、地陷、泥石流及滑坡等次生灾害所导致的财产损失。城镇居民住宅基本保额每户5万元，农村居民住宅基本保额

2万元，保险金额最高不超过100万元，100万元以上部分可以由保险公司另外提供商业保险进行补充。家庭拥有多处住房的，以住房地址为依据视为每户，可以投保多户。由中国保险行业协会发布适用于全国的《中国保险行业协会城乡居民住宅地震保险示范条款（试用版）》，住宅地震保险可以单独作为主险投保，也可以作为家财险的附加险投保，按照地区风险高低、建筑结构不同、城乡差别适用差异化保险费率。产品设定为定值保险，理赔时以保险金额为限额，根据破坏等级（Ⅰ—Ⅴ）定损理赔。由全国45家财产保险公司共同成立的住宅地震保险共同体负责开发标准化地震巨灾保险产品，建立统一的承保理赔和服务标准，按照保费收入的一定比例计提地震巨灾保险专项准备金，单独立账、逐年滚存、由专门机构管理。截至2017年年底，住宅地震保险累计为全国247万户家庭提供了1 065亿元的风险保障。

产业链延伸·保险资金布局养老社区

2017年7月发布的《国务院办公厅关于加快发展商业养老保险的若干意见》提出："鼓励商业保险机构投资养老服务产业……以投资新建、参股、并购、租赁、托管等方式积极兴办养老社区以及养老养生、健康体检、康复管理、医疗护理、休闲康养等养老健康服务设施和机构。鼓励商业保险机构积极参与养老服务业综合改革试点，加快推进试点地区养老服务体系建设。"保险公司开展养老产业投资得到了政策上的支持和鼓励。

中国社会对于养老计划的巨大需求显而易见。计划生育政策下，"4-2-1"家庭结构成为主流，一对年轻夫妇上有4个老人甚至8个老人的情况越来越普遍。由于年轻人出国或异地读书、工作、结婚的比例上升，人口异地迁徙流量增大导致空巢家庭大量增加，40岁以上中年人对于未来养老安排的需求越来越大。一些城市的公办养老院需要排队几年才有入住的可能。面对巨大的供需失衡，政府将养老产业向社会资本开放，鼓励社会资本参与兴办养老机构，提供各种配套养老服务。保险公司经营的养老年金保险、失能护理保险等业务本身与养老主题直接相关，加上寿险资金的长期性、稳定性与养老产业投资的长周期在负债和资产匹配上具有高吻合度，2010 年以来，泰康、国寿、太平、太保、新华、合众等保险公司陆续开始布局养老社区。

老龄化社会涌现刚性养老需求 人口老龄化和对养老的制度性安排已经成为全社会和政府关注的重点领域。2017 年，我国 60 岁以上老年人口已达 2.3 亿，其中空巢老人占比 51.3%，失能、半失能老人 4 063 万，80 岁以上高龄老人 2 500 万。2020 年，60 岁以上老人预期将达 2.5 亿，2030 年将增长至 3.7 亿，占比将从 16.7% 上升至 30%。根据国家"十三五"养老规划和《中国健康养老产业发展报告（2016）》披露，我国 2016 年实际养老床位缺口达 243 万张，按单床 10 万计算投资需求超过 2 000 亿，到 2030 年估计养老床位缺口增量将增加至 800 万张。

政府法规和操作细则陆续出台 2013 年 9 月发布《国务院关于加快发展养老服务业的若干意见》，国务院办公厅 2015 年 11 月转发国家卫计委等部门《关于推进医疗卫生与养老服务相结合的指导意见》，2016 年 7 月《民政部 财政部关于中央财政支持开展居家和社区养老服务改革试点工作的通知》发布，上海、北京、江苏、云南、福建等 12 个省市相继颁布本地养老产业"十三五"规划以及政策支持条例，民政部颁布《养老机构管理办法》和《养老机构设立许可办法》，人力资源和社会保障部发布《人力资源社会保障部办公厅关于开展长期护理保险制度试点的指导意见》。国务院 2015 年发布《指导意见》后，共批准 90 个城市（区）成为国家级医养结合试点单位。

鼓励举措和优惠政策全面落地 中央和各地政府从土地划拨、税收、用电用水供暖、融资贷款等方面明确对养老产业的优惠支持政策。北京市政府规定由市区两级财政出资新建和改扩建的养老照料中心，享受每张床位2万元、总额不超过300万元的设施补助，养老照料中心设备购置费按50%、总额不超过150万元给予资助，接收生活能够自理老人每人每月补助300元，接收生活不能完全自理老人每人每月补助500元，用水、用电、用气、供暖等享受优惠政策。上海市政府规定对社会投资改造形成产权的养老机构，由市级财政给予每平方米2 300元的建设补助，由市级福利彩票公益金按照每床2万元的标准予以补贴，对社区综合养老服务中心、长者照护之家、老年人日间照护机构等不同类型的养老服务机构分类别给予一次性不同金额补贴，对于养老机构设立医疗机构的给予10万～50万元一次性补贴，对品牌连锁经营的每增加一家机构给予奖励15万元，对于雇用持证养老护理员的按最低工资的一定比例给予补贴。

市场经营主体增加和资本流入 2016年之后，许多国有企业通过收购和并购进入养老产业，仅北京就有北控集团、光大控投、首钢集团、金隅集团、同仁堂、北辰集团等。近百家房地产企业进入养老地产，如万科、乐成、绿城、保利、远洋等2016年都有养老地产项目投入运营。新三板企业中部分互联网平台企业转型进入养老产业，比如青鸟软通、光宝联合、山源科技、思锐股份、木兰花等。科技企业和互联网、人工智能、O2O等新技术通过各种方式介入健康养老产业，华为与国寿合作开设"智慧养老联合创新实验室"，移动、联通和电信三大运营商参与全国各地"智慧养老平台"建设。

借势"房地产+"时代开启 2018年之后房地产市场见顶被认为是大概率事件，培育住房租赁市场、建设各类民生服务机构成为房地产"结构化去库存"的优选方式。通过"房地产+"形成新业态成为新的商业机会。进入健康养老产业的企业从原来采用自持物业的"重资产"方式转向通过租赁物业的"轻资产"方式成为一个重要发展方向。健康养老产业投入产出的长周期与房地产投产周期、寿险业长期负债周期产生了天然的高匹配度。金融资本、实体产业和服务业在健康养老领域形成理论和事实上的"铁三角"关系。

大型保险公司陆续进入养老产业，不仅因为养老年金保险、失能护理保险等业务与养老产业具有对象和财务上的相关性，更重要的是通过投资养老产业完善产业链布局、赋能传统主业和整合资源创造价值。

- 完善产业链布局。从产业链的角度看，一些寿险公司或者设有寿险子公司、养老金公司的金融保险集团已在负债端形成了包括寿险、健康险、养老业务在内的负债流入端，在资产端设有资管公司、资管中心、基金公司等，随着总资产增长以及长期负债量和比重持续增加，需要长周期的资产进行负债的匹配，养老产业因为与保险主业相关性强、负债资金吸纳巨量、投产周期长的特点，成为寿险公司和保险集团完善产业链布局的天然选项。

- 赋能传统主业发展。由于激烈的卖方竞争和个人代理人增长滞缓，寿险和养老金业务在2017年之后出现了增长瓶颈和不确定性。泰康、平安、国寿、太平、太保等保险公司转型过程中通过养老产业布局支持传统寿险业务发展。寿险产品销售时与养老社区的入住权益挂钩，使无形金融产品与实体产业商品建立对应关系而增加对客户的吸引力和黏度，用金融方案和实体产业相结合推动解决客户真正的养老保障需求。这种将养老社区远期入住权益与寿险和养老金产品保费相挂钩的方法，在2017—2019年的时候促进了寿险新保单的销售。

- 整合资源挖掘价值。互联网思维下，"羊毛可以出在猪身上"。中国平安将集团1亿多个人客户的年度体检资源注入"平安好医生"，由此产生的现金流加上科技平台、医疗和保险的结合在资本市场上形成了高估值。大型保险公司特别是上市险企积累了很高的品牌价值和大量的客户资源，通过产业链延伸将品牌、客户、技术、标准等注入相关产业，可以实现资源整合效应，产生增量价值溢出。

在各大保险公司中，泰康人寿在布局养老产业方面着手最早、战略最坚定、投资额最大。截至2018年，已完成北京、上海、广州、成都、苏州、武汉、三亚、杭州、南昌、厦门、沈阳、长沙、南宁、宁波、合肥等15个核心城市养老社区布局，全面覆盖京津冀、长三角、珠三角、华中、西南、东北区域，规划总投资额超过200亿元。开业的北京燕园、上海申园、广州粤园、成都蜀园入住养老人员2 400人。由于入住泰康养老社区的费用不菲，比如需要护理的老人需要交纳20万元押金或者在泰康人寿投保200万保费的养老保险或年金保险，每个月另需支付服务费，因此入住客户都是相对富裕的高端人群。

泰康人寿的养老社区以郊区大型CCRC养老社区为主要类型，平均每个项目面积为10万平方米左右，由自理区域、护理区域、康复医院、老年会所等组成，可以为入住老人提供自理、介助、介护、康复以及临终关怀等一站式服务。中国人寿的养老社区除了养老还增加了养生特色，建有公寓、洋房、独栋、合院等不同住房类型，并配套度假休闲酒店、养生设施等附加值内容。太平人寿采用了自建养老社区和与第三方养老机构合作的方式，其自建的养老社区"梧桐人家"的一大特点是公共配套面积大，建有中央会所和大面积公共活动区域，同时还与上海的快乐家园、昆明的古滇名城、宁波的星健兰庭等养老机构合作，太平人寿的客户入住这些养老机构可享受费用优惠。

🚉 驿站

CCRC养老社区

CCRC（Continuing Care Retirement Community）指持续照料退休社区。CCRC是一种复合式的老年社区，通过为老年人提供自理、介护、介助一体化的居住设施和服务，使老年人在健康状况和自理能力发生变化时，依然可以在熟悉的环境中继续居住，并获得与身体状况相对应的照料服务。

CCRC 起源于美国，至今已经有 100 多年的历史。CCRC 通常选择在距市中心 50～100 千米、一小时车程内、交通便利的城市周边地区，退休社区以围墙封闭自成一体，以安全监控、保安巡查等多种方式提供安全保障。社区配备大面积绿地、景观、花园、种植园区。社区提供各种生活配套设施：餐厅、超市、洗衣房、银行、邮局、美容美发及各种娱乐活动场所。社区医院配备经验丰富的各专科医生，为入住老年人提供预防、医疗、护理和康复等多种专业医疗服务。社区也为老人提供学习活动空间及各种设施，入住老年人可以根据不同爱好自愿组成书画、音乐、棋牌、手工制作、球类运动、养生等各种兴趣小组。

保险公司普遍采用投保保费与养老社区入住期权相对接的方式，吸引高净值客群关注，促进长期养老年金的销售。比如，太平人寿规定 200 万元总保费获得一个养老社区入住资格，中国人寿规定新客户 300 万元保费、老客户 200 万元保费获得一个养老社区入住资格，太保寿险则规定 400 万元保费获得一个资格（包含两份保证入住权）。客户入住养老社区时可以使用养老年金支付相关费用，但年金支付与养老社区费用之间没有必然联系，使用现金支付或者养老年金加现金都是可选的方式。

"老吾老以及人之老，幼吾幼以及人之幼"，这是孟子所描述的理想社会的景象。在一个养老资源稀缺的市场经济社会里，具有足够的支付能力是享有这些优质养老资源的前提和对价。居家养老、社区养老、机构养老是未来我国主要的三种养老方式，大部分的老年人由于传统观念以及居住在农村等原因还会选择居家养老，一些生活在城市、日常起居需要辅助照料的老年人群将会进入社区养老，保险公司等举办的商业养老机构因为收费较高等原因，主要客群将是那些购买了大额养老保险、富裕家庭或有丰厚储蓄的老年人群体。

Fintech 赋能保险业转型升级

早期保险公司一度被戏称为"卖纸的公司"，因为投保单、告知书、批单、收据、保险单等都需要纸质完成，客户交纳保险费以后收到保险公司的一张纸（保险单），保险公司的财务费用支出科目上"印刷费"金额占比很高。2001年，中国平安第一个推出了MIT移动展业终端，采用3G网卡实现远程、实时的业务受理，业务员带着手提电脑开展移动展业。再后来，出现了PDA版的移动销售和服务终端，手机微信办理投保和获取服务的方式逐渐普及，电子保单、电子发票、电子凭证在保险实务中得到加快应用，保险公司和客户实现了"端到端"的实时交互。在信息技术建设方面，保险公司除了核心业务系统不断升级、硬件设备不断扩大容量，大数据、人工智能、区块链等新技术也在保险公司经营管理中得到应用，北京、上海、深圳这些保险公司总部聚集的城市更容易受到新科技的渗透和影响。投保客户获取保险产品和服务信息更加便捷而且可以进行比较和选择，保险业务也不一定需要到保险公司的营业场所去实地办理，通过手机、代理点、网络都可以直接办理，办理效率也大大提高。

2017年之后，以大数据、人工智能、区块链技术为代表的新一轮科技革命快速渗透并推动保险业的变革与创新。科技赋能成为保险业的热门词，通过数字化来解决传统经营模式中高成本、低效能等发展瓶颈问题，从而实现增长方式的转型升级，成为各个保险公司的重要战略选择。保险业在实现了40年的恢复性快速增长以后，传统发展模式遇到了越来越多的瓶颈，许多领域已经趋向增长曲线的极限。比如，财产保险全行业的综合成本率已逼近100%，每年的增长率维持在10%左右。人身保险的政策红利、人口红利、渠道红利、产品创新红利等已陆续释放，营销员数量难以继续扩张，税优健康、税延养老尚没有形成规模增量，资产驱动负债的业务模式没有被市场接受和肯定，银保合作未见新的有效业务模式。如果没有新的变量加入形成新的函数，失去增速和动能的增长曲线很有可能迎来拐点。这个时候Fintech的兴起，给保险业带来了新的曙光和希望，至少从逻辑上讲新科技应用可以带来效率提高和成本降低，甚至有可能颠覆传统而形成新的商业模式升级。

处于保险业领先位置的中国平安在2018年3月召开的2017年业绩发布会上，宣称正从资本驱动型转向科技驱动型企业，并致力于转型成为一家科技金融集团公司。中国平安的"科技+金融"双驱动战略全面启动，并且已经在多项新科技的研发和应用上形成先发优势。国际权威人脸识别数据库LFW（Labeled Faces in the Wild）2018年年初公布的测试结果显示，平安集团旗下平安科技的"脸谱技术"99.8%的识别精度和最低的波动幅度领先于国内外包括腾讯在内的其他公司，排名位居世界第一。中国平安的客户通过"壹账通"APP申请领取养老金，人脸识别对比不超过5秒即可通过认证，该项技术还被用于智慧客户、在线视频核保等多个业务领域。2017年11月，中国平安旗下金融"壹账通"发布了Gamma全套智能借款解决方案，七大核心产品中包括智能微表情面审辅助系统、智能风控引擎、反欺诈平台等，智能微表情系统内置的微情绪数据库覆盖十万量级54种微情绪视频，能高精度实现微表情欺诈识别，其中应用的声纹识别系统能在10秒内完成声音的精准识别。

中国人寿、中国太保、中国太平等保险集团也都走上了通过科技赋能传统业务，实现降本增效、转变增长方式的转型发展道路。部分中小保险公司也试图通过在理赔、客服等细分领域的科技创新实现局部领先或弯道超车，形成自身的经营特色和核心竞争力。很多专家预期保险商业模式的新一轮转型升级将由科技驱动得以实现。

保险公司目前投入应用的保险科技包括移动互联、大数据分析、人工智能、云存储与计算、区块链、基因检测、可穿戴设备、机器人自动化等。移动互联技术帮助保险公司实现移动承保、远程查勘与理赔、移动保全、异地核保等，极大地延伸了保险公司的服务半径和覆盖面，优化了保险销售和服务的流程，提高了运营的效率和速度。人工智能则更多地应用于核保核赔自动化、客户身份识别与认证、客户需求分析、理赔反欺诈、增加与客户交互等方面，图像识别、人脸识别、声音识别等人工智能技术可以加快保险公司保全、理赔等服务速度。大数据分析则更多地运用于客户脸谱绘制、分客群产品研发与定价、细分市场行为及需求分析、资源配置等决策支持、客户数据库营销、风险评估及预测等。目前，保险科技正在应用于保险公司经营的各个环节和领域，在提升效率、优化流程、改善客户体验、精准营销、降本增效等方面发挥作用。新科技对保险业传统经营模式产生根本性甚至颠覆性的改变，形成数据驱动型的业务发展创新模式，预计还需要一个量变到质变的过程。

中国保险业改革开放 40 年成绩瞩目

中国保险业 40 年成绩巨大

中国保险业自 1979 年国内业务复业后的 40 年取得了巨大的发展成就，根本上得益于国家实施改革开放政策带来的高经济增长所形成的物质基础和逐年扩大的保障需求，同时保险业也在国家从计划经济到市场经济的转变过程中发挥了风险管理、损失分摊、经济补偿、资金融通和社会管理的行业职能，成为改革开放时期中国社会的"稳定器"和经济的"助推器"。保险业在市场化取向的改革和对外开放的竞争格局中日渐成熟，在国家基础设施建设、资本市场稳定发展、"三农"经济振兴、养老健康保障体系完善、促进政府职能转变等方面起到了积极而重要的作用。1979 年国内业务复业后，中国保险业主要在以下十个方面取得了巨大成绩。

- **保险行业持续、快速发展，成长为全球第二大保险市场**

截至 2018 年年末，全国保险业当年实现保费收入 38 016.6 亿元，较 1980 年的 4.6 亿元增长 8 263 倍，年复合增长率 27.5%，占全世界保费收入的比重从 1980 年的 0.04% 上升到 1990 年的 0.22%、2000 年的 0.78%、

2010年的4.99%，再到2018年超过12%，并连续三年稳居全球第二大保险市场。其中，财产保险保费收入11 755.7亿元，占30.9%；人身保险保费收入26 260.9亿元，占69.1%。保险业总资产达到183 308亿元，较1980年的14.5亿元增长12 641倍，其中包含产险业总资产23 485亿元，人身险业总资产146 087亿元，再保险公司总资产3 650亿元，资产管理公司总资产557亿元。2018年，保险业实现净资产20 154.4亿元，保险公司从1980年的1家增长到235家，综合性保险集团和专业性公司、中资公司和外资公司、全国性公司和区域性公司、传统模式公司和互联网在线公司等多元化经营主体得到充分发展。国有资本、民营资本、外商资本等以独资或合资、控投或参股多种形式进入保险业，保险公司通过上市募集资本、提高偿付能力充足率，保险行业的资本实力和服务经济社会的能力大幅增强。保险业在40年间以大幅高于同期GDP增长的速度高速发展，成为全球增长最快的保险市场之一，世界排名快速上升至全球第二位。保险业在我国国民经济中的占比提升，在社会保障体系和金融业中的地位也快速上升，不仅为许多国家基础设施建设和重大工程提供风险保障服务，对其中一些重大项目还提供融资支持服务。通过农业保险支持"三农"经济，通过开办企业年金、职业年金和商业养老保险等为国家三支柱养老体系提供专业支撑，通过经办大病保险、"新农合"以及基本医疗保险等方式发挥社会管理职能。发展是硬道理，行业做大做强是保险业服务国家、服务社会、服务经济的基础，也是提升行业地位和影响力的主要途径。

1979—2018年中国保险业保费收入及增长率

年份	1979	1980	1981	1982	1983	1984	1985	1986	1987	1988
保费（亿元）	—	4.6	7.8	10.3	13.2	20.0	32.7	45.8	71.1	109
同比增长（%）	—	—	69.6	32	28.1	51.5	63.5	40	55.2	53.3

（续表）

年份	1989	1990	1991	1992	1993	1994	1995	1996	1997	1998
保费（亿元）	142.4	155.8	178.2	211.7	395.5	498	615.7	756	1 080	1 247
同比增长（%）	30.6	9.4	14.4	18.8	86.8	25.9	23.6	22.8	42.8	15.5
年份	1999	2000	2001	2002	2003	2004	2005	2006	2007	2008
保费（亿元）	1 393	1 596	2 109	3 053	3 849	4 323	4 928	5 640	7 033	9 784
同比增长（%）	11.7	14.6	32.1	44.7	26.1	12.3	14	14.4	24.7	39.1
年份	2009	2010	2011	2012	2013	2014	2015	2016	2017	2018
保费（亿元）	11 137	14 528	14 339	15 488	17 222	20 235	24 282	30 959	36 581	38 016
同比增长（%）	13.8	30.4	−1.3	8.0	11.2	17.5	20	27.5	18.2	3.9

- **从经济补偿到资金融通和社会管理再到服务国家治理体系，行业定位和职能显著提升**

从西方保险历史演进的过程看，保险业的职能从最初的风险分担、损失分摊和经济补偿，到后来由于保险基金的累积运用和寿险保单现金价值的存在而逐步衍生出资金融通职能，再到后来由于养老、健康、责任保险等业务兴起和强制性、政策性保险的出现而发展出社会管理职能。1979 年中国人民银行《关于恢复国内保险业务和加强保险机构的通知》提出"参加保险的财产一旦发生保险责任范围内的损失，由保险公司按照保险契约和规定负责赔偿，国家财政不再核销或拨款"。国内业务复业早期，保险主要承担了财政保障的替代职能。到 20 世纪 90 年代，人身保险得到发展，特别是 2000 年以后随着保险业资产负债的快速增长，各种养老、健康、责任保险、交强险、政策性农险等业务大量发展，保险的资金融通和社会管理职能得到发挥。2006年发布的《国务院关于保险业改革发展的若干意见》将保险的职能明确定位为"经济补偿、融金融通和社会管理"。2010年之后，国家统筹考虑全面建立社会养老、医疗保障体系，加强金融风险防范和加快金融体制机制改革。2014年发布的《国务院关于加快发展现代保险服务业的若干意见》开篇即指出"保险是现代经济的重要产业和风险管理的基本手段，是社会文明水平、经济发达程度、社会治理能力的重要标志"，认为加快发展现代保险服务业，对完善现代金融体系、带动扩大社会就业、促进经济提质增效升级、创新社会治理方式、保障社会稳定运行、提升社会安全感、提高人民群众生活质量具有重要意义。保险要成为政府、企业、居民风险管理和财富管理的基本手段，成为提高保障水平和保障质量的重要渠道，成为政府改进公共服务、加强社会管理的有效工具，要把商业保险建设成为社会保障体系的重要支柱，使保险业成为国家治理体系的重要组成。

- **坚持市场化取向的改革与发展，由卖方市场转为买方市场**

保险业40年发展历程就是一个不断市场化改革的过程。市场主体从人保1家增加到235家，保险产品从企业财产险、简易人身险等几个发展到上千个，保险客户从全民和集体所有制企业为主发展为各种性质、各种规模、各种行业在内的大量企业以及家庭和个人，代理、经纪、公估公司以及银行、车站、旅行社等兼业代理网点和个人代理人等市场中介大量出现，以《保险法》为代表的行业法律法规不断调整和完善市场规则，保险保障基金公司、保险消费者权益保护局、保险交易所、互联网保险公司等创新组织不断涌现，一个主体逐渐多元、产品日趋丰富、规则不断完善，渠道、工具、技术等持续创新的现代保险市场已然成为世界保险市场和中国社会保障体系与金融市场的重要组成部分。特别是我国保险业在市场化改革过程中注重供给侧改革，从最初的独家垄断到寡头垄断，再到后来的有限竞争而至充分竞争，供给与需求的关系实现了根本性的转变，尤其是车险和人身险的费率市场化改革倒逼保险公司改进服务、提高效率，行业供给能力大幅提升，客户的选择权和话语权不断提升，保险公司服务评价体系、客户投诉机制等保护保险消费者权益的制度陆续出台，保险市场作为买方市场的特征愈趋明显。

- **服务国家"入世"大局，率先对外开放，加快国际接轨**

保险业开放在我国加入 WTO 谈判中成为焦点，保险业服从服务国家战略利益和金融改革开放大局，率先开放以换取银行等其他金融行业更长的过渡保护期。保险业是我国金融行业中开放时间最早、开放力度最大、开放过渡期最短的领域，为我国在多边谈判中达成协议增添了筹码、做出了贡献。从保险业开放的实践结果来看，外资保险成为引入中国保险市场的鲇鱼，开放催生了竞争、带来了繁荣，个人代理人制、偿付能力监管、保险资金集中运用、投连万能险、银行保险等国外先进的产品、管理和技术被先后引进，加快了我国保险业的市场化改革和发展壮大的步伐。保险业在对外开放中不仅接受外资保险进入，而且积极"走出去"，有 6 家大型保险企业实现了境外上市，增强了资本实力和偿付能力并形成了资本持续补充机制，为我国大型国有商业银行境外上市提供了经验和借鉴，同时部分金融保险集团和民营财团也赴境外并购保险企业和资产管理公司，形成了双向开放格局，推动我国保险市场与国际保险市场加快接轨。

- **基于风险保障的金融功能不断扩大，服务经济能力增强**

1995 年颁布的《保险法》规定保险资金运用限于银行存款、购买国债和金融债。2000 年之后在应对利差损的背景下，分红、万能、投连等具有储蓄理财性质的产品投入市场，保险公司强化了负债管理和资金的集中专项运用，强调资产负债的匹配管理，逐步形成了风险管理业务和资产管理业务双轮驱动的格局。长期寿险的期限有 5 年、10 年、20 年甚至更长期，较之证券和银行负债的短期性，保险资金可以匹配更长久期的资产，资产负债的双向拉长优化了我国金融业的资产负债表结构，增强了金融的稳定性和服务实体经济的能力。在保险业资产负债快速扩张的过程中，监管机关逐步有序地放宽了保险资金运用渠道，实施大类资产的比例限制监管，保险资金被允许进入基础设施债券投资、买卖股票基金、设立资产管理公司和基金公司、发行保险资管产品等，保险公司因为资金实力雄厚和资金的长期性而成为资本市场上重量级的机构投资者。保险公司还探索进入产业链相关领域，泰康、太平、国寿、太保、合众等公司在业内率先布局进军养老产业，中国平安等公司进入健康医疗领域投资。中国保险业总资产从 1980 年的 14.5 亿元，增长到 2018 年的 18 万亿元，年均增长 28.7%。2018 年年末，我国保险业资金运用余额 164 088.4 亿元，其中银行存款 24 363 亿元，占比 14.85%，债券 56 383 亿元，占比 34.36%，股票和证券投资基金 19 220 亿元，占比 11.71%，其他投资 64 122 亿元，占比 39.08%。保险业资金融通功能的开拓和延展，适应了国内资本市场对价值型长期投资的需求，适应了国家在基础设施、重大工程方面的巨额长期资金需求，适应了民众财富管理需求的边际递增趋势，也推动我国保险业迈上了一个新的发展阶段。

● **中介市场日趋发达，有利于解决社会就业和扩大保险供给能力**

中介市场发达是一个市场繁荣的标志。我国保险业从初期主要依靠直销和兼业网点代理，到 20 世纪 90 年代中期个人代理营销员队伍的兴起，2000 年以后银行保险崛起而使银行邮储网点成为保险公司争夺的热门资源，再到专业代理公司、经纪公司的大量获批入市，保险公司的销售职能逐步转移至中介渠道。从 2018 年我国人身保险保费收入的渠道划分统计来看,超过 90% 的保费收入来源于中介渠道(见下表),其中 58.8% 的业务来源于个人代理渠道。值得注意的是,在我国个人代理实行的是专属代理制,营销员虽然在法律地位上属于代理人,但是其招聘、培训、考核、激励、发佣和行为管理等都由所属保险公司直接负责。产险公司的直销渠道队伍近几年逐步弱化,保费收入主要依赖于车商代理、电网销、交叉销售、经纪代理等中介渠道。

2018 年中国人身保险业分销渠道结构

分销渠道	保费收入（亿元）	同比增长（%）	结构占比（%）	占比较上年变化（百分点）
银邮代理	8 032.3	−24.1	30.6	−10.06
个人代理	15 452.2	18.3	58.8	8.67
公司直销	2 012.9	14.9	7.67	0.94
专业代理	234.8	30.7	0.89	0.20
其他兼业代理	273	0.4	1.04	0.01
保险经纪	255.6	38.72	0.97	0.27
合　计	26 260.9	0.85	100	0

保险中介的发展有利于保险加快进入千家万户、深挖保险潜在需求,让客户接受保险的界面和触点更多,保险需求的信息多维度、及时敏捷地反馈到保险公司的中后台,并协助政府解决了大量就业,全国营销员数量到 2018 年已突破 800 万人,保险技术的专业化程度也由于保险经纪人和保险公估人的努力而得到提高,互联网中介进入保险业使保险产品和服务触达客户的速度和效率快速提升。

- **产品服务体系不断丰富,产品创新和费率市场化推动保险业供给侧改革**

产品服务体系的不断丰富,第一是表现在数量上的增加,国内业务复业时只有几个保险产品，目前保险市场上经过监管机关审批或备案的产品有上千个。第二是产品种类趋于齐全，产品几乎涵盖所有需要保障的领域和标的，财产险、人身险、责任险、信用险四大类险种的产品应有尽有。第三是产品基于市场细分和客户画像，比如寿险产品中出现了专门针对白领女性的产品、专门适用于老年人的重疾产品、专门以未成年人为目标客群的教育金分红产品，在财产险中专门为重大客户设计了统括保单，为中小企业客户提供专门的财产损失险，产品客制化使保险更加符合目标客群需求。第四是产品逐步走向以客户为中心，按照客户风险识别和分析报告形成保障组合计划，一个客户、多个产品、综合保障的模式推动保险公司由业务经营模式转型升级为客户经营模式。第五是保险产品服务持续创新，农险出现了农产品价格指数保险，车险专门为女性客户提供代修车、换轮胎等服务。第六是客户获取产品和服务的渠道和方式日趋多元和便利，很多产品可以通过网络或 APP 直接办理，一键投保、一键理赔等在很多保险公司的产品和服务领域已经实现。费率市场化改革使保险公司逐步获得产品的定价权，不同保险公司的不同保险产品实现差异化定价，使客户可以在不同品牌、不同险种、不同价格、不同服务的保险产品中选择最适合自己的险种或险种组合。

● **完善法律法规体系，行业发展日趋依法合规**

依法发展、合规经营是一个行业能够长期、持续、健康发展的重要保证。我国保险业 40 年间形成了以《保险法》为根本大法，涵盖各类保险经营主体、各类分销渠道、各大险类业务、各种产品与实务创新的法律规范体系。自 1995 年《保险法》颁布实施以后，陆续出台了《保险公司管理规定》《保险代理人管理规定（试行）》《保险经济人管理规定（试行）》《保险公估人管理规定（试行）》《农业保险条例》《机动车交通事故责任强制保险条例》《再保险业务管理规定》《保险公司养老保险业务管理办法》《保险公司股权管理办法》《分红保险管理暂行办法》《投资连结保险管理暂行办法》《个人税收递延型商业养老保险产品开发指引》等一系列涵盖行业发展、保险公司、中介机构、大类业务、经营行为的法律法规、部门规章和政策文件，形成了较为系统的保险业法律法规体系。

- **建立偿付能力监管、公司治理监管、市场行为监管的现代保险监管三支柱体系**

  保险行业的监管机关从最初中国人民银行内设的一个司处，到1998年成立保监会，2003年保监会升格为与银监会、证监会平行的正部级国务院直属事业单位，2018年银监会和保监会合并成立银保监会，实施银行保险业统一监管。监管机关的监管方式从早期以行政审批和市场行为监管为主，发展到中期以偿付能力监管和市场行为监管为主，再到形成偿付能力监管、公司治理监管和市场行为监管的三支柱监管体系。2003年，保监会印发《保险公司偿付能力额度及监管指标管理规定》，在借鉴欧盟偿付能力Ⅰ和美国基于风险偿付能力资本要求（RBC）的基础上形成我国第一代偿付能力监管指示体系；2008年，印发《保险公司偿付能力管理规定》；2013年，发布《中国第二代偿付能力监管制度体系整体框架》；2015年，出台《保险公司偿付能力监管规则（1—17号）》。2006年，保监会发布《关于规范保险公司治理结构的指导意见（试行）》；2008年，出台《保险公司董事会运作指引》。2008年，保监会、财政部、中国人民银行共同制定颁布《保险保障基金管理办法》，对永安财险、新华人寿、中华联合、安邦集团等一度出现危机的保险经营主体实施了直接接管或保险保障基金投资救助的措施，帮助其渡过难关、恢复有序经营。通过现场监管和非现场监管，每年针对保险市场存在的突出问题和矛盾开展市场检查和整顿，有效地打击了违法违规行为，维护了市场公平秩序，保护了保险消费者的合法权益。2018 年，中国成为国际保险监督官协会执委会副主席成员国，在国际保险规则制订、推动全球新兴保险市场发展等方面做出了积极努力。

- **加快信息化、数字化建设，科技赋能推动行业转型、效能提升**

保险作为经营风险的行业，保险公司是最早运用大数据进行经营管理的企业。2000 年之后，我国主要保险公司都加强了 IT 系统规划和建设，从加大投入采购设备实现硬件扩容，到数据集中、数据迁移建立数据中心，再到录费录单系统、核保核赔系统、保全服务系统、财务绩效系统、代理人管理系统等核心业务系统的引进或自主研发升级，后期又实施了 IT 治理和集约化营运平台建设，开展容灾备份、数据库建设以及数据治理和数据挖掘基础上的客户脸谱绘制、数据挖掘、续保加保、数字化决策支持等。2010 年之后，各家保险公司又加强了销售服务终端的研发应用，运用移动互联技术实现了与客户"端到端"实时交互和秒级响应，使在线核保承保、理赔保全等服务流程更加便利化，客户关键旅程体验大幅提升。大型保险公司将年营业收入的 3%~5% 作为信息化、数字化的研发预算投入。2013 年，中国保险信息技术管理有限公司（简称"中国保信"）成立，保险业建立起了信息共享支持平台。在金融科技的驱动下，我国各保险公司正加速数字化转型，大数据、人工智能、区块链等数字化技术正推动保险业新一轮科技赋能和模式升级。

2018 年，中国银保监会发布的 2018 年全国保险统计数据报告显示，全年保险业实现保费收入 38 016.6 亿元，同比增长 3.9%。其中财产保险保费收入 11 755.7 亿元，财产险经营主体 88 家，其中中资产险公司 66 家，外资产险公司（含中外合资）22 家。2018 年，全国人身保险保费收入26 260.9亿元，人身险经营主体91家，其中中资寿险公司63家，外资寿险公司（含中外合资）28家。

截至2018年，全国66家中资财产险经营主体包括：人保股份、大地财产、出口信用、中华联合、太保财、平安财、华泰、天安、华安、永安、太平保险、亚太财险、中银保险、安信农业、永诚、安邦、国任财险、安华农业、阳光财产、阳光农业、都邦、渤海、华农、国寿财产、安诚、长安责任、国元农业、鼎和财产、中煤财产、英大财产、浙商财产、紫金财产、泰山财险、众诚保险、锦泰财产、诚泰财产、长江财产、富德财产、鑫安汽车、北部湾财产、中石油专属保险、众安财产、恒邦财产、合众财产、燕赵财产、华海财产、中原农业、中路财产、铁路自保、阳光信用、泰康在线、易安财产、东海航运、久隆财产、安心财产、前海联合、珠峰财险、海峡金桥、建信财产、众惠相互、太平科技、中远海自保、汇友互助、粤电自保、黄河财险、融盛财险。外资（含中外合资）产险公司共22家，包括：史带财产、美亚、东京海上、瑞再企商、安达保险、三井住友、三星、安联、日本财产、利宝互助、中航安盟、安盛天平、苏黎世、现代财产、劳合社、中意财产、爱和谊、国泰财产、日本兴亚、乐爱金、富邦财险、信利保险。

截至2018年，全国63家中资人寿险经营主体包括：国寿股份、太保寿、平安寿、新华、泰康、太平人寿、建信人寿、天安人寿、光大永明、民生人寿、富德生命人寿、国寿存续、平安养老、中融人寿、合众人寿、太平养老、人保健康、华夏人寿、君康人寿、信泰、农银人寿、长城、昆仑健康、和谐健康、人保寿险、国华、国寿养老、长江养老、英大人寿、泰康养老、幸福人寿、阳光人寿、百年人寿、中邮人寿、安邦人寿、利安人寿、前海人寿、华汇人寿、东吴人寿、珠江人寿、弘康人寿、吉祥人寿、安邦养老、渤海人寿、国联人寿、太保安联健康、上海人寿、中华人寿、新华养老、三峡人寿、横琴人寿、复星联合健康、信美人寿、华贵人寿、爱心人寿、和泰人寿、招商仁和、瑞华健康、北京人寿、人保养老、海保人寿、国富人寿、国宝人寿。外资（含中外合资）寿险公司共 28 家，包括：中宏人寿、中德安联、工银安盛、中信保诚、交银康联、中意、友邦、北大方正人寿、中荷人寿、中英人寿、同方全球人寿、招商信诺、长生人寿、恒安标准、瑞泰人寿、中法人寿、华泰人寿、陆家嘴国泰、中美联泰、平安健康、中银三星、恒大人寿、新光海航、汇丰人寿、君龙人寿、复星保德信、中韩人寿、德华安顾。

2018 年，具有养老金经营管理的市场主体有 10 家：国寿养老、太平养老、平安养老、泰康养老、长江养老、安邦养老、人保资产、泰康资产、华泰资产、人保养老。2018 年，企业年金受托管理业务缴费 1 590 亿元，企业年金受托管理资产 7 502 亿元，养老保障及其他委托管理资产 8 200 亿元。

经过 40 年的改革与发展，我国保险业由年保费收入 4.6 亿元，发展到 2018 年保费收入 36 016 亿元，年均复合增长率 26.8%。保险行业形成了从独家经营到市场化的行业格局，产品服务不断丰富，服务人群不断扩大，保险业总收入和总资产持续增加，保障能力和偿付能力同步提升，法律法规和行业监管日趋完善，逐渐成为国民经济不可或缺的支柱产业之一。整个行业在发展中实现了由卖方市场向买方市场的转变，供需关系在市场扩大过程中渐趋均衡；保险市场竞争从同质化竞争逐步转向差异化竞争，从早期以条款费率的价格竞争为主，更多地转向对细分市场的服务能力的提升，保障的深度与广度以及服务的触达度大大增加；保险公司经营由粗放式扩张转向集约化经营，从主要重视业务规模和市场份额到规模和效益并重，再到价值型增长方式的确立，新技术的广泛应用和数字化的推行，注重人均、点均产能的提高和单位投入的利润和价值产出，经营管理水平不断提升。

当历史的车轮驶入 2019 年，我国保险业历经 40 年改革开放的大发展之后，政府提出了金融业改革发展防范金融风险、服务实体经济、深化体制改革的重点方向，保险业监管机关明确了"保险姓保、回归本源"的要求，保险业整体增长速度理性下降，占产险市场 70% 的车险出现增长减速，占寿险新单业务 70% 的个人营销业务和营销员数量出现增长趋缓，寿险通过人海战术获得新客户和新业务的业务模式还没有找到升级替代版本，产险新车保费出现负增长、行业综合成本率逼近盈亏平衡点，保险公司获取新客户的难度增加、获取成本升高、竞争愈趋白热化。伴随着中国经济整体转向高质量发展的新时代要求，适应经济结构调整、科技进步加速、客户行为改变的趋势性新变化，中国保险业逐步进入一个增量与存量并重、高质量发展的新时期。任何事物的发展总是呈现波浪式前进和螺旋式上升的规律性特征，经历了 40 年恢复性快速发展并取得巨大成就的中国保险业在"年年难过年年过、年年过得还不错"的自激励中负重前行，创新转型成为行业发展和突破无可回避的选择。或许每一次行业的进化，都会面临山重水复的困境与挑战。历史告诉我们，生物世界的每一次进化，都肇始于环境的改变，适者生存的本能驱动，以及进化后豁然开朗的高阶发展，将会消弭嬗变和成长带来的疼痛。这样的描述用于 2018 年、2019 年的中国保险市场，恰当地再现了当时处于转型时期的保险行业的困境与希望。

保险监管的重要功能及监管历程

中国的国情决定了政府机构、监管部门不仅负责一个行业的监督管理，实际上还是整个行业改革发展的总策划和推动实施者。当我们把中国保险行业的发展历史进行了编年体式的解构和扫描式叙事以后，再回过头来看国家保险监管机关改革开放 40 年来的变化，就能更清晰地看到保险监管机关在整个保险行业复业发展和改革开放中的重要作用和重大影响。

世界各国保险监管机关　保险监管指一个国家的政府对本国保险业的监督管理，以确保保险业的市场公平、有序发展和职能有效履行，保障被保险人利益并促进行业持续、健康、稳定发展。美国的保险监管机关是各州政府的保险局，设置了全国性的保监督官协会，协调各州保险立法和监管行为。英国的保险监管机关原先是金融服务局，2012年12月，英国国会通过《金融服务法》，开启审慎监管局和金融行为监管局双管齐下的双峰监管模式。日本的保险业监管机关早先是大藏省下设的银行局保险部，2001年以后改为内阁直属的金融厅。德国的保险监管机关是联邦金融监管局，该机构系2002年5月德国把联邦银行监管、联邦保险监管、联邦证券监管等机构合并后成立。法国的保险业按业务性质不同划归不同的政府机关管理，商业部管理原保险，财政部管理再保险。印度的保险监管机关是保险监管及发展局（简称IRDA）。

政府监管缘由　政府对保险业实施监管的理由或原因通常认为有三个方面：一是保险具有公共性和社会性。保险人接受大量公众的转移风险，并以先收取保险费的形式做出对未来支付的承诺，而且很多保单的保险期间长达几十年，如果保险人经营不善导致偿付能力不足，不能履行保险合同订立时约定的义务，甚至破产、倒闭退出市场，造成的负面影响将大大高于普通企业，公众利益将会遭到侵害，社会稳定将会受到挑战和威胁，政府进行严格的监管十分必要。二是保险交易过程中存在信息不对称和不完全性。保险是一个技术含量高、业务专业性强的复杂行业，保险合同的格式、条款往往由保险人事先拟定而且内容繁复，投保人和被保险人对保险责任、保险费率、除外责任、退保损失等知晓有限，通常只能就接受合同或拒绝合同进行选择，保险公司及其代理人存在利用信息不对称侵害被保险人和受益人利益的可能和倾向，因此政府通过监管保护被保险人的利益十分必要。三是保险市场存在市场失灵和破坏性竞争问题，垄断、信息成本过高、负外部效应、搭便车等现象可能导致市场公平和效率的损失，部分保险公司由于定价技术复杂而且财务状况透明度不高，可能存在牺牲客户远期利益以换取短期经营效益的套利倾向，用不合理的低价或降价进行过度恶性竞争，从而造成偿付能力不足而危害到客户和公众利益，政府必须进行严格的监督和管理。

我国保险监管机关演变　1949年中华人民共和国成立以来，我国保险业的监管机关大致经历了三个阶段：1949—1998年中国人民银行领导管理为第一阶段；1998—2018年中国保险监督管理委员会行业监管为第二阶段；2018年以后中国银行保险监督管理委员会综合监管为第三阶段。

第一阶段，除了1952年6月至1959年保险业社会主义改造期间由财政部负责领导以外，其余时间均由中国人民银行实施领导和管理。1949年至1952年5月，保险业归中国人民银行领导和主管。1952年6月，保险业划归财政部领导。1959年，国内保险业务停办，涉外保险业务重新划归中国人民银行领导，中国人民保险公司在行政上降格为中国人民银行国外业务局下属的保险处。1965年3月，中国人民银行恢复中国人民保险公司建制，将保险处升格为局级机构。1979年国内保险业务全面恢复以后，保险业由中国人民银行领导和监督管理，中国人民保险公司为直属于中国人民银行的局级专业子公司。1983年，中国人民银行专职行使中央银行和金融监管职能，中国人民保险公司从中国人民银行分设出来，成为国务院直属局级经济实体，受中国人民银行监管。1985年3月，国务院发布《保险企业管理暂行条例》，明确规定中国人民银行为国家保险业监管机关，下设金融管理司保险信用合作处。1994年5月，中国人民银行在非银行金融管理司设立保险处，专门负责保险业监管。1995年《保险法》颁布后，中国人民银行于同年7月设立保险司，专门负责对中资保险公司的监管，对外资保险公司的监管由外资金融机构管理司保险处负责，对保险业的稽查工作由稽核监督局负责。中国人民银行各省级分行非银行金融机构管理处下设保险科，省以下分支行配备专职保险监管人员。

第二阶段，按照《保险法》确定的金融业分业经营、分业管理的原则要求，保监会、银监会、证监会分别对保险业、银行业、证券业实施专业监管。1998年11月18日，中国保险监督管理委员会（保监会）正式成立。作为国务院直属事业单位，根据国务院授权履行监督管理职能，依照法律和法规统一监督和管理保险市场。保监会内设15个职能机构，在全国各省、自治区、直辖市、计划单列市设35个派出机构。保监会的主要任务包括：拟订保险业的政策法规和行业规则；依法对保险企业的经营活动进行监督管理和业务指导，依法查处保险企业违法违规行为，保护被保险人的利益；维护保险市场秩序，培育和发展保险市场，完善保险市场体系，推进保险业改革，促进保险企业公平竞争；建立保险业风险的评价与预警系统，防范和化解保险业风险，促进保险企业稳健经营和业务的健康发展。2003年7月，保监会升格为正部级，内设机构略作调整，发改部、政研室分设，财产险部、再保险部合署，派出机构部改为稽查局，成立消费者权益保护局。2004年2月，保监会各派出机构改称保监局，其中正局级15个。2010年8月，西藏保监局成立，成为最后一个设立的省级派出机构。2005年4月，保监会迁入北京市金融大街15号鑫茂大厦，在武定侯街西首与银监会比邻而居。2008年，保监会拥有了除保险社团之外的第一个会管单位——中国保险保障基金公司。2013年后，又陆续主导成立中国保信、上海保险交易所、中保投资公司，收编中国保险报成立中国保险报报业集团。

第三阶段，随着金融业不断创新，金融业综合经营大量增加，为防范系统性金融风险和提升服务实体经济能力，银监会和保监会合并成立中国银行保险监督管理委员会，对银行业和保险业实施统一监管。2018年3月，国务院宣布中国银行保险监督管理委员会成立，作为国务院直属事业单位，统一实施对银行业与保险业的监管。2018年4月8日，中国银行保险监督管理委员会在北京正式揭牌，各地监管局也在2018年底前陆续挂牌。

我国的保险行业监管，从早期以行政审批和市场行为监管为重点，到偿付能力和市场行为监管并重模式，再到偿付能力监管、公司治理监管、市场行为监管三支柱的现代保险业监管模式，伴随着保险业40年改革开放的历程而与时俱进。保险业监管坚持中国实际与国际规则相结合，形成了系统科学、门类齐全、与国际接轨的保险监管制度体系。具体工作坚持现场监管与非现场监管相结合，不断创新监管方式方法，探索形成了一整套符合中国实际的保险监管标准、行业评价指标和市场治理方法。

驿站

国际保险监督官协会

国际保险监督官协会（International Association of Insurance Supervisor，IAIS）成立于1994年，是由世界各个国家和地区的保险监管机构组成的一个国际组织。目前有成员151个，所监管保险市场的保费收入占世界保费收入的97%。1997年，IAIS首次推出了《保险监管核心原则》，2000年进行了首次修订，2003年进行了第二次修订。修订后的《保险监管核心原则》包括28条，涵盖保险监管的七个方面：有效保险监管的条件、监管体系、被监管机构、连续监管、审慎标准、市场与消费者、反洗钱和打击对恐怖组织的资金支持。《保险监管核心原则》一方面强调了功能监管的原则，另一方面强调了对保险活动的监管。

中国保监会在 2000 年加入了国际保险监督官协会，2005 年组织亚洲 14 个国家和地区的保险监管部门发起成立了"亚洲保险监督官论坛"，2006 年在北京成功举办国际保险监督官第 13 届年会，2018 年成为国际保险监督官协会执委会副主席成员，作为新兴市场代表积极参与协会各项制度和规则的制订，并努力促进中国保险业与世界的接轨。2003 年，中国保监会发布了《保险公司偿付能力额度及监管指标管理规定》，保险监管逐步从以市场行为监管为主，过渡到市场行为和偿付能力监管并重的阶段。2006 年，中国保监会引入国际保险监督官协会的监管框架，发布了《关于规范保险公司治理结构的指导意见（试行）》，推动形成偿付能力监管、公司治理结构监管、市场行为监管三支柱的现代保险监管体系。2008 年，发布第一代偿付能力监管制度，世界通行的保险业"三支柱"监管模式落地中国。2015 年 2 月 13 日，中国保监会印发《保险公司偿付能力监管规则（1—17 号）》，将 2012 年启动编制的"中国风险导向偿付能力体系"（偿二代）全部主干技术标准共 17 项监管规则予以发布。"偿二代"除了继续采用国际通行的三支柱框架外，在风险分层理论、三支柱的逻辑关联、资产负债评估框架、寿险合同负债评估、风险管理要求与评估（SARMRA）、风险综合评级（IRR）、市场约束机制等多个方面，充分体现了中国新兴保险市场的特征，包含有中国保险业的原创性贡献。"偿二代"以风险为导向，不同风险的业务对资本金的要求更加具体和细化，对保险公司的资产负债策略具有显著的影响和指导作用。"偿二代"形成了一套既与国际接轨，又与我国保险业发展阶段相适应的偿付能力监管制度体系，适用于监控保险公司偿付能力充足率指标，类似银监会对银行资本充足率的监管。"偿二代"规划建设于 2012 年启动，经过三年努力于 2015 年 2 月正式发布并进入实施过渡期，2016 年第一季度起"偿二代"监管体系正式实施，这标志着我国保险业监管开始全面实行"风险导向"的新制度。

2004年，保监会出台《保险保障基金管理办法》，成立了保险保障基金，率先在金融业建立了市场化的行业风险救助机制。后期在部分保险公司出现偿付能力不足和现金流危机等情况时成功进行了注资接管等风险处置。2015年1月，央行和保监会联合下发《关于保险公司发行资本补充债有关事宜的公告》，打开了保险公司和集团通过发行资本补充债券来充实补充资本的通道。从保险公司经营的角度来看，业务高速增长带来的偿付能力充足率下降以及业务减速或下滑导致的流动性不足都会产生补充资本的需求，打开除扩股增资以外的资本补充通道，增加了保险业整体稳定经营的手段。

截至2018年年底，中国保险业整体偿付能力保持持续稳定。178家保险公司的平均综合偿付能力充足率为242%，平均核心偿付能力充足率为231%。财产险公司、人身险公司、再保险公司的平均综合偿付能力充足率分别为274%、235%、282%。104家保险公司在风险综合评级中被评为A类公司，69家被评为B类公司，2家被评为C类公司，2家被评为D类公司。

行业自律组织

中国保险行业协会（The Insurance Association of China，IAC），简称"中保协"，2001年2月23日在北京成立。中保协是中国保险业的全国性自律组织，属于自愿结成的非营利性社会团体法人。

中国保险行业协会主要的工作目标是配合保险监管部门督促会员自律，维护行业利益，促进行业发展，为会员提供服务，促进市场公开、公平、公正，全面提高保险业服务社会的能力。中保协的基本职责包括自律、维权、服务、交流和宣传。

■ 行业自律。督促会员依法合规经营。组织会员签订自律公约，制定自律规则，约束不正当竞争行为，维护公平有序的市场环境；组织制定行业标准。组织制定行业质量标准、技术规范、服务标准和行规行约；积极推进保险业信用体系建设。建立健全保险业诚信制度、保险机构及从业人员信用信息体系，探索建立行业信用评价体系；开展会员自律管理。对于违反协会章程、自律公约、自律规则和管理制度、损害投保人和被保险人合法权益、参与不正当竞争等致使行业利益和行业形象受损的会员，按照章程、自律公约和自律规则的有关规定，实施自律性惩罚，涉嫌违法的提请监管部门或其他执法部门予以处理。

■ 行业维权。代表行业参与同行业改革发展、行业利益相关的决策论证，提出相关建议，维护行业合法权益。加强与监管部门、政府有关部门及其他行业的联络沟通，争取有利于行业发展的外部环境，维护会员合法权益。当会员合法权益受损时，代表会员与有关方面协调沟通；指导建立行业保险纠纷调解机制，加强保险消费者权益协调沟通机制的构建与维护；办理监管部门、政府有关部门委托办理的事项。

■ 行业服务。开展调查研究，及时向监管部门和政府有关部门反映保险市场存在的风险与问题，提出意见和建议；协调会员之间、会员与从业人员之间的关系，调处矛盾，营造健康和谐的行业氛围；协调会员与保险消费者、社会公众之间的关系，维护保险活动当事人的合法权益；构建行业教育培训体系，开展从业人员资格认证管理和培训工作；组织会员间的业务、数据、技术和经验交流，促进资源共享、共同发展。

■ 行业交流。建立会员间信息通联工作机制，促进业内交流；创办信息刊物、开办网站；汇总保险市场信息，提供行业数据服务，实现信息共享；加强与其他相关行业协会的沟通与协调，促进行业对外交流；搭建国际交流平台，积极参加国际保险组织，引导行业拓宽国际视野，拓展对外合作领域和空间；组织参加国际会议和有关活动，服务行业

"走出去",学习、借鉴国外先进技术和经验。

■ 行业宣传。整合宣传资源,制定宣传规划,组织开展行业性的宣传和咨询活动;组织落实保险行业核心价值理念,推动行业文化建设;关注保险业热点、焦点问题,正面引导舆论宣传;普及保险知识,利用多种载体开展保险公众宣传;表彰先进典型,树立行业正气,营造良好形象。

保险学术组织及专业刊物

中国保险学会(The Insurance Society of China, ISC)是从事保险理论和政策研究的全国性学术团体,是由保险界和相关领域的有关单位和专业人士自愿结成的非营利性社会组织。学会成立于1979年11月,会址设在北京市。

中国保险学会的主要工作目标是积极探索中国特色的保险业发展规律,开展保险理论和政策研究,组织学术活动、宣传培训、对外交流,打造行业创新发展智库,服务行业,服务会员,促进保险理论的繁荣和发展。

中国保险学会主要职责包括七项:一是组织会员开展保险理论和政策研究,举办研讨会、报告会和展览会等活动,促进保险界内外的学术交流、信息沟通和成果分享。二是编辑和出版刊物、建立和维护网站,宣导保险法律法规和方针政策;组织编写保险图书及其他文献资料;普及保险理论知识,开展保险宣传活动。三是开展保险理论和政策研究方面的教育培训,受托承担科研成果鉴定;提供保险咨询服务。四是奖励在保险理论和政策研究、学术创新和教学方面取得突出成就的单位和个人。五是研究介绍境外保险经验,组织和推动中国保险界与国际保险界及内地(大陆)与港、澳、台地区的学术交流与合作。六是与相关学会、行业协会等社团组织加强沟通、开展合作。七是承办政府职能转变中移交或委托的其他工作。

中国保险学会的最高权力机构是会员代表大会。理事会是会员代表大会的执行机构，在会员代表大会闭会期间领导学会工作，对会员代表大会负责。常务理事会由理事会选举产生，在理事会闭会期间行使理事会的部分职权，对理事会负责。会长、副会长、秘书长由理事会从常务理事中选举产生。会长召集和主持理事会会议及常务理事会会议，并决定本会的有关重大事宜。副会长、秘书长协助会长工作。

中国保险学会的会刊《保险研究》是我国保险业的理论研究权威核心期刊。《保险研究》创刊于1980年，获评中文社会科学引文索引（CSSCI）来源期刊、全国中文核心期刊、全国金融保险类核心期刊、中国人文社会科学核心期刊。主要发表商业保险、社会保障、风险管理、金融投资等领域的学术研究成果，注重保险业基础理论研究和实务创新应用研究。

各省、自治区、直辖市都设有地方保险学会，地方学会的会刊有《上海保险》《北京保险》《陕西保险》《青海保险》等。各家保险公司为了扩大宣传和品牌传播，有的也主办专业杂志编辑发行，比如中国人民保险公司主办发行《中国保险》，中国太平洋保险公司主办发行《中国商业保险》。这些刊物刊载的保险学术理论研究、保险操作实务探讨、国外保险业务经验介绍等文章，对创新保险制度和实务、总结交流行业实践、借鉴国外先进经验等起到了积极的传播作用。

驿站

中国保险博物馆

中国保险博物馆于2019年1月12日在浙江宁波建成开馆，主要通过藏品展示、展板介绍、技术体验等向参观者展示中国保险业的发展历程。一楼大厅内重150千克的"中国保险钟"十分显眼，让人联想到伦敦劳合社的"卢丁钟"。中国保险博物馆是我国首个保险博物馆,由中国保险学会和宁波市政府共同主办,中国金融博物馆集团运营。

保险业专业组织

中国精算师协会　中国精算师协会英文名称为 China Association of Actuaries(CAA)。协会是精算师行业的全国性组织,属于非营利性社会团体法人,依照有关规定对精算师进行自律管理。

中国精算师协会的主要工作目标是服务会员,监督会员执业品质和职业道德,维护社会公众利益和会员合法权益,促进精算行业健康发展。协会的主要工作包括:拟订精算师执业准则,拟订并执行行业自律制度;组织中国精算师考试,组织实施精算从业人员的培训及后续教育工作;开展会员的职业道德及执业纪律的教育、监督和检查;组织业务交流,开展理论研究;协调行业内、外部关系,维护会员合法权益;开展国际交流活动;宣传精算行业,出版专业刊物。

协会会员分为个人会员和单位会员,其中个人会员分为正会员和准会员。申请加入协会必须具备下列条件:一是拥护协会的章程;二是自愿加入协会;三是愿意为促进中国精算事业发展贡献力量;四是个人正会员须具有协会认可的精算师资格,个人准会员须具有协会认可的准精算师资格;五是单位会员为依法批准设立的保险公司,或者雇佣精算师、提供精算服务、开展精算教育的其他机构。

驿站

北美精算师协会

国际上著名的精算学会有北美精算师协会、英国精算师协会、日本精算师协会和澳大利亚精算师协会,不同的精算师协会具有不同的资格认证和考试课程和制度。在国际上最具代表性和权威性、规模最大、拥有最多会员精算师的组织是美国的北美精算师协会（Society of Actuaries，简称SOA）。北美精算师协会创立于1949年，其历史可追溯至1889年，协会总部设在芝加哥，目前拥有会员约30 000名，在中国的会员约有830人，主要集中在北京、上海和深圳。北美精算师协会1987年与我国南开大学合作设立了精算教育培训项目，于1992年在南开设立考试中心。北美精算师协会至今已在中国内地设立了8个考试中心。北美精算师协会的精算师资格考试每年春季和秋季各进行一次。精算师资格分为两个层次，包括正式精算师（FSA）资格和准精算师（ASA）资格。

中国保险资产管理业协会 中国保险资产管理业协会英文名称为Insurance Asset Management Association of China（IAMAC）。协会是由保险资产管理行业相关机构自愿结成的全国性、行业性、非营利性社会组织，具有社会团体法人资格。

协会的主要工作目标：发挥市场主体和监管部门之间的桥梁和纽带作用，实施行业自律，促进合规经营，规范市场秩序；提供行业服务，研究行业问题，深化行业交流与合作；制定行业标准，健全行业规范，提升行业服务水平；推动业务创新，加强行业教育，提升行业竞争力；强化沟通协调，营造良好环境，维护行业合法权益，推动保险资产管理业持续稳定健康发展。

协会的主要工作包括：（1）依法维护会员合法权益和行业合法权益，代表会员和行业向监管机构、政府部门及其他相关机构反映会员在业务活动中的问题、建议和要求；（2）制定行业自律规则，实施会员自律管理，监督、检查会员的执业行为，对违反本协会章程及自律规则的会员给予纪律处分，维护市场秩序；（3）制定从业人员行为准则、职业规范和从业标准，组织从业人员接受继续教育、业务培训和从业管理，提高从业人员综合素质、业务技能和执业水平；（4）制定并实施业务规则、行业标准、操作规程和服务规范，督促会员合规经营，忠实履行受托义务和社会责任，提高服务水平；（5）提供资产管理业务涉及的注册、登记、托管、交易、估值、评价、信用评级、风险监测等方面的技术支持和服务，推动相关技术系统及平台建设；（6）组织会员研究并推动业务创新，提高行业竞争力；（7）根据授权开展行业统计，收集、整理和发布有关信息和统计数据，为会员提供信息服务，并推动会员信息化建设；（8）开展会员之间及其国内外的交流合作，组织有关业务问题和行业发展问题研究，为会员业务拓展及主管部门推动市场发展献计献策；（9）建立业内沟通协调机制，协调行业相关重大事项，公正、合理解决会员之间的矛盾纠纷，维护公平竞争的市场环境；（10）开展投资者教育和行业文化建设，建立舆论宣传机制，加强会员与社会公众的沟通理解，维护和提升行业声誉；（11）保险监管机关授权或委托的其他工作。

薪火相传·保险高等教育和职业教育

1979 年国内保险业务恢复以后，急需大量的保险人才去从事保险市场的拓展和管理工作。然而 20 年的停业导致保险业人才凋零、青黄不接，20 世纪 50 年代从事保险的很多人已经转行转业，即便还留在银行系统或政府部门工作的也都已经年届 60 以上。因此，当时中国人民保险公司推出一项召回"老保险"的政策，把 50 年代从事保险的这些"老法师"（尊称）请回来做老师，对新招的人员进行专业教学和上岗培训。这些"老法师"把家中储藏的 20 年前的保险书籍、资料、单证、表格等贡献出来，对新员工进行职业培训，很快训练出一批能够开展业务的保险专才投入工作岗位。

与此同时，国内许多高等院校陆续开办了保险专业，开展金融保险专业大专、本科和研究生学历教育，系统化地培养出一批又一批保险专业大学生，输送到保险行业的各家保险公司和各个专业领域。1980年，中央财政金融学院率先恢复国际保险专业，在全国范围招收学制4年的本科生。1982年，中国人民银行总行研究生部设置保险专业，招收和培养保险硕士研究生。1985年，上海财经大学恢复保险专业，招收4年制本科生，还招收学制3年的硕士研究生。1986年，中国保险管理干部学院在长沙成立；陕西财经学院开设保险专业，在全国招收4年制本科生；上海、湖南、保定三所金融专科学校开办3年制保险专业；中央广播电视大学与人保总公司合办保险专业，开设3年制保险大专；英国特许保险学会CII在北京设立考试中心。1988年，中国金融学院开设保险专业，在全国招收4年制本科生。1989年，南开大学在美国精算协会资助下开办精算研究生班。1990年之后，随着保险业在国民经济和社会生活中的地位和影响不断提升，复旦大学、北京大学、南京大学、中国人民大学、华东师范大学、厦门大学等高等院校都陆续开办了保险专业或设置了保险系。截至2018年年末，全国已有123所大学开设了保险专业。

全国开设保险专业的高等院校（2018）

序号	院 校 名 称	序号	院 校 名 称
1	北京大学	8	内蒙古财经大学
2	北京工商大学	9	沈阳航空航天大学
3	对外经济贸易大学	10	吉林农业大学
4	南开大学	11	东北农业大学
5	天津财经大学	12	哈尔滨商业大学
6	河北农业大学	13	复旦大学
7	廊坊师范学院	14	上海师范大学

（续表）

序号	院 校 名 称	序号	院 校 名 称
15	上海对外经贸大学	39	三江学院
16	江苏大学	40	南京审计大学
17	浙江工商大学	41	河北金融学院
18	皖南医学院	42	浙江财经大学
19	安徽财经大学	43	广西财经学院
20	厦门大学	44	湖北经济学院
21	武夷学院	45	山东工商学院
22	江西财经大学	46	河北经贸大学
23	山东财经大学	47	山东英才学院
24	河南财经政法大学	48	浙江财经大学东方学院
25	武汉大学	49	河北大学工商学院
26	湖北中医药大学	50	江西财经大学现代经济管理学院
27	中南民族大学	51	兰州商学院陇桥学院
28	中南林业科技大学	52	重庆师范大学涉外商贸学院
29	中山大学	53	重庆工商大学融智学院
30	广东药科大学	54	长春财经学院
31	四川大学	55	山西财经大学华商学院
32	西南财经大学	56	安徽大学江淮学院
33	贵州财经大学	57	北京工商大学嘉华学院
34	云南财经大学	58	贵州财经大学商务学院
35	兰州财经大学	59	东莞理工学院城市学院
36	青海民族大学	60	南京财经大学红山学院
37	河北科技师范学院	61	内蒙古师范大学鸿德学院
38	平顶山学院	62	山东大学威海分校

（续表）

序号	院 校 名 称	序号	院 校 名 称
63	中国人民大学	87	湖北工业大学
64	中央财经大学	88	中南财经政法大学
65	首都经济贸易大学	89	湖南大学
66	天津理工大学	90	湖南商学院
67	河北大学	91	广州中医药大学
68	唐山师范学院	92	广东财经大学
69	山西财经大学	93	西华大学
70	辽宁大学	94	西南民族大学
71	东北财经大学	95	云南大学
72	吉林财经大学	96	西北农林科技大学
73	绥化学院	97	西北民族大学
74	哈尔滨金融学院	98	新疆财经大学
75	华东师范大学	99	天津天狮学院
76	上海财经大学	100	青岛大学
77	南京大学	101	吉林工商学院
78	南京财经大学	102	南昌工程学院
79	安徽农业大学	103	黑龙江东方学院
80	安徽中医药大学	104	广东金融学院
81	铜陵学院	105	西安财经学院
82	闽江学院	106	沈阳工程学院
83	江西中医药大学	107	重庆工商大学
84	山东大学	108	广东外语外贸大学
85	河南大学	109	安徽外国语学院
86	郑州航空工业管理学院	110	黑龙江财经学院

（续表）

序号	院 校 名 称	序号	院 校 名 称
111	江西中医药大学科技学院	118	昆明理工大学津桥学院
112	河南大学民生学院	119	武汉学院
113	兰州财经大学长青学院	120	南开大学滨海学院
114	重庆师范大学涉外商贸学院	121	四川大学锦城学院
115	长春光华学院	122	天津财经大学珠江学院
116	长春科技学院	123	上海财经大学浙江学院
117	安徽财经大学商学院		

除了高等院校的学历教育以外，各家保险公司特别是人保、平安、太保等大公司都在总部和分公司设有培训中心或培训部，对本公司的干部员工开展职业培训教育。中国保险行业协会及各地保险行业协会受监管机关委托负责保险个人代理人资格考试，对保险营销员、保险兼业代理机构人员进行专业培训和资格考试。另外，北美精算师协会、英国精算师协会、中国精算师协会、LOMA、LIMRA等国内外行业专业资格组织开展了保险精算师、寿险管理师等专业资格的培训和考试颁证工作，也为我国保险业培养和输送了大批专业人才。

日臻完善·保险业法律法规

2001年之前，我国保险业的法律法规屈指可数，主要包括1982年《经济合同法》（财产保险合同部分）、1983年《财产保险合同条例》、1985年《保险企业管理暂行条例》、1992年《上海外资保险机构管理暂行办法》、1995年《保险法》、1997年《保险代理人管理规定（试行）》、1998年《保险经纪人管理规定（试行）》、2000年《保险公估人管理规定（试行）》等。

2001年，中国加入了世贸组织，中国保监会加入了国际保险监督官协会，保险市场主体不断多元化、交易关系日趋复杂，与银行、投资、医疗、农业等其他行业的交叉与协作大量增加，保险的业务领域和对外开放不断扩大，资金运用领域不断拓宽、监管细化，产品和服务创新如雨后春笋般出现，需要用法律法规来进行规范和调整的层面和内容越来越多。以下按时间顺序、以摘要形式罗列了1999—2018年所颁布施行的保险业法律法规和监管部门规章，从中可以窥见中国保险市场20年行业扩张时期的发展主线和演进脉络。

2000年2月28日，保监会发布实施《分红保险管理暂行办法》和《投资连结保险管理暂行办法》。对分红保险的产品申报、账户管理、盈余分配、业绩报告，投资连结保险的投资账户、产品申报、投资单位价值评估与公布、报告寄送、信息公告等内容进行了明确规范。

2001年12月12日，国务院公布《中华人民共和国外资保险公司管理条例》，共7章40条，2002年2月1日起施行。所有独资、合资设立的保险公司以及外国保险公司在中国境内设立的分公司都纳入管辖。对外资保险公司的设立条件、业务范围、监督管理、法律责任进行了规范。

2001年12月6日，保监会公布《人身保险新型产品信息披露管理暂行办法》，共6章32条，2002年1月1日起实施。《办法》针对投资连结保险、万能保险、分红保险的产品说明书、保险利益测算书、公告、客户报告、宣传行为以及备案要求等进行了具体明确。

2002年9月17日，保监会发布实施《再保险公司设立规定》，对再保险公司的业务范围、设立条件作了原则规定。

2003年3月24日，保监会发布实施《保险公司偿付能力额度及监管指标管理规定》，共6章22条。《规定》对保险公司偿付能力额度、产险公司监管指标及计算、寿险公司监管指标及计算、偿付能力额度和监管指标管理等进行了明确。一般称为"偿一代"。

2004年4月21日，保监会公布《保险资产管理公司管理暂行规定》，共53条，同年6月1日起施行。《暂行规定》对保险资产管理公司的设立、变更和终止、经营范围和规则、风险控制和监督等进行了明确。

2004年5月13日，保监会公布《外资保险公司管理条例实施细则》，共47条，同年6月15日起施行。

2004年6月30日，保监会公布《人身保险产品审批和备案管理办法》，共7章51条，同年7月1日起施行。《办法》对人身保险产品审批和备案的范围、材料申报、审批备案程序、精算责任人和法律责任人、法律责任等进行了规范。

2004年9月29日，保监会发布实施《保险公司次级定期债务管理暂行办法》。《办法》对保险公司发行次级债的申请条件、募集、管理和偿还、信息披露、监督管理等作了具体规定，使保险公司通过发行次级债补充资本有了法规遵循。

2005年10月14日，保监会公布《再保险业务管理规定》，共6章35条，同年12月1日起施行。《规定》对再保险的业务经营、经纪业务、监督管理、罚则等进行了原则性规范。

2006年4月6日，保监会公布《保险营销员管理规定》，共8章64条，同年7月1日起施行。《规定》对保险营销员的资格管理、展业登记、展业行为、岗前培训与后续教育、保险公司的管理责任、罚则等进行了规范。

2006年3月21日，国务院公布《机动车交通事故责任强制保险条例》，共5章46条，同年7月1日起施行。2012年3月30日第一次修订，2012年12月17日第二次修订，2016年2月6日第三次修订，2019年3月2日第四次修订。

2006年8月7日，保监会公布《健康保险管理办法》，同年9月1

日起施行。《办法》对健康保险的范畴、分类、经营管理、产品管理、销售管理、精算要求、再保险、法律责任等进行了明确。

2007年11月2日，保监会公布《保险公司养老保险业务管理办法》，2008年8月1日起施行。

2008年7月10日，保监会公布《保险公司偿付能力管理规定》，共6章46条，同年9月1日起施行。《规定》对适用范围、最低偿付能力、偿付能力评估、偿付能力报告、偿付能力管理、偿付能力监督等进行了明确。2003年发布实施的《保险公司偿付能力额度及监管指标管理规定》废止。

2008年9月11日，保监会、财政部、中国人民银行联合公布施行《保险保障基金管理办法》，共7章36条。《办法》对保险保障基金的管理主体、业务范围、管理体制、基金筹集、基金使用、管理和监督、法律责任等进行了明确。2004年发布的《保险保障基金管理办法》废止。

2009年9月25日，保监会公布《人身保险新型产品信息披露管理办法》，2009年10月1日起施行。2001年发布的《人身保险新型产品信息披露管理暂行办法》废止。

2010年2月5日，保监会公布《财产保险公司保险条款和保险费率管理办法》，共8章46条，同年4月1日起施行。《办法》对财产保险公司条款和费率的审批范围和手续、备案范围和手续、组合及共保保险条款和费率的管理、法律责任人和精算责任人、监督管理、法律责任等进行了规范。2005年发布的《财产保险公司保险条款和保险费率管理办法》同时废止。

2010年1月8日，保监会发布实施《保险公司董事、监事和高级管理人员任职资格管理规定》。《规定》对保险公司高管人员范围、任职资格条件、任职资格核准、监督管理、法律责任等进行了规范。2014年1月23日进行了修订。2006年发布的《保险公司董事和高级管理人员任职资格管理规定》同时废止。

2010年2月21日，保监会公布《人身保险业务基本服务规定》，共33条，同年5月1日起施行。《规定》对人身保险个人业务的基本服务内容、服务标准包括营业场所规范、服务电话、销售人员要求、投保提示制度、体检生调、回访、保全受理、索赔处理时限、应急预案、投诉处理机制等作了明确规范。

2010年5月21日，保监会公布《再保险业务管理规定》，共6章37条，同年7月1日起施行。2015年10月19日进行了修订。《规定》对再保险种类、分保主体、自留额、危险单位划分、巨灾风险安排、再保险经纪业务、法律责任等进行了明确。2005年发布的《再保险业务管理规定》废止。

2011年12月30日，保监会发布实施《人身保险公司保险条款和保险费率管理办法》，共7章57条。2015年10月19日进行了修订。《办法》对人身保险的设计与分类、产品定义与命名、条款费率的审批与备案、总精算师与法律责任人、责任与罚则等进行了规范。

2012年10月24日，《农业保险条例》经国务院常务会议通过，共5章33条，2013年3月1日起施行。《条例》明确各省、自治区、直辖市可以确定适合本地区实际的农业保险经营模式，鼓励地方政府采取财政补贴支持农险发展并给予税收优惠，国家建立农险大灾风险分散机制。《条例》对农业保险合同的订立、当事人权利义务、业务经营规则以及相关法律责任等进行了明确。

2013年7月1日，保监会公布《保险消费投诉处理管理办法》，共5章49条，同年11月1日起施行。《办法》对保险消费投诉处理的原则、责任主体、职责分工、处理流程、工作制度、监督管理等进行了具体规定。

2015年10月19日，保监会公布施行修订后的《保险公司管理规定》。《规定》共8章80条，对保险法人机构的设立、分支机构开设、机构变更、解散与撤销、分支机构管理、经营规则、监督管理等给出了法规遵循。

2016年6月14日,保监会公布《保险资金间接投资基础设施项目管理办法》,同年8月1日起实施。《办法》对委托模式、投资计划、委托人、受委托人、受益人、托管人、独立监督人、信息披露、风险管理、监督管理等进行了明确和规范。2006年发布的《保险资金间接投资基础设施项目试点管理办法》同时废止。

2018年1月24日,保监会公布《保险资金运用管理办法》,共6章78条,同年4月1日起实施。《办法》对保险资金的运用形式、资金托管、投资管理、决策机制、运用流程、风险管控、监督管理等内容予以了明确。2010年发布的《保险资金运用管理暂行办法》同时废止。

2018年1月17日,保监会公布《保险经纪人监管规定》,共8章109条,同年5月1日起实施。《规定》对保险经纪人的组织形式、设立条件、信息披露、高管资格、人员聘用、业务规则、市场退出、行业自律、监督检查及法律责任等进行了具体明确。

2018年2月1日,保监会公布《保险公估人监管规定》,共8章111条,同年5月1日起实施。《规定》对保险公估人的组织形式、设立条件、人员聘用、分支机构、信息披露、高管人员、经营规则、市场退出、行业自律、监督检查及法律责任等进行了具体明确。

2018年3月2日,保监会公布《保险公司股权管理办法》,共9章94条,同年4月10日起实施。《办法》对保险公司股权管理的原则、股东分类及资质、股权取得、股东行为、股权事务、材料申报、监督管理等进行了明确规范。2010年发布的《保险公司股权管理办法》及其修改内容、2013年发布的《中国保监会关于规范有限合伙式股权投资企业投资入股保险公司有关问题的通知》、2014年发布的《中国保监会关于印发〈保险公司收购合并管理办法〉的通知》同时废止。

2019年7月24日,银保监会印发《保险资产负债管理监管暂行办法》。2019年10月13日,银保监会发布《健康保险管理办法》。2019年11月29日,银保监会发布修订后的《外资保险公司管理条例实施细则》。

2020年1月21日,银保监会发布《普通型人身保险精算规定》。2020年9月9日,银保监会发布《示范型商车险精算规定》。2020年11月12日,银保监会发布《保险代理人监管规定》。2020年12月7日,银保监会发布《互联网保险业务监管办法》。2020年12月22日银保监会发布《责任保险业务监管办法》。

归纳小结

保险是舶来品。1801年,英国商人将它由广州传入中国。

保险的萌芽最早可以追溯到公元前2500年古埃及的石匠互助基金,公元前2000年地中海海上贸易中"一人为众、众为一人"损失分摊方法,公元前1000年古代中国长江流域粮食商人的分舟运米,公元前916年《罗地安海商法》规定的共同海损原则,以及古罗马时期盛行的各类行会组织为会员提供的互助基金。

近代保险起源于11世纪末期地中海地区的海上保险。海上保险发端于处于地中海要冲位置的意大利,1347年意大利商人勒克维伦签署了世界上现存最古老的保险契约。15、16世纪,西班牙、葡萄牙的大航海和地理大发现促使世界海上贸易中心由地中海地区转移至大西洋沿岸。17世纪,英国打败西班牙成为海上贸易和具有海上航运垄断优势的大国。1689年,英国率先爆发资产阶级革命后国内资本主义加快发展,工业革命推动了对外贸易扩张和海外殖民。18世纪后期,英国伦敦成为全球海上保险中心。

火灾保险的最早记录可追溯至1118年冰岛的黑瑞甫社、16世纪德国的火灾救助协会。1666年伦敦大火后诞生了近代商业火灾保险。英国牙医尼古拉斯·巴蓬在伦敦创办了全世界第一家火灾保险行，采用了差别费率定价法，巴蓬因此被称为现代保险之父。

人身保险最早始于 16 世纪初越来越频繁的海上黑奴贸易。15—17 世纪欧洲各地盛行的公典制度、基尔特、佟蒂法等对人身保险产生了重要影响。哈雷编制的生命表成为人寿保险史上的里程碑，为现代人寿保险制度奠定了数理基础。英国数学家多德森建立了自然保费和均衡保费理论。

19 世纪中叶，信用保证保险在英国和美国兴起；19 世纪下半叶，责任保险开始出现。1901 年，劳合社签发了全世界第一张现代意义上的汽车保险单。20 世纪 50 年代之后，投资连结保险、万能寿险、分红保险等陆续在英美市场发展并推广至世界各国。

早期欧洲的保险法律法规主要有 1435 年《巴塞罗那法令》、1468 年《威尼斯法令》、1532 年《佛罗伦萨法令》、1563 年《安特卫普法令》、1681 年法国《海事条例》、1807 年《法国商法典》、1861 年《德国海商法》、1906 年英国《海上保险法》。

19 世纪初，伴随着包括鸦片贸易在内的海外贸易的兴起，英国商人于 1801 年在广州成立了中国第一家保险组织"临时承保协会"。1805 年，中国第一家保险商行"谏当保安行"在广州创办。1865 年，我国第一家华商保险公司"上海义和保险行"成立。1875 年，李鸿章在上海创办"保险招商局"。

民国初年，在工商业繁荣背景下保险业快速发展，华商保险公司数量增加，1926—1935 年银行资本纷纷进入保险业，保险经纪人、公估人、同业公会等活跃于市场，但是外商保险依然占有 80% 的市场份额。

全面抗战开始后，全国形成了以重庆为中心的大后方保险市场、上海及周边地区保险市场和日本控制、伪满经营的东北保险市场三个主要区域保险市场。

1945 年抗战胜利后，上海恢复为全国保险中心。这一时期，保险业曾出现短暂繁荣，保险机构大量增长。由于政局不稳和国民党货币改革失败，许多保险公司陆续停业退市，大量外商保险机构撤出中国。

1949年中国人民共和国成立，保险业翻开了新的篇章。新中国保险业70年历程可分为10年改造、20年停办、20年复业、20年扩张四个发展阶段：

第一阶段：1949—1958年。10年间保险业完成了社会主义改造。1949年，国营的中国人民保险公司成立。1950年，全国保险费收入中国营占70%，私营华商占8%，外商保险占22%。1951年，保险业实行公私合营，市场上28家华商保险公司合并成太平保险和新丰保险两家公司。1952年年底，外商保险全部撤离中国。1954年，对1949年之前遗留的人寿保单分类进行了清偿。1956年，太平新丰再合并成太平保险，其国内保险业务移交给中国人民保险公司，只负责经营海外业务。

第二阶段：1959—1978年。国内保险业务停办20年。1958年，全国财政会议决定国内保险业务停办，上海、哈尔滨、广东、天津四省市勉力维持一段时间后在"文革"中全面歇业。涉外保险业务在风雨飘摇中继续办理。

第三阶段：1979—1998年。国内保险业务恢复，保险业在改革开放中复苏增长20年。1979年，PICC复业后实施改革；1986年，新疆生产建设兵团农牧业生产保险公司成立；1987年，交通银行及各地分行开办保险业务并在此基础上于1991年组建中国太平洋保险公司；1988年，平安保险公司在深圳成立并于1992年升格为全国性股份制保险公司。保险业打破独家垄断进入经营主体多元化的竞争时代。1992年，美国友邦保险登陆上海，引入了寿险营销个人代理人制度，拉开了保险业对外开放的序幕。1995年，《中华人民共和国保险法》颁布，确立了产寿险分业经营体制。1995年之后，天安、大众、新华、泰康等保险公司陆续成立，《保险代理人管理规定》《保险经纪人管理规定》《保险公估人管理规定》等法规陆续颁布，财产险、农险、人身险、再保险等大类业务得到恢复性发展，初步形成了一个主体多元、产品多样、逐步开放的保险市场格局。1998年，中国保险监督管理委员会成立。

第四阶段：1999—2018年。中国保险市场实现了快速扩张20年。1999年，央行连续七次降息催生投连、万能和分红险。高储蓄低利率诱发银行保险在2000年之后异军突起。2001年中国加入WTO，加快保险市场对外开放步伐，车险费率市场化改革在广东试点。2003年之后，中国人保、中国人寿、中国平安、中国太保、新华保险、中国太平先后在境内外上市，建立资本持续补充机制提升偿付能力。2006年，保险业"国十条"颁布，保险业改革发展上升到国家层面，农业保险、互联网保险、保险中介、资金运用等借势发展，车险、人身险费率市场化改革持续推进。2014年，保险业"新国十条"颁布，保险业定位提升而服务于国家治理体系，保护保险消费者权益得到重视，行业资产负债同步快速扩张，企业年金、大病保险、税优健康、税延养老等创新业务先后推出，险资举牌上市公司成为资本市场主要机构投资者。2017年，中国超越日本成长为全球第二大保险市场。

2017年，第五次全国金融工作会议确定服务实体经济、防控金融风险、深化金融改革为金融业三大任务。2018年，中国银行保险监督管理委员会成立。保险业贯彻"保险姓保、回归本源"，财产险受到车险费改和新车销售负增长的双重挤压，人身险的高现价和速返分红险产品被严格限制，依靠人力增长驱动的粗放型增长模式受到挑战。或许是受到市场倒逼，或许是寻求商业模式升级，各家保险公司积极创新突围，2019年之后，保险行业整体转型进入了追求高质量发展的新时期。

未来

爱因斯坦告诉我们，时空是可以弯曲的，我们或许可以通过虫洞去往过去或未来的某个时空。囿于我们目前的认知和技术，我们每个人还只能沿着时间矢量的方向前进，按照秒、分、时、日、月、年这样的时间单位匀速向前，回不到过去，也无法超越时间的速度预先去到未来。我们无法准确地预知未来，所有的预测和预言都是基于过往经验和已知方法而形成的推断和假想。

关于未来，只要还有自然灾害和意外事故存在，人类就还须面对疾病、伤残、年老等的侵袭，保险将会持续存在并且将发展得更加精准和完善。

附录

附录一　中国保险业里程碑（1801—2020）

1801年，保险由英商传入中国，在广州成立第一家临时承保协会。

1805年，中国第一家保险公司——英商"谏当保安行"在广州成立。

1865年，中国第一家华商保险公司——上海义和公司保险行成立，标志着中国民族保险业诞生。

1875年，李鸿章在上海创办保险招商局，仁和保险、济和保险两家公司随后成立。

1899年，中国首个保险经纪人管理制度《火险捐客公所章程》公布。

1907年，中国第一部成文保险法规《保险业章程（草案）》拟订完成。

1927年，中国第一家华商保险公估行——上海益中公证行成立。

1929年，民族保险业首个再保险组织——四行总经理处成立。

1935年，国民政府颁布《简易人寿保险法》，首部《中国保险年鉴》出版。

1937年，国民政府迁都重庆，全国形成抗战大后方、上海和东北三个保险市场。

1945 年，中央信托局再保险科成立，是我国历史上首个官办再保险机构。

1946 年，中国历史上首个大学保险系在上海商学院（上海财经大学前身）设立。

1949 年，第一次全国保险工作会议在北京举行，国营中国人民保险公司成立。

1951 年，推行强制保险。

1952 年，外商保险公司全部退出中国市场。

1953 年，保险业开始整顿收缩。

1954 年，《解放前保险业未清偿的人寿保险契约给付办法》公布。

1955 年，废除保险经纪人制度。

1956 年，中保、太平、新丰退出国内保险市场，国营中国人民保险公司独家办理国内保险业务，保险业完成社会主义改造。

1958 年，全国财政会议决定保险业国内业务停办。

1963 年，"跃进号"事件使涉外保险业务在困难中得以留存。

1979 年，国内保险业务恢复经营，中国保险学会成立。

1984 年，中国人民保险公司改革管理体制。

1985 年，《保险企业管理暂行条例》颁布。

1986 年，新疆生产建设兵团农牧业生产保险公司成立。

1987 年，交通银行设立保险部开办保险业务。

1988 年，平安保险公司在深圳蛇口成立。

1991 年，中国太平洋保险公司在上海成立。

1992 年，美国友邦登陆上海，引入个人代理人制度，拉开我国保险业对外开放序幕。

1994 年，《中国保险报》创刊。

1995 年，《中华人民共和国保险法》颁布实施，我国第一张人身保险业生命表编制完成。

1996年，中国人民保险（集团）公司成立，下设中保财险、中保寿险、中保再保险三个子公司。

1997年，全国人身险保费收入超过财产险保费收入。

1998年，中国保险监督管理委员会成立。

1999年，中国平安推出全国首款投资连接保险。

2000年，中国保险行业协会成立，中国互联网保险诞生，中保财险在港交所挂牌上市。

2001年，中国加入WTO，中国保险行业协会在北京成立。

2002年，保险资金被允许投资证券市场及境外运用。

2003年，中国人保、中国人寿境外上市。

2004年，《企业年金试行办法》《企业年金管理指引》发布，《保险保障基金管理办法》出台。

2005年，保险资金获准直接进入股票市场，保监会发布我国第二张经验生命表。

2006年，《国务院关于保险业改革发展的若干意见》（保险业"国十条"）发布，《机动车交通事故责任强制保险条例》实施。

2007年，中国保险行业协会公布《重大疾病保险的疾病定义使用规范》。

2008年，保监会发布《保险公司偿付能力管理规定》。

2011年，保监会设立保险消费者权益保护局。

2012年，《关于开展城乡居民大病保险工作的指导意见》公布。

2013年，《农业保险条例》正式实施，保监会确定每年的7月8日为"全国保险公众宣传日"。

2014年，《国务院关于加快发展现代保险服务业的若干意见》（保险业"新国十条"）发布。

2015 年,"众安在线"在香港上市。

2016 年,中国城乡居民地震巨灾保险共同体成立,保监会发布第三张我国人身保险业经验生命表,个人税收优惠型健康保险开始试点。

2017 年,发布《国务院办公厅关于加快发展商业养老保险的若干意见》。

2018 年,中国银行保险监督管理委员会在北京成立,对银行业与保险业实施统一监管。

2019 年,中央深改委审议通过了《关于加快农业保险高质量发展的指导意见》,国家实行疫苗责任强制保险制度。银保监会修订发布《外资保险公司管理条例实施细则》。

2020 年,财产险公司和再保险公司划分为银保监会直接监管和银保监局属地监管两类,车险综合改革落地实施,银保监会发布《互联网保险业务监管办法》和《保险代理人监管规定》。

附录二 保险行业术语 123 通解

大数法则

又称大数定律,指随机现象的大量重复出现中往往呈现必然的规律。它是概率论历史上的第一个极限定理。大数法则显示风险单位数量越多,实际损失的结果会越接近从无限风险单位数量得出的预期损失可能结果。保险人据此可以比较精确地预测保险责任事故的发生率,合理地厘定保险费率,使收取的保险费和损失赔偿及其他费用开支相平衡。大数法则是近现代保险业赖以建立的数理基础。

最大诚信原则

指保险合同当事人订立合同及在合同有效期内,应依法向对方提供足以影响对方做出订约与履约决定的全部实质性重要事实,同时信守合同订立的约定与承诺。诚信原则是世界各国立法对民事、商事活动的基本要求,任何一项民事活动,各方当事人都应遵循诚信原则,保险由于其技术的复杂性和信息的不对称性,特别强调要遵循"最大诚信原则"。我国《保险法》规定保险活动当事人行使权利、履行义务应当遵循诚实信用原则,要求保险当事人向另一方充分而准确地告知有关保险的所有重要事实，不允许存在任何虚假、欺骗、隐瞒行为，并在整个合同有效期间和履行合同过程中都必须遵守最大诚信原则。

近因原则

近因原则是确定保险责任的基本原则。所谓近因并非指时间上或空间上与损失最接近的原因，而是指造成损失的最直接、最有效、起主导性作用的原因。例如船舶因遭受鱼雷的袭击而进水沉没，时间上最接近沉船事故的海水进入并非近因，鱼雷袭击才是船舶沉没的近因。如果近因被确认为保险责任事故发生的原因，保险人就应负赔偿责任；反之不负赔偿责任。

损失补偿原则

主要适用于财产保险以及其他补偿性保险合同，指保险责任事故发生以后，保险人对被保险人的经济补偿以事故所造成的责任范围内的经济损失为限。只有保险事故发生造成保险标的毁损致使被保险人遭受经济损失时，保险人才承担损失补偿的责任，被保险人没有遭受损失，无权要求保险人赔偿。被保险人可获得的补偿金额，仅以保险标的遭受的实际损失为限，不能使被保险人获得多于损失的补偿，不能让被保险人通过保险赔偿获得额外的利益。

代位求偿原则

指当保险标的因遭受保险事故而造成损失，依法应当由第三者承担赔偿责任时，保险人自支付保险赔偿金之日起，在赔偿金额的限度内，相应取得向负有责任的第三者请求赔偿的权利。保险事故发生后，保险人已按保险金额支付了全部保险金，并且保险金额等于保险标的价值的，受损保险标的的全部权利归于保险人；保险金额低于保险标的价值的，保险人按照保险金额与保险价值的比例取得受损保险标的的部分权利。被保险人已经从第三者取得损害赔偿的，保险人赔偿保险金时，可以相应扣减被保险人从第三者已取得的赔偿金额。保险人行使代位请求赔偿的权利，不影响被保险人就未取得赔偿的部分向第三者请求赔偿的权利。

弃权与禁止反言

指合同一方任意放弃其在保险合同中可以主张的某种权利，将来不得再向他方主张这种权利。弃权与禁止反言在实务中往往涉及保险人、代理人和投保人，在保险代理人对保险标的或投保人的声明事项不作严格审核，并以保险人的名义向投保人作出承诺，在收取保费、签发保险单、合同生效以后，保险人不能解除保险代理人已接受的不符合保险条件的保险单，即所谓禁止反言。

风险

指不确定性。保险上讲的风险主要指损失发生的不确定性，也可以理解为发生不幸事件或损失发生的概率。风险由风险因素、风险事件和损失三大要素组成。不确定性包括损失发生与否的不确定、发生时间的不确定和导致结果的不确定。风险按照性质可以分为纯粹风险和投机风险，按照标的可以分为财产风险、人身风险、责任风险和信用风险。按照产生原因可以分为自然风险、社会风险、经济风险、政治风险和技术风险等。风险具有客观性、普遍性、必然性、可识别性、可控性、损失性和社会性。保险公司是经营风险的企业，保险公司承保的是具有可保性的纯粹风险。

纯粹风险

以风险造成的结果为依据将风险划分为纯粹风险和投机风险。纯粹风险是指只有损失机会而无获利可能的风险,如房屋遭受火灾、工厂发生爆炸、汽车发生碰撞事故、人体罹患疾病或身故等。这些风险的发生,结果只会使人们蒙受经济上的损失,而不会得到任何利益。

投机风险

指可能产生收益或者会造成损失的风险。它既存在可能获利的机会,又有受损的可能性,比如炒股票、风险投资、赌博等。投机风险不可以保险。

可保风险

指具有可保性的纯粹风险。可保风险须满足四个条件:一是风险必须大量存在且同质,保险人能够精确地预测损失的平均频率和程度;二是导致损失的原因必须是客观的、意外的,故意行为除外;三是导致的损失可以通过量化模型和经验数据进行事先预测;四是具有发生重大损失的可能性,但发生概率较低。

社会保险

指由国家依法建立的基本保险制度,由政府特定部门负责实施,保险费的征缴具有强制性,保障对象是人,使劳动者在年老、患病、伤残、生育和失业时,能够从社会获得物质帮助。社会保险的种类一般有基本养老保险、基本医疗保险、工伤保险、生育保险、失业保险等。

商业保险

指由依法设立的保险公司提供的契约式保险,保险合同的签订建立在保险人和投保人自愿并达成一致的基础上,投保人根据合同约定,向保险人支付保险费，保险人对于合同约定的可能发生的事故因其发生所造成的财产损失承担赔偿保险金责任，或者当被保险人死亡、伤残、疾病或者达到合同约定的年龄、期限等条件时承担给付保险金责任。保障的标的可以是物，也可以是人。以财产和物品的灭失、损伤为标的的保险即为财产保险，主要是为自然灾害、意外事故时遭受到的财产损失提供经济补偿。以人的身体和寿命为标的的保险即为人身保险，在被保险人遭遇合同所约定的年老、患病、伤残等情形出现时给付保险金。商业保险依照平等自愿的原则，是否建立保险关系完全由投保人自主决定，对保险公司而言商业保险是一种经营行为，以追求利润为目的，独立核算、自主经营、自负盈亏。

保险标的

指保险合同承保的对象。财产保险的标的一般是财产及其相关利益和责任，人身保险以人的身体和寿命为标的。明确保险标的的法律意义在于，确定保险的种类、可保利益及道德风险、保险人的责任范围、适用的法律规定、保险金额及诉讼管辖等。

投保人

保险合同当事人之一，指与保险人订立保险合同，并按照合同约定负有如实告知及支付保险费义务的人。投保人可以是个人或团体。

保险人

也称为承保人，保险合同当事人之一，指与投保人订立保险合同，并按照合同约定承担赔偿或者给付保险金责任的法人或个人。现在的保险人绝大部分为法人组织，而且大都以有限公司形式存在，早期的保险市场上存在大量商人个人作为承保人的情况。

被保险人

指其财产或者人身受保险合同保障,享有保险金请求权的人。在财产保险中被保险人通常就是投保人;在人身保险中,投保人自己可以为被保险人,也可以为与自己具有抚养、赡养、扶养关系的家庭成员、近亲属,以及与投保人有劳动关系的劳动者投保。

受益人

指人身保险合同中由被保险人或投保人指定的享有保险金请求权的人。投保人、被保险人可以为受益人。人身保险的受益人由被保险人或者投保人指定。投保人指定受益人时须经被保险人同意。投保人为与其有劳动关系的劳动者投保人身保险,不得指定被保险人及其近亲属以外的人为受益人。被保险人为无民事行为能力人或者限制民事行为能力人的,可以由其监护人指定受益人。

保险代理人

指根据保险人的委托,在保险人授权的范围内代为办理保险业务,并向保险人收取佣金的机构或者个人。保险代理人包括个人代理人和机构代理人,保险机构代理人包括专门从事保险代理业务的保险专业代理机构和兼营保险代理业务的保险兼业代理机构。我国《保险法》规定,保险公司应当建立保险代理人登记管理制度,加强对保险代理人的培训管理。

专业代理机构

指符合保险监管机关规定的资格条件,经批准取得经营保险代理业务许可证,根据保险人的委托,在保险人授权的范围内专门代为办理保险业务并向保险人收取保险代理手续费的机构。

兼业代理机构

指主营非保险业务的机构在从事自身业务的同时，申请获得保险监管机关颁发的保险兼业代理资格，根据保险人的委托，在保险人授权的范围内代办保险业务并向保险人收取保险代理手续费的机构。

保险经纪人

基于投保人的利益，为投保人与保险人订立保险合同提供中介服务，并依法收取佣金的机构。保险经纪人按照客户的特定需求，运用自身专业优势，为客户制订定制化的风险管理方案，并利用自身对保险市场上的不同保险公司、不同保险产品熟悉的优势，提供适合客户需求的专业保险计划。保险经纪人在国外保险市场特别是欧洲保险市场上是公认的专业风险管理顾问，需要具有良好的法律、商业、保险等专业知识且熟悉市场的人才担任。我国保险经纪人依法应当采用有限责任公司或者股份有限公司的组织形式。

保险公估人

指接受保险人或投保人及被保险人或第三方委托，专门从事对保险标的或者保险事故进行评估、勘验、鉴定、估损理算以及相关风险评估工作的机构。保险公估机构可以采用公司制或者合伙制。

财产保险

以财产及其有关利益和责任为保险标的的保险，包括财产损失保险、责任保险、信用保险、保证保险等。财产损失保险是以各类有形财产为保险标的的保险，主要包括企业财产保险、家庭财产保险、运输工具保险、货物运输保险、工程保险、特殊风险保险以及农业保险等。

责任保险

以被保险人对第三者的财产损失或人身伤害依照法律或契约应负的赔偿责任为保险标的的保险。企业、团体、家庭或个人在进行各项生产经营活动或日常生活中，由于疏忽、过失等行为造成他人的损害，根据法律或契约，应对受害人承担经济赔偿责任的，可以在投保相关责任保险后，将其所面临的责任风险转嫁给保险人。责任保险的主要险种有公众责任保险、产品责任保险、雇主责任保险和职业责任保险等。

公众责任保险

承保被保险人在公共场所进行生产、经营或其他活动时，因发生意外事故而造成的公众人身伤亡或财产损失，依法应由被保险人承担的经济赔偿责任的保险。

雇主责任保险

被保险人所雇用的员工，在受雇过程中从事保险单所载明的与被保险人的业务有关的工作时，因遭受意外事故而伤亡、残废或罹患与业务有关的职业性疾病所致伤残或死亡，被保险人根据法律或雇用合同，须负担医药费用及经济赔偿责任，包括应支出的诉讼费用，由保险人在规定的赔偿限额内负责赔偿的保险。

产品责任保险

被保险人所生产、出售的产品或商品在承保区域内发生事故，造成使用、消费或操作该产品或商品的人或其他人的人身伤害、疾病、死亡或财产损失,依法应由被保险人负责的,保险人在合同约定的赔偿限额内负责赔偿、提供保障的保险。

职业责任保险

以各种专业技术人员在从事职业技术工作时因疏忽或过失造成合同对方或他人的人身伤害或经济损失所导致的经济赔偿责任为承保风险的责任保险,比如医师职业责任保险、律师职业责任保险、会计师职业责任保险等。

个人责任保险

承保自然人或家庭成员因作为或不作为而造成他人人身伤害或财产的直接损失,依法应由被保险人承担的经济赔偿责任的保险。

信用保证保险

以信用风险为保险标的的保险,分为信用保险和保证保险。信用保险的投保人、被保险人为权利人,保证保险的投保人为义务人、被保险人为权利人。信用保险是权利人向保险人投保债务人的信用风险的保险,主要功能用于保障企业应收账款的安全。保证保险是把债务人的保证责任转移给保险人,当债务人不能履行其义务时,由保险人承担赔偿责任。

出口信用保险

承保出口商在经营出口业务的过程中因进口商的商业信用风险或进口国的政治风险而遭受损失的一种信用保险。出口信用保险是一个国家为了推动本国的出口贸易、保障出口创汇安全而制定的一项由国家财政提供保险准备金的非营利性的政策性保险业务。

农业保险

保险机构根据农业保险合同的约定,对被保险人在种植业、林业、畜牧业和渔业生产中因保险标的遭受的因自然灾害、意外事故、疫病、疾病等保险事故所造成的财产损失,承担赔偿保险金责任的保险。政府一般对农业保险给予税收优惠并实施财政补贴政策。

涉农保险

指农业保险以外、为农民在农业生产生活中提供保险保障的保险,包括农房、农机具、渔船等财产保险,涉及农民的生命和身体等方面的短期意外伤害保险。涉农保险一般与农业保险享有同等政策。

交强险

全称"机动车交通事故责任强制保险",指当被保险机动车发生道路交通事故对本车人员和被保险人以外的受害人造成人身伤亡和财产损失时,由保险公司在责任限额内予以赔偿的一种具有强制性质的责任保险。机动车交通事故责任强制保险实行统一的保险条款和基础保险费率。保险监管机关按照机动车交通事故责任强制保险业务总体上不盈利不亏损的原则审批保险条款和费率。我国 2006 年 3 月 1 日颁布的《机动车交通事故责任强制保险条例》规定,在中华人民共和国境内道路上行驶的机动车的所有人或者管理人,应当投保交强险。

商业三者险

全称"商业第三者责任保险",指当被保险人或其允许的合法驾驶人在使用被保险机动车过程中发生意外事故,致使第三者遭受人身伤亡或财产直接损毁时,由保险公司对超过交强险赔偿限额以上的部分,在责任限额内予以赔偿的一种商业责任保险。

人身保险

指以人的寿命和身体为保险标的的保险，包括人寿保险、健康保险、意外伤害保险等保险业务。

人寿保险

以被保险人的寿命作为保险标的，以被保险人的生存或死亡为给付保险金条件的一种保险，主要包括定期寿险、终身寿险、两全寿险、年金保险、投资连结保险、分红保险和万能保险等。

健康保险

以被保险人的身体为保险标的，使被保险人在疾病或意外事故所致伤害时发生的费用或损失获得补偿的一种人身保险业务，主要包括医疗保险、疾病保险、护理保险、收入补偿保险等。

疾病保险

指以保险合同约定的疾病的发生为给付保险金条件的保险。

医疗保险

以保险合同约定的医疗行为的发生为给付保险金条件，为被保险人接受诊疗期间的医疗费用支出提供保障的保险。医疗保险按照保险金的给付性质分为费用补偿型医疗保险和定额给付型医疗保险。费用补偿型医疗保险指根据被保险人实际发生的医疗费用支出，按照约定的标准确定保险金数额的医疗保险，费用补偿型医疗保险的给付金额不得超过被保险人实际发生的医疗费用金额。定额给付型医疗保险指按照约定的金额给付保险金的医疗保险。

失能收入损失保险

以因保险合同约定的疾病或者意外伤害导致工作能力丧失为给付保险金条件，为被保险人在一定时期内收入减少或者中断提供保障的保险。

护理保险

以因保险合同约定的日常生活能力障碍引发护理需要为给付保险金条件，为被保险人的护理支出提供保障的保险。

意外伤害保险

以被保险人的身体作为保险标的，以被保险人因遭受意外伤害而造成的死亡、残疾、医疗费用支出或暂时丧失劳动能力为给付保险金条件的保险。主要有个人意外伤害保险、团体意外伤害保险、航空意外伤害保险、旅游意外伤害保险、住宿旅客意外伤害保险、出国人员意外伤害保险等险种。意外伤害保险也可以作为附加险附加于其他人身保险合同。

生存 / 死亡保险

以被保险人在合同约定期间生存为给付保险金条件的人身保险称为生存保险。以被保险人在合同约定期间死亡为保险金给付条件的人身保险称为死亡保险，死亡保险根据保险期间分为定期寿险和终身寿险。

两全保险

指无论被保险人在保险期间内死亡还是满期生存，保险公司均给付保险金的人身保险。也被称为"生死合险"。

定期寿险

全称定期死亡人寿保险，指在保险合同约定的期间内，如果被保险人死亡或全残或满足其他约定给付条件，保险公司按照约定的保险金额给付保险金；若保险期限届满被保险人仍生存，则保险合同自然终止，保险公司不再承担保险责任，并且不退回保险费。定期死亡寿险提供特定期间死亡风险保障，保险期间经常为1年、5年、10年、20年或者保障被保险人到指定年龄。

终身寿险

全称终身死亡人寿保险，指为被保险人终身提供死亡或全残保障的保险，即在保险合同责任有效期间内，无论被保险人何时死亡，保险公司均按合同约定支付保险金。

年金保险

指在约定的期间或被保险人的生存期间，保险人按照合同约定的金额、方式，在约定的期限内有规则地、定期地向被保险人给付保险金的保险。年金保险的主要目的是为了保证年金领取者的收入，纯粹的年金保险不保障被保险人的死亡风险，只为被保险人因长寿所致收入不足提供保障。年金保险是以被保险人的生存为给付条件的人寿保险，生存保险金的给付在早期通常采取按年度周期给付一定金额的方式，因此称为年金保险。

养老保险

指商业养老保险，投保人按合同约定交纳约定的保险费以后，从约定的年龄比如 55 岁或 60 岁起每月、每年领取养老金的保险。它是年金保险的一种主要形式，领取期间可以为终身或定期领 10 年、20 年或 30 年等，以年金方式领取的养老保险也称为养老年金。

分红保险

新型寿险的一种，指保险公司将其实际经营成果优于定价假设的盈余，按一定比例向保单持有人进行分配的人寿保险产品。红利分配的方式一般包括现金分红和保额分红，保险公司应当在保险条款中载明红利分配采用的方式。保险公司每一会计年度向保单持有人实际分配盈余的比例不低于当年全部可分配盈余的 70%。分红保险的红利主要来源于"三差"：利差、死差和费差。利差是保险公司实际投资收益率和预定投资收益率的差额导致的收益或者亏损；死差是预定死亡率和实际死亡率的差额导致的收益或者亏损；费差是保险公司预定费用率和实际费用率的差额导致的收益或者亏损。保险公司应当向保险监管机关报送分红保险专题财务报告，包括资产负债表、利润表、收入分配和费用分摊报告等内容，每年至少向保单持有人寄送一次分红业绩报告，并使用非专业性语言说明投资收益状况、费用支出及费用分摊方法、本年度盈余和可分配盈余、保单持有人应获红利金额、红利计算基础和计算方法等。

万能寿险

新型寿险的一种，指投保人所交保费在扣除手续费、风险保障费、账户管理费后计入投资账户由保险公司专项投资运作并定期结算，交费方式灵活可变、保险金额可随时调整的一种新型寿险。万能寿险设有保底利率，法规要求保底利率不能为负值。万能寿险具有保费保额有弹性、成本透明、可投资增值的特征。

投资连结保险

新型寿险的一种，指包含保险保障功能并至少在一个投资账户拥有一定资产价值的一种新型人身保险产品。投资连结保险的保险费在保险公司扣除初始费用、死亡风险保险费、账户管理费后，剩余部分划转到客户的投资账户。投资账户划分为等额单位，单位价值由单位数量及投资账户中资产或资产组合的市场价值决定。投保人可以按自己的风险偏好选择不同类型的投资账户，投资收益和损失完全由投保人承担。保险公司的投资账户与其管理的其他资产或其他投资账户之间不得存在债权、债务关系，也不承担连带责任。投资连结保险每年至少确定一次保单的保险保障，每月至少确定一次保单价值。投资连结保险的投资账户不设保底利率，受投资市场收益波动影响较大，相对于万能寿险属于收益和风险浮动区间更大的新型寿险产品。

相互保险

指具有同质风险保障需求的单位或个人，通过订立合同成为会员，并交纳保费形成互助基金，由该基金对合同约定的事故发生所造成的损失承担赔偿责任，或者当被保险人死亡、伤残、疾病或者达到合同约定的年龄、期限等条件时承担给付保险金责任的保险活动。相互保险组织是在平等自愿、民主管理的基础上，由全体会员持有并以互助合作方式为会员提供保险服务的组织，包括一般相互保险组织，专业性、区域性相互保险组织等组织形式。相互保险组织由全体会员共同拥有，会员以所交纳的保险费为限对组织承担责任，按照组织章程和会员大会决议分享组织经营盈余。相互保险组织没有外部股东，由全部保单持有人共同所有，不以营利为目的，实行风险共担、收益共享。

互联网保险

指保险公司、保险中介机构依托互联网和移动通信等技术,通过自营网络平台、第三方网络平台等与投保人订立保险合同、提供保险服务的保险活动。互联网保险实现保险信息咨询、保险计划书设计、投保、交费、核保、承保、保全、理赔给付等全过程网络化。

交叉销售

指同一金融保险集团内部不同子公司或不同分销渠道销售或代理销售另一渠道或子公司的产品,以发掘和满足客户多种金融保险需求,通过不同渠道满足其一站式金融和保险综合服务需求的营销方式。交叉销售能够为保险公司带来窗口经济效应和客均价值提升。

原保险

也称直接保险,是相对再保险而言的保险,由投保人与保险人直接订立保险合同的保险业务。直接与投保人订立保险合同的保险人称为原保险人,也称为直接保险人。

再保险

指保险人将其所承保的风险和责任的一部分或全部转移给其他保险人的一种保险。转分保指再保险接受人将其分入的保险业务,转移给其他保险人的经营行为。我国《保险法》规定,保险公司对每一危险单位,即对一次保险事故可能造成的最大损失范围所承担的责任,不得超过其实有资本金加公积金总和的百分之十,超过部分应该办理再保险。分出业务的是再保险分出人或称分出公司,接受分保业务的是再保险接受人,或称分入公司。

合约分保

指保险人与其他保险人预先订立合同，约定将一定时期内其承保的保险业务，部分向其他保险人办理再保险的经营行为。

临时分保

指保险人临时与其他保险人约定，将其承保的保险业务，部分向其他保险人办理再保险的经营行为。

比例/非比例再保险

比例再保险指以保险金额为基础确定再保险分出人自留额和再保险接受人分保额的再保险方式。非比例再保险指以赔款金额为基础确定再保险分出人自负责任和再保险接受人分保责任的再保险方式。

保险联合体

为了处理单个保险人无法承担的特殊风险或者巨额保险业务，或者按照国际惯例，由两个或两个以上保险人联合组成、按照其章程约定共同经营保险业务的组织。

共同保险

由几个保险人联合直接承保同一保险标的、同一风险、同一保险利益的保险，也称"共保"。共同保险的各保险人承保金额的总和不超过保险标的的保险价值。在保险实务中，共同保险按保险标的是否在共保承保人经营区域内划分为同地共保和异地共保。承保方式上可以是多个保险人分别与投保人签订保险合同，也可以是数个保险人以某一保险人的名义签发保险单，每个保险人按照约定的比例承担保险责任。与再保险不同，这种风险转嫁方式是保险人对原始风险的横向转嫁，它仍属于风险的第一次转嫁。保险公司内部也有总、分公司共保，分公司之间共保等方式。

重复保险

指投保人对同一保险标的、同一保险利益、同一保险风险分别与两个以上保险人订立保险合同，且保险金额总和超过保险价值的保险。发生保险事故时投保人应当将重复保险的有关情况通知各保险人，按照损失补偿原则被保险人获得的赔偿不得超过损失金额，各保险人赔偿保险金的总和不得超过保险价值。除合同另有约定外，各保险人按照其保险金额与保险金额总和的比例承担赔偿保险金的责任。重复保险的投保人可以就保险金额总和超过保险价值的部分，请求各保险人按比例返还保险费。

保险利益

也称为可保利益，指投保人或者被保险人对保险标的具有的法律上承认的利益。我国《保险法》规定，人身保险的投保人在保险合同订立时，对被保险人应当具有保险利益。财产保险的被保险人在保险事故发生时，对保险标的应当具有保险利益。规定投保人或被保险人对保险标的具有保险利益可以明确法律责任和保险合同的有效性，防止道德风险的发生，便于界定保险人承担赔偿或给付责任的最高限额。

保险金额

指保险人承担赔偿或者给付保险金责任的最高限额。

交费方式

按保险条款的约定或投保人的选择可以分为趸交和期交两种。一年期及以下的非寿险的保险费一般都会在保险合同签订、保险责任生效前一次性交清，也称为趸交。一年期以上寿险的交费方式按不同险种、合同条款约定、投保人的选择可以确定为趸交和期交。趸交就是在合同生效前一次交清，期交又分为定期交和不定期交，一般寿险条款中定期交的方式规定为按月交和按年交，也有按季、按半年等方式。万能险和投连险一般按合同约定可选择不定期即随时灵活交费。期交方式对于投保人而言可以减轻一次交清保费的支付压力，对于保险公司来讲可以获得长期、持续的现金流，因而受到保险公司和投保人的欢迎。

营销服务部

指经保险监管机关批准设立，在工商行政管理机关登记注册，由保险公司或者保险公司分支机构设立的对保险营销人员进行管理和培训，为客户提供保险产品和服务的基层机构。

营销员

指被保险公司录用，并接受保险公司管理和培训，为保险公司销售保险产品及提供相关服务，并取得销售佣金的个人。

营销人力

指在一定时期内与保险公司签约并开展保险销售服务的营销员总人数。根据营销员保费和件数等业绩指标的完成和考核结果的不同，保险公司内部还将营销人力分为活动人力、举绩人力、健康人力、绩优人力等。

13 个月留存率

指保险公司招聘录用的营销员在经过一年以后通过考核留存下来的比例。我国保险营销员 13 个月留存率较低，形成了营销员队伍的大进大出和不稳定，营销员脱落离职造成大量孤儿保单。

佣金

指保险代理人和保险经纪人因售出保单而获得的收入，通常以保费的百分比来计算。长期寿险保单的佣金分为初年度佣金和续年度佣金。我国《保险法》规定，保险佣金只能向具有执业资格并依法开展代理经纪业务的保险代理人和保险经纪人支付，不得向其他人支付。

初年度佣金（FYC）

也称首年佣金，指保险代理人销售保险合同于第一保单年度所支领的佣金（First Year Commission，FYC）。计算公式为：初年度佣金 = 初年度保险费 × 初年度佣金率。FYC 在营销人员的管理制度中也被用作考核、晋升、激励的重要指标。

续年度佣金（RYC）

指保险代理人售出的长期寿险保单在第二年及以后由于为客户提供售后服务所支领的佣金（Renew Year Commission，RYC）。计算公式为：续年度佣金 = 续保年度保险费 × 续保年度佣金率。

初年度保费（FYP）

也称首年保费，选择期交保费方式的长期寿险保单在第一年所交付的保险费（First Year Premium，FYP）。

孤儿保单

与保险公司终止代理关系的个人代理人在离开公司之前所代理销售的有效保单。

犹豫期

指投保人与保险人签订保险合同以后，在收到保险合同起一定时间（一般为 10 天）内，有权向保险公司提出解除保险合同，保险公司将扣除工本费后退还全部保险费。

宽限期

指选择期交保费方式的长期寿险在首期保险费交付以后，第二期及以后每期保险费应交日起 60 天内为宽限期。此间交付逾期保险费，不计收利息。如果在宽限期内发生保险责任事故，保险合同仍然有效，保险人承担保险责任并支付保险金，支付的保险金扣除应交的当期保险费。超过宽限期后保险合同失效，投保人在两年内可以申请复效，经保险公司审核同意并补交应交保险费及利息后，保险合同恢复效力。

观察期

也称为等待期，是保险公司在健康保险中为了防止被保险人带病投保而对其他被保险人产生不公平而设置的条款。等待期或观察期多为 180 天，在普通住院类医疗保险中，观察期一般为 60 天或 90 天；在重大疾病保险中，观察期一般为 90 天、180 天或一年。被保险人在等待期或观察期内发生疾病或医疗行为，保险人一般仅退还所交保险费而不负赔偿责任。

续保

保险合同有效期满后，投保人在原有保险合同的基础上向保险人提出继续投保的申请，保险人根据投保人的实际情况，可直接同意按原合同条件继续承保或对原合同条件做适当修订后继续承保的行为。有的保险中载有保险人保证续保的条款。

减额交清

指在保险合同具有现金价值的情况下，投保人可以按保险合同当时的现金价值在扣除欠交的保险费及利息、借款及利息后的余额，作为一次交清的全部保险费，以相同的合同条件减少保险金额并使合同继续有效。减额交清功能仅限于人身保险中的标准体，它在投保人失去交费能力的情况下可使保险合同继续有效。申请减额交清应在续期保费的宽限期期满之前即缴费日后的 60 天内。

保费豁免

指在保险合同规定的交费期内，出现合同约定的特定情形时投保人可以免交后期保险费而保险合同继续有效的条款。比如很多少儿险在投保人因意外或疾病身故、全残的情况下设置有保费豁免条款，是保险人性化功能的体现。

保险合同转换

投保人于保险合同生效满一定时间后，经保险公司审核同意，可将原保险合同转换成该保险公司的其他保险合同，保险公司通常对被保险人在转换时的年龄有所限制。有些产品比如税延型养老保险政策规定可以跨保险公司产品转换，参保人将一家保险公司的税延养老保险产品账户价值转移至另一保险公司的税延养老保险产品，这种产品转换操作按规定必须通过监管机关指定的中保信平台完成有关操作。

13 个月继续率

保险公司衡量长期期交保单业务品质的主要指标。指长期寿险期交保单在 13 个月内已交纳续期保费与到期应交纳全部保费的比率，反映了保单第二年以后续期保费的交费情况，可分为 13 个月保费继续率和 13 个月保单件数继续率。计算公式为：13 个月保费继续率 = 上年同期生效的个人长期险期交保单生效后第 13 个月的实收保费收入 / 上年同期生效的个人长期险期交保单保费收入 ×100%；13 个月保单件数继续率 = 上年同期生效的个人长期险期交保单生效后第 13 个月的实收保单件数 / 上年同期生效的个人长期险期交保单件数 ×100%。

意外伤害

指遭受外来的、突发的、非本意的、非疾病的客观事件直接致使身体受到的伤害。

医疗事故

指医疗机构及其医务人员在医疗活动中，违反医疗卫生管理法律、行政法规、部门规章和诊疗护理规范、常规，过失造成患者人身损害的事故。

核保

指保险公司专业核保人员在对投保标的的信息全面掌握、核实的基础上，对可保风险进行评判与分类，进而决定是否承保、以什么样的条件承保的过程。核保的主要目标在于辨别保险标的的危险程度，并据此对保险标的在分类基础上按不同标准进行承保、适用费率，以保证承保业务的质量。核保工作质量直接关系到保险合同能否顺利履行，关系到保险公司的承保盈亏和财务稳定，严格规范的核保工作是衡量保险公司经营管理水平高低的重要标志。保险核保信息来源于投保人填写的投保单、销售人员和投保人提供的情况以及实地查勘获取的信息。保险人可以自己或委托专门机构和人员对拟承保的保险标的、被保险人面临的风险进行查勘。保险公司内部制订的有关核保的制度流程称为核保规程，同时公司评聘核保序列专业人员负责公司核保工作。

核赔

指保险公司专业核赔人员对保险赔案进行审核，通过定责、定损、查勘、理算，确认赔案是否属于保险责任范围、是否该赔或拒赔并且确定赔付金额的行为。按照主动、迅速、准确、合理的原则做好理赔是保险公司提升客户体验、提高续保率的重要保证。保险公司大都建立严格的核赔规程，同时评聘核赔专业序列人员负责公司核赔工作。

全残

保险合同中的全残是指满足下列至少一项以上的情形：（1）双目永久完全失明；（2）两上肢腕关节以上或两下肢踝关节以上缺失；（3）一上肢腕关节以上及一下肢踝关节以上缺失；（4）一目永久完全失明及一上肢腕关节以上缺失；（5）一目永久完全失明及一下肢踝关节以上缺失；（6）四肢关节机能永久完全丧失；（7）咀嚼、吞咽机能永久完全丧失；（8）中枢神经系统机能或胸、腹部脏器机能极度障碍，终身不能从事任何工作，为维持生命必要的日常生活活动，全需他人扶助。

保全

指在保险合同生效以后，保险公司围绕契约变更、年金给付或满期给付等项目而进行的售后服务，即保险公司为确保保险合同持续有效，根据投保人的申请对保险合同相关内容进行变更的活动，包括投保人、被保险人和受益人的相关信息如电话、住址、职业、年龄等变更，红利领取方式变更、减额交清、附加险增加或解除、合同复效等。

复效

指投保人在过了宽限期后仍未交费，同时没有使用自动垫交保险费条款而导致保险单失效。复效条款投保人在 2 年内申请补交保险费及相应利息，恢复已经失效保险单的效力。复效须经保险人审查同意，须补交失效期间所欠交的保险费和利息，扣除应分配的红利，并归还所有保险单质押贷款。投保人或被保险人如果意欲复效，就应在 2 年的复效期内及时申请复效，超过复效期未提出申请的，保险人有权解除合同。

保单质押贷款

长期寿险保单因为具有现金价值而可以通过向保险公司质押获得贷款，在保单持有人需要短期资金融通时可以向保险公司提出保单质押贷款申请。贷款额度一般为保单现金价值的 70%～80%，保单持有人需要承担相应的贷款利息。保单贷款的时间一般为 6 个月以内，也有保险公司在贷款到期后允许保单借款人申请延期续贷。保单贷款利率与银行商业贷款利率不同，保险公司一般采用同期中央银行公布的相关储蓄存款利率加上一定比率来确定计息利率。还款时客户可以选择一次性全部偿还或者部分偿还。如果借款人到期不能履行债务，当贷款本息小于保单现金价值的一定比例时，保险合同终止。

保险准备金

保险准备金是指保险人为保证其如约履行保险赔偿或给付义务，根据有关法律法规规定或业务特定需要，从保费收入或盈余中提取的与其所承担的保险责任相对应的一定数量的基金，体现为资产负债表中的一种负债。为了保证保险公司的正常经营，保护被保险人的利益，各国一般都以保险立法的形式规定保险公司应提存保险准备金，以确保保险公司具备与其保险业务规模相应的偿付能力。我国《保险法》规定保险公司应当根据保障被保险人利益、保证偿付能力的原则，提取各项责任准备金。

未到期责任准备金

指保险公司非寿险业务在准备金评估日为尚未终止的保险责任而提取的准备金，包括保险公司非寿险业务为保险期间在一年及一年以内的保险合同项下尚未到期的保险责任而提取的准备金，以及为保险期间在一年以上的保险合同项下尚未到期的保险责任而提取的长期责任准备金。

未决赔款准备金

指保险公司为尚未结案的赔案而提取的准备金，包括已发生已报案未决赔款准备金、已发生未报案未决赔款准备金和理赔费用准备金。已发生已报案未决赔款准备金是指为保险事故已经发生并已向保险公司提出索赔，保险公司尚未结案的赔案而提取的准备金。已发生未报案未决赔款准备金是指为保险事故已经发生，但尚未向保险公司提出索赔的赔案而提取的准备金。理赔费用准备金是指为尚未结案的赔案可能发生的费用而提取的准备金。为直接发生于具体赔案的专家费、律师费、损失检验费等而提取的准备金称为直接理赔费用准备金；为非直接发生于具体赔案的费用而提取的准备金称为间接理赔费用准备金。

已发生未报告准备金（IBNR）

IBNR 是英文 Incurred But Not Reported 的首字母缩略词，指已发生未报告未决赔款准备金，是保险公司在会计年度决算以前发生保险责任而未赔偿或未给付保险金，为保证以后年度履行已发生赔案的赔款而在当年收入的保险费中提取的基金。

总准备金

指用来满足风险损失超过损失期望以上部分的责任准备金。总准备金从保险公司的税前利润中提取。

生命表

也称为死亡率表或寿命表，用于反映种群存活和死亡过程的统计表，人口学中指对某个族群人口自出生或某个年龄开始，直至这些人口全部去世为止的生存与死亡记录。生命表根据一定的调查时期所获得的有关国家或地区的人口普查资料或有关组织的统计资料，经过分析整理折算成以 10 万或 100 万同年龄人为基数的逐年生存与死亡的数字编制而成，反映了某一国家或地区的人群或者某个特定人群从诞生直至全部死亡的生死规律。生命表的编制为经营人寿保险业务奠定了科学的数理基础，是计算人身保险的保险费、责任准备金、退保金的主要依据。世界上第一张生命表由英国天文学家哈雷于 1693 年编制而成。

现金价值

指保险单所具有的即时价值，通常体现为解除合同时保险公司根据现金价值表退还的那部分金额，又称"解约退还金"或"退保价值"。长期寿险保险合同都附有现金价值表，保单的现金价值在整个保险期间内由低到高，前几年的现金价值的金额由于费用支出原因会低于所交保费，越到后期源于费用摊销结束而投资收益持续入账从而表现为现金价值越高。因此长期寿险在保险期间的前几年，退保时所获得的退保金也就是保单的现金价值低于所交保费而有退保损失，因此投保人在投保时应慎重考虑。

死差 / 费差 / 利差

寿险公司的利润来源为死差、费差、利差的"三差益"。死差益是实际死亡率低于定价时的预定死亡率产生的收益,反之为死差损;费差益指实际支出营业费用支出小于定价时的预定费用率所产生的收益,反之则为费差损;利差益是保险资金运用的实际收益率高于定价时的预定利率所产生的收益,反之则为利差损。

剩余边际

指寿险保单未来年度利润的现值,等于保单所有年度保费的贴现值减去保单所有年度费用及理赔支出的贴现值。寿险公司的会计利润由剩余边际和风险边际释放、会计估计变更、投资收益偏差、营运经验偏差四个部分组成,其中剩余边际是主要和稳定的利润来源。会计估计变更包括折现率、死亡率、疾病发生率、退保率、费用假设、保单红利假设等。营运经验偏差包括了费用、退保、理赔等实际发生值与定价预定值的偏差。

内含价值

寿险公司的内含价值包括净资产、有效业务价值和未来新业务价值。有效业务价值是寿险公司历年承保的存量业务未来可分配盈余的现值,未来新业务价值反映公司获取新承保业务的盈利能力,体现公司未来价值创造能力,一般用当年新业务价值乘以 10 倍来衡量。

保单年度

指保险合同生效日或合同生效日的对应日零时起至下一个合同生效日对应日前一日的 24 时止。

保险期间

指保险合同生效或复效到保险责任终止的期间。保险期间大于或等于交费期间，有些长期寿险的交费期为 3～5 年，但是保险期间可能为 20 年、30 年甚至是被保险人终生直至身故。

经验费率

经验费率是决定保险费率的一种方法。根据特定族群或个体过去一定期间比如 3～5 年的平均损失率来计算得出的每一危险单位的费用，据此确定保险费率。费率确定依据主要是过去影响危险因素的结果，而不是对未来危险因素的预见。信度模型和奖惩系统是保险精算中最为常见的两种经验费率模型。

主险 / 附加险

主险指承保保险标的主要风险并承担大部分保费的险种，在保险公司的产品设计中被设定为可以单独投保的险种。附加险指附加在主险合同下的附加合同，它不可以单独投保，要购买附加险必须先购买主险。主险因失效、解约或满期等原因效力终止或中止时，附加险效力也随之终止或中止。主险和附加险组合成一个保障组合计划，附加险所交的保险费比较少，它的存在是以主险存在为前提的，不能脱离主险而存在。实务中保险公司开发的险种有的既可以作为附加险购买，也可以作为主险单独投保。

毛保费

又称营业保险费或总保费，指保险人向投保人收取的保险费，由净保费和附加保费构成。

附加保费

指按照附加费率收取的保险费。它以保险人的营业费用为基础计算，用于保险人的业务费用支出、手续费支出以及提供部分保险利润等。附加费率=（保险业务经营的各项费用+适当利润）÷毛保费。

规模保费

指保险人在一定会计期间内收取的保费总额。

标准保费

简称标保，指将不同种类、不同期限、不同利润率的险种用某种标准进行统一折算，以便于统计或考核而形成的保险费金额。计算公式为：标准保费=规模保费×折标系数。折标系数可以按照保险期限长短设定，保险期限长的险种折标系数高；折标系数也可以按险种的不同边际利润率设定，边际利润率高的险种折标系数高。

应收保费

指保险公司按照合同约定应向投保人收取但尚未收到的保险费，在公司会计科目上体现为应收保费。

自留保费

保险公司对某一危险单位的风险自留额不超过资本金加公积金的四倍。风险自留额所对应的保费即自留保费，指除去再保险和共同保险分担的风险后，由某家保险公司自担经营风险的保费。

已赚 / 未赚保费

指在评估期内保险公司承保的保险责任已经结束部分对应的保费收入。计算公式为：已赚保费 = 保费收入 + 分保费收入 − 分出保费 + 提取未到期责任准备金（差额）。未赚保费指在评估期内保险公司承保的保险责任尚未结束部分对应的保费。

实际全损

保险标的完全灭失，或保险标的的所有权的丧失已无法挽回或保险标的在受损后已完全丧失使用价值或保险标的失踪达到一定的时间后视作完全灭失，称为保险标的的实际全损。

推定全损

保险标的受损后，虽然没有完全灭失，但其实际全损已经无法避免，或者其修理费用、整理费用、续运费用、施救费用、赎回费用等都将超过获救后保险标的的价值，称为推定全损。

批单

指变更保险合同内容的一种书面证明，一般附贴在原保险单或保险凭证上。法律规定在保险合同有效期内，合同双方可以通过协商来变更保险合同的内容。变更方式有三种：第一种是另行签订书面协议；第二种是在原保险单或保险凭证上加批注；第三种是在保单或保险凭证上附贴批单。在保险合同中，批单具有和保险单同等的法律效力。

通融赔付

保险人根据保险条款本不应承担或完全承担赔付责任的，但经过权衡经营业务得失，有意放宽赔付责任而作出全部或部分赔偿保险金的行为。

责任免除

指虽然有自然灾害、意外事故或其他原因导致保险合同载明的财物损失或被保险人身故、伤残等发生，但是保险条款中列明不属于保险公司赔付的情形。比如被保险人的故意行为，被保险人在保单生效或复效两年内自杀，被保险人吸食或注射毒品，战争、暴乱、军事冲突或武装叛乱，核爆炸、核辐射或核污染，被保险人酒驾或参加潜水、跳伞、攀岩、驾驶滑翔机或滑翔伞、探险、摔跤、武术比赛、特技表演、赛马、赛车等高风险活动。保险合同条款中一般都列明"责任免除"专项条款。

已决赔款

指保险公司立案且已结案的赔案的累计赔偿金额，包括已结案已付款和已结案未付款的赔案的累计赔偿金额。

未决赔款

已决赔款的对称，指在保单有效期内发生的保险事故，损失尚未处理或者已在处理但未最后确定赔付金额的赔款。

免赔额（率）

指保险人为了防止被保险人的逆选择以及大量小额赔付占用成本而采取的由被保险人在保险金额内自担一部分损失的方法，采用固定金额的为免赔额，采用损失一定比例的为免赔率。保险人对免赔额（率）以内的损失不予负责，仅在损失超过免赔额（率）时才承担责任。绝对免赔额（率）赔偿方法是指保险人规定一个免赔额或免赔率，当保险财产受损程度超过免赔限度时，保险人扣除免赔额（率）后，只对超过部分负赔偿责任，计算公式为：赔偿金额＝损失金额−免赔额，或者赔偿金额＝保险金额×（损失率−免赔率）。相对免赔额（率）赔偿方法是指保险人规定一个免赔额或免赔率，当保险财产受损程度超过免赔额（率）时，保险人按全部损失赔偿，不作任何扣除，计算公式为：赔偿金额＝损失金额，或者赔偿金额＝保险金额×损失率。

综合赔付率

衡量保险公司承保业务质量的重要指标之一，指各项赔款支出占保费收入的比率。计算公式为：综合赔付率＝综合赔款支出÷已赚保费×100%＝（已决赔款＋统计区间末IBNR−统计区间初IBNR＋期末理赔费用准备金−期初理赔费用准备金）÷已赚保费×100%。

综合费用率

衡量保险公司经营成本和效率的重要指标之一，指各项费用支出占保费收入的比重。计算公式为：综合费用率＝综合费用÷已赚保费×100%。

综合成本率

衡量保险公司经营成本和效益的重要指标，指各项成本支出占保费收入的比重。计算公式为：综合成本率＝综合费用率＋综合赔付率＝综合成本支出÷已赚保费×100%。

净资产收益率

上市保险公司须向社会公众披露的财务数据之一，用以表征公司经营效益的好坏。计算公式为：净资产收益率＝报告期净利润÷[（期初所有者权益＋期末所有者权益）÷2]×100%。

代位追偿

当保险标的发生保险责任范围内的由第三者责任造成的损失,保险人向被保险人履行损失赔偿责任后,获得在其已经赔付金额的限度内取得被保险人在该项损失中向第三责任方要求赔偿的权利。保险人取得该项权利后,取代被保险人的地位向第三责任方索赔的行为。

强制保险

也称"法定保险",指国家通过法律或行政手段强制实施的保险。强制保险的保险关系同样产生于投保人与保险人之间的合同行为,但是合同的订立受制于国家或政府的法律规定。强制保险的实施方式有两种:第一种是保险标的与保险人均由法律明确限定;第二种是保险标的由法律限定,但投保人可以自由选择保险人。

自愿保险

指投保人与保险人双方在平等、自愿的基础上,通过订立保险合同而建立的保险关系。自愿保险的保险关系是当事人之间自由决定、彼此合意后所建立的契约关系。投保人可以自由决定是否投保、向谁投保、中途退保等,也可以自由选择保险金额、保障范围、保障程度和保险期限等;保险人可以根据情况自愿决定是否承保、以怎样的条件和方式承保等。保险合同是投保人与保险人在自愿原则基础上意思表示一致而签订的协议文本。

保险深度

指一个国家或地区保险费收入占 GDP 的比重。保险深度反映出一个国家或地区的保险业在当地经济中的地位,也反映出其相对的发达程度。

保险密度

指一个国家或地区的人均保险费。保险密度体现了一个国家或地区的人们在商业保险上的普及和保障程度，人均保费高的国家和地区其经济和保险业相对比较发达。

精算师

指受过数学、统计学、会计学和人寿保险学等专业训练、通过专业资格考试获得证书并能从事保险精算工作的专业人员。精算师的职责主要是进行产品定价、计算保险公司的资产负债、评估和提存责任准备金、审核投资计划并确保公司的偿付能力等。精算师可以是保险公司的专职人员，也可以是独立专业人士受聘于保险公司进行顾问精算工作。一般保险业的法律规定，保险公司须聘请精算师审核确认保险产品的定价，审核确认责任准备金报告、决算报告等有关事项。

逆选择

也称为逆向选择，指投保人所做的不利于保险公司的选择行为。投保人在投保时往往从自身利益出发，做有利于自身而不利于保险公司利益的选择。在人身保险中逆选择表现为有病者要求参加健康保险，职业危险性大的人要求参加意外伤害保险，死亡率高的人要求参加死亡保险等。因此保险公司为保证对某一投保人群体的公平性，都会采取要求投保人如实告知、要求被保险人体检、承保前对保险标的进行风险勘查、实施核保加费等相应措施防范逆选择行为的发生。逆选择在经济学中是由于交易双方对产品的类型和质量等信息不对称而导致劣币驱逐良币的一种现象。

道德风险

道德风险的概念起源于海上保险，指由于存在信息不对称，被保险人行为因为受到保险的保障而发生不利于保险人的变化倾向，是一种相对于逆向选择的事后机会主义行为。比如已经投保但经营不善的企业存在纵火骗保的风险，人身保险实务中发生投保人故意伤害被保险人而骗取保险金的行为。

保险保障基金

指按照法律法规设立的，用于救助保单持有人、保单受让公司或者处置保险业风险的非政府性行业风险救助基金。保险保障基金分为财产保险保障基金和人身保险保障基金。财产保险保障基金由财产保险公司缴纳形成，人身保险保障基金由人身保险公司缴纳形成。当保险公司被依法撤销或者依法实施破产，其清算财产不足以偿付保单利益时，或者当保险监管机关认定相关保险公司存在重大风险，可能严重危及社会公共利益和金融稳定时，可以动用保险保障基金。

监管接管

当保险公司出现偿付能力严重不足，或者因违反《保险法》规定损害社会公共利益，可能严重危及或者已经严重危及公司偿付能力的情况时，保险监管机关可以对其实施接管。接管时间最长不得超过两年。

巴黎圣母院的失火与重生
（代跋）

2019年4月15日，世界著名的巴黎圣母院发生火灾，滚滚浓烟遮蔽了塞纳河畔的天空，教堂标志性的尖顶因大火高温熔断而倒下的动态画面在互联网上被秒速传播和海量转载。法国全国的惊愕和悲痛可以想象，每个法国人的内心都有一小部分被大火烧掉了。全世界更多的人则因为维克多·雨果所著的《巴黎圣母院》而知晓这座始建于1163年的哥特式著名基督教教堂建筑。历史艺术珍宝被焚毁的遗憾、悲痛以及钟楼怪人卡西莫多的忠贞爱情意象一时间混杂着充满了人们的情绪和手机屏幕。

作为保险从业人士，在震惊和心痛的情绪稳定后的第一反应是，它应该投保了火灾保险。大火烧去了物质有形的巴黎圣母院，但是精神无形的巴黎圣母院依然矗立在法国人的心目中，塑形并影固于雨果的传世小说中，运用保险补偿资金并借助教堂设计图纸和影像资料，费时几年之后，一座焕然一新的巴黎圣母院将重新成为法国首都的地标建筑。当然，一个杞人忧天的衍生问题是：重建后的巴黎圣母院还是原来那座大教堂吗？

这个问题触发了对于保险功能和作用的深层叩问，进而引发了对于物质和精神关系的思考。保险本身并不能防止灾难的发生，但是它可以在灾害和事故发生以后提供经济补偿，使人们获得重建家园、恢复生产的资源，这好比医生并不能阻止疾病的发生，但是医生通过诊疗和手术帮助病人解除了肉体或物理上的病症。人们在遭受灾难的痛苦情绪侵袭下容易降低甚至短时漠视物质的帮助，但事实是经济上的补偿和物质上的帮助是从灾难中恢复的基础。想一想：如果一所房子被火烧毁，利用保险赔偿金重建的房子显然已经不是原来那个家，甚至严格意义上也已不是原来那座房子，然而这座重建的房子让房屋主人可以重建生活和工作的新秩序，避免了寄人篱下或欠下贷款的境况，在这个基础上受灾的屋主才谈得上抚平精神上的伤痛并走出灾难的阴影。所以，**保险是一种建立在底线思维基础上的互助共济制度，它作为上层建筑俯身服务于社会的经济基础，致力于社会底层架构的补漏与完善，是社会治理结构的重要组成部分，对于建设一个安全、繁荣的世界不可或缺、尤为重要。**

保险能解决的是物质层面的问题，正如西方人所谓"上帝的归上帝、恺撒的归恺撒"。物质和精神的先后问题，可能是一个亘古以来就有的"先有鸡还是先有蛋"的问题。人们所观察到的朴素现象是：在物质贫乏的年代人们的精神往往比较丰富，而在物质充盈的时期人们的精神状态则呈现相对惰性。这好像一个太极八卦图，物质与精神宛如阴阳双鱼共同构成了一个圆，阴阳双鱼对称均衡的时候这个圆显得协调饱满，阴阳鱼一大一小时这个圆就会显得结构失衡。在短缺经济时期，人们用理想和憧憬填满了物质不足的虚空；在物质极大发展而精神短暂失去领航地位时，人们普遍地存在着群体性的焦虑。这个圆有大有小，也会由小变大或由大变小，不同大小的圆以及同一个圆的不同大小时期没有可比性。在这个圆里，生命得以孕育和生长，物质与精神共同构成并滋养着这个越过无机有机边界的生命体，并且在与外界的能量和信息交互中不断成长。世上万物，物质与精神之中能有助于解决一个问题，就有了存在的意义和价值。

　　保险用底线思维和上层建筑技术服务于社会的底层架构，通过对风险的管理加强系统的稳定性和可持续性，在特定时空阈值范围内具象落地为金融服务实体经济。由此，中国保险业也找到了改革开放 40 年来乃至未来安身立命的法门。**保险是建立在止损制度基础上的财富追求，只有以有效止损为前提，才能实现财富的保值和增值。保险是建立在底线思维基础上的繁荣追求，只有建牢底层架构，上层建筑的繁荣才有可持续性。保险是建立在公平机制基础上的效率追求，商业化的运行机制确保的是效率和竞争力，然而它追求的终极目标是社会的公平和正义。保险是建立在均富思想基础上的共富追求，以人性的方式让人们为了自身的安全从财务上帮助那些受到灾害和意外损失的人，它并不赞赏和追求平均主义，但它力图推动建立一个共富的世界。**

　　重建后的巴黎圣母院会是什么样子呢？

　　鸟儿倏忽飞过天空，扰动过的空间流体中不曾留下痕迹。或许你的脑海中会突然呈现万能引力发现者牛顿被苹果砸中的脑袋，也可能会想起爱因斯坦的相对论和时空弯曲，蒙娜丽莎神秘的微笑如光波一样在你的想象空间中荡漾开来，而达·芬奇的名字很有可能牵出一连串代表欧洲文艺哲学的巨匠符号：但丁、米开朗琪罗、莎士比亚、笛卡尔、莱布尼兹、休谟、卢梭、孟德斯鸠、尼采、亚里士多德、阿基米德、达尔文、伽利略、薛定谔……他们就像深空中闪亮的相距遥远的星星，你看到的仅是它们似水流年后的历史映像。

　　然而不管你的脑中流溢过多少个欧洲文哲符号和意象，甚至你在读完本书后还想到了医生出身的现代保险之父尼古拉斯·巴蓬，最终你还是要直面现实中无法回避的问题，回到你现时所在的时间与空间，在世界为你画定的坐标系中定义自我的意义并持续丰富其内涵。虽然你很恍惚也可能无法确信，你在电脑和微信中写过又擦除的内容是否可以算在这个时空里存在过，如果说物质不灭、思想不灭、意识不灭，宇宙膨胀了又塌缩了又爆炸了，那么那些曾经写过又擦除的内容去了哪一个维度的时空？那些你曾经一起经历的过往的人和事都去了哪里？当你有一天知道看上去空若无物的虚空中充满了各种各样的气体、射线、尘埃的时候，你或许会突然意识到你我是不是被某种秩序所定义和规范的存在呢？你看到了一朵玫瑰从花蕾初生到含苞待放到艳丽盛开到凋谢枯萎再到入地为泥，也看到了一份爱情从萌生到发展到热恋再到融合到归于平淡。当一个可以观测到的过程和一个可以感知的过程在你以时间矢量为度量的生命中经过而逝去的时候，它们对于你的意义是否已经定格存在于过去而定义了过去的你？而那已随风逝去、定格于过去时空中的物质与非物质存在，对于今天已然移步换景的世界究竟有何意义？它们是用怎样的方式与现在实现连接以及信息交互？佛教开示人们万事万物都有因果关系，以此阐述过去、现在和未来；基督教告诉人们人人皆有原罪，以此说明昨天、今天和明天的逻辑。尤其是过去 500 年西方科学昌明，通过几何、代数、物理、化学、天文等工具解释宇宙万象之间的相互关系，并将之工具化、技术化而应用于现实世界的改造，获得了三维时空结构中人类文明整体巡航进程中阶段性的前锋位置。

　　在过去、现在与未来的时间矢量分区中，重视现在、珍惜做好当下，着眼将来、憧憬和规划未来，能够有更大概率体会到目标达成后的成功获得感。然而，那些熟悉历史、掌握规律、知晓兴替、腹有经验的人，在拥有同样的资源和运气的族群中，对事物的理解、参悟和把握将会体现出更深刻通透的认知与高瞻远瞩的图景设计能力，并且在马拉松式的生命旅程中呈现更豁达的态度和持久的耐力，从而在成功者中取得更大的成功体验，获得站在楼上看桥上、山外青山更几重的体验和情怀。

唐太宗说："以铜为镜，可以正衣冠；以人为镜，可以明得失；以史为镜，可以知兴替。"司马光说："鉴前世之兴衰，考当今之得失。"龚自珍说："欲知大道，必先为史。"鲁迅先生说："人类的血战前行的历史，正如煤的形成，当时用大量的木材，结果却只是一小块。"修昔底德说："历史会重演。"西赛罗说："一个不懂自己出生前的历史的人，永远是个孩子。"莎士比亚说："历史就在每一个人的生活中。"歌德说："历史给我们最好的东西就是它激起的热情。"雨果说："历史是什么：是过去传到将来的回声，是将来对过去的反映。"马克思和恩格斯在《德意志意识形态》中说："我们仅仅知道一门唯一的科学，即历史科学。"恩格斯又说："历史就是我们的一切。"英国的阿克顿讲："历史是彷徨者的老师。"雅斯贝尔斯在《人的历史》中说："把历史变为我们自己的，我们遂从历史进入永恒。"

历史，是有物质对照的精神，是有空间映照的时间。按照人类当前的认知和理解，世界正沿着时间矢量的方向前行。我们能够观测和感知到的一切正在以不可回撤的姿态一分一秒地快速逝去。以人类认知的能力看不到他自身所在坐标系的位置在时间矢量上后一秒的世界，即便那未来的轨道和路径或者已经规定，个体轨迹的随机性和整体演变的趋势性以及系统外部力量造成的偶然性，以不确定性迷惑着人们的双眼和脑力。于是，人们通过天文地理的观测，运用几何、代数、逻辑、概率论、经典力学、化学、混沌学、相对论、量子理论来理解、诠释和探索客观世界，并发明各种不同的工具用于改变周围的客观存在，其中有抱负者以改造世界为己任，致力于引导甚或主导世界前进的方向。

然而，正是在这样一种主观改变客观的努力过程中，人们通过个体的感悟和群体的信息交互发现物质的快速增长与精神的丰富、幸福感的提升并未形成期望中的线性关系。于是，很多人以移情于物的方式在物质创造和享用中耗费时光，甚至有人寄情迷恋于虚拟的游戏世界实现即时的快感和时间的打发。物质与精神，始终是生命存在这一个命题的纸牌的两面，如果人工智能果然最终覆盖了人的智能的所有区间，人类或许完成了新能级上的更高阶的历史性进化。

人类天生的好奇心和对不确定性的排斥偏好，驱使人们试图从当下现象的观察和过往事物的研究中竭力发现未来规律的蛛丝马迹。科技的进步让人们能够更好地掌握知晓历史，并且将历史数据和信息变为资源进行应用。近年来流行的大数据分析是基于过去海量数据加上算法用计算机实现分类、聚类、比对、类比、拟合等而形成是非判断、价值判断或趋势预判，它是一种历史应用。人工智能是基于大数据加上逻辑和行动指令而成为强大的智能驱动力，它也是一种历史应用。云计算通过将大量经验数据和历史信息聚集于云端实现数据的网络化储存并供无数个终端进行共享，更是一种历史应用。过往已逝，将来未来，经验与教训累积成的智慧在历史的云端兀自闪耀，经由介质连接与交互，将赋能站在当下时空点上的人们。

历史能不能照亮未来无可定论，但是透过历史的重重幕帘窥见哪怕是生命法门的惊鸿一现，或许我们将因此能更好地安身立命于自己被定义和置放的时空。看到《千与千寻》中的一句经典台词，很适合作为本书的结语：我只能送你到这里了，剩下的路要你自己走，不要回头。

参考文献

瑞·达利欧：《原则》，中信出版集团，2018年版。

尤瓦尔·赫拉利：《人类简历》，中信出版集团，2018年版。

中国保险学会：《中国保险史》，中国金融出版社，1998年版。

盛松成、翟春：《中央银行与货币供给》，中国金融出版社，2015年版。

肖恩·杜布拉瓦茨：《数字命运》，电子工业出版社，2015年版。

李扬、陈文辉：《国际保险监管核心原则——理念、规则及中国实践》，经济管理出版社，2006年版。

亚当·斯密：《国民财富的性质和原因的研究》，译林出版社，2012年版。

王安：《保险中国200年》，中国言实出版社，2008年版。

刘亦明、董竞：《中国保险史》，中央广播电视大学出版社，2016年版。

沈健：《保险中介》，上海财经大学出版社，2001年版。

陈恳：《迷失的盛宴：中国保险史1978—2014》，浙江大学出版社，2014年版。

图书在版编目(CIP)数据

保险的起源与繁盛/易行健著. —上海:复旦大学出版社,2020.6(2021.5 重印)
ISBN 978-7-309-14822-0

Ⅰ.①保… Ⅱ.①易… Ⅲ.①保险业-经济史-中国-1801-2019 Ⅳ.①F842.9

中国版本图书馆 CIP 数据核字(2020)第 020237 号

保险的起源与繁盛
易行健　著
责任编辑/方毅超　李　荃

复旦大学出版社有限公司出版发行
上海市国权路 579 号　邮编:200433
网址:fupnet@fudanpress.com　http://www.fudanpress.com
门市零售:86-21-65102580　　团体订购:86-21-65104505
出版部电话:86-21-65642845
江阴金马印刷有限公司

开本 787×960　1/16　印张 28.5　字数 368 千
2021 年 5 月第 1 版第 2 次印刷

ISBN 978-7-309-14822-0/F·2670
定价:90.00 元

如有印装质量问题,请向复旦大学出版社有限公司出版部调换。
版权所有　侵权必究